이것은 기억과의 전쟁이다

# 이것은 가억과의 전쟁 이다

## 한국전쟁과 학살, 그 진실을 찾아서

김동춘 지음

1950년 여름 7월과 9월 사이, 전쟁의 총성이나 포성 하나 들리지 않던 최후방 경남 김해에 학살의 광풍이 몰아쳤다. 전선에 나가 적을 향해 총을 쏘아야 할 군인과 경찰, 지역 우익 단체가 지역 내부의 '불순분자'와 '더러운 전쟁'을 벌였다. 무려 1200여 명이 '예비검속'되었고, 그중 900명 이상이 실종되었다. 생때같은 청년 가장들이 아무런 재판 절차도 거치지 않고 김해의 수많은 골짜기에서 우리 정부의 명령에 의해 죽임을 당했다. 그중에는 1919년 3·1운동 당시 진영 만세 의거를 주도해 대구복심법원에서 1년 6개월 형을 받아 옥고를 치르고, 독립군에게 자금을 제공하기도 한 김정태도 포함되어 있었다. 그런데 해방 후 지역의 일제 끄나풀들은 그를 부담스러운 존재로 여긴 나머지 무고하였고 결국 그 시점에 구금·학살되고 말았다.

그로부터 52년이 지난 2002년 5월 광주에서 '한국전쟁전후민간인희생자진상규명과명예회복에관한법률안' 제정 관련 특별 토론회가 열렸다.

나는 '한국전쟁전후 민간인학살 진상규명과 명예회복을 위한 범국민위원회(이하 범국민위)' 사무처장 자격으로 참석했는데, 전국의 한국전쟁 피학살자 유족 대표들도 그 자리에 참석했다.

"우리는 김 선생만 믿는다. 꼭 법이 통과되도록 해줘."

그 행사 중 짧은 휴식 시간에 김해 학살 사건의 희생자 김정태의 아들 김영욱이 내 손을 꼭 잡으면서 간절한 눈빛으로 호소했다. 나는 5·16 쿠데타 세력이 편찬한 『혁명재판사』에서 '김영욱'이라는 유족회 사건 피의자의 이름을 본 적이 있는데, 바로 그 빛바랜 책 속 역사의 인물이 40년이라는 세월의 강을 건너 여든 노인이 되어 내 앞에 나타났다. 그는 자기 부친 김정태의 억울한 죽음을 밝히기 위해 1960년 4·19 직후 김해 진영에서 피학살자 유족회 활동을 하다가 7년 형을 선고받기도 했다. 그러나 나와 만났던 바로 그 다음날 광주에서 교통사고를 당해서 곧 사망하고 말았으며, 사실상 그의 부탁은 나에게 남긴 유언이 되어버렸다.

김해 학살 사건, 특히 김정태 가족의 피해는 친일파 기회주의자들에게 독립운동가가 학살 당하고, 그 후 학살의 진상을 규명하던 그의 아들마저 5·16 쿠데타 세력에 의해 감옥에 수감되어 고문과 폭행을 당하고, 출옥한 후에도 생업을 제대로 도모하지 못하고 '빨갱이 집안'이 되어 평생 연좌제의 멍에에 시달린 대표적인 사건이었다. 이러한 수많은 가족의 비극적인 이야기, 그리고 여전히 진행 중인 부정의한 현실이 나로 하여금 연구실 문을 열고 거리로 나가게 만들었다.

나는 한국전쟁기 군경에 학살당한 사람의 가족들이 겪은 참담한 고통에 우리 국가나 사회가 눈길 한번 주기는커녕 그들을 마치 불가촉천민처럼 기피했다는 사실을 주목했다. 사람 사는 세상에서 있을 수 없는 일이라 생각했다. 그뿐 아니라 전쟁기에 발생한 국가 범죄에 대한 은폐와 노골적 부인, 그리고 반공주의의 잣대로 모든 것을 해석하면서 기억을 조작하고 역사 서술을 왜곡한 일이 현대 한국 정치나 사회를 뒤틀리게 만들었다고 생각했다. 그리고 이것을 그냥 두고 갈 경우 한국의 정치가 바로잡히지 않는 것은 물론 시민사회 활성화도 기대하기 어렵고, 약자들의 인권 실현과 남북 화해에도 큰 걸림돌이 된다는 사실을 주목하여 『전쟁과 사회』라는 책을 썼다. 그리고 그것이 씨앗이 되어 뜻하지 않게 한국전쟁기 피학살자 명예회복 운동에 뛰어들었다. 그리고 유족과 시민사회와 힘을 합쳐 '진실·화해를위한과거사정리기본법(이하 기본법)' 통과 운동에 가담했으며, 결국 정부 기구인 '진실·화해를위한과거사정리위원회(이하 진실화해위)' 상임위원으로서 4년 동안 일하게 되었다.

　사람들은 전쟁 혹은 전쟁기의 학살을 특수하고 예외적인 일이라고 생각한다. 그런데 나는 그렇게 보지 않았다. 일본의 재일조선인에 대한 차별과 과거사 부인이 현대 일본 정치와 일본 사회의 진면목을 보여주는 것처럼, 미국 내의 인종차별이 미국의 패권주의 정책과 직결되어 있는 것처럼, 독일의 과거 청산이 오늘 민주화된 통일 독일의 기초가 된 것처럼, 한국 정부가 한국전쟁기에 학살을 자행하고도 그것을 은폐해온 과정은 한국이라는 나라의 국가와 사회의 야만성을 보여주는 것이라고 생각했다. 한국전쟁기의 학살 사건과 피학살자 유족들이 겪어온 고통은 한국의 국가와 사회가 피지배자들을 어떻게 취급하는지를 보여주는 현미경이며, 그래서 나는 한국전쟁기 학살이 우리 사회에 스며들어와 정치·사회의 일부가 되어 있으며 부드러운 형태로 계속되고 있다고 보았다. 노동문제를 연구하던 내가 학살 문제로 관심을 옮긴 것은 바로 이러한 문제의식이 있었기 때문이다. 아르헨티나의 과거 군부정권 아래에서 '더러운 일'을 했던 군인들은 지금 월마트에 고용되어 노조 파괴 작업에 종사하고 있다.[1] 월

마트의 노동자 감시 체제는 과거 군부 정권이 유지하던 국가적 감시 체제의 연장이다. 그 작업에 과거 학살과 고문의 가해자들이 일하고 있다는 것이 시사하는 것은 무엇일까? 우리는 이명박 정부 들어서서 청와대 주도의 민간인 불법 사찰, 용산 참사, 쌍용차 문제 등 심각한 인권침해 사건을 목격했는데, 나는 이것이 한국 정치의 저류에 흐르던 국가폭력이 겉으로 드러난 것이라고 보았다.

학살·고문 같은 가공할 만한 국가폭력은 피해자에게만이 아니라 사회 전체에 큰 상처를 남긴다. 폭력은 즉흥적이기도 하지만 다분히 의도된 것이기도 하다. 인간이 인간에게 저지르는 범죄 중에서 집단 학살만큼 법을 우롱하고, 정치를 굴절시키고, 사회를 도덕적으로 오염시키고, 정의를 실종시키는 일은 없다. 학살은 단순히 사람의 생명권을 박탈하는 데서 끝나지 않고 남은 가족과 가까운 사람들의 삶의 기반마저 송두리째 파괴하고 인간으로서의 자존감과 삶의 의지를 박탈한다. 국가가 저지르는 범죄는 학살과 인권침해의 피해 당사자에게서 끝나는 것이 아니라, 그것을 목격한 사람들을 포함한 모든 정치 공동체 구성원들의 건강한 의식과 사회 참여 의지를 마비시키고 위축시킨다.

학살이나 국가폭력은 마치 암세포와 같이 그것과 전혀 무관한 구성원들의 정치·사회의식과 도덕적 기반을 좀먹어 들어간다. 그래서 국가폭력의 피해자들을 어떻게 위로하고 사회에 복귀시키고, 그 사실을 어떻게 기억하는가 하는 문제는 그 사회에서 극히 중요한 의미를 갖고 있다. '기억의 정치'는 한 국가나 사회의 헤게모니, 국가 정체성의 문제이자 사회의 질서, 법과 도덕의 기본이다. 과거의 잘못을 바로잡는 일이 중요하고 또 어려운 이유는 그것이 국가를 만드는 일과 맞먹기 때문이다. 과거 청산은 국가권력에 의해 저질러진 죽음과 고통을 직시하면서 어떻게 새로운 삶을 추구할 것인가에 대해 질문을 던지는 것이다. 그것은 과거의 억울한 죽음을 다루고 있지만, 실제로는 미래의 생명의 가능성을 묻는다.

결국 나는 연구자, 활동가의 길을 걷다가 진실화해위라는 정부 조직의 관리까지 되어 40대 10여 년의 세월을 이 일로 보내고 2009년 12월 10일 학교로 복귀했다. 나는 연구자, 사회운동가, 정부 관리라는 세 가지 역할을 모두 수행하게 되었다. 그런데 내가 위원회 일을 마치고 나왔다고 사람들에게 이야기하면 이런 문제를 알 만한 주변의 학자들조차 진실화해위를 김대중 대통령 당시 만들어졌다가 활동을 종료한 대통령 직속 '의문사진상규명위원회(이하 의문사위)'와 혼동하기도 했고, '친일반민족행위진상규명위원회(이하 반민규명위)', 국방부나 국정원 등의 자체 과거사위 같은 여타 과거사 관련 위원회와 혼동하기도 했다. 그리고 "요즘 글 왜 안 써? 어디 갔다 왔어?"라고 묻는 사람까지 있었다. 학자들이 이럴 정도니 일반 국민들에게는 물어볼 필요조차 없었다. 진실화해위 활동이 얼마나 알려지지 않은 채 '조용히' 진행되었는지를 단적으로 보여주는 에피소드였다.

사실 그들의 혼란도 이해할 만한 것이, 지난 2000년경부터 우리나라에는 과거 사건을 다룬 정부 위원회가 무려 13개나 만들어졌고, 또 각기 다른 시점에 활동을 종료했던 것이다. 일반인이 보면 도대체 하나의 위원회만 만들어 모두 처리하면 되지 왜 이렇게 많은 과거사 관련 위원회를 별개로 만들어 업무를 비효율적으로 진행했는지 의문을 갖지 않을 수 없다. 그리고 이 많은 '과거사위원회'들은 누가 주도해서, 왜 만들었는지, 그리고 무슨 일들을 하고 종료했는지 헷갈린다. 여당과 언론에서 과거사위원회들의 활동을 말할 때는 거의 부정 일변도였기 때문에 상당수 국민들은 오직 할 일 없이 과거사를 들추어내는 조직, 운동권 실업자들 먹여 살리자고 막대한 세금을 낭비하는 조직 정도로 알고 있고, 시작도 끝도 성과도 한계도 알 수 없고 오직 정치적 의도로 만든 구 민주 정권의 유물 정도로 기억하고 있다.

아르헨티나에서 과거 청산 이후 발간한 보고서 『눈카마스Nunca Mais』는 144명의 정치적 살해, 1800건의 고문 사건, 8960명의 실종 사건을 다룬 보고서로서 공전의 베스트셀러가 되었다고 한다. 그런데 한국에서 진실화해위의 보고서는 그 존재 자체도 알려져 있지 않다.[2] 현재 진행 중인 과거 인권침해 사건에 대한 법원의 재심 판결이 속속 이루어지는 모든 근거는 진실화해위의 진실규명 결정에 있다. 그럼에도 불구하고 진실화해위는 오직 그림자처럼 어른거리고, 과거의 잘못된 판결로 멀쩡한 사람들에게 사형·무기징역을 때렸던 법원이 진정한 반성은 하지 않은 채 판결을 번복함으로써 새롭게 칭찬을 받고 있는 것이다. 연구자·평론가 활동을 거의 중단했던 2005년 이후 4년 동안 내가 무엇을 했는지, 왜 지식인으로서 활동을 하지 않았는지 묻는 주변 사람들을 만날 때면 진실화해위 활동을 구구하게 설명하기도 좀 피곤했다. 4년 동안의 내 활동은 일반인들이 접근하기는 어려운, 그 진실규명 보고서들에 오롯이 담겨 있다.

사람들은 "전쟁 때 그런 일은 다반사로 일어나지 않는가", "국가의 존립 자체가 흔들리는 전쟁 중에 내부의 적을 그대로 둘 수는 없지 않은가", "왜 당신은 북한 인민군에 의한 학살을 무시하고 군경·미군에 의한 학살만 주목하는가" 하고 따져 묻고 싶을 것이다. 나는 전쟁 상황에서 군인과 민간인의 차이는 크지 않을 수 있고, 인민군에 의한 피해도 국군과 경찰에 의한 피해와 같이 취급되어야 한다고 생각한다. 모든 전쟁 피해자들의 고통은 함께 기억되어야 마땅하고, 그 고통은 남북한 평화통일을 모색하는 데 큰 근거가 되어야 한다. 그러나 전쟁기의 국군·경찰·미군 학살 피해자들이 지난 60여 년 동안 한국에서 살아온 세월은 북한 인민군과 좌익에 의한 피해자의 그것과는 근본적으로 달랐다. 그리고 나는 이들의 고통이 바로 남북한 평화통일의 가장 중요한 주체인 남한의 정치, 법, 사회의 인권 혹은 정의, 국가의 자주성 실현 문제와 맞닿아 있다고 보았기 때문에 이 문제에 집착했다.

나는 지난 10년 동안 한 시민으로서, 기억되어야 할 것을 마땅히 기억해야 한다는 의무감에서 기억의 창고를 여는 산파 역할을 했다고 자부하고 싶다. 이제 진실화해위가 역사 속으로 사라졌으니 그것의 공과에 대한 평가는 세상에 맡기더라도, 진실화해위가 그동안 무엇을 어떻게 했는지, 어떤 한계를 가졌는지를 당사자의 한 사람인 내가 우선 몇 자 적어놓을 필요가 있을 것 같고, 또 앞으로 나올지도 모르는 이와 유사한 활동을 하는 위원회를 위한 시사점을 남겨두어야 한다고 생각했다. 이것은 학술서적도 아니고 단순한 회고록도 아니다. 2000년 이후 전개된 한국전쟁기 학살 사건 진상규명 운동의 역사이자, 그 과정에서 제기된 진실규명·정의 수립 운동의 쟁점을 내 경험 중심으로 정리한 것이다. 나는 진실화해위 위원으로 일하면서 하루하루의 모든 활동과 사안들을 꼼꼼히 기록했다. 공무원으로서 당연한 임무라고 생각했기 때문이고, 민간에서 운동하다가 정부에 들어온 사람으로서 훗날의 평가를 위해 반드시 그래야 한다고 생각했기 때문이다.

모쪼록 이 작은 기록이 인간의 존엄성을 찾기 위해 오늘도 차가운 거리에서 투쟁하는 많은 사람들에게 조그만 위로가 되기를 바란다. 힘겨운 삶을 살아온 유족들에게 심심한 위로를 드리고 그들 모두에게 이 책을 바친다. 그들의 고통과 슬픔이 나를 추동한 힘이었다. 인권 문제에 남다른 소신을 갖고 있을뿐더러 진실화해위 탄생에 가장 큰 정치적 힘을 실어준 노무현 전 대통령에게도 이 책을 바치고 싶다. 나로서는 시작하다 만 일

10

이라 생각해서 아쉬움이 많고, 과거의 인권침해를 오늘과 미래의 사회정의 문제로 연결시키지 못하고 이 일이 단순히 흘러간 일과 씨름하는 것으로 국민들의 기억에 남은 것이 가장 안타깝다. 진실화해위의 활동이 매우 현재적인 것임에도 과거와 씨름하는 일로 간주되는 것을 교정하고 싶은 마음이 이 책에 담겨 있다.

이 책은 대학에 복직한 2010년 초부터 구상하고 집필을 시작했으나 학기 중에는 강의 준비 때문에 여유가 없었고, 다른 사회 활동 등으로 제대로 진척이 안 되어 결국 이제야 나오게 되었다. 뒷부분의 위원회 운영이나 사건별 진상조사 과정은 사실 별도의 책으로 써야 할 정도로 내용이 방대하지만 여기서는 많이 생략했다.

원고를 읽고 좋은 지적을 해준 범국민위 시절의 동료 이창수, 범국민위 간사를 했다가 진실화해위 조사관으로 일한 한성훈, 진실화해위 조사관 출신 김상숙에게 특히 감사한다. 그리고 내가 튀는 주장을 할 때마다 일반 국민의 시선에서 무리한 주장을 교정해주면서 전체 글의 기조와 방향에 대한 조언을 해준 아내 권은정과 원고 교정에 시간을 할애해준 성공회대 사회학과 석사 김원석, 학부 졸업생 오영은, NGO학과 졸업생 정하나 등 모든 분들에게 감사드린다. 무엇보다도 어려운 가운데 선뜻 출판을 하기로 결정해준 사계절출판사의 강맑실 사장님께 감사드리고, 원고의 전체 내용을 꼼꼼히 읽고 수정 방향을 제의하고 오류를 지적해준 제자이자 인문팀장인 조건형에게 깊이 감사드린다.

2013. 7. 15
김동춘

차례

# 1장

# 학살의 기억

## '학살' 사건을 마주하다

1999년 어느 날, 조용환 변호사에게서 전화가 왔다. 문경 석달동에서 1949년 12월 24일 발생한 학살 사건의 현장 생존자 채의진이라는 사람이 자기를 찾아왔는데, 이 사건과 관련해 입법 부작위 헌법 소원을 냈다는 것이었다. 즉 국가가 공권력을 잘못 집행하여 민간인들을 죽였는데 법을 제정해서 이들의 억울함을 풀어주지 않은 것은, 국가가 헌법상의 국민 권리 보장 조항을 이행하지 않은 입법 미비 사항이니 그것을 시정해달라고 헌법재판소에 소장을 냈다는 것이었다. 그런데 자기도 이런 헌법 소원이 헌법재판소에서 받아들여질 리는 만무하다고 생각하기 때문에, 도대체 이런 사건은 어떻게 해야 하는지 참으로 난감하다고 말했다. 그렇게 해서는 될 것 같지도 않고 문제 해결을 위한 다른 방법이 필요할 것 같다는, 법률가로서의 답답한 심정 토로였다.

창피한 일이지만 나는 그때까지 헌법 소원 심판 청구, 입법 부작위 등에 대해 들어본 적도 없었고 그것이 무엇인지도 몰랐다. 국가가 '진상 조사, 피해 보상' 등을 위해 마땅히 제정해야 할 법을 제정하지 않은 것이 헌법 정신과 배치된다는 것인데, 그때까지만 해도 나는 헌법 전문조차 제대로 읽어보지 않았다. 그리고 헌법은 그냥 규범 정도에 불과하고 법이라는 것은 권력의 도구에 지나지 않는다는 생각을 갖고 있었기 때문에, 그런 헌법 소원으로는 헌법재판소가 꿈쩍도 하지 않을 것이라고 생각했다. 가해자인 국가가 어떻게 법을 통해 자신이 저지른 범죄인 학살의 진상규명이나 피해자 구제를 해주리라고 기대할 수 있겠는가? 물론 채의진이나 조용환 변호사도 그 점을 충분히 알고 있었을 것이다. 단지 나는 학살 사건을 해결해달라고 헌법재판소에 입법 부작위 헌법 소원을 할 수 있다는 사실이 놀라웠을뿐더러 그러한 접근 방식이 신선하게 느껴지기도 했다. 나는 그때까지는 학살·고문 같은 국가 범죄를 법을 통해 해결할 수 있다고 상상조차 해본 적이 없었는데, 헌법 소원 이야기를 듣고 나서 처음으로 법이란 무엇인지, 법을 어떻게 활용할 수 있는지, 그 한계는 무엇인지 진지하게 생각해보게 되었다.

사실 판사건 변호사건, 법으로 먹고사는 사람들은 모든 일을 법 중심으로 생각하고 법이 없으면 아무런 일도 할 수 없다고 생각하는 경향이 있다. 지금도 어느 정도 그렇게 생각하지만, 그때는 정치나 사회운동이 먼저이고 법은 그것을 따라갈 따름이며, 법으로 먹고사는 사람들은 사회 변화를 개척하거나 선도하는 것이 아니라 권력자의 의지나 사회운동, 여론을 기술적으로 뒷받침하는 역할을 한다고 생각했다. 특히 이 전화를 받았던 1999년 무렵에는 김대중 대통령 당선 이후 국민의 정부가 들어서고 국회가 점차 정치의 중심 역할을 하게 되었기 때문에 필요하면 밖에서 운동을 통해 당과 청와대를 압박하고 대통령의 의지를 담아 법을 만들면 되는 것이 아닌가 하는 생각이 스쳐갔다.

당시 『전쟁과 사회』를 집필 중이었던 나는 그 전화를 받기 전에 동네 헌책방에서 『아 통한의 45년』이라는 문경 석달동 학살 사건 관련 자료집을 우연히 구해서 읽은 적이 있었고, 그 책의 저자가 현장 생존자인 채의진이라는 사람임을 이미 알고 있었다. 그러던 차에 조용환 변호사의 전화를 받고 보니 이것 참 묘한 일이구나, 하고 생각하게 되었다. '통한의 세월'에 마침표를 찍자는 그의 호소에 공감하기보다는 우선 내 저술을 위한 참고인으로 만나야겠다는 생각이 앞섰다.

곧 조용환 변호사에게 그의 연락처를 물었고, 조사를 위해 한번 만날 계획을 세웠다. 그때 나는 내가 거주하던 고양 지역의 금정굴 학살 사건을 조사하고 있었다. 1995년 MBC 〈PD수첩〉에서 방영한 금정굴 유해 발굴 관련 내용을 녹화해서 보았고, 1997년 9월 고양 지역으로 이사 가자마자 학부 시절의 동료 이춘열을 통해 학살 현장을 방문하고 관련 인사들을 만나기 시작했다. 1990년대 초에 처음으로 금정굴 사건을 제기한 고양시민회 대표 김양원, 고양시 시의원으로 남달리 이 문제에 관심을 갖고 시의회에서 공론화하려 애썼던 나진택, 그리고 형님의 학살 충격으로 한쪽 귀가 잘 들리지 않게 된 유족회장 서병규 등 일부 유족들도 만났다. 그들과 인터뷰하면서 나는 내가 연구자 중에서는 최초로 고양 금정굴 관련자들을 만난 사람이라는 사실을 알게 되었다. 특히 유족들 대부분은 사건 이후 지역사회를 떠났고 피해자 단체도 없었으며 그래서 아무런 목소리도 내지 못했다는 사실, 그리고 사건 이후 43년이 지난 1993년에 와서야, 그것도 피해 당사자가 아니라 고양 시민회장인 김양원에 의해 이 내용이 처음으로 공론화되었다는 사실에 크게 놀라지 않을 수 없었다. 그러나 당시 내가 받은 이 충격은 그 후 수십 수백 건의 학살 사건과, 사건 이후의 동일한 형태의 침묵과 은폐 과정을 접하게 될 전주곡에 불과했다.

그리고 그 무렵 『말』지의 정희상 기자(현 『시사인』 기자)가 쓴 『이대로는 눈을 감을 수 없소』(돌베개, 1990)와 부산 『항도일보』에 연재된 학살 관련 기사 등 기초 자료를 읽고 있었다. 제주4·3사건으로 석사 논문을 쓴 박명림, 『말』지의 오연호·김태광·정희상 기자, 경남 지역에서 민간인 학살 조사 활동을 하던 전갑생 등은 나보다 앞서서 이 문제의 중요성과 심각성을 깨달은 사람들이고, 그들의 작업에서 나는 많은 단서와 가르침을 얻고 있었다.

나는 채의진도 만날 겸, 그때까지 준비해온 대로 다른 학살지도 방문하고 유족들도 만나기 위해 2000년 2월 성공회대학교 학부생 한성훈·최윤정 두 제자를 데리고 문경·경산·산청·남원 일대를 조사차 방문했다. 채의진에게 전화를 걸었는데, 생각했던 것보다는 목소리가 힘찼다. 나는 채의진이 알려준 대로 상주에 있는 그의 집을 찾았다. 그런데 그의 외모를 보고서 당혹감을 느끼지 않을 수 없었다. 큰 충격이었다. 빨간 모자를 쓰고, 땋은 머리는 허리춤까지 치렁치렁 늘어뜨린 모습이었다. 그때 이미 10년 이상 길렀다고 하는데, 자신의 억울함이 해결될 때까지는 머리를 깍지 않겠다고 하는 것이었다. 그것은 국가 범죄에 대한 그의 항의 메시지요, 국민들의 양심을 향한 절절한 호소였다. 상주 시골집 썰렁한 그의 방에는 옛날 잡지들과 자료들, 수없이 제출한 각종 민원서류와 정부의 답변들, 사진들이 어지럽게 널려 있었다. "광화문 앞에서 할복자살이라도 하고 싶다"고 피를 토하듯이 자신의 억울함과 사회의 무관심을 호소하는 그의 육성을 통해서 나는 피학살자 유족의 억울함과 한을 처음으로 마음 깊이 이해할 수 있었다.

나는 그의 안내를 받아 문경 산북면 석달마을을 찾아 올라갔다. 말 그대로 첩첩산중 오지 중의 오지였다. 학살 현장은 이미 밭으로 변해 크게 훼손되어 있었으나, 그가 군인들의 총탄 세례를 받고도 학교에서 나란히 걸어오다 쓰러진 형들의 시체에 깔려 기적적으로 살아났다는 산모퉁이의 바위는 그대로 있었다. 1949년 12월 24일 86명의 목숨을 앗아간 동네는 지도에서 없어져버렸지만 현장 입구에는 사건 직후 생존자의 입을 막기 위해 이승만이 지어주었다는 농가 주택이 그대로 남아 있었다. 백마디 말보다 현장 그 자체가 훨씬 강력한 메시지를 준다는 생각을 새삼 되새기면서 내려왔다. 나는 그를 통해 1960년 4·19 직후 5월 어느 날, 『대구일보』 기자였던 이재문이 이 첩첩산중을 찾아 그를 인터뷰하고 돌아갔다는 사실을 알게 되었다. 이재문은 그 후 남조선민족해방전선(이하 남민전) 사건으로 형장의 이슬로 사라지고 말았는데, 그가 이 사건을 취재한 후 대한민국이라는 나라에 대한 생각이 근본적으로 바뀐 것은 아닐까 추측해보기도 했다. 어쨌든 나와 학생들은 당시 그가 살고 있던 상주시 이안면의 동네 앞길에서 기념사진을 찍고 차를 몰아 다음 행선지인 전라도 남원 땅으로 향했다.

남원 대강면 강석마을 방문은 내게 특히 강한 인상을 남겼다. 강석마을 노인회관에서 5명 정도의 노인들과 마주앉아 그들이 전쟁 때 겪은 비극적인 이야기를 들었다. 사건은 대략 이러했다. 1950년 11월 8일 미처 아침 식사도 마치지 못한 시각에 이 마을의 18세에서 40세 사이 청장년 70명이 국군에게 총과 칼로 학살당했다. 그 전날 잠을 재워달라는 인민군의 요구를 받아들였다는 것이 죄목이었다. 『공비토벌사』에는 국군 제11사단 9연대가 공비를 토벌한 전과를 올린 것으로 기록되어 있다. 그러나 그 마을 청년 중 어느 한 사람도 빨치산이 된 사람은 없었으며, 인민군 치하에서 마지못해 부역은 했을지언정 무장하여 국군에 저항한 적은 없었다고 했다. 당시 동네 청년들 대부분은 무학이거나 국졸이었으며, 사회주의가 무엇인지, 사상이 무엇인지도 모르는 무지렁이 벽촌 사람들이었다. 동네 마을회관에서 그 사건 현장에서 기적적으로 살아난 노인들과 유가족을 만났는데, 아마 50년 전 그 순박했던 촌사람들의 모습도 그러했으리라 생각했다. 나는 '그날 이후' 이 문제에 관심을 갖고 그 마을을 방문한 최초의 연구자였다. 나를 놀라게 한 것은 학살의 잔인성이라기보다는 동네 이웃, 지역사회, 그리고 국가가 50년 동안 보여온 잔인할 정도의 철저한 무관심과 피해자들의 깊은 침묵이었다. 1989년의 부산 『항도일보』를 제외하고는 진실을 보도하고 시시비비를 가리는 것을 생명으로 하는 어떤 언론기관도 이 문제를 본격적으로 거론한 적이 없었다.

이 사건은 세상 사람들에게 널리 알려진 거창사건보다 3개월 전인 1950년 11월에 발생했다. 지리산 저쪽 편의 거창과 산청에서도 이와 비슷한 사건을 겪었고 4·19 직후에 엄청난 이슈가 되었다. 당사자와 지역 국회의원의 끈질긴 노력으로 1996년에 특별법이 제정되고 위령공원 조성을 위한 예산도 책정되었는데, 강석마을 사람들은 1960년 4·19 직후 영남지역에서 피학살자 유족회가 활동했다는 사실도 전혀 모르고 있었으며, 바로 그 무렵 제주도에서 4·3사건 피학살자 명예회복 작업이 진척되고 있었다는 사실도 거의 모르고 있었다.

그날의 학살 이후 모든 것이 너무나 처참하게 파괴되었기 때문에 그들 중에는 자녀 교육조차 제대로 시킨 사람이 없어 보였다. '그날 이후' 진절머리 나는 일을 잊어버리려는 유가족들이 뿔뿔이 흩어져 100호를 자랑하던 큰 마을이 3분의 1 규모로 축소되었다고 한다. 나는 이들에게 동네 출신 중에 공무원이나 대학 졸업자가 있는지 물어보았다. 그러나 이들 중 누군가가 동네 출신 중에 교사를 하는 사람이 하나 있는 것 같다고 약간 자신 없어 하면서 귀띔해주었다. 그들은 오직 나 같은 외부 지식인이 세상에 이 일을 알려주기만을 원하는 눈치였다. 그러나 그 요구조차도 그리 강하지 않았다. 체념이 몸에 밴 듯했다. "왜 이토록 침묵하고 살아왔는가" 묻고 싶었지만, 자식들에게까지 '그 일'에 대해 말하기를 꺼리면서 살아야 했던 그 험악한 세월을 또다시 떠올리게 하는 일이 너무 잔인한 것 같아 말문을 닫았다.

나는 남원의 노인들을 만나고 나서, 분노와 비판은 그래도 희망을 가질 수 있는 사람의 '특권'이라고 생각하게 되었다. 철저하게 짓밟히고 잊혀지면 분노할 능력도 빼앗긴다는 것을 실감했다. "이 아름다운 남원 산천에 메아리쳤던 비명과 통곡이 50년 동안 자지러들지 못하고 구천을 떠돌고 있구나" 하고 비감한 느낌을 갖게 되었다. 그래서 내가 이들을 위해 무언가 할 수 있는 일이 없을까, 처음으로 생각했다.

남원에서 다시 경북 경산으로 왔다. 나는 대구 근처의 경산 코발트 광산을 방문해 『경산신문』의 최승호 기자와 유족회의 안내를 받아 유골이 쌓여 있는 현장을 직접 답사했다. 현장은 충격 그 자체였다. 당시 MBC 〈이제는 말할 수 있다〉 팀이 생존자와 유족들의 증언에 따라 동굴 아래쪽을 폭파한 결과 엄청난 양의 유골이 쌓여 있다는 사실을 확인한 바로 그곳이다. 물이 꽤 깊은 입구를 지나 긴장하면서 들어간 동굴 끝자락에는 큰 돌무덤 하나가 어슴푸레하게 나타났다. 가까이 가보니 그것은 돌무덤이 아니라 해골 무덤이었다. 50년 동안 방치되었던 유골들을 직접 확인하고 또 내 손으로 직접 만져봤을 때의 심정은 혼자 금단의 땅에 들어가 과일을 따 먹은 심정이랄까, 무엇으로도 표현할 수 없는 충격과 두려움이 교차했다. 인민군이 물밀듯이 내려와 대구·경남 지역을 압박하던 1950년 8월 초순에 굴비처럼 엮은 인간 짐짝을 실은 수십 대 아니 수백 대의 트럭이 쉴 새 없이 이 폐광 언덕을 올라왔을 것이다. 좌익으로 낙인찍혀 끌려온 젊은이들―그중에는 중학교 교복을 입은 학생도 있었고 부인들도 있었다고 하지만―이 제대로 항의도 하지 못하고 도망도 치지 못한 채 피울음을 토하고서 죽어갔을 것이다. 이제 경산은 대구와 거의 붙어서 대도시가 되었는데, 대도시 거주지 주변에 이러한 학살 현장의 유골들이 그대로 방치되어 있다는 사실이 믿기지 않았다. 야만 사회가 아니고서는 있을 수 없는 일이다. 최승호 기자 역시 자기가 살고 있는 동네에서 이런 엄청난 일이 있었는데도 세상이 이에 너무 무관심해 이 일에 나섰다고 말했다.

이곳 역시 연구자 중에서는 내가 최초로 방문한 사람이었다. 나는 피학살자 유족들이 겪어온 일을 들으면서 대한민국 역사, 아니 대한민국이라는 나라의 맨얼굴을 다시 보게 되었다. 유족들의 삶은 국가의 다른 모습이었다. 국가는 그들의 상처받은 몸과 정신에 각인되어 있었다.

## '학살'이라는 공공연한 비밀

문헌 조사와 집필을 위한 전국 학살지 현장 순례와 유가족 생존자 인터뷰 작업을 통해 나는 한국전쟁기 학살의 특성과 전체상을 대략 그릴 수 있었다. 세상에 널리 알려지고 국가가 인정한, 그래서 지금도 한국의 기성세대들이 국군에 의한 학살이라면 유일하게 떠올리는 사건이 바로 거창사건이다. 그러나 자료나 증언을 보면 볼수록 거창사건은 그와 유사한 수십 수백 개의 사건 중 하나일 뿐임을 알게 되었다. 그런데 국가의 공식 입장과 공교육은 정말 무서운 것이어서, 거의 모든 한국 사람들은 학살 하면 오직 거창사건만 떠올린다.

전쟁 당시 남북한 군인과 좌우 양측에 의해 몇 명의 민간인이 학살당했는지 알려주는 정확한 자료는 없다. 우선 한국 정부는 전쟁 중 좌익에 의해 학살된 사람을 12만 정도로 추정하고 있으나, 이것이 어떠한 근거에서 나온 것인지는 확실하지 않다. 우리가 분명하게 확인할 수 있는 것은 전쟁 이전부터 좌우 충돌 과정에서 많은 우익 청년단원이 살해되었으며,[1] 전쟁 중에는 대전·전주·원주·서울 등지에서 인민군이 후퇴하면서 수백 명에서 천여 명 이상의 군경 가족들, 우익 인사들을 학살했다는 점이다. 그리고 유엔군이 진격할 때 후퇴하던 인민군이 수천 명의 우익 인사를 원산·함흥·평양 등지에서 학살한 사실도 분명하다. 그런데 내가 진실화해위 상임위원으로 일하면서 체계적인 조사를 한 후 확인한 바로는 남한 지역에서의 군경·우익 단체에 의한 학살은 인민군이나 좌익에 의한 학살보다 훨씬 더 규모가 컸다. 제주4·3사건이나 여순사건의 경우 정부가 공식 확인한 희생자의 압도적인 다수는 반란군에 의한 피학살자가 아니라 군경·우익에 의한 피학살자였다.[2] 물론 한국전쟁기 학살의 경우도 인민군에 의한 것보다는 국군과 경찰에 의한 것이 훨씬 더 규모가 컸다.

한강 이남의 전국에서 발생한 보도연맹원 학살은 형태상으로 볼 때 가장 비극적이고 규모도 컸을 것으로 추정되나, 희생자 수를 정확히 추산하기는 어렵다. 보도연맹 학살 사건은 단군 이래 최대의 동족 살해 사건이며, 정부 수립 이후 국가가 저지른 가장 잔혹한 범죄라고 해도 과언이 아니다. 한편 인민군 점령기에 부역 행위를 한 혐의를 가진 사람들에 대하여 이승만 정부는 또다시 대규모 학살을 저질렀다. 고양·김포·강화·남양주 등지의 학살이 대표적인 사례였다. 한편 국군은 지리산 인근에 잔존하던 인민군과 지방 좌익에게 협력했다는 이유로 산간지대의 주민들을 학살했다.

인민군과 빨치산에게 협력했다는 의심만으로 영호남의 산간 오지 주민들을 살해한 일은 과거 일본군이 동학군과 의병 근거지를 토벌할 때 사용했던 초토화 작전과 다르지 않았다. 19세기 말부터 20세기 초까지 일본군은 동학군과 의병의 근거지로 의심되던 마을을 불태우고 움직이는 모든 생명체를 죽였는데, 반세기가 지난 1950년 전쟁 당시 국군은 동족들을 빨갱이로 의심하여 마을을 불태우고 청장년 심지어는 부녀자와 노인들까지 학살했다. 그리고 이 군인들 중 일부가 최고지휘관으로 참전했던 1960년대의 베트남에서는 평소 아무런 원한 관계도 없던 베트남 주민들을 베트콩으로 의심하여 마구잡이로 살해했다. 그리고 그 학살은 1980년 광주 5·18로까지 연결된다.

전쟁기 학살 사실을 주변 사람들에게 이야기하면 그들은 국가가 민간을 향해, 또 동족 간에 어떻게 그렇게 잔인한 학살을 자행할 수 있느냐고 반신반의하며 질문한다. 하지만 중세 유럽 여러 나라에서 발생한 학살, 독일 농민전쟁기의 농민 학살부터 한국의 1980년 5·18 광주 학살, 1990년대 탈냉전 이후 보스니아·르완다 등지에서의 학살에 이르기까지 모든 사례를 살펴보면, 학살이 주로 정복자나 타 인종, 타 민족에 의해 저질러진다는 상식은 틀린 것이다. 나치 독일에서의 유대인 학살이나 르완다의 후투족과 투치족 간의 학살이 보여주는 것처럼 잔인한 폭력과 학살은 바로 어제까지 서로 만나서 떠들고 같이 밥 먹던 이웃 사이에서 얼마든지 발생할 수 있다.

한국전쟁기의 학살은 물론 이데올로기적 증오와 내전이라는 상황에서 발생한 것이 맞지만 세상 사람들이 알고 있는 것처럼 단지 좌우파 간 대립의 산물만은 아니다. 남한 정부가 저지른 학살은 군경 등 정부 요직을 차지했던 구 친일 엘리트의 위기의식과 열등감의 산물이기도 하다. 옛말에도 선한 사람을 대할 때는 관대하게 하고 악인을 대할 때는 엄격하게 하라待善人宜寬 待惡人宜嚴고 했는데, 우리의 경우는 그 반대였다. 1949년 '반민족행위특별조사위원회(이하 반민특위)'의 좌절 등을 계기로 우리 사회는 일제에 부역한 기회주의자·출세주의자들에게 지나치게 관대했으며, 그 결과 반공이라는 포장 아래 기사회생해서 권력까지 잡은 구 친일 세력은 자신의 행적을 들추어내어 공격했던 항일운동 세력에게 거꾸로 보복을 했다. 서문에서 말한 김해의 사례처럼 전국 각지에서 민족의 양심을 지킨 중도파나 중도좌익 인사들이 지역사회의 일제 부역자들에게 좌익으로 몰려 거꾸로 학살당했다.

일본이 남긴 엄격한 상명하복의 군대·경찰 조직 문화도 학살을 증폭

시킨 배경이었다. 상관에 대한 일방적 충성만이 군인의 살길이라고 훈련 받아 민간인의 생명에 대해 조그만 존중감도 없을뿐더러 그런 교육은 물론 주의조차 받아본 적이 없는 군인과 경찰들이 내전 상황에 투입되면 이런 일이 일어날 개연성이 높다. 특히 한국전쟁은 전선이 수없이 이동하는 전형적인 내전이었고, 이 과정에서 소위 '톱질학살', 즉 남북한 아래위를 오가면서 보복과 재보복이 반복되는 학살이 발생했다. 학살은 주로 가족·씨족 단위로 발생했다. 가족·문중 구성원 중 한 사람이 피해를 입으면, 피해자들은 다른 문중 청년들을 모조리 학살하기도 했다. 전쟁 이전에 마을 단위나 씨족 간에 내재해 있던 적대감이 전쟁을 계기로 폭발하기도 했다. 스페인 내전 당시 "교회에 간다"고 좌익 공화파가 국민파 인사들을 학살하고 반대로 국민파는 "교회에 가지 않는다"고 좌익 공화파 사람들을 학살했듯이, 한국전쟁 당시에도 인민군이나 좌익은 기독교나 천주교가 제국주의의 반동 종교라 생각해서 수많은 기독교인들을 학살하기도 했다. 생텍쥐페리가 "내전은 전쟁이 아니라 병이라고 말했는데,"[3] 한국전쟁은 확실히 우리 사회의 법과 도덕을 비웃은 심각한 질병이었다.

"모르겠어요, 왜 우리를 죽였는지. 나는 지금도 이해할 수가 없어요."[4] 베트남전쟁 당시 한국군에게 가족을 잃은 피학살 생존자들은 이렇게 말한다. 베트콩에 협력한 적이 없다는 이야기다. 그런데 한국전쟁기 피학살자 유족들도 똑같이 말한다. "아무리 생각해도 우리 가족이나 아버지가 빨치산에게 협력하는 등 '죽을죄'를 지은 적이 없었다"는 이야기다. 왜 전쟁기, 특히 민간인 학살 현장에서는 이런 일이 일어날까?

한 가지 비밀은 군이 수행한 초토화 작전의 교범에 있다. 게릴라전에 투입되는 군은 교범에 따라 게릴라의 근거지, 인적·물적 자원의 제공지인 부락과 주민 모두를 게릴라로 취급하는 경우가 많다. 전선이 일정치 않은 곳에서는 적이 누구인지 모른다. 게릴라는 물론 그들에게 동조하는 사람들도 적으로 간주되고 '우리'의 범주에서 제외된다. 즉 그들은 인간의 범주에서 제외된다. 여기서 '동족', '이웃', 그리고 모든 사회관계는 단절된다. 특히 전투 중에는 내가 살기 위해서 보이지 않는 적은 완전히 제거되어야 한다. 한국전쟁기 아군에게 '빨갱이'는 같은 종류의 존엄성을 가진 인간이 아니었다. 그래서 나는 반공주의는 유사 인종주의라고 보았다. 베트남전쟁 시기에도 미군과 한국군에게 베트콩은 같은 종류의 인간이 아니었다. 그래서 무차별 학살이 자행되었다. "적은 우리와 같은 종류의 인간이 아니다"라는 가르침과 자기 확신은 전투 현장에서 작전이라는 이름으로 학살을 자행하는 전투원들의 살인에 대한 부담을 덜어준다. 그래서 그들은 그렇게 믿고, 또 믿고 싶어 한다. 그렇지 않으면 자신이 살인을 했다는 사실에서 오는 고통을 견뎌낼 수 없을 것이다.

그런데 나는 채의진의 사례를 보면서 전쟁 피해자 특히 학살 피해자들에게 한국전쟁은 아직 끝나지 않았다고 결론을 내렸다. 어린 시절 부모가 학살당해 고아가 된 피학살자 2세들은 극소수를 제외하고는 경제적으로 거의 하층민 신세를 벗어나지 못했고, 제대로 학교도 다니지 못했으며, 정신적인 고통에서도 벗어나지 못하고 있었다. 그들에게 국가는 없었고, 국민주권은 교과서에나 나오는 이야기였다.

그리고 나는 민주화 이후에도 부드러운 방식으로 학살이 지속되고 있다고 생각했다. 공안 기관의 위법과 권력 남용, 도시 재개발 철거 현장에 난무하는 폭력과 노동 현장의 구사대 폭력, 빨갱이라고 덧칠을 해서 특정인들을 정치적으로 매장시키고 죽음으로 몰아가는 일이 바로 그것이었다. 즉 나는 학살은 전쟁기에 나타나는 매우 특수하거나 예외적인 현상이 아니라, 평상시에도 폭력으로 정치적 저항 세력을 완전히 무력화하거나 제거하는 권력 행사의 한 특수한 형태라고 보았다. 권력과 언론은 노동자, 철거민 등 저항 세력의 위험을 강조해 그들을 사회적으로 고립시킨 다음 마치 적을 토벌하듯이 시위를 진압했고, 정치적 영향력을 갖게 된 진보 인사들을 빨갱이로 몰아 자리에서 쫓아내기도 했다. 유대인 학살을 비롯한 외국의 모든 학살에서 유사하게 나타나는 국가폭력의 정치는 군사정권 시절에는 물론이고, 매우 부드러운 방식으로 변하기는 했으나 민주화 이후까지도 사라지지 않았다고 보았다. 조르조 아감벤Giorgio Agamben이 말하는 '벌거벗은 생명', 즉 마구 폭력을 행사해도 아무런 문제가 되지 않는 존재가 여전히 정치적으로 특정되고, 그들의 고통에 대해서는 사회적 공감이 미치지 않았다. 법도 작동을 멈추고, 관료 조직은 최고권력자의 부당한 명령이나 지시를 생명처럼 받들었다.

　이처럼 내가 한국전쟁기의 학살을 단순한 역사 연구의 대상으로서가 아니라 민주화 이후에도 지속되는 한국의 지배 질서·권력 행사의 원형이라고 생각하게 된 계기는, 유족들이 50년 동안 계속 겪고 있는 고통을 통해 한국전쟁에 대한 공식 논리의 허구를 깨닫게 되었고 그들의 몸에 체현된 상처에 대한 '감정이입'을 통해 한국 정치와 한국 사회의 실상을 바라보게 되었기 때문이다. 물론 나는 학살을 연구 주제로 잡기 이전에도 거창사건, 제주4·3사건 등에 대해 충분히 알고 있었고, 그런 일이 전국적으로 만연했다는 점도 대략은 알고 있었다. 그런데 아는 것에도 여러 차원이 있다. 정보나 지식을 들어서 기억하는 것도 '아는 것'이지만, 특정 사실을 자신의 것으로 깊이 받아들여 자신의 이후 행동까지 변화시키는 앎도 있다. 나는 『전쟁과 사회』를 집필하면서 한국전쟁 특히 학살을 한국 정치·사회 작동의 기원이자 원리로 이해했다. 조지 오웰George Orwell이 「나는 왜 쓰는가」에서 "내가 폭로하고 싶은 어떤 거짓말, 사람들을 주목하게 하고 싶은 어떤 진실이 있다"[5]고 자신의 심경을 토로한 것처럼, 『전쟁과 사회』 집필 당시 당시 나도 그런 심정을 갖고 있었다.

한국전쟁기 학살 사건의 사실 자체, 특히 군경에 의한 피학살자의 고통과 한은 한국 사회, 한국 정치의 숨겨진 큰 비밀이었고, 한국에서의 인간 존엄성 유린과 사회적 배제의 모든 싹과 원형이 담겨 있는 현미경이었다. 그 후 범국민위에서 진상규명 활동을 함께 한 이창수도 민간인 학살 문제를 보면서 한국 인권 문제의 뿌리에 대해 생각하게 되었고, 학살 문제를 몰랐다면 인권 문제를 매우 피상적으로 아는 데 그쳤을 거라고 이야기한 적이 있다. 나도 전적으로 같은 생각이다. 학살 문제는 인권의 막장이다. 학살이 있었다는 것을 아는 것과, 그것의 반인도적이고 반인권적인 성격이 우리 사회에 어떻게 스며들어서 법과 제도, 의식 그리고 일상의 작동 원리가 되고 있는지를 아는 것은 별개의 문제다.

거창·제주·노근리 등 지역 차원에서는 이미 오래전 4·19 당시부터 진상규명과 명예회복 운동이 시작되었지만, 1999년 이전에 전국 단위로 이 문제를 제기한 예는 없었다. 그리고 당시 누구도 내게 이 일을 하라고 권유한 사람은 없었다. 오직 "책 읽는 것이 고통의 시작이요, 공부를 그치면 근심이 없어진다讀書之有患之始, 絶學無憂"는 말처럼, 사실을 알았고 그것의 현재적 연관성을 받아들였기 때문에 나의 근심이 시작된 것이다. 먼저 안 사람이 피해자의 고통에 응답해야 한다는 지식인으로서의 책임감이 나를 움직인 동력이었다.

## 기억의 댐

나는 학살 문제를 실천적으로 마주하기 이전인 1998년 11월 8일에서 13일 사이에 일본 리쓰메이칸立命館 대학에서 주최한 세계평화박물관회의에 다녀왔다. 이 행사는 전 세계 각국의 평화박물관 관계자들이 모여서 어떻게 지구촌에 평화를 정착시킬 수 있을지, 그리고 그것을 위해 어떻게 교육의 장으로서 박물관을 건설할 수 있을 것인지를 협의하는 자리였는데, 한국에서는 한완상 전 부총리, 나눔의 집의 혜진 스님, 독립운동사연구소의 정재우 교수, 그리고 우리 대학의 고병헌 교수와 내가 참석했다.

리쓰메이칸 대학은 과거 식민지 시기에만 하더라도 군국주의의 선봉에 서 있던 대학이라고 하는데, 그 후 성격이 완전히 바뀌어서 일본에서 가장 진보적인 성향을 가진 대학이 되었다고 한다. 학위가 없는 장기수 서승을 교수로 임용한 것만 봐도 잘 알 수 있거니와 당시 그 행사를 사실상 주관한 일본의 평화운동가 안자이 이쿠로安齊育郎 교수 같은 사람도 1960년대 이후 반핵 평화운동에 가담했던 대표적인 양심적 지식인이었다. 그런데 그 대학의 평화박물관은 내가 일본에 대해 갖고 있던 선입관을 뒤집었다. 히로시마 등지의 박물관은 오로지 피해자로서의 일본이라는 측면만 부각시키고 있다고 들었는데, 그 대학의 박물관 전시실은 일본 군국주의의 죄악상을 부각시키는 데 훨씬 비중을 두고 있었다. 사실 그곳의 전시물들은 젊은 세대의 일본인들보다는 유신 독재를 겪은 우리 세대 이상의 한국인들에게 더 익숙한 것이었다. '대동아' 전쟁을 부추기는 각종 팸플릿, 동원을 보여주는 각종 사진과 영상 자료, 일제 말 교과서와 일상생활 도구들이 잘 전시되어 있었다. 반면 미군의 공습이나 핵 투하 등에 의한 피해 사실은 예상했던 것보다는 훨씬 적은 비중을 차지했다.

전시물을 관람하고 로비에 올라오니 전 세계 각국에서 온 평화박물관 관계자들이 자신들의 박물관 관련 팸플릿·브로슈어·문건·안내문 등을 전시하고 있었다. 미국의 안네 프랑크 박물관, 영국의 브래드퍼드 대학 박물관, 중국의 인민항쟁 박물관 그리고 베트남의 전쟁박물관 관계자들도 참석해 자신들의 선전물을 게시했다. 한국의 경우 독립기념관의 전시물 몇 점과 나눔의 집의 정신대 할머니들이 그린 그림엽서 몇 점, 이준 열사 기념관이 소개되었다. 만일 내가 외국인이라면 그것을 통해 한국이 그동안 일본의 식민 침략과 전쟁과 분단을 겪은 나라라는 것을 아는 것은 불가능할 것 같았다. 솔직히 말해 창피스러웠다. 일본의 많은 민간 박물관 관계자들이 자발적으로 남경대학살 관련 자료를 모아 편찬한 책을 우리에게 건네줄 때는 더더욱 부끄러웠다. 오로지 일제 군국주의의 잔학상을 알려야겠다는 일념으로 일본의 많은 민간 연구 모임과 조그만 박물관 관계자들이 한국 관련 사진이나 문헌들을 게시하기도 했다. '스스로의 역사를 객관화시켜내지 못하는 우리의 처지', 당시 내가 그 전시장에서 느낀 한국의 자화상이었다.

이 자리에서 우리는 일본 『아사히신문朝日新聞』 기자를 비롯해 많은 사람들과 이야기를 나누었다. 베트남의 전쟁박물관 관계자들과도 이야기를 나누었다. 나는 한국인을 대표해 한국 군인들이 베트남전쟁 당시 저지른 잘못된 행동들을 사죄한다고 말했다. 그랬더니 이들은 양심적인 일본인들이 중국과 한국의 식민지 피해자들을 위한 구원 모임을 하는 것처럼, "혹시 한국에도 베트남전쟁 참전자들이 어떤 조직을 만들거나 자료를 수집한 예가 있는가"라고 물었다. 나는 한국에는 그러한 것이 없다고 말하기가 좀 뭐해서 잘 모르겠다고 얼버무리면서 단지 참전자들 중 고엽제 피해자들이 미국과 한국 정부를 향해 피해를 보상받기 위해 소송을 하는 등 약간의 모임을 형성하고 있다고 말했다. 그러나 그들은 혹시라도 한국에서 나온 베트남전쟁 참전 관련 자료들이 있으면 좀 알려달라고 몇 번이나 말했다. 나는 거의 가망이 없으리라는 것을 의식하면서도 그러겠다고 말했다. 용산에 건립된 전쟁기념관을 끔찍하게 떠올리면서……

그날 오후부터 다음 날까지 계속된 발표는 평화박물관을 어떠한 정신으로 건립할 것인가, 그 박물관에는 무엇이 들어와야 하는가, 왜 우리는 역사를 기억해야 하는가, 하는 내용으로 채워졌다. 나는 이 전시와 발표를 들으면서 역사교육의 중요성, 그리고 가장 중요한 역사교육의 장으로서 박물관의 중요성을 새삼 인식할 수 있었다. 그 이전에 나는 캐나다의 밴쿠버에 가서 콘센트 막사로 지은 박물관을 본 적이 있는데, 그때 "자신이 지나온 삶을 잊어버리지 않으려는 각 나라의 노력은 이렇게 대단한 것이구나" 하고 감탄했다. 읽는 것보다는 보는 것이 훨씬 더 중요한 교육 수단이라는 것은 두말할 나위도 없다. 그렇다면 전국 단위는 물론 도 단위나 시 단위에서도 나라의 역사와 지역의 역사를 생각할 수 있는 박물관 하나 변변히 건립되지 않았고, 또 박물관이 왜 필요한지를 거의 인지하지 못하는 우리나라에서 도대체 역사교육은 애초부터 불가능한 것이 아닌가 하는 생각이 들었다.

11월 11일 아침 이 학회 참석자들은 각각 오키나와, 히로시마, 나가사키로 현지 조사를 떠났다. 나는 한국에서 오키나와행을 신청했지만 그곳은 인기 코스여서 마감되었고, 결국 나가사키로 가게 되었다. 나가사키에서 우리 일행은 그 유명한 평화박물관을 방문했다. 언덕 위에 현대식으로 지어진 멋진 건물이었는데, 일본 전역에서 수학여행 온 듯한 학생들로 바글거렸다. 지하의 전시실로 내려가니 전시실의 안내 설명을 각 나라 말로 들을 수 있도록 이어폰을 나눠 주었다. 피폭 당시의 건축물, 도시 모형,

핵폭발 영상물, 핵으로 망가진 유리병이나 녹슨 철제물, 시체 사진, 피폭자 증언 영상물들이 매우 잘 정리되어 있었고, 학생들은 재잘재잘 떠들면서도 열심히 노트에 적고 있었다. 일본이 한국과 중국을 침략했다는 사실은 구석의 아주 작은 벽면에 그냥 언급만 되어 있었다. 온 전시장은 오로지 핵이라는 것이 얼마나 무서운 것인가, 나가사키라는 평화로운 항구가 어떻게 철저하게 붕괴되었는가에 초점을 맞추고 있었다. 그곳에는 군국주의 일본, 침략자 일본, 피해자 한국은 없었다.

관람이 끝난 후 토론회와 피폭자 증언이 있었다. 토론회에는 나가사키 시 당국자, 박물관 관장, 평화증진협회 위원 등이 주최 측으로 참석했다. 모든 참석자들에게는 원폭 관련 사진첩, 비디오테이프, 나가사키 시 소개 책자가 한 꾸러미씩 배포되었고, TV 방송국에서도 촬영 나오고 기자들도 열심히 사진을 찍어대는 등 굉장한 모임처럼 보였다. 미국인 참석자가 "이 박물관을 보고 핵이 얼마나 잔인한 것인지 깨달았으며, 피해를 당한 일본에게 진심으로 사죄한다"는 말을 꺼내며 토론이 시작되었다. 그러자 다른 서양인이 이 박물관을 보니 핵 투하 사실을 고립적인isolated 것으로만 다루면서 일본과 아시아의 총체적인 관계는 무시하고 있다는 비판을 했다. 이 발언에 고무되어 나도 발언을 신청했다. 나는 "일본인 당신들이 말하는 전쟁과 평화가 무엇인가"라고 말을 꺼내고는, 미국과 태평양전쟁을 하기 전의 오랜 침략 전쟁 사실이 이 박물관에서는 거의 취급되지 않고 있는데, 평화교육도 중요하지만 교육보다 더 중요한 것은 사실의 확인이라는 점을 지적했다.

회의가 끝나자 우리는 나가사키에서 아마도 최고급인 듯한 프린스 호텔로 안내되었다. 만찬에는 나가사키 부시장이 참석했으며, 마술사까지 동원하는 환대를 베풀었다. 케냐에서 온 학자는 이곳의 엘리베이터 크기가 자신이 있는 박물관 크기보다 크다고 농담을 하면서 평화를 위한다는 모임의 만찬이 너무 호화롭다고 비판했다. 그러나 회의와 만찬에서 우리는 매우 중요한 사람들을 만났다. 바로 정부에서 주도하는 이 평화박물관과는 다른 철학에 입각해서 나름대로 평화운동을 하는 사람들이었다. 이들은 일본 제국주의에 피해를 입은 사람들에게 사죄하고 보상하기 위해 평생을 애쓰다가 죽은 오카 마사하루岡正治를 기념하는 '나가사키 평화자료관' 관계자들이었다. 이들은 회의가 시작될 무렵 이미 자신들이 운영하는 평화자료관 안내문을 모든 참석자들에게 배포했는데, 그 팸플릿은 영어와 한국어로도 설립 취지, 일본의 침략 연표 등을 기록했다. 관장은 프랑스어를 능숙하게 구사하는 교수였고, 자원 활동가들은 우리나라의 80년대 어느 운동단체 사무실에서 만났을 듯한 인상의 여성들이었다.

우리는 만찬 석상에서 이들과 이야기하다가 저녁 관광 코스를 생략하고 이 자료관을 방문하기로 결정했다. 자료관은 호텔 근처 언덕배기의 골목 끝에 있었다. 3층 건물이었는데 1층과 2층에 주로 각종 자료를 전시했다. 1층에는 한국인 강제 노역자들이 일했던 탄광의 갱도와 식당을 복원해놓았고 조선인 피폭자나 징용자들의 사진과 증언을 제시했다. 2층에는 주로 정신대 관련 자료, 일본인이 한국인과 중국인들에게 저지른 만행 관련 사진, 강제징용당한 한국인들의 주소와 이름, 일본의 전후 보상을 독일의 그것과 비교하는 자료 등을 전시했다. 그리고 이 자료관의 설립자인 오카 마사하루에 관한 자료와 그가 남긴 서적들이 전시되어 있었다. 동행한 미국인 여교사는 연신 눈물을 흘리면서 놀랍다는 표현을 연발했다. 동행한 고병헌 교수와 이 박물관에 감동해서 있는 돈을 모두 털어 성금으로 내놓았는데, 다른 외국인 동행자들도 약간의 성금을 내놓았다.

사실 그때까지 나는 평화 문제에 대해서도 문외한이었고, 대일 과거 청산 문제에 대해서도 대학 교육을 받은 보통 국민들이 알고 있는 것 이상은 알지 못했다. 그곳의 행사 역시 그냥 일본 사람들이 자신들의 원폭 피해를 부각시키고, 우리보고 그러한 시각을 받아들이라고 강요하는 모임 정도일 거라고 생각했다. 그러나 막상 그곳에 도착해 사람들과 이야기 해보니 참가자들이 무엇을 하기 위해 모였는지, 그것이 오늘을 사는 우리에게 무엇을 의미하는지, 우리 정부와 민간은 무엇을 해야 하는지를 구체적으로 깨달을 수 있었고 아주 많은 생각들이 머릿속을 오갔다. 그 행사 중 각종 세미나에서 여러 가지 발표가 있었는데, 특히 노인들은 하나의 박물관이며 그들이 죽기 전에 증언을 들어야 한다는 이야기, 즉 기억이 흘러가 버리지 않도록 "기억의 댐을 쌓아야 한다"는 내용의 발표가 매우 의미심장했다. 즉 과거에 전쟁 피해를 겪은 사람들이 하나둘 죽어가고 있는데, 이들이 사망하면 과거의 잔혹 행위를 공개적으로, 집합적으로 기억시키는 일도 매우 힘들어지기 때문에 그들의 구술 기록을 철저하게 수집해서 후대에 남겨주어야 한다는 내용의 발표였던 것으로 기억된다.

'기억의 댐'이라! 참으로 신선한 내용이었다.

내가 일본 세계평화박물관회의에 참가한 뒤에 성공회대학의 민주자료관 건립 논의가 시작되었다. 1999년 무렵 동료 조희연 교수가 먼저 말을 꺼냈는데, 나도 일본 평화박물관과 평화자료관을 방문했었기 때문에 '기억의 댐'을 쌓기 위한 민주자료관 건립 필요성에 공감해 이 일에 참가했다. 곧 내가 책임자로 있던 성공회대학교 인권평화연구소를 주축으로 민주화운동자료관 건립 준비 모임을 만들었고, 유실되어가는 민주화 운동 자료를 모으는 작업이 추진되었다. 1999년 성공회대학이 주최한 학술 심포지엄에서 나는 "민주화운동기념관, 왜 건립해야 하나"라는 주제의 글을 발표해[6] 민주화운동기념관·자료관의 필요성을 사람들에게 역설했다.

그 후 각종 민주화 운동 자료가 성공회대학 민주화운동자료관에 쇄도했는데, 주로 과거 민주화 운동에 참여했던 선후배 동료들이 자기 집을 정리하면서 우리 학교로 들고 왔다. 이 자료관에 수집된 자료가 기초가 되어 오늘 민주화운동기념사업회의 자료센터가 구축되었다. 만약 우리가 이 운동을 시작하지 않았더라도 누군가는 이 작업을 했을지 모르지만, 늦어졌더라면 더 많은 자료가 망실되었을 것이고 민주화운동기념사업회의 자료센터도 만들어지지 않았을 것이다.

우연하게 참가한 회의에서 나는 전쟁 혹은 기억의 문제, 과거 청산 문제 등에 대해 깊이 생각할 수 있는 기회를 얻었다. 그리고 이 관심이 내가 한국전쟁기 학살 문제, 과거 청산 문제에 개입하는 데 한 단초가 되었던 것 같다.


## 『전쟁과 사회』의 문제의식

1990년대 중반에 나는 박사 논문을 보완해서 책으로 출간하고(『한국사회 노동자 연구』, 역사비평사, 1995) 곧이어 연구 주제를 한국전쟁 쪽으로 돌렸다. 내 나름대로 관련 자료를 수집하고 부분적으로 집필을 시작하던 1997년 가을, 석사 과정 친구인 김성기가 편집장으로 있던 『현대사상』 대담에서 『전쟁과 사회』 출간 구상을 공개적으로 밝혔다. 나는 그때 이 작업을 우리 세대가 해야 할 '숙제'라고 명명했다. 학부 시절 운동권 서클에서 활동하면서 한국 현대사를 쭉 공부해왔는데, 한국 현대사를 제대로 정리하고 나서 사회학, 특히 현대 한국 사회 연구에 본격적으로 뛰어 들어가자는 계획이었다. 그것은 한국 역사에 대한 깊은 이해나 천착 없이 서구 이론을 소개하다가 평생을 마친 선배 사회과학자들의 전철을 밟지 않겠다는 의지의 표현이기도 했고, 한국 역사에 대한 심층적인 이해와 정리가 전제되지 않고는 어떤 새로운 사회과학 이론이나 주장도 만들어질 수 없다는 평소의 확신 때문이기도 했다.

나는 노동운동을 연구하면서 한국의 지배 질서과 계급 관계, 특히 사회적 약자들이 지배 질서를 받아들이는 방식에 특별히 관심을 갖게 되었고, 그것은 국가폭력에 대한 관심으로 확장되었다. 그래서 한국전쟁을 민간인에 대한 조직적 폭력으로 바라볼 필요를 느꼈고, 한국인들의 원체험으로서 인민군 점령기, 권력 불신의 기원으로서 전쟁기 피난 문제를 조명하려 했다. 물론 애초에는 한국전쟁 자체를 다룰 생각보다는 전쟁이 이후 한국 정치와 한국 사회에 미친 영향을 살펴볼 작정이었는데, 한국전쟁에 대한 연구 자체가 완전히 공백 상태라는 사실을 발견하고는 한국전쟁의 사회학적 측면 자체를 파고들어가지 않을 수 없었다. 전쟁이라는 것이 원래 정치사회의 종합판, 인간사의 모든 갈등과 투쟁이 총체적으로 집약되어 있는 현실이라고 하지만, 한국전쟁은 그 후 남북 관계나 한미 관계, 그리고 남북한 정치사회의 모든 것을 이해하는 열쇠이자 오늘까지 연결되는 모든 정치사회 문제가 집약되어 있는 거대한 산악임을 새삼 확인했다.

나는 한국전쟁 관련 기존 자료와 연구를 본격적으로 뒤지면서, 이것은 한 학자가 일생을 바쳐도 충분히 마무리하지 못할 엄청난 주제라는 사실을 발견했다. 전쟁기의 군사적 측면은 말할 것도 없고, 전쟁을 둘러싼 한미 관계, UN과 미군의 관계, 미군의 폭격 정책, 중국·소련 등 사회주의권의 한국전쟁 참전, 전쟁기의 일상생활, 학살 사건, 피난민 문제, 전쟁기의 인구 변동, 전쟁기 기독교의 역할, 여성에 대한 성폭력, 고아와 입양 문제 등 수많은 연구 주제가 떠올랐다. 그러나 한국 사회의 당면 현실에 관심을 갖고 있었던 나로서는 주로 한국전쟁이 현재의 한국 사회 지배 구조와 어떻게 관련되어 있는지에 관심을 제한할 수밖에 없었고, 수많은 1차 자료를 건드릴 자신이 없었다. 그래서 우선 문제 제기적인 책을 쓰기로 작정했다. 그것은 바로 한국전쟁을 오직 군사·정치의 차원에서만 조명하는 기존 연구에 대한 반론 성격의 글, 즉 전쟁의 정치사회학을 문제 제기하는 글을 써보자는 것이었다, 나는 한국전쟁 발발 50주년인 2000년 6월에 책을 출간하기로 나름대로 계획을 잡아두고 있었다.

사실 민간인들에게 전쟁이라는 것은 죽음의 위험, 불안과 공포, 그것과 결합된 걷잡을 수 없는 분노와 욕망의 분출, 적대감과 강렬한 연대의식, 이런 것들이다. 스페인 내전에서도 그러했지만 현대전 특히 내전 상황에서 발생하는 인명 희생의 대부분은 전투 현장에서 발생하는 것이 아니라 제2의 전선, 즉 후방에서의 처형·상호 보복·병사·아사 등으로 발생한다. 물론 전투의 성패가 민간인들의 삶에 결정적인 영향을 미치기는 하지만, 민간인들에게 전쟁이란 전투 현장이 아닌 피난지와 후방에서 발생하는 위험과 끔찍한 보복이다. 전쟁을 겪은 한국 사람들에게도 '6·25사변'은 피난과 생활의 고통, 군인·경찰·미군·인민군·중국군과 접촉하면서 겪은 일들, 그리고 이웃 간의 살 떨리는 적대와 공포의 경험이다. 그런데도 전쟁의 이렇게 중요한 측면이 제대로 연구조차 되지 않았다는 것은 놀라운 일이었다.

그 무렵 내 주변의 학자들은 학살 문제보다는 한국전쟁을 어떻게 기억할 것인지에 더 큰 관심을 갖고 있었다. 즉 주류 한국전쟁론이 아닌 대안적 시각을 제기할 필요성에 나를 비롯한 모든 학자들이 공감하고 있었다. 그러나 나는 사회학도로서 한국 사회가 안고 있는 문제를 피해자의 관점에서 보는 습관이 있었다. 어떤 현상이든 피해자의 처지에서 위로 올려다보면 하늘 전부가 보인다고 생각하고 있었기 때문이다. 피해자들은 그들이 당하는 처지 때문에 그 사회 현실의 진면목을 몸으로 체현하고 있는 존재들이다. 그러나 사회의 높은 자리만 돌아다닌 사람들은 자신이 누리고 있는 지위·권력·돈을 자신의 능력의 결과로 착각하고, 그런 이유 때문에 이 세상에 대해 극히 단편적인 생각밖에 갖지 못하고 있다.

한국전쟁에 대한 나의 관심은 과거에는 민족주의적 정서, 즉 왜 우리 국민은 외세가 만들어놓은 분단과 전쟁의 희생자가 될 수밖에 없었는가라는 한탄에서 시작한 점도 없지 않았다. 그러나 그것은 점차 인권의 관점, 즉 인간을 가장 비인간적인 상태로 몰아넣었던 전쟁과 국가폭력이 한국에서는 왜 이렇게 영웅담으로만 기억되고 있는가라는 질문으로 확대되었다. 『전쟁과 사회』에서 나는 '대한민국은 아직도 '6·25전쟁'을 충분히 이해하지 못하고 있으며, 그것의 역사적 교훈을 받아들이지 못하고 있다'고 강조했다.[7] 그리고 한국전쟁을 연구하면서 한국전쟁에 관한 거의 모든 기록들과 자료들, 거의 모든 기념비들, 그 전쟁에 관련되었던 사람들이 만든 조직과 모임의 대부분, 참전 군인들의 회고록과 기념물이 전쟁의 최대 피해 국가인 한국 혹은 한반도에 있는 것이 아니라 미국에 있다는 안타까운 사실에 직면했다. 남북한 한국인이 최대의 피해자인 한국전쟁은 사실 국제적으로는 '한국인의 전쟁'이 아니었던 셈이다. 자기 민족 구성원 300만의 목숨을 앗아가고, 수백만의 이산가족을 남기고, 수십만의 억울한 피학살자를 남기고, 수십만의 전쟁고아와 전쟁 부상자를 남긴 이 부끄럽고 참혹한 전쟁을 겪고도 국가의 관리나 중요 언론인이나 지식인이 이러한 희생에 대해서는 일절 언급하지 않은 채 "6·25 때 우리나라를 구해준 미국의 은혜에 보답해야 한다", "4만 명 미군의 희생을 생각하자"는 유아기적인 발언을 50년 동안이나 반복한 나라가 한국이었으니 말이다.

나는 한국 내의 민주주의, 남북 관계, 한미 관계 등에서 도저히 이해할 수 없는 일이 발생한다고 느끼는 사람이라면 반드시 한국전쟁을 공부해야 한다고 생각했다. 특히 한국전쟁에 관한 일들 중에서 한국인들에게 가장 알려지지 않은 민간인 학살 사실들은 그 핵심 중의 핵심에 속한다. 터부에 그 사회의 진실이 있고, 예외에 보편적 내용이 있고, 신화에 현실이 거꾸로 표상되어 있기 때문이다. 우리가 알고 있는 한국전쟁은 바로 전쟁 후 남북한에서 기득권을 차지하게 된 승자들의 기록이었고, 그 과정에서 탄압받아 가장 큰 고통을 겪은 내부 피학살자들의 경험은 드러나지 않았다. 그 진실이 들추어지지 않도록 미국과 한국, 북한 당국은 기억을 통제하고 전쟁 기억을 일방적·조직적으로 주입했으며, 학살을 자행한 참전 군인이나 목격자들도 이 공식화된 전쟁 신화를 거부할 수 없어서 입을 다물었다. 미국과 한국 정부는 6·25를 '반공의 성전'으로 계속 공식화하여 모든 구성원들에게 조직적으로 교육하였으며, 역대 군부 정권은 진실을 밝혀달라는 유족들을 빨갱이로 몰아 감옥에 집어넣었고, 미국은 모든 관련 자료를 파기하거나 공개하지 않고 참전 군인들이나 경찰들을 회유하여 입을 다물게 했다. 한국의 정치가들은 이 사실을 듣고도 모른 체했고, 언론은 의혹이 드러나도 자체 취재를 억제하면서 외신이 이를 보도할 경우에만 수동적으로 보도했으며, 연구자들은 이 사실을 연구하거나 밝히려 하지 않았다. 신화는 지배자들의 공모의 결과였다.

　그러나 내가 한국전쟁, 특히 학살 문제에 끌린 것은 학자, 지식인으로서의 지적 관심 때문이기도 했다. 그것은 유족들의 고통스러운 증언으로부터 한국 사회를 이해할 수 있는 통찰력과 시사점을 얻었기 때문이다. 일제 식민지를 겪었던 어떤 유족은 전쟁기의 학살과 국가폭력을 겪고 나서 "남의 하늘 아래에서도 이러지는 않았다"고 말했다. 즉 대한민국 정부가 해방 직후부터 전쟁 기간까지 국민에게 가한 폭력이 일제강점기에 자행된 폭력 이상이었고, 대한민국 경찰과 군대의 공권력 행사 방식이 일제 경찰만큼 혹은 그 이상 잔혹했다는 이야기다.

여기서 민족주의 담론은 설득력을 상실한다. 설사 대한민국의 경찰이 한국인의 탈을 쓴 일본인, 미국인이라고 강조해도 답변은 충분치 못하다. 무엇이 그들로 하여금 동포 국민들에게 그렇게 잔인한 행동을 취하도록 만들었을까? 과연 동포라는 사실, 같은 민족이라는 사실이 사람들의 잔혹한 행동을 억제할 수 있는 공동체적 근거를 갖고 있을까? 같은 민족임에도 불구하고가 아니라, 같은 민족이기 때문에 더 잔인했던 것은 아닐까? 인간은 왜, 어떤 상황에서 이렇게 잔혹해지는 것일까? 과연 21세기의 민주화된 문명국가에서 이러한 잔혹성은 완전히 사라졌는가? 노골적 폭력이 사라졌다는 것이 사실상의 폭력 종식을 의미하는 것일까? 철거 현장이나 노동 현장에 만연한 폭력은 과연 전쟁기의 국가폭력과 근본적으로 다른 성질의 것일까? 한국 사회는 볼프강 조프스키Wolfgang Sofsky가 말한 것처럼 폭력의 가해자들이 해방되고 희생자들이 박살난 사회가 아닌가?[8]

발터 벤야민Walter Benjamin은 "역사가는 사건들의 순서를 마치 염주처럼 손가락으로 헤아리는 일을 중단한다. 그는 자신의 시대가 과거의 특정한 시대와 함께 등장하는 성좌구조를 포착한다"[9]라고 말한 바 있다. 나는 1987년 이후 '민주화'되었다는 공공연한 논의에도 불구하고 여전히 '폭력이라는 언어'가 설득의 언어보다 더 중요하게 작동하는 민주화 이후의 한국 정치 현실과 50여 년 전의 학살 사건을 하나의 성좌구조 속에서 이해했다. 그리고 학살 메커니즘을 들추어내는 것이 한국 사회의 작동 원리 이해에 중요한 메시지를 던질 수 있다는 확신을 갖게 되었다.

1950년대에 태어난 우리 세대는 전쟁을 직접 겪지는 않았지만 부모

세대의 전쟁 체험으로부터 결코 자유롭지 않았다. 어릴 때부터 이불 덮어 쓰고서 전쟁 때 가족 중 사망한 사람, 월북한 사람, 동네에서 있었던 좌우의 대립, 씨족 간의 대립, 억울한 죽음의 이야기들을 들으면서 자랐다. 그리고 부모의 체험은 자식의 행동에 큰 영향을 주었다, 대학생이 되면 제일 먼저 듣는 이야기는 데모하지 마라, 앞장서지 마라, 중간만 가라, 첫물은 피해라, 모난 돌이 정 맞는다는 이야기였고, 그 이야기들은 모두 한국전쟁기의 '원체험'에 의거하고 있다. 살아남은 우리의 부모님들은 이데올로기 대립의 와중에서 가족 친척 중 그렇게 '똑똑했던' 사회주의 운동가, 뭐가 뭔지도 모르면서 앞장서다가 개죽음당한 수많은 친구·친척들의 사례를 줄줄이 늘어놓았다. 좌익이든 우익이든 정치에 관여하거나 정치적 행동을 하다가는 죽음을 면치 못한다는 것을 몸으로 겪은 사람들이었다. 그래서 한국전쟁의 뒷면을 거론하는 것은 금기에 속했다.

그런데 『전쟁과 사회』의 서문에서도 밝혔듯이, 1977년 대학 입학 후 부모님의 이런 경고에도 불구하고 데모하는 데 찾아다니고 학생운동 서클에 들어간 것이나, 1990년대 중반 무렵 학살 문제에 관심을 갖게 된 것은 우리 부모나 가족 중에 전쟁 피해자, 특히 좌익 혐의를 받았던 피학살자가 없었기 때문이다. 즉 우리 가족과 친척 중에 이러한 유형의 피해자가 있었다면 나는 오히려 이 문제 근처에 가는 것을 기피했을 공산이 크다. 아버지는 전쟁 직전 경북 영주 지역에서 우익청년단 활동을 했기 때문에 전쟁이 발발함과 동시에 곧바로 대구로 피난해서 숨어 지냈고 어머니도 아버지를 따라 대구로 내려갔기 때문에 인민군 치하의 경험이 없었다. 동네의 우리 청도淸道 김가 문중에서도 일제시대 이래 좌우 대립은 있었고, 인민군 치하에서도 우리 성씨들과 동네의 타성 사람들이나 머슴 출신들과 충돌이 있었다. 일가친척들도 '바닥 빨갱이'들로부터 구타를 당하기도 했다고 들었지만 피비린내 나는 학살은 없었다.

즉 부모님은 학생 시절 내가 학생운동에 관여하는 것을 크게 걱정하고 말리기는 했지만, 전쟁 시기에 심각한 피해 경험이 있는 호남이나 다른 지역 친구들의 부모님들처럼 온몸으로 막지는 않았고, 나 자신도 그러한 가족 내 피해의식이 없었기 때문에 상대적으로 부담 없이 이 문제에 관여할 수 있었다. 함석헌, 장준하, 리영희 등 이북 출신의 양심적 인사들이 군사독재에 가장 적극적으로 저항할 수 있었듯이, 남한에서 '우익'이라는 신원보증이 없으면 군사독재 시절 반독재 운동에 가담하기 어려운 점이 있었다. 우리 가족 중에 월북자나 군경에 의한 피학살자가 있었다면 나도 애초부터 한국전쟁이라는 주제를 기피했을 것이고, 설사 관심은 가졌더라도 그냥 연구자로 머물렀을 것이다.

## 민간인 학살 문제가 공론화되다

1999년 말 내가 학살 현장 조사를 할 무렵, 제주에서 인권회의가 개최될 것이라는 소식이 들려왔다. 조용환 변호사가 주도하고 한국인권재단이 개최한 여러 번의 제주인권회의는 한국 인권운동사에서 기억될 만한 중요한 모임이었다. 각 분야의 중요한 인권운동가, 법학자를 비롯한 연구자들이 제주에서 2박 3일 동안 진지한 토론을 하는 중요한 기회였다. 나는 2000년 2월 모임에서 원래 신자유주의와 노동 인권 문제로 발제를 요청받은 상태였다. 나는 직장인 성공회대에서 인권평화센터 소장을 맡고는 있었지만 인권 문제에 대해서는 거의 문외한이었고, 1980년대식 운동권 사고를 여전히 갖고 있어서 인권이라는 것은 부르주아 개인주의 개념이 아닌가 하는 생각도 갖고 있었다.

그런데 가만 생각해보니 당시 나의 연구 주제였던 한국전쟁기 학살 문제와 같은 중요한 반인도적 범죄가 인권회의에서 다루어지지 않는 것이 참 이상하다는 생각이 들었다. 전쟁기의 학살은 인권의 범주에 포함되지 않는 것일까? 아니면 너무 심각하기 때문에 아예 포함되지 않은 것일까? 아무리 생각해도 그것이 다루어지지 않는 이유를 알 수 없었다. 그래서 혹시 이런 주제로 발표하는 사람이 있는지 조용환 변호사에게 물어보았고, 만약 일정에 없다면 막간의 시간에 특별 세션을 마련하는 것이 어떠냐고 제의했다. 조 변호사는 내 제안을 흔쾌히 받아들였다. 모든 일정이 확정되어 새롭게 이 주제를 집어넣을 수는 없지만 회의 중간에 특별 세션을 마련하자고 했다. 나는 관련 유족들이 참가해 그들의 육성을 통해 문제의 중요성을 알리는 것이 좋을 듯해서, 이 분야의 선구자인 정희상 기자, 문경의 채의진 유족회장, 함평의 정근욱 유족회장을 이 행사에 참석하게 하자고 제의했고, 참가자들에게 나눠줄 사건 자료나 문건도 각자 준비하라고 이야기했다.

결국 2000년 제주인권회의라는 공론의 장에서 전쟁기의 민간인 대량학살 문제와 그 해결의 필요성이 처음 거론되었다. 나는 200여 명의 인권회의 참석자들에게 학살 문제를 처음으로 이야기할 기회를 얻게 되어 자못 흥분했다. 당일 특별 세션에서 나는 짧은 발제를 했고 채의진 유족회장에게도 발언할 기회를 주었다. 그 자리에서 나는 다음과 같이 주장했다.

잘못된 역사를 의도적으로 묻어버리고, 체험자들의 체험을 왜곡하고 그들에게 침묵을 강요할 수는 있다. 그러나 그렇게 할 경우 잘못된 역사는 반드시 반복된다. …… 우리가 한국전쟁 50주년을 맞은 오늘의 시점에도 이 문제에 대해 명확하게 사실을 규명하고 억울한 희생자들의 영혼을 달래지 않는다면, 우리는 21세기 한반도에 평화와 인권이 정착되리라는 기대를 포기해야 할 것이다. …… 전쟁기의 양민 학살 문제 해결은 통일을 대비하는 데 매우 중요한 작업이 될 것이다. 남북한 간의 상호 적대감 해소 없이 남북한의 화해와 공존이 불가능하다고 볼 수 있는데, …… 북한 역시 자신의 침략이 가져온 비극에 대해 사과를 해야 하며, 남한 정부 역시 모든 책임을 북한에 돌리기보다는 전쟁이라는 명분 아래 불의의 희생자들이 발생한 사실을 인정하고 그들의 영혼을 달래는 성숙한 모습을 보여주어야 한다. 국가가 진정으로 '국민'의 국가가 되기 위해서는 이제 한국 정부가 이 문제를 더 이상 회피하지 말고, 구천을 떠도는 영혼을 위로하고 침묵하는 유가족들을 달래주어야 할 것이다.

그리고 외부 전문가들이 인권재단이나 여타 인권단체 협의체에서 학살 피해자 신고 센터 등을 만들어 피학살자 유족들의 신고를 받으면서 이 문제를 공론화하고, 학계에서는 전쟁 시 발생했던 학살의 규모와 양상을 가능한 한도 내에서 정리하되 정부가 예산을 편성하여 사실 규명 작업에 나서도록 촉구하고, 인권단체들이 주선하여 각 지역에서 고립·분산적인 활동을 해온 유족회들 간 만남의 자리를 주선해 정보 교환과 의사소통의 기회를 마련하고, 이 문제를 국제적으로 여론화하기 위해 수집된 사실들과 학자들이 정리한 내용들을 번역하여 인터넷 등을 통해 국제사회에 알리는 작업을 해야 한다고 제의했다.

그런데 이 특별 세션에 참석해 조용히 발표를 지켜보았던 원로 학자 지명관 교수가 놀라운 증언을 했다. 자신도 한국전쟁 참전자인데, 당시에는 분대장 이상 계급에는 즉결권이 있었다는 것이었다. 우리 모두가 처음 듣는 이야기였다. 아마 그도 공식 석상에서는 처음 이야기하는 듯했다.

이 발제를 마치자 인권회의 참석자이자 1951년 거창사건 발생 당시 가해 부대인 9연대 통역장교로 참전했던 리영희 선생이 조용히 나를 불러서 "잘했어"라고 칭찬하면서 내가 발제하는 동안 사람들이 조용히 숨죽인 채 내 발제를 듣고 있었다고 귀띔해주었다. 나는 리영희 선생의 격려에 용기 백배했다. 내가 혼자 고민하던 문제를 거의 처음으로 발표하고 관련 법학자, 인권활동가, 변호사들의 공감을 얻어냈기 때문이었다.

나는 이 특별 세션 직후 제주에서 보낸 며칠 동안 쉴 새 없이 사람들을 만나면서 그 자리의 몇몇 참석자들에게 학살 문제 해결을 고민하는 모임을 갖자고 곧바로 제의했다. 그래서 두 달 후인 4월 6일 서울에서 관심 있는 사람들이 모임을 갖기로 했다. 유대인 학살 문제를 세상에 알리기 위해 유엔과 미 정부 요로를 뛰어다닌 라파엘 렘킨Rafael Lemkin 정도의 열성과 정열은 아니었을지 모르나, 당시에는 이 일에 거의 팔을 걷어붙이고 나섰다. 그리고 이 문제에 관심을 가질 만한 사람들을 찾아보았다. 제주 4·3사건 해결에 오랫동안 개입해온 강창일 교수(현 국회의원), 『한국양민학살사』를 집필하기도 한 김삼웅 선생, 친일 문제 전문가인 정운현 기자, 한국전쟁 전문가인 강정구 교수, 학교 동료인 한홍구 교수, 이 분야 전문가인 정희상 기자, 조용환 변호사, 국제민주연대 차미경 사무국장 등에게 연락해 모임에 합류할 것을 부탁했다. 이 모임에서는 정부에 대한 정보공개 청구, 특별법 제정을 위한 전국적 공동 대응 필요성에 의견을 같이하고 그것을 위해 우선 한국전쟁 50주년을 맞아 6월 25일 전후에 관련 학술회의를 개최하는 일을 일차적인 과제로 설정했다. 그 후 4월 26일에 2차 모임을 갖고 명칭을 '한국전쟁전후 민간인학살 문제 진상규명을 위한 모임'으로 정하고, 강정구 교수를 대표로 추대함과 동시에 학술 심포지엄의 구체적인 일정을 상의했다.

그래서 우리는 그 모임을 세 차례 정도 갖고 6월 21일 6·25 50주년 직전에 심포지엄을 개최하기로 결정했다. 그리고 이 행사를 단순한 학술 행사로 마무리하기보다는 전국 단위로 유족이나 관련 사회단체를 조직화하는 계기로 삼기 위해 행사 준비 및 동원 겸 전국유족회준비위원회와 사회단체 모임을 가졌다. 그리고 각 지역에서의 특별법 제정 경과, 위원회 운영 상황을 검토했다. 당시에는 주로 제주 4·3사건, 문경 석달 사건, 함평사건의 처리 경과가 논의 대상이었다. 1996년에는 '거창양민학살사건희생자의명예회복에관한특별조치법(이하 거창특별법)'이, 1999년에는 '제주4·3사건진상규명및희생자명예회복에관한특별법(이하 제주4·3특별법)'이 제안되었다는 사실을 공유했고, 경북 문경 양민 학살 유족회가 양민 학살과 관련해 전국에서 처음으로 헌법 소원 심판을 청구했다. 노근리 및 미군 학살 건도 위원회가 꾸려져 조사가 시작되었으며, 고양 금정굴 사건은 도의회 차원에서 특별위가 구성되었고, 경북 지역 학살 사건도 도의회 차원에서 진상조사 중인 사실도 확인했다.

　　한편 대전형무소 재소자 학살 현장의 경우 2000년 7월에 고속도로 공사로 현장이 사라질 위기에 놓였다는 내용이 논의되었고, 제주 4·3사건의 경우 위원회 가동을 앞두고 정부가 준비한 시행령에서 심각한 문제점(군 전문가 포함 요구)이 노출되었다는 이야기를 들었다. 여타 사건의 민원 제출에 대해서도 국방부는 언제나 "노근리사건이 해결된 다음에 보자"고 답변한다는 이야기를 유족들에게서 들었다.

　　이 모임에서는 이런 논의도 있었다. "각 사건이 고립·분산적인 차원에서 문제가 제기되고 소송이 이루어지는데, 이렇게 되면 정부로서는 매 사건마다 특별법을 제정해야 하는 문제점이 있다. 개별 사건의 당사자로서는 이데올로기적 장벽을 넘을 수 없으므로 결국 진상규명을 포기한 명예회복에 초점을 두게 될 수밖에 없고, 유족들의 경우 통합성·단결력 결여와 피해의식 때문에 여전히 전면에 나서지 못하는 상황에 있다."

한편 6월 학술행사 직전인 5월 24일에는 광주에서 동아시아 인권평화회의가 개최된다는 이야기를 들었다. 우리는 또 한 번 주최 측에 급히 연락해서 이 회의 중에 시간을 할애해서 민간인 학살 문제를 논의하는 자리를 마련하자고 제안했다. 즉 동아시아 인권·평화 운동을 하는 사람들이 많이 모인 이 회의를 그냥 넘길 수는 없기 때문에, 학살 사건 관련 사진 전시회도 하고 연락되는 유족들이 모여서 향후 대책을 논의하기로 했다. 지리산 콘도에서 열린 이 모임에는 관심 있는 학자들이 자리를 함께했다. 당시 이이화 선생 등 이 회의에 참가한 역사학자들과 전문가들이 유족 증언 등 진행되는 이야기를 심각하게 경청했고, 그것이 계기가 되어 그 후 이이화 선생이 범국민위원회의 공동대표 역할까지 맡게 되었다. 나는 이 회의에서 사회를 보면서 전국 각지에서 온 유족들의 의견을 들었다. 이 모임은 유족 및 활동가들이 회의에 참가한 학자들에게 학살 문제의 심각성과 해결의 필요성을 알리는 중요한 계기가 되었다. 유족들의 증언은 거의 모두 자기 개인의 고통, 가족의 희생을 하소연하는 내용이었다. 어쨌든 이 회의에서 (가칭) '한국전쟁전후 민간인학살 유족협의회'를 결성하기로 의견을 모으고 6월 21일의 심포지엄에 유족들이 적극 참석하기로 했다.

우리는 드디어 6월 21일 '전쟁과 인권' 학술회의를 프레스센터에서 갖게 되었다. 우리 모임 대표인 강정구 교수는 물론 나중에 법무부 장관이 된 강금실 변호사에게도 발제 한 꼭지를 부탁했고, 나도 「민간인 학살 문제 왜, 어떻게 해결되어야 하나」라는 글을 발표했다. 한홍구 교수에게 급히 성명서를 하나 써달라고 부탁하고 당일 행사를 위한 자료집을 만들었다. 아마 한국전쟁기 국군과 경찰이 저지른 학살 문제를 인권 차원에서 제기한 공식 학술행사는 전쟁 발발 후 50년 만에 처음이었을 것이다.

나는 그 발제 논문에서 여러 가지 문제를 제기했지만, 특히 이제 양민이라는 말을 쓰지 말고 국제적인 규범에서 사용되는 민간인civilian이라는 개념을 사용하자고 제안했다. 그 이유는 양민이라는 것은 사상적 순수성, 즉 세계를 선과 악의 이분법으로 구분한 다음 좌익을 악으로 보고 그러한 의심을 받지 않을 수 있는 사람을 지칭하는 것인데, 양민 학살이라는 말을 받아들이면 양민이 아닌, 정치 이념을 가진 사람 특히 좌익에 대해서는 학살을 해도 좋다는 것이 되기 때문이었다. 평상시는 물론 전시에도 보통 사람들은 사상적·정치적 문제에 대해 분명한 입장을 취하지 않는 경우가 많고, 사람의 속생각을 권력의 잣대로 판단해서 처벌하는 것이 적절치 않다는 점을 고려해본다면 불순분자와 대비되는 양민 개념은 적절치 않았다. 그것은 어떤 가치를 절대 선으로 놓고 그것을 어기는 사람들을 불순한 존재로 규정하는 극도의 반공주의가 통용되는 냉전 시대 한반도에서나 적용될 수 있는 개념이었기 때문이다. 어쨌든 그러한 주장을 한 이유는 국가주의의 관점이 아니라 인권의 관점에서 한국전쟁 중의 민간인 학살 문제에 접근해야 하며, 좌우 구분을 떠나 전시에 발생한 모든 억울한 죽음들, 특히 남북한 양 공권력에 의해 저질러진 모든 민간인 학살 문제를 보아야 한다고 생각했기 때문이다.

한편 그날 행사에서는 유족 증언도 곁들였다. 문경 유족인 채의진이 유족회 대표로 증언했고, 곧이어 『한겨레신문』과도 인터뷰했다. 그는 이 자리에서 학살에 가담한 군인들보다도 이 문제를 외면해온 국회의원, 학자, 언론인들이 더 밉다고 말하기도 했다. 그리고 "이들 중 양심적인 사람이 단 한 사람만 있었어도 억울한 죽음의 진실이 여태까지 규명되지 않았을 리 없다"고 피를 토하듯이 말했다.

어쨌든 이 역사적 행사를 무사히 마쳤다. 뒤풀이 저녁 식사 자리에서 제주4·3특별법 제정 운동 경험이 있는 강창일 교수가 일회성 학술행사를 하고서 일을 마칠 수는 없지 않느냐고 말했다. 즉 전국 단위 피학살자 문제 해결을 위한 통합특별법을 제정할 필요가 있고, 그것을 위한 운동단체가 필요하다는 이야기였다. 우리가 주축이 되어 입법 활동을 계속해나가자는 것이었다. 고양이 목에 누가 방울을 달 것인가?

나도 행사를 준비하면서 어렴풋하게는 유족 조직화 등 무언가 더 필요할 것 같다고 생각은 했지만, 약간 당황스러웠다. 그날 민간인 학살 문제 해법을 제안하기도 했지만 내가 그 일을 해야 한다고 구체적으로 계획하지는 않았기 때문이다. 한국의 단체나 사회운동 진영의 일이 언제나 그렇듯이 먼저 말을 꺼낸 사람이 말에 책임을 져야 하는 일이 결국 발생했다. 강창일 교수는 사무실은 서울역 앞의 '제주4·3사건진상규명및희생자명예회복위원회(이하 제주4·3위원회)' 서울 사무실 공간이 있으니 그것을 같이 사용하면 될 것이고, 회비 걷어서 간사 두고 일하면 되지 않겠냐고 했다. 2월부터 이 문제를 앞장서서 제기해온 처지에 나는 못하겠다고 빠질 수도 없는 형편이고 해서 꼼짝없이 이 일에 끌려 들어가고 말았다. 그리고 강 교수는 자신이 운영위원장을 맡을 것이니 나보고 사무처장을 맡아달라고 했다. 거절할 명분이 약했던 점도 있지만, 나 역시 그 일이 필요하다고 주장해왔기 때문에 일단 그렇게 하자고 동의했다. 연구자에서 활동가로 변신하는 순간이었다.

## 입법 투쟁의 시작

대전에는 산내면 골령골이라는 곳이 있다. 뼈다귀 골짜기라는 말이다. 그런데 이 명칭은 분명히 1950년 7월 남한 최대 규모의 비극적인 학살 사건이 일어나기 아주 오래전에 만들어졌다. 정말 신기한 일이다. 이곳이 신라와 백제의 전투가 치열하게 전개된 곳이라고는 했다. 그런데 이곳에서 비극적인 학살 사건이 발생할지 이 지명을 만든 옛사람들이 어찌 짐작했을까? 내가 어릴 적에 들었던 "골로 간다"라는 말에는 우리 현대사의 비밀이 담겨 있다. 그 비밀은 단지 과거의 사실로 남아 있는 것이 아니라 오늘날 한국 사회의 죄와 벌, 권력 앞에서 약자들이 갖는 두려움의 밑바탕을 이루고 있다. 말은 곧 사회관계이며 언어는 지배를 표상한다. 한국전쟁을 공부하고부터 연구자인 내게 아름다운 한국의 골짜기들은 전혀 다른 의미로 부각되었다.

학술행사를 기획했던 주요 구성원들과 몇몇 유족들은 2000년 여름 뼈다귀 골짜기가 있는 바로 그 대전에서 범국민위 구성을 위한 MT를 하면서 대강의 사업 방향과 계획을 세웠다. 그리고 그 자리에서 범국민위 창립준비위원회가 공식 구성되었다.

결국 2000년 9월 7일 '한국전쟁전후 민간인 피학살자 전국유족회 결성식 및 한국전쟁전후 민간인 학살 진상규명과 명예회복을 위한 범국민위원회 창립 대회'가 기독교 연합회관 대강당에서 개최되었다. 이영일 여수지역사회연구소 소장이 사회를 보았고, 상임 대표를 맡은 강정구 교수가 개회 선언을 했고, 운영위원장을 맡기로 한 강창일 교수가 경과보고를 했으며, 사무처장을 맡기로 한 내가 사업 설명을 했다. 채의진 문경유족회장은 범국민위 상임 대표 겸 전국유족협의회 대표를 맡았다. 그는 그 자리에서 "나는 지금까지 평생 동안 오직 문경사건 해결만을 위해 일해왔는데, 앞으로는 전국 피학살자 문제 해결을 위해 일하겠다"고 공식 선언했다. 범국민위는 앞으로 피해 실태 조사 사업과 통합특별법 제정 사업을 벌이기로 했다. 조직 확대를 위해 연구자협의회, 사회단체협의회, 유족협의회를 내부에 두기로 했다. 이 세 주체를 운동의 중심 동력으로 삼자는 이야기였다. 통합특별법 사업을 축으로 하되, 정보공개 청구 사업, 유족회 결성 및 유해 발굴 사업, 피해 실태 조사 연구 사업 등을 추진하기로 했다.

우리는 여론의 주목을 받기 위해 행사를 마친 다음 여의도에서 유족이 주도하는 집회를 개최했다. 장례식에 등장하는 만장과 위패를 앞세운 특이한 상여 시위였다. 입법 투쟁을 알리는 대장정의 시작이었다.

# 2장

# "천년을 두고 울어주리라"

## — 한국전쟁기 학살 사건과 유족의 고통

지금까지 한국에서 '빨갱이'로 지목되는 것은 조선시대에 대역죄를 저지르는 것, 나치 치하에서 유대인으로 지목되는 것과도 같았다. 특히 한국전쟁기에는 사회 테두리 밖의 존재였기 때문에 그들에게는 어떠한 폭력과 업신여김을 가해도 용인되고, 재산을 가로채도 좋고, 그 집 부녀자들을 성적으로 유린해도 용납되었다. 한국전쟁기에 국군과 경찰에 의해 학살당한 사람은 공식적으로는 '폭도' 혹은 '빨갱이'였고 살아남은 가족도 '빨갱이'였다. 지난 60여 년 동안 피학살자들의 가족들과 기적적인 생존자들은 '산송장'이었다. 우리 사회는 산송장이 이웃에 널려 있는데 그 존재를 외면하면서 살고 있다. 도대체 그런 국가나 사회는 어떤 곳일까?

## 세 번 죽은 유족들

나치의 유대인 학살로 온 가족을 잃고 이 문제를 해결하려고 불철주야 뛰어다니다가 유엔 제노사이드협약을 성사시킨 렘킨은 나치의 학살을 '이중 살인'이라고 부른 적이 있다. 학살 자체가 그 첫 번째요, 그 사실을 알지만 공개적으로 언급하지 않고 비난하지 않으려 한 연합국의 태도가 두 번째 학살이라는 것이다.[1] 그런데 한국전쟁기의 학살 사건에 관심을 가질 무렵, 나는 그의 존재는 알았으나 글을 읽어보지 못했고, 이중 살인이라는 말도 몰랐다. 그냥 한국전쟁 피학살자들이 사건 이후 살아온 삶을 들어본 다음 한국 사회는 좌익 관련 피학살자들과 가족들을 세 번 죽였다고 단언했다. 학살 자체가 첫 번째이고, 1960년 당시 진상규명 요구를 탄압하고 그 일에 앞장선 사람들을 감옥에 집어넣고 진상규명 요구를 폭력으로 틀어막은 것이 두 번째이며, 그 후 유가족과 자식들을 모두 '빨갱이'로 취급하여 1980년대까지 연좌제로 묶어서 입도 뻥끗하지 못하도록 한 것이 세 번째다. 즉 한국에서는 전후 일본에 대한 연합국의 태도처럼 비인도적 범죄를 처벌하지 않은 정도에 그친 것이 아니라, 한 술 더 떠서 학살 피해를 호소하는 피해자들을 탄압하고 그들의 입을 강제로 막았으며, 학살 이후에도 여전히 남은 가족들을 빨갱이로 몰아 산송장 취급했다는 점에서 차이가 있다. 특히 세 번째 학살은 정부가 단독으로 저지른 것이 아니라 언론, 사회, 이웃 사람들의 협력과 공모 아래 이루어진 것이다. 그 사실을 알고 있는 사람도 침묵했고, 또 알고 싶어 하지도 않았으며, 그들은 빨갱이였으니 어차피 죽을 목숨이라고 자신의 묵인과 방관을 정당화했다.

전후 독일과 달리 한국 정부는 국군에 의한 민간인 살상 사실을 완전히 부인했고, 거짓 공식 문서를 수십 년 동안 그대로 두면서도 반성과 수정의 노력을 전혀 하지 않았다. 예를 들어 1949년 문경 석달마을에서 국군에게 학살당한 사람들의 호적에는 이들이 '공비'에게 학살당한 것으로 기록되어 있으며, 1951년 2월 6일 전후 경남 거창에서 국군에게 학살당한 사람들의 호적에는 '사유 미상'으로 기록되어 있다. 국군이 죽였다는 것을 목격한 사람이 버젓이 살아 있는데, 가족 관계 기록을 반대로 적어놓거나 사실을 기록하지 않았다.

유대인 학살 현장에서 살아남아 학살 과정을 증언한 대표적인 사람이 이탈리아계 유대인 프리모 레비Primo Levi다. 국제적으로도 학살 관련 논문이나 책에 단골로 등장하는 사람이 바로 프리모 레비인데, 한국에는 서경식의 소개로 그의 저서와 관련 서적이 많이 번역되어 있다. 그러나 그는 "판사보다는 증인이 되고 싶다"면서 "아우슈비츠는 끝나지 않았다"는 내용의 책 등 몇 권의 소설을 남기고서 시대의 증언자가 되었으나 결국 자살로 생을 마감하고 말았다. 그의 자살 여부에 대해서는 논란이 있지만, 자신이 겪은 악몽 같은 일을 이해시키려 해도 세상 사람들이 그것을 제대로 공감하지 못했고, 결국 그는 자신을 죽음으로 몰아넣었던 바로 그 현실은 바뀌지 않았다고 고통스러워했다.[2]

학살 현장에서 가해 권력과 인간의 악마성, 그리고 죽음의 그림자를 몸서리치게 겪었던 당사자, 살아남은 사람들이 현장에서 입은 상처로 인한 고통, 그 가족들에게 남은 학살 현장의 끔찍한 기억은 평생 짊어지고 가야 할 멍에인지 모른다. 육체에 남은 상처는 평생의 고통이었다. 일부 사람들도 알고 있는 진아영 할머니(일명 '무명천' 할머니)는 4·3사건의 피해자로서 그 아픔을 상징적으로 대변해온 사람이다. 그는 1949년 서른다섯 살에 경찰이 발포한 총에 턱을 맞고 그 후 한평생을 무명천으로 턱을 가리고 제대로 말도 못하고 후유증에 시달리며 살다가 2004년 9월 아흔 살의 나이로 사망했다. 총상으로 허리와 다리를 제대로 쓰지 못하고 평생 병원에 다닌 사람, 자상을 입어 고통을 겪은 사람들도 무수히 많다. 그들의 상처 입은 몸과 고통은 우리 사회에서 전혀 알려지지 않은 사실이다.

한편 학살의 기억으로 정신적 멍에를 짊어진 사람들은 그 이후에 스스로 생을 마감하기도 했다. 그런데 학살 현장에서 기적적으로 살아남은 사람이 분노와 수치감에 떨다가 또다시 고통, 죽음으로 내몰린 또 하나의 원인은 그들의 이야기를 들어주지 않는 무심한 세상이었다. 특히 가해자가 사과를 하기는커녕 여전히 자신의 행동을 정당화하거나 아예 그런 사실이 있었다는 것 자체를 완전히 부인할 때, 피해자에게 죽음과 같은 고통은 계속된다. 문경 석달 사건의 생존자인 채의진은 "나를 덮치는 좌절감을 가누지 못해서 청와대나 국회의사당 앞에서 분신자살이라도 해야겠다는 엉뚱한 생각에 사로잡히기도 했다"고 토로했다.

아버지를 살해한 권력이 남은 자식들까지 빨갱이로 모는 정치 현실에서 정상적인 정신을 갖고 살 수 있을까? 대량 학살에서 살아남은 사람의 삶의 모습을 보여주는 수많은 유대인들의 이야기도 한국전쟁기 피학살자 유족들이 짊어졌던 삶의 무게나 고통에는 훨씬 미치지 못할 것 같다. 한국에서 사건 이후 생존자나 가족이 겪어온 고통은 유대인 학살보다 훨씬 잔혹했다. 즉 역대 한국 정부와 지배 집단은 군경에게 학살당한 사람들의 가족들을 좌익으로 몰아 국가 밖으로 내몰고 각종 불이익을 주었기 때문에 이들은 죽은 목숨처럼 살아야 했으며, 국민 아니 인간으로서의 존재 자체를 부인당했다. 스페인 내전 후의 프랑코 체제를 제외하면, 1915년 아르메니아 학살과 유대인 학살을 비롯한 전 세계 학살의 역사에서 그 어느 유족들도 한국전쟁기 피학살자 유족들만큼 사건 이후 심각한 정치 탄압이나 이웃의 냉대, 정신적 고통을 겪지는 않았다. 이들은 가해자들이 경찰서장도 하고 국회의원도 하고 국방장관도 하는 곳에서, 또 그들이 공공연하게 학살을 정당화하고 하늘도 알고 땅도 아는 바로 그 사실과 전혀 배치되는 공식 기억을 만들어 강요하는 세상에서 50년 이상 살아야 했기 때문이다. 즉 사건 이후 목격자의 산 체험을 침묵시킨 문화적 폭력은 유대인 학살의 경우보다 훨씬 심각했다. 유대인 학살의 경우 그 후 생존자의 여러 증언이나 목격담이 쏟아져 나왔지만 한국에서는 수십 년이 지나도록 대부분의 경우 침묵이 지속되었는데, 바로 이 침묵의 깊이와 시간은 정확히 폭력의 강도와 비례한다.

2000년 이후 본격적으로 나타난 유족들은 "수십 년 동안 우리 마을 사람들은 숨도 못 쉬고 살았다"고 증언했다.[3] 입도 뻥끗 못할 정도가 아니라 '꿈에서라도 발설하기를 주저'했다. 사실상 죽은 목숨이었다는 이야기다. 숨도 못 쉬었다는 것은 그냥 그들이 사회에서 발언권이 없었다든지 억울함을 공개적으로 호소하지 못했다는 것과는 차원을 달리한다. 부모

혈육에게 가해진 끔찍한 폭력을 목격하거나 그 이야기를 들음으로써 거의 반 미쳐버릴 지경이 되어버렸는데도 존재 자체가 아예 부인당하는 위협 속에서 살았다는 말이 된다. 가족이 쪼개지고 마을이 갈라져 싸우고 이웃이 원수가 되었다. 한 마을에서 큰집 작은집 형제끼리도 서로 상대를 하지 않기도 했다.[4] 가해 세력들이 중앙과 지방의 모든 힘 있는 기관을 차지하게 되자 이들은 자기 죄도 모르는 죄인이 되어 절망에 빠졌다.

"국군은 북한의 침략에 맞서 싸운 정의로운 군대이니 사람들을 학살했을 리가 없다." "학살은 주로 공산주의자들이 저질렀다." "전쟁기에 학살당한 일은 개죽음이니 그것에 대해 왈가왈부할 필요가 없다." "괜히 똑똑한 척 잘난 척 설치다가 총을 맞아 죽었으니 본인 잘못이다." 이런 식의 언명 위에서 국군에 의해 민간인이 학살당한 것을 두 눈으로 똑똑하게 목격한 사람도 완전히 입을 다물었으며, 자식들에게까지 자기 경험을 말하지 않았다. 소포클레스의 비극 『안티고네』에서 왕의 엄명에 따라 안티고네 자매가 오빠 폴뤼네이케스의 시신을 수습하거나 애도하지 못한 것처럼,[5] 가족이 직접 피해를 당한 사람들도 아버지의 시신을 수습하지도 억울한 죽음을 애도하지도 못했다. 그리고 자신의 아버지는 국군이 아니라 공산당에게 학살당한 것이라고 자기최면을 걸고, 나중에는 진짜로 그렇게 믿었다. 그래서 유족은 애도의 행위인 제사도 마음대로 지낼 수 없었다. 제주4·3사건 진상규명 작업에 앞장선 지역 사회단체 사람들은 처음에 '제사라도 지내게 해달라'고 특별법 제정의 명분을 제시하기도 했다. 즉 누가 죽였는지는 묻지 않을 것이다, 죽은 사람 제사 지내고 싶어도 제삿날을 몰라 지내지 못하니 날짜만이라도 알려달라는 것이었다.

그리고 이웃 사람들도 이웃 '빨갱이'들의 죽음에 조의를 표하거나 그 가족의 고통에 공감을 표시할 수 없었다. 바로 피해 당사자의 부인, 목격자의 부인과 자기검열 때문에, 사회는 끔찍한 학살 사건과 철저하게 거리를 두려 했다. 이 두려움의 문화가 지금까지도 전쟁과 독재를 겪은 한국 사회의 모든 구성원을 짓누르고 있다. 그래서 국가폭력은 우선 몸을 파괴하고, 그다음으로 인간의 자존감 즉 정신을 파괴하고, 더 나아가 사회관계를 파괴한다. 폭력의 상처를 입은 후 생물학적 존재로서 인간은 살아남을 수 있으나, 생각하고 슬퍼하고 공감하고 저항하는 존재로서의 인간, 그리고 그의 건강한 정신은 사라진다.

대다수 피학살자의 유족들은 가장인 아버지가 비명횡사한 뒤로 못 배운 설움과 가난으로 인한 고통이라는 이중고를 겪고 살아야 했다. 이들 피학살자 유족 대부분은 학살 사건 당시에도 한국 사회의 최빈곤층이었다. 산간 오지에 사는 사람들이 많았기 때문이다. 그런데 남성 가장, 집의 기둥인 청년 남성이 사망하자 남은 가족은 더 처참한 상태로 떨어지게 되었다. 어린 자식들이 학교를 제대로 못 다니는 것은 물론 끼니도 해결할 수 없는 상태가 되었다. 이웃도 이들을 냉대했기 때문에 새댁은 개가를 하고, 남은 자식은 고아나 거지처럼 살아야 했다. 자식들은 제대로 배우지 못했기 때문에 자신의 의사를 제대로 표현할 수 없었고, 돈이 없기 때문에 오로지 먹고사는 문제에 모든 것을 걸 수밖에 없었다. 가난한 사람들은 바로 가난하다는 그 이유 때문에 자신이 겪고 있는 고통을 온전하게 표현할 수 없고, 사회의 다른 '정상적인' 사람들과 자유롭게 만날 수가 없다. 그래서 학살 사실만큼이나 혹독했던 가난과 정치적 차별에 신음했던 유족들 대다수는 이 계속되는 '비상사태'에서 버티느라 외마디 소리도 지를 수 없었다. 설사 발언하거나 호소할 의지가 있어도 생업을 팽개치고 그 일에 나설 수는 없었다. 1965년 수하르토 쿠데타 과정에서 학살당한 인도네시아 사람들, 1980년대 과테말라나 페루의 내전에서 학살당한 원

주민들의 처참한 삶도 아마 이와 같았으리라.

2000년 9월 범국민위가 결성된 뒤로 여의도 시위 현장에 빠짐없이 나타났던 양산의 유족 양기순 할머니는 "사는 게 젤로 힘들더라. 친정도 어렵게 살지 않았다가 시집와서 농사도 신랑이 다 짓고 그래 살다가 몬하는 일로 할라카이 너메너메 힘들더라. …… 나무 하러 갔다가 나무는 눈에 안 띄고 눈물밖에 안 나더라. …… 내 죽을 때까지 말 안 하고 내 가슴에 안고 죽을라는데 일이 이레 되고 보이 이젠 말 다 해준다"[6]라고 한을 토해냈다. 그녀에게는 국가도 원수였지만, 젊은 부인 혼자 두고 죽은 남편도 '원수'였다.

그러므로 한국의 학살 피해자들이 겪은 고통을 일회성 학살 사건에서 기인한 것으로만 이해해서는 안 된다. 그리고 사건 시점에 너무 어려서 그 일의 성격과 의미도 이해하지 못한 상당수 피학살자 2세들에게는 사실 억울함보다는 원망이 더 크다. 왜 그런 일이 일어났는지 알지 못하는 피학살자들의 부인네들은 그저 남편이 운이 없어서 죽었다고만 생각한다. 그 후 진실화해위 조사 활동을 하면서 가장 놀랐을 때는 살아남은 부인들에게 남편이 왜 죽었냐고 물어보면 "그때는 계엄 상황 아닙니까"라고 오히려 그들 방식의 '정답'을 말할 때였다. 참 충격적이고 놀라운 답변이다. 그들에게 대한민국이 주입한 것은 계엄 상황에서는 사람을 마구 죽여도 문제가 안 된다는 것이었다. 총을 든 사람이 마음대로 사람을 죽일 수 있는 무법 상황, 그것이 피학살자들이 보고 겪은 대한민국이었고 살아남은 사람들은 그런 대한민국을 받아들였다. 그래서 당시의 군경이 도덕적으로 무너졌듯이, 피해자들도 도덕적으로 완전히 무너졌다.

그런데 국가는 우리가 자유롭게 선택할 수 있는 조직도, 구매했다가 반품할 수 있는 상품도 아니다. 아무리 국가나 대통령이나 정치가들이 증오스럽더라도 보통 사람들에게 해외 이민이나 탈출은 쉽게 선택할 수 있는 대안이 아니다. 최인훈의 소설 『광장』의 주인공 이명준처럼 한국전쟁 포로가 되어 제3국을 선택한 사람들은 극히 예외적인 존재였다. 사실 남한은 분단된 후 섬나라가 되었다. 남한 사람은 바다를 거치지 않고서는 북쪽의 대륙이나 일본 등 다른 섬이나 대륙으로 건너갈 수 없었다. 피학살자 유족들은 이 남한에서, 가족을 죽인 국가가 지긋지긋하다고 숨거나 도망갈 곳이 아무 데도 없었다. 그렇다면 국민으로서 존재를 부인당한 피학살자 유족들은 사랑하는 가족을 죽이고 자신의 존재도 부인하는 국가를 어떻게 받아들이고서 살아야 할까? 그들을 파농Frantz Omar Fanon이 말한 '자기 땅에서 유배당한 자들'이라 말할 수 있지 않을까?

우선 탈출이나 이민을 감행할 수 없었던 유족들은 일단 살아남아야 했다. 생존을 위해서는 국가에 협력하고 복종해야 했다. 그런데 국가가 퍼뜨리는 공식 기억은 억울하게 학살당한 이들 가족이 '빨갱이'라는 것이므로, 그것을 바꾸거나 도전할 수 없는 한 자신의 기억을 지우고 새 정체성을 세워야 한다. 국가의 공식 입장이 반복되고, 그 국가에서 살아야 하는 피해자들의 자기최면이 반복되면 어느새 그것이 진실이 되어버린다. "죄 없는 선량한 양민"이라는 주장은 생존해야 할 그들로서는 불가피한 자기 증명이었다.[7] 노근리 학살 사건의 유족들도 당시의 피난민 중 "불순분자는 없었다"고 주장하고 있다.[8] 즉 그들 중에는 좌익이라는 의심을 받을 만한 사람이 없었기 때문에 학살은 억울하다는 이야기다. "누가, 왜 죄 없는 나와 내 가족을 죽이려 했는가"라고 공개적으로 물을 수 없는 상황에서는, "나는 아무 잘못이 없다"고 거꾸로 항변하는 수밖에 없었다. 국가가 잘못한 일이 있다는 말조차 끄집어낼 수 없으니, 내가 잘못하지 않았다고 항변하는 수밖에 없다. 그리고 자기최면을 걸어야 한다. 국군은 민간인을 죽일 리가 없으므로 자기 아버지는 인민군이 죽인 것이라고…….

그들은 그렇지 않아도 '관청', '정부 사람'들에게 잔뜩 감시를 받고 있는 처지였으므로 의심받을 만한 행동은 하지 말아야 한다. 그래서 제주 4·3 학살 사건 피해자들은 전쟁 발발 후 고향의 부모와 형제들이 '빨갱이'로 몰려 죽어가고 있을 때, 육지의 11사단에 입대해서 '빨갱이'들을 소탕하는 현장의 가해자가 되기도 했다. 평소에도 정부에 적극 협조해서 자신의 선량함, 좌익이 아니라는 것을 입증해야만 살아남을 수 있었다.

조선시대에 대역죄로 멸문지화를 당한 사람들이나 노비의 처지가 이와 같았을까? 무슨 씻을 수 없는 잘못을 했기에 가족의 대들보가 죽은 것도 모자라 살아남은 사람도 이토록 고통 속에 몸부림을 치면서 살아야 했을까? 유족들은 "우리 아버지가 무슨 죽을죄를 지었습니까?" "우리가 왜 죄인처럼 살아야 합니까?"라고 공개적으로 묻지도 못하고 그냥 "무조건 당신들은 죄인이니까 꼼짝 말고 있어라"라는 당국의 폭력 앞에 숨죽이고 살았다.

그리하여 1999년 해외 통신사 AP에 의해 노근리에서 벌어진 미군의 민간인 학살 사건이 전국에 메아리치고, 거창사건과 제주 4·3사건 특별법이 제정되고, 각 지역에서 산발적으로나마 한국전쟁 피학살자 진상규명 활동이 시작되던 시점에도 대표자급의 유족을 제외하고는 자신도 피해자라고 공개적으로 나서는 사람은 거의 없었다. 목격자나 기적적인 생존자들은 이제 연로하여 거의 대부분 사망했으며, 너무 연로해 과거의 기억도 가물가물한 상태였다. 그래서 학살 관련 증언이나 목격담도 유족이 아니라 작가나 언론인, 지식인들에게서 먼저 나왔다.

그런데 피학살자들이 살던 동네의 이웃의 냉대와 차별, 사실상의 불가촉천민 취급은 유족 당사자들만 고통스럽게 한 사회 현실이 아니었으며, 기성 권력을 계속 유지·강화하고 이와 유사한 인권침해가 계속 나타나게 하는 요인이었다. 즉 피학살자 가족들과 일반인들 간의 사회적 거리감은 사회의 특정 집단을 비인간화하는 기반이 되었다. 지그문트 바우만 Zygmunt Bauman은 책임감, 즉 모든 도덕적 행위에 블록을 세우는 일은 다른 사람들과의 근접성proximity에서 나온다고 말했다.[9] 그런데 심리적 거리감은 공간적 거리감보다 더 중요하다. 나치가 본격적으로 학살을 시작하기 이전에 이미 독일인들이 유대인들에 대해 '구제할 가치가 없다'고 생각했기 때문에 유대인 학살이 그렇게 거침없이 자행된 것이다. 즉 요즘 식으로 말하면 왕따로 찍혀 집단 따돌림을 당한 학생은 어떤 심각한 고통을 겪어도 옆자리 친구의 동정을 얻기가 어렵고 결국 자살에 이르게 된다. 1980년 5·18 당시 전두환의 신군부가 유독 호남의 광주를 표적으로 삼아 학살을 자행할 수 있었던 것도 이러한 조건을 이용했기 때문이 아닐까?

## 1960년, 유족들의 호소

나는 2000년에 범국민위 활동을 시작하면서 정확히 40년 전인 1960년에 전국적으로 유족들이 벌였던 학살 진상규명 운동을 복원하는 의미가 있다고 생각했다. 1989년 무렵, 4·19혁명 30주년을 준비하면서 4월혁명연구소에서 기념 논문집 원고를 수집했는데, 당시 편집 책임자였던 고 김진균 교수의 조교 역할을 했던 나는 4·19 직후 나타난 여러 운동 중에서 피학살자 유족회 활동에 대해서도 누군가 집필을 해야 하며, 그것은 그동안 아무도 연구하지 않은 매우 다루기 어려운 주제라는 이야기를 들은 바 있었다. 그러나 당시 나는 4·19 직후의 통일 운동이나 사회 개혁 운동에만 관심이 있었기 때문에 피학살자 유족회 운동의 역사·사회적 의미나 성격에 대해 충분히 이해하지 못하고 있었다.

피학살자 유족회 운동! 그것은 어둠 속에 어른거리는, 뭔가 가까이 가면 안 될 것 같은, 손에 잘 잡히지 않는 두려운 실체 같은 것이었다. 1970년대 말 대학생 시절에 1950년대 진보 정치가인 조봉암이라는 인물이 이승만의 정적으로 몰려 처형되었다는 사실을 처음 접했을 때 가졌던 느낌도 그와 비슷했다. 어른들이나 사회가 그곳에 가면 안 되고 그것을 알 필요가 없다고 말하는 금단의 영역을 엿보는 두려움 같은 것이었다.

어쨌든 나는 활동을 시작하면서 4·19 직후의 유족회 운동이 어떻게 전개되었으며, 어떻게 좌절했는지 검토했다. 이승만이 하야한 직후인 5월경부터 당시에 가장 진보적 언론이었던 대구 『영남일보』와 『대구일보』 등의 지면에서는 한국전쟁기 학살 사건에 대한 보도가 줄을 이었고, 그 결실로 경북 지역에서부터 유족회가 조직되기 시작했다. 경남의 각 군 단위, 그리고 전남 일부에서도 유족회가 조직되었다. 특히 그중에서도 국민들에게 '공인된' 학살 사건인 거창사건 유족의 활동이 가장 활발했다. 이승만이 하야한 후 채 한 달도 되지 않았던 시점인 5월 19일에 재경 거창 유학생들이 법무부와 법원으로 몰려와 사건의 주모자들을 처단하라는 구호를 외치고 결의문을 전달하기도 했다.[10] 그리고 여러 지역에서 전쟁 당시 군경과 협력하여 주민을 밀고했던 사람들에 대한 보복 폭행이나 테러가 빈발했다. 거창에서는 당시 주민들을 좌익으로 몰아 고문까지 했고, 신원면 학살 사건 때 주민들이 살려달라고 애원했지만 군인을 도와 그들을 죽이는 데 앞장섰던 면장 박영보를 돌로 때려 실신케 한 다음 불태워 죽인 사건이 발생했다.

유족들의 분노와 보복심은 무서웠다. 전국 여러 곳의 피학살자 유족들은 조심스럽게 이야기를 털어놓기 시작했고, 목 놓아 울 수 있었다.

> 사나운 바람이 이 마음을 쏘고
> 외치는 분노의 피 물결치면서……
> 가자, 대열아 피를 마시고 자라난
> 우리는 피학살자의 아들딸이다.

대구·경북 지역 피학살자 유족들이 부르던 회가의 가사다. 6월 15일 대구 상공회의소에서 경북 지구 피학살자 유족회 결성 대회가 열렸다. 그리고 7월 28일 대구역 광장에서 수천 군중이 모인 가운데 합동 위령제가 열렸다. 소복을 입은 30대 초반의 청상과부들과 예순 전후의 피학살자 모친들이 구름처럼 몰려들었다. "학살 관련자는 모든 공직, 정치에서 물러가라", "무덤도 없는 원혼이여 천년을 두고 울어주리라"라는 플래카드가 펄럭였다. 유족 문옥경이 "산산이 부서진 이름이여 불러도 대답없는 이름이여"라는 소월의 시 「초혼」을 낭독하자 광장은 온통 울음바다가 되었다. 경남의 진영·마산·울산, 그리고 대구·경북 지방을 시작으로 이들은 전국 조직화를 시도했다. 마산의 노현섭을 회장으로 추대해 정부에 단체 등록도 했는데, 1960년대 활동 개황 보고를 보면 "법을 통하지 않고 인명을 살해한 자를 처단할 특별법을 제정할 것"을 제일 먼저 제시했다. 거창·창녕 등 일부 지역에서 유족들은 과거의 가해자들에게 보복을 가하기도 했다.

유족들의 무서운 기세에 눌려 이승만 하야 후의 자유당도 국회에 '양민학살진상조사특위'를 만들어 학살 진상조사 작업에 들어갔다. 국회 조사반은 경남·경북·전남반으로 나누어 조사에 들어갔다. 그러나 그것은 한 지역에 2, 3일 정도 머물면서 유족들과 참고인들의 증언을 듣는 정도의 극히 형식적이고 미봉적인 조사였다. 더구나 학살 당시의 가해자였던 사람이 국회의원이 되어 조사단에 포함되는 웃지 못할 일도 있었다. 예를 들어 한국전쟁 당시 경남 경찰국장을 역임하면서 학살 사건을 관장했던 최천이 통영 지역에서 4·5대 국회의원이 되어 경남반 반장을 맡았고, 통영·거창 지역 조사에 나서기도 했다. 대구 지역 조사 과정에서는 한국전쟁 당시 대구시 경찰국장이던 조재천이 학살 집행자로 지목되기도 했다. 그러자 국회의원 신분이었던 그는 동료 의원들을 향해 "명령권자가 군인지 CID인지 나는 모른다. 나는 오히려 학살 명부에 올라 있던 억울한 사람을 빼내주기도 했다"고 반박하기도 했다. 그 시점에 국회 조사반이 내려와 유족들에게 질문을 하자 "조사를 하면 뭘 합니까, 죽은 사람만 불쌍하지요", "그놈들을 잡아 갈기갈기 뜯어먹어도 분이 안 풀리겠다" 이러한 말들이 튀어나왔다.[11] 4·19 직후 자유당 주도의 조사는 2000년 당시 미군의 노근리 학살 사건 조사와 마찬가지로 여론의 압박과 피해자의 요구에 수동적으로 떠밀려, 조사는 하되 오히려 가해를 정당화하려는 쪽으로 몰아가는 조사의 전형이었다.

당시 국회 특위는 조사를 마친 후 '양민학살사건처리특별조치법(가칭)' 제정을 촉구하기도 했다. 그러나 민주당 정부도 이 문제에 소극적이었다. 윤보선 대통령도 "거창사건 등 묵은 사건을 가지고 떠드는 것이 길어지면 어려운 여러 가지 문제가 파생하게 되니 대책을 강구하도록 하라"는 식으로 무마하기에 급급했다.[12] 곧이어 5·16 쿠데타가 일어났다.

5·16 군사 쿠데타 세력은 다시 유족들의 입을 틀어막았다. 박정희 군사정부는 1960년 4·19 직후 대구에서 전개된 피학살자 유가족들의 진상규명 요구를 '빨갱이' 운동으로 취급해 이들이 스스로 작성한 자료를 모두 뺏고, 주모자를 감옥에 집어넣었다. 그들은 "유족회 사건은 엄히 다루되

반공을 국시의 제일의로 다루는 혁명정부에 유족회 사건이 가장 위해로운 사건이므로 엄격히 수사하라"고 지시했다. '혁명검찰'은 "6·25동란 시 사망한 좌익분자를 애국자로 가장시키고 우리 군경이 선량한 국민을 무차별 살해한 것처럼 왜곡·선전한다면 일반 국민들이 군경을 원망하게 되어 민심이 더욱 소란해지고 반공 체제에 균열이 생길 것"이라며 이들을 기소했다.[13] 당시 혁명검찰은 전쟁 중 이적 행위로 처형된 자를 군사정부가 반국가 행위자로 판단했는데, 그 유족들이 자기 가족을 처형한 군경을 색출하여 처단하라고 주장한다면 그것이 곧 반국가 행위에 해당한다고 판단하여 공소장을 작성했다고 한다.[14] 그러나 당시 이택돈 재판장은 "유족들이 전쟁 중에 억울하게 가족을 잃고 신원을 요구하였는데, 또 그 가족들마저 잡아들여 구속하고 반국가 행위자로 만들면 그 자손들이 그 일을 되풀이할 것이 아닌가"라면서 일부 무죄를 선고했고, 이 일로 박창암 혁명검찰부장과 이택돈 재판장이 혁명재판부 건물 복도에서 치고 박고 싸우기도 했다고 한다. 그러나 양심적 판사 이택돈은 "천륜으로 보면 어찌 유죄가 될 것인가?"[15]라고 검찰과 이견을 보였다는 것이다.

5·16 군부 세력은 제주 예비검속 유족들이 유골을 발굴해 만든 백조일손지묘百祖一孫之墓,[16] 거창 등지의 합동위령비의 글자를 정으로 쪼아 뭉개버리고, 쪼개서 땅에 묻었으며 합동묘를 파헤쳤다. 거창의 경우 5·16 직후 경남도지사가 개장 명령서를 문홍주 유족회장에게 발송했고, 거창 경찰서 신원지서장 이중화가 합동묘가 묘소설치법 위반이니 무덤과 위령비를 없애라고 지시했다. 그러나 유족들이 봉분만 제거하자 1961년 6월 15일 지서장이 인부들을 동원해 위령비에 새겨진 글을 정으로 쪼아 지워버리고 위령비를 파괴했다. 문병현 거창 유족회장은 "예부터 묘는 함부로 손대지 않는데 국가기관이 강제로 억울한 희생자들의 무덤을 파헤친 것

은 부관참시에 해당하는 야만행위다"라고 말했다.[17] 죽은 자를 또 죽인 5·16 군부의 행동은 용기가 아니라 비겁함이었다.

나는 범국민위 활동을 하면서 40년 전 유족회 운동에 가담했다가 감옥을 살고 나온 사람들이 생존해 있다는 사실을 처음으로 알게 되었다. 김해 진영 유족회 활동을 했다가 감옥 갔다 나온 김영욱, 부산 동래 유족회 건으로 구속되었던 송철순, 그리고 대구 유족인 이복영 등이 바로 그들이었다. 헌책방에서 구해 읽었던 『혁명재판사』의 판결문에서 보았던 이름들이었다. 역사책에 나온 인물을 40여 년이 지난 시점에 내가 다시 만났다는 사실이 정말 말로 표현할 수 없는 묘한 감정과 충격을 주었다. 나는 대구와 부산을 다니면서 이들을 직접 만났고, 이들로부터 당시 유족회 활동에 대한 생생한 증언을 들을 수 있었다. 1960년 당시 20, 30대의 청년이었던 그들은 이미 60, 70대의 노인이 되어 있었다.

그때 당시 유족회 활동의 진원지였던 대구·경북에서 위령제나 유해 발굴 작업을 하고 장차 전국 유족회까지 결성하려고 준비했던 대구 이원식의 아들 이광달도 만날 수 있었다. 나는 이미 그전부터 그가 유족회 활동과 관련된 부친의 자료를 갖고 있다는 소문을 들었다. 그래서 당시 범국민위 대표 역할을 하던 강정구 교수와 급히 대구로 내려갔다. 그는 팔공산 자락에서 식당 세를 받으면서 예술 활동을 하고 있었다. 그의 부친인 이원식은 당시 대구·경북 지역 유족회를 실질적으로 이끈 사람이었고, 대구의 유명한 문화 인물이기도 했다. 이원식은 한국전쟁 직후 부인이 자기가 없는 사이에 대신 끌려가 학살당한 것(대살)에 분노와 원한이 사무쳐 당시 그 일을 하게 되었다고 한다.

팔공산 자락에 있는 이광달의 집에 찾아갔을 때 그가 금고를 열고 보여준 자료는 놀라움 그 자체였다. 일부는 언론에 공개한 적도 있는 것이었는데, 가장 귀중한 것은 4·19 직후 유족들의 집회, 위령제, 발굴된 유골 등의 사진이었다. 그리고 이원식이 일제강점기 때부터 5·16 직후 감옥에 들어가서까지 적은 파란만장한 일기들도 놀라웠고, 감옥에서 밥풀을 붙여 만들었다는 자신의 흉상도 참으로 찬탄을 금할 수 없는 귀중한 자료였다. 이광달은 한 가지 안타까운 이야기도 해주었는데, 당시 그의 부친 이원식이 사실상 전국 유족회 결성을 주도했기 때문에 그의 집에 유족들의 피해 신청서가 한 방 가득 쌓여 있었고 그 자료에는 온갖 피해 사실들이 모두 적혀 있었다. 그런데 5·16 이후 화를 입을까 두려워 모두 태웠다는 것이다. 정말로 안타까운 일이었다. 그 중요한 자료가 당국의 탄압 위험 때문에 모두 재가 되었다는 사실이. 그래서 우리 현대사에는 피해자 측의 자료가 씨가 말랐구나 하고 다시 생각하게 되었다. 자료를 가지고 있다는 것이 언제나 화를 불러왔기 때문에 1970년대에 청년기를 보낸 우리도 모든 자료를 스스로 없애지 않았는가.

이원식은 원래 박정희의 대구사범학교 선배로서 일제강점기에 교편을 잡고 항일 활동을 한 적이 있고, 의사고시에도 합격해 의사로 일하면서 각종 고문서와 고서화를 수집하기도 하고 영화에 손을 대기도 하는 등 문화계에서 폭넓은 활동을 한 다재다능한 인물이었다. 수학이나 과학에도 조예가 깊어 본인이 직접 피타고라스 정리를 풀어 세계 수학사에서 획기적인 작업을 했다고 자찬하기도 했다. 그의 기록을 보니 정말 한 개인이 이렇게 다재다능할 수 있을지 놀랄 지경이었다.

그런데 그가 전쟁 발발 직후 해방 정국에서의 활동 때문에 예비검속 대상이 되어 피신한 사이 그의 부인이 대신 끌려가 대구 인근의 가창골에서 학살을 당했다. 이원식은 의사였기 때문에 경제력도 있는 데다 사상적으로도 반이승만 노선이 명확했고 또 인적으로도 대구의 민족사회주의 계열 인사들과 두루 교분이 있었기 때문에, 4·19 직후 유족회 활동을 주도할 수 있었던 것 같다. 물론 자기 대신에 죽은 부인에 대한 애정이 그의 활동의 1차 동기였다. 그는 옥중에서 기록한 일기의 한쪽에 이렇게 적어 놓았다.

나는 13년 전, 죽은 무덤 없는 아내와의 애정 때문에 사형수가 되었다.

그는 감옥에는 필기구가 없어서 카스테라에 붙은 포장지를 떼내어 밥풀로 비벼 글씨를 만들어 붙였다.

그런데 이광달은 내가 말한 두 번째 학살, 즉 5·16 이후 그의 가족이 겪은 두 번째 비극에 대해 이야기했다. 이원식은 유족회 활동 때문에 5·16 이후 체포·수감되고 사형수가 된다. 어머니를 졸지에 잃고 힘겹게 살아오던 아들 이광달은 부친의 일을 직접 돕고 있었는데 아버지가 체포된 후 같이 끌려가 어린 나이에 고문을 당했고, 그의 누나는 이 사건 때문에 자살을 하고 말았다. 결국 이원식은 무기징역, 10년형으로 감형받아 출옥했는데, 기쁨도 잠시, 교통사고를 당해 사망하고 말았다. 이광달은 자신이 대한민국에서 할 수 있는 일이 아무것도 없는 '살아 있는 주검' 신세가 되어 골방에서 그림을 그리다가 예술계로 나가게 되었다고 말했다. 그의 이야기를 들으니 해방 정국에 좌익 활동을 했던 사람들의 자식들이나 피학살자 유족들이 예술가가 된 사례가 생각났다. 소설가 이문구, 김원일, 김성동, 이문열 등이 대표적이다. 이들이 소설가가 되는 과정은 거의 비슷하다. 이들은 고시에 패스해서 관리가 되거나 학자가 되고 싶었으나, 연좌제 때문에 그렇게 될 수 없어서 소설가가 되었다. 결국 이광달은 부친이 남긴 골동품을 팔아 근근이 생계를 유지했지만, 나중에는 팔아먹을 것도 없어져서 그림물감이나 도화지도 살 수 없었다고 한다. 결국 그는 미대에서 조각으로 전공을 선택하여 예술가로서 자리를 잡았다. 어머니의 억울한 죽음, 항일운동가였으며 유족회 운동을 주도했던 아버지의 고난, 그리고 자신이 겪은 고통이 그의 모든 작품에 그대로 표현되어 있다. 그는 열여덟 살에 당한 고문의 충격 때문에 여전히 말을 더듬고 있었다.

이원식 집안의 슬프고 충격적인 이야기를 듣고서 우리 일행은 서울로 올라왔다. 40여 년 전 4·19 직후의 유족회 활동이 피학살자 유족들에게 두 번째 학살이었던 이유를 더욱 구체적으로 확인할 수 있었다. 사실 그 사건은 단지 유족만을 향한 두 번째 학살이 아니라 모든 대한민국 사람을 또 한 번 얼어붙게 만든 국가폭력이었다. 한국의 권력이라는 것이 이렇게 잔인할 수 있는가? 오직 겪어본 사람들만이 전율할 정도의 잔인함을 알고 있을 것이다. 그러나 남의 체험을 몸으로 받아들인 나에게도 그 잔혹함은 온몸을 전율케 했다.


## 복수하지 못하는 고통, 기억해야 하는 고통

나는 범국민위 초기 활동 당시 왜 그렇게 억울하게 죽임을 당하고 또 인간 이하의 대접을 받으면서 살아온 학살 사건의 피해자들이 자신과 가족의 피해 사실을 적극적으로 나서서 거론하거나 해결의 주체로 나서지 않는지 잘 이해하지 못했다. 그런데 그들과 만나면서 점차 왜 그들이 그렇게밖에 행동할 수 없었는지 알게 되었다. 그것은 단지 범국민위 입법 활동을 위해서만 필요했던 것이 아니라, 사회학자로서 전쟁을 겪은 한국인들의 심층적인 정신 구조를 이해할 수 있는 극히 중요한 기회가 되었다.

그것은 어떤 학술 서적이나 논문에서도 얻을 수 없는 생생한 피해 민중의 삶과 정신세계였다. 가공할 폭력은 피해자를 육체적으로만 불구로 만드는 것이 아니라 정신도 파괴한다는 것을 알았다. 합리성이라는 개념으로 인간의 행동을 설명하는 사회과학으로는 도저히 이해할 수 없는 일들이 한국에서 매일 일어나고 있었다.

역사와 사회, 정치 현실은 그것을 가장 처절하게 겪은 사람들의 몸에 새겨져 있고, 마음에 녹아 있다. 그래서 피억압자의 몸과 마음이 바로 역사이고 그 자체가 정치 현실이다. 학살 현장에서 살아난 사람들의 몸에는 총탄 자국과 칼자국, 그리고 일그러진 팔과 다리가 그날의 지긋지긋한 기억을 생명이 다할 때까지 환기시키고 있다. 앞서 말한 제주도 '무명천' 할머니의 날아간 턱이 그렇다. 1950년 12월 6일 함평의 장교마을 집단 학살 사건에서 엉덩이에 총상을 입고 살아난 안종필은 평생 목욕탕을 한 번도 가보지 못했다고 한다. 날이 흐리면 견디기 힘든 통증이 찾아오는 일상을 60년이나 겪었다. 그의 어머니는 그를 안고 있는 채로 총알이 왼쪽 팔을 관통해 팔뼈가 으스러진 상태로 60년을 살고 있다. 함평 남산뫼 사건에서 일곱 발의 총상을 입고 살아난 정남숙은 평생 국가를 원망하면서 살아왔다. 그 역시 날이 흐리면 통증이 심해지기 때문에 언제나 쾌청하기만을 바라며 살았다고 한다.[18] 이들의 몸과 마음은 그 폭력의 충격으로 입은 외상에 의해 완전히 일그러졌다. 이들의 망가진 몸은 사실의 증거이지만, 그것은 다른 사람들에게 한 번도 공개된 적도 없고 또 공개될 수도 없는 것이었다.

국가가 강요한 공식 기억과 존재 부인(빨갱이 낙인)은 이들을 국가 내의 이방인으로 만들었다. 누구도 그들과 함께하려 하지 않았고, 아무도 그들을 동정하지 않았다. "인간에게 인간성을 제거하고 세계와의 관계,

그리고 세계에 대한 대안적인 시각과 관계를 빼앗을 때 인간은 능동적인 저항은커녕 어떤 행위도 시작하기 쉽지 않다"[19]고 한다. 기억으로 남아 있는 상처는 육체적 상처보다 더 심하게 그날의 일을 되새김질하게 만들고 다른 사람이 보기에는 이해할 수 없는 행동을 하게도 한다. 그래서 편집 증적으로 과거를 잊어버리려 하고, 권력에 대해 사시나무 떨듯이 공포감을 표시하고, 세상을 그냥 불신한다.

눈앞에서 아버지나 어머니가 총칼을 맞고 비명을 지르며 죽어가는 모습을 목격했던 피학살자 유족들에게는 살아남아서 그것을 계속 기억해야 한다는 것, 그리고 국가가 강요하고 선전하고 교육하는 전쟁에 대한 공식 기억과 충돌하는 개인 기억을 갖고 있다는 것 자체가 죽음과 같은 고통이고 그 기억을 생생하게 되새김질하는 한 정상적으로 살아갈 수 없다. 베트남의 예비역 중장은 왜 그들(피학살자 유족)이 과거를 닫으려 하는가라는 질문을 하자 "우리 인민들에게 과거의 상처를 일깨우는 건 그들에게 창자를 끊는 고통을 주는 것이다"라고 답한다.[20] 이런 이유 때문에 국가폭력의 희생자들은 개인과 가족의 기억을 지워버리고, 국가나 사회의 공식 기억을 받아들이기 위해 몸부림친다.

니체Friedrich Wilhelm Nietzsche가 말했듯이 망각을 배우지 못하고 항상 과거에 매달려 있는 사람은 불행하다.[21] 어깨에 맷돌 하나 짊어진 사람은 허리가 휘어지고, 장차 그의 정신도 휘어진다. 그래서 그들은 '기억' 없이 현재에만 살 수 있는 풀밭의 동물들처럼 비역사적으로 살고 싶어 한다. 사실 인간에게 주어진 가장 큰 축복 중 하나는 망각하는 능력인지 모른다. 공식 기억과 배치되는 기억, 자신에게 고통스러운 기억을 모두 되새김질해야 한다는 것 또한 처벌이다. 분노를 안고 복수심에 불타서 살아간다면 그 얼마나 황폐한 삶이 될 것인가. 과거의 불의나 고통을 언제나 현재의 일처럼 매일매일 기억하면서 살아간다면 그것은 지금과 미래의 나를 죽이는 일이 될지도 모른다. 그래서 인간은 적당히 망각하고 관조하면서 살아갈 능력이 있는지도 모르고, 그래서 피학살자 유족들도 나름대로 살아갈 수 있었는지 모른다.

사회에서 천대받는 사람들, 인간 취급을 못 받는 사람들은 모두 '희망함'이 적다고들 말한다. 동료 노동자들의 무기력증과 체념을 목격한 전태일이 그 사실을 갈파했다. 칸트Immanuel Kant는 '내가 무엇을 알 수 있는가?', '내가 무엇을 해야 하는가?', '내가 무엇을 희망할 수 있는가?', '인간이란 무엇인가?'라는 네 개의 질문을 던졌다. 그중에서 '내가 무엇을 희망할 수 있는가?'라는 질문은 특별히 음미할 필요가 있다. 칸트의 질문은 실제로 내가 희망할 수 있는 범위, 희망해야 할 내용을 묻고자 한 것이 아니라 희망할 것이 있다는 적극적인 긍정, 즉 희망해야 자신의 존재가 인정받을 수 있다는 긍정의 신호이기도 하다. 즉 사회적으로 너무 고난을 심하게 당하게 되면 자신이 희망할 수 있다는 사실을 알지 못하거나 희망의 끈을 놓쳐버리게 되기 때문이다. 가공할 폭력에 노출되었던 사람들도 그렇다. 그래서 국가폭력은 그 의도에서 보면 권력 행사의 미시정치학이다. 피해자는 완벽하게 적의 손아귀에 놓이게 되어 출구를 상실하게 된다.[22] 그래서 무서운 폭력을 겪은 사람들은 미래의 문을 닫고 세상의 변화 가능성을 포기한다. 이 체념은 집단적인 정서가 되어 대를 이어 수백 년을 지속될 수도 있다. 그래서 밀러는 "제노사이드의 최대 피해자는 희망이었을지 모른다"고 말하기도 했다.[23]

2000년 전후에 내가 만났던 대부분의 한국전쟁기 군경 피학살자 유족들도 이런 모습이었다. 그들은 한국 사회에서 '개돼지' 취급을 당하면서도 그런 정치 현실을 응시하지 않고 눈을 돌리거나 그런 정치 현실을 지배하고 있는 정치가들을 지지했다. 경상도의 유족들이 특히 그러했다. 거의 '묻지 마 여당(공화당, 민정당, 신한국당, 한나라당……)' 성향인 그들은 여느 경상도의 시골 노인들과 다를 바가 없었다. 당시 여당인 한나라당이 가해 세력의 후예라는 것을 잘 알고 있는 사람들조차 경상도에서는 다른 대안을 찾을 수 없어서 그냥 주변의 다른 사람들을 따라 했는지도 모르는 일이다. 그들은 자신들을 '살아 있는 주검', '금치산자'로 만든 긴 군사독재 치하에서 그냥 살아남기는 했으나 그 고통스러운 기억을 바탕으로 해서 세상을 변화시키려는 노력은 오래전에 포기했다. 아편 주사라도 맞지 않고서는 잠도 잘 수 없고, 제대로 숨도 쉴 수 없었던 그들로서는 당연한 선택이었을지 모른다.

사실 기억은 당사자와 더불어 남이 함께 해주는 것이 맞다. 그래야만 피해자들이 그것이 자기 개인만의 특별한 기억이 아니라는 것을 확인할 수 있기 때문이다. 이렇게 보면 인권운동가란 남의 기억을 자신의 기억인 양 복원하는 사람일지 모른다. 연구자의 작업도 그런 것이다. 내가 당시 유족들을 만나면서 들었던 생각도 그들과 함께 기억해주기, 그들의 사적이고 단편적인 기억들을 전체적 기억, 국민적 기억, 사회적 기억으로 만들어주는 작업이었다. 그래서 나는 그들과 함께 혹은 그들을 대신해서 기억해주는 사람, 혹은 개별적 기억을 집단적 기억으로 바꾸고 전체 그림을 그려주는 사람으로 자처했다. 개인들의 파편화된 기억이 전체 그림의 한 부분이 되면 그것이 곧 역사가 되고 진실이 되는 셈이다.

물론 나처럼 대신 기억하는 사람의 기억의 깊이나 강도는 체험자의 그것과는 비교할 수 없다. 그래서 그 기억의 표현 역시 체험자와 같은 정도의 호소력을 가질 수도 없다. 기억의 진정한 주체, 인식의 주체는 바로 피해를 당한 그들 자신이다.[24] 그러나 함께 혹은 대신 기억해주는 사람은 유족들로 하여금 의도된 망각에서 벗어나도록 도와주는 매개자의 역할을 할 수는 있다. 현기영 선생의 소설 『순이 삼촌』은 가장 대표적인 대신 기억이다. 비록 그 소설 때문에 그 자신은 큰 고초를 겪었지만, 그 험악한 세월에 그가 감히 대신 기억하려는 용기가 없었다면 1987년 이후 유족들이 그렇게 쉽게 조직화될 수 없었을지 모른다.

1990년대 이후 언론의 자유화, 민주화의 진척, 남북 화해 정책, 광주 학살 문제의 공론화가 이들 중 일부의 잠자던 기억을 일깨웠고, 그냥 생존만 도모해오던 유족 중 일부 식자층은 인간적인 자존감을 되살리려는 의욕을 다시 갖게 되었다. '이 팽이가 돌면 저 팽이도 돈다'는 말이 있듯이 가장 최근에 발생한 학살 사건인 광주 5·18 학살 관련 청문회, 민주화의 열기가 피학살자 유족들의 잠을 깨웠다.

내가 『전쟁과 사회』 집필 당시에 만난 유족들은 주로 연구를 위한 인터뷰 대상이었다. 그러나 모든 사회과학 면접에는 면접자와 피면접자 사이의 공감과 신뢰가 전제되어야 한다는 원칙이 있듯이, 이 면접을 진행하는 동안 나는 객관적 연구자에서 점차 그들의 목소리에 공감하는 사람이 되었고, 곧 그들의 기억을 세상에 전달해주는 사람으로 변해갔다. 그들은 처음에는 자신의 한 맺힌 사연을 아들 뻘인 지식인이 들어주는 것만으로도 고마워했지만, 나중에는 그것을 세상 사람들에게 알려주기를 원했다. 그들의 목소리를 전달해주는 미디어가 없었기 때문에, 즉 어떤 언론도 지식인도 운동단체도 전달해주지 않았기 때문에 그들의 요청은 더 간절했다. 그들의 사연이 극소수 지방 신문이나 단체 소식지에 간혹 실리는 경우는 있었지만 그것을 읽는 사람은 극소수였고, 읽었다고 하더라도 그 문제를 공론화하려는 사람도 거의 없었다. 범국민위 활동을 하면서 나는 이야기 들어주는 사람에서 점차 기억을 함께한 다음 그것을 전달하는 사람으로 변해갔다.

그러나 유족들이 겪어온 일을 알게 된 다음에는 그들에게 접근하는 것이 좀 부담되기도 했다. 유족들에게 아무런 구체적 전망과 대책, 가능성도 제시하지 않은 채 부모들의 억울한 죽음의 바로 그 장면을 기억하고, 그런 억울함을 함께 풀자고 말한다는 것 자체도 참으로 미안한 일일 수 있었다. 그들에게는 자신이 겪었던 끔찍한 과거를 잊거나 그 문제를 다시 떠올리지 않을 권리가 있었고, 나는 그들이 잊고 살 권리를 방해하는 사람인지도 모른다는 생각을 하기도 했다.

그러나 활동가로서 나는 그들에게 피해 사실을 적극적으로 드러내라고 말하면서 돌아다녔다. 우선 "집에서부터 자식, 손자들에게 먼저 숨겨둔 사연을 말하자"고 제안하기도 했다. 응당 주장해야 하고 분노해야 할 것에 대해 주장도 분노도 하지 못하는 것 역시 비극이 아닌가라고 말했다. 만약 과거를 그냥 묻어둔다면 그와 같은 비극과 고통이 당신의 자녀가 아닌 남의 자녀들에게도 계속 나타날 수 있다고 말했다. 가해자들이 잊어버릴 것을 강요하는 마당에 피해자들이 그러한 요구에 순응하게 되면, 그는 가해자와 한편이 되고 적과 동침을 하게 된다고까지 말했다. 실제로 유족 중에는 아버지를 죽인 사람을 은인으로 알고 살아가는 어처구니없는 일도 있었기 때문이다.


**유족들의 트라우마**

앞에서 쓴 것처럼 초기에 만났던 대표자급 유족들 대부분은 자신의 부모 등 희생자들이 양민이었으며 결코 좌익이나 불순한 존재가 아니라는 것을 증명하려 했다. 이 점에서는 교육 수준이 상당하거나 사회단체에 가담한 경력이 있는 유족들도 별 차이가 없었다. 즉 그들은 스스로가 불순분자가 아니라는 점을 입증하려 함으로써, 사실상 가해자인 국가의 인정과 보호를 받으려 했다. 만약 피해 사실을 이렇게 해석하면 실제로 약간의 좌익 혐의가 있는 사람 즉 불순분자의 범주에 속할 수도 있는 다른 피학살자 가족들과의 공동 행동은 어려워진다. 여기서 바로 보도연맹 유족들에 대한 여타 유족들의 거리 두기가 시작되었다. 사실 학살 사건 이후부터 시골 동네에서는 보도연맹 가족들은 빨갱이라고 이웃 사람들이 농사 품앗이에도 끼워주지 않은 경우도 있었다고 한다. 그들의 자녀들은 공무원도 못 되고 육군사관학교도 못 가고 회사에 들어가도 인사 발령을 내주지 않은 경우도 있었다. 그런데 피학살자 유족들이 또 다른 피학살자 유족을 차별한다는 것은 참으로 어처구니없는 일이었다.

그래서 부모나 형이 실제로 좌익 활동을 했다가 학살당한 사람들은 아예 유족 모임에 나타나지 않는 경우도 있었고, 설사 나타나더라도 자신을 순수한 양민이라고 생각하는 유족들에게 따돌림 당하는 경우가 많았다. 즉 당신들(빨갱이) 때문에 우리 '순수한 양민'이 함께 빨갱이 취급받을 위험이 있다는 것이 이들 '순수한 양민'들이 좌익 활동가 유족이나 보도연맹 유족들을 물리치는 이유였다. 즉 피학살자 유족들은 반공주의 때문에 부모를 잃었으면서도 반공주의를 더욱 철저하게 내면화하고 있었다. 과거 1970년대 말에 남민전 사건 가족들이 겪었던 고통과 유사하다. 당시 남민전은 좌익 사건으로 분류되었기 때문에 다른 민주화, 인권 피해자들과 달리 종교단체나 인권단체로부터도 외면받았다. 남민전 사건 피해 가족들은 당시 양심수 가족들이 많이 다니던 영등포의 갈릴리교회나 종로5가 기독교회관의 목요기도회에 꼬박꼬박 참석했지만, 알은척해주는 사람이 하나도 없었다고 한다.[25] 남민전 가족을 정식으로 받아들이게 되면 양심범 가족협의회가 고립될 것을 우려했기 때문에 다른 구속자 가족들이 이들을 배척한 셈이었다. 가톨릭에서도 이들을 배척했다고 하는데, 이는 교단 차원에서 국가보안법 위반자, 좌익들 편에 선다는 공격을 받을까봐 두려워했기 때문인 것 같다.

이렇게 내면화된 반공주의 때문에 범국민위 활동 초기에는 같은 유족들 간에도 서로를 적대시하거나 경원시하는 경우가 있었다. 나는 유족들의 이런 모습을 국가폭력이 피해자들에게 미치는 이중적 파괴 효과라고 생각했다. 최근 쌍용자동차 해고 노동자들 사이에서도 동일하게 나타나는 모습이다. 강대한 힘을 가진 국가나 사용자에게 인정받으려는 욕구는 그런 동료들과 그를 비판하는 사람들 사이에 적대적 갈등을 야기한다. 실제로 멀리 있는 적은 건드릴 수 없으니 가까이 있는 동료의 배신이나 이기적 행동은 적보다 더 용납하기 어렵다. 그래서 피해자들 서로가 미워하고 심지어 원수지간이 되어버린다. 나는 유족들에게 자신만 국가로부터 인정받고자 하는 태도를 갖게 되면, 결국 자신이 원하는 진정한 명예회복도 이룰 수 없게 된다는 점을 강조하면서 설득하려 했다. 제국주의의 식민지 지배가 그러했듯이, 가해자들은 언제나 약자나 피해자들을 분열시키면서 자신의 지배를 영속한다. 유족들 내부에서 '순수 양민'과 '불그죽죽한 사람'을 구별하기 시작하면, 그다음에는 순수 양민 내에서도 '진짜 순수 양민'과 '가짜 순수 양민'의 차별이 시작될 것이다. 그렇게 되면 누가 가장 '순수 양민'인가를 둘러싸고 경쟁이 시작될 것이다. 그것은 사실 반공주의 권력이 만들어놓은 자장에 들어가서 스스로 죽기 살기로 싸우는 꼴이다. 모두가 동일한 피해자임에도 불구하고, 가해 권력이 '순수 양민'만 살려준다고 공식화해 놓으면 피해자들 사이에서 이런 일이 발생한다.

유족들 간의 이러한 차별과 경계는 국가폭력의 상흔에 기인한 것이 틀림없다. 유족들은 말로 표현할 수 없는 엄청난 피해를 당했기 때문에 가해자인 국가의 인정에 목말라했고, 인정받기 위해 경쟁하면서 같은 피해자들과 거리 두기를 한 것 같다. 초기 범국민위 활동을 하면서 가장 힘들었던 일 가운데 하나는 바로 유족들 간의 이러한 분열이었다. 보도연맹 유족들에 대한 노골적인 따돌림과 거리 두기가 그것이었다. 일부 유족들은 저 사람들(보도연맹 유족)이 들어오면 같이 활동할 수 없다고 노골적으로 말하기도 했다. 저 사람들과 우리는 근본적으로 다른데, 왜 우리를 한통속(빨갱이)으로 보느냐는 것이었다. 그러나 한국전쟁 직전 보도연맹은 이들이 생각하는 것처럼 좌익 조직이나 좌익 전향자들만의 조직도 아니었고, 그들 역시 억울한 죽임을 당한 것은 마찬가지였다. 대다수의 보도연맹원들이 무지렁이 농민들이었기 때문에 국군의 토벌 과정에서 억울하게 죽은 사람들과 보도연맹 사람들 간의 차이는 거의 없었다. 아마 학살당한 당사자들이 무덤에서 살아온다면 정말 통탄할 일이었겠지만, 살아남은 자식과 자손들은 한국의 지배 질서가 가르쳐준 대로 '순수 양민'과 '불그죽죽한 사람'을 구별했다. 반공주의나 국가폭력이 만들어놓은 또 하나의 서글픈 분열 현장이었다.

## 전쟁은 여성에게 더 잔인하다

전국 각지의 유족들에게 특별법 제정의 필요성을 설명하려고 순회를 하던 중 2001년 9월 22일 경북 경산과 청도 지역의 피학살자 유족 모임에 참석했다. 그해 가을 국회에 상정되었던 '한국전쟁전후민간인희생사건진상규명및피해자명예회복등에관한법률안' 통과를 위해 유족들에게 자신감을 북돋워주고, 법률안의 내용과 취지를 설명하기 위해서였다. 그런데 그 자리에서 나는 어떤 유족 할머니를 만나면서 전쟁이 여성에게 어떤 영향을 주었는지에 대해 본격적으로 생각할 기회를 갖게 되었다. 물론 나도 전쟁을 겪은 어머니나 주변 고향 사람들에게서 전쟁기에 여성들이 얼마나 힘들었는지, 마치 발정기의 개들처럼 젊은 여자들을 닥치는 대로 겁탈하려는 미군들을 어떻게 피해 다녔는지 등에 대해 이야기 들은 적이 있다. 그러나 젊은 나이에 남편을 잃고 평생을 살아온 여성을 만나 그녀의 기구한 삶에 대해 들은 것은 처음이었다.

경산에서 모임을 마치고 청도 유족 모임에 참석하러 가는 길이었다. 경산 모임에 참석했던 어떤 허리 구부정한 할머니가 자신이 청도 사람이니 청도 유족 모임에 같이 가겠다고 나섰다. 차를 타고 가면서 할머니에게 유족이냐고 물어보았다. 해묵은 상처를 건드릴까봐 조심스럽게 말을 건넸는데, 그녀는 전쟁 직후 보도연맹사건으로 남편을 잃었다고 답했다. 당시 73세 할머니였는데 도시 중산층의 그 연령대 할머니들이 상당히 젊게 사는 것을 생각해보면 실제 나이보다 훨씬 늙었다는 느낌이 들었다. 그런데 청도로 가는 길에, 그리고 식당에서 들은 그녀의 몇 마디는 나를 더욱 비감에 젖게 했다.

그녀는 전쟁이 발발하기 1년 전인 1949년에 경남 밀양에서 인근 군郡인 경북 청도로 시집을 왔는데, 남편은 자신보다 네 살 위였다고 한다. 1950년 7월에 남편이 잡혀갔으니 남편하고는 채 1년도 살지 못했으며, 슬하에 자식도 두지 못했다. 남편은 그저 농사일, 노동일 하는 사람에 불과했으며, 전쟁이 나기 전에 어떤 조직이나 모임에 나갔는지, 무슨 이념에 공명했는지는 전혀 알지 못하고 대화도 별로 나누어보지 못했다고 했다.

시집살이에 적응하기에도 버거운 기간이었으니 남편과 무슨 정을 나누거나 깊은 교감을 할 여유도 없었을 것이다. 남편은 전쟁 발발 직후 파출소에 잡혀갔다가 일단 풀려나 집에 왔는데, 또다시 호출이 와서 자진 출두했다고 한다. 그때 도주했으면 살아났을 터인데, 자신은 잘못한 일이 없으니 아무 일 없을 거라고 자진해서 다시 파출소로 갔다는 것이다. 그 후 청도경찰서로 도시락을 싸서 찾아가 몇 번 면회한 후 영원히 이별하고 말았다고 한다. 그 후 그녀는 남편이 경산의 코발트 광산에서 총살당했다는 소문을 들었다고 한다. 그 할머니는 남편이 경산에서 죽었다는 소문만 듣고 2000년부터 경산 유족회 모임에 참석한 것이다.

할머니는 "그놈의 양반이라는 체신이 무서워" 한번 시집가면 그 집 사람이 되어야 한다는 생각 때문에 개가도 하지 않고 한 많은 세월을 남편도 자식도 없는 시집에서 살았다. 13년 전 사망한 시어머니와 평생 농사일을 하면서 살았는데, 다행히 양자를 하나 두어서 몇 년 전부터는 양아들이 사는 안산에서 살기도 했다고 한다. 같은 동네에서 보도연맹사건으로 남편을 잃은 5명의 과부 중에서 2명은 개가를 했다고 하고, 3명은 이 할머니처럼 평생을 혼자 살았다고 한다. 나는 청도역 앞 추어탕집에서 점심을 먹으면서 그렇게 피맺힌 삶을 살고도 누구를 원망하거나 분노를 드러낼 힘도 상실한 듯 보이는 그녀의 한 많은 이야기를 들었다. 함께 내려간 제자와 함께 셋이서 밥을 먹고 나오면서 밥값을 치르려 하니 할머니가 우리 일행이 자신들을 위해 수고하는 사람들이니 자신이 밥값을 내겠다고 우겼다. 사건 이후 처음으로 이런 이야기를 할 수 있었고, 또 자신의 이야기를 들어준 것에 대해 고마움을 표시하고 싶다는 것이었다. 그 할머니가 하도 강하게 돈을 내겠다고 해서 결국 나는 유족 할머니에게 밥을 얻어먹게 되었다.

나는 어머니와 비슷한 연배인 그 할머니의 한 맺힌 이야기를 들으면서 '전쟁과 여성의 수난'이라는, 그전에는 생각해보지 못한 화두를 새삼 머리에 떠올렸다. 그리고 그 후 여성운동 하는 사람들을 만날 때마다, 한국 여성운동은 한국 여성들의 구체적인 삶에 천착하지 않은 채 너무 서구 페미니즘에 기울어 있다고 불평하기도 했다. 마침 우리 대학 NGO학과에 입학한 이령경이 이런 문제에 관심을 갖고 있기에 전쟁기 여성이 겪은 고통에 대해 논문을 쓰라고 권유했다. 그래서 이령경은 이 전쟁 피해 할머니들을 인터뷰해서 석사 논문을 썼다.

세월이 많이 흘러 내가 위원회 임무를 마치고 학교에 돌아온 2010년 비로소 한국전쟁기 여성에 대한 성폭력 문제로 논문을 쓰겠다는 사람이 나타났다. 한국이 아니라 미국에서 박사 과정에 있는 학생이었다. 아마 미국에서 공부하다 보니 외국의 학살 관련 연구에서는 이런 점이 대단히 많이 논의되는데 한국에서는 연구된 것이 없어서 문제의식을 갖게 된 것 같았다. 나는 크게 환영하면서 그녀에게 진실화해위원회의 조사 과정에서 발견한 사례들을 알려주었고, 기쁜 마음으로 조사관 몇 사람도 소개해주었다. 이 문제에 관심을 가진 첫 학생이 거의 10년 만에 나타난 것이었다.

세상에는 참으로 억울한 사람들이 많다. 분통이 터지는 일을 겪고서도 그 억울함을 풀지 못하고 제대로 복수도 하지 못한 채 그냥 죽은 사람이 대다수일지 모른다. 나는 살면서 복수심과 분노에 찬 사람들을 참 많이도 만나봤다. 그런데 한국전쟁기 피학살자들만큼 억울한 일을 겪고서도 분노와 복수심마저 잃어버린 사람들이 있을까 생각해보았다. 사실 이들이 보여준 고통의 심연을 외면할 수 없었기에 그 일에 뛰어들게 된 것이었다. 그래서 처음 몇 년 동안은 유족들의 한 맺힌 증언을 들으면 그들과 함께 울고 분노하고 공감했다. 하지만 그 후에는 같은 이야기를 수십 번 수백 번 듣다 보니 좀 무덤덤해졌다. 너무 많은 이야기를 들었기 때문일까? 아니면 이미 다 아는 이야기를 수없이 반복해서 들었기 때문일까? 하여튼 시간이 지나면서 나는 조금은 냉정하게 문제에 접근하기 시작했다.

아무리 세상을 경악케 할 고통이라도 시간의 마모를 이겨낼 수는 없다. 과거의 심각한 인권침해로 인한 손실과 박탈된 것을 모두 되찾을 수는 없는 법이다. 아무리 잊어서는 안 될 일이라고 하더라도, 후대의 사람들에게 선대의 기억을 강요할 수는 없는 법이다. 시간이 지나면 사람들은 무감각해지게 되고, 당사자 자신도 둔감해진다. 그래서 사건 당시는 하늘도 울고 땅도 울 정도로 비통한 사건이었지만, 50년이 지난 시점에서는 더 이상 그러한 비통함이 그 상태로 지속될 수는 없었다. 처음에는 나도 유족들과 같은 처지에 서서 왜 이런 일을 알지 못하는가, 왜 우리는 무관심한가, 왜 해결되지 않는가라고 주변 사람들에게 화를 내고 그들의 무관심을 못마땅해했다. 그러나 시간이 지나면서 현재 우리가 겪고 있는 고통이 그만큼 혹은 그 이상 중요하다는 평범한 사실을 새삼 인정하게 되었고, 피학살자 유족의 억울함과 한이 현재 우리 사회의 정치적 질병으로 존재한다는 것을 설득하기 위해서는, 지나간 문제를 좀 더 현재적인 것으로 재구성하는 더욱 정교한 방법이 필요하다고 생각하게 되었다.

# 3장

# 부인, 망각, 무지와의 싸움

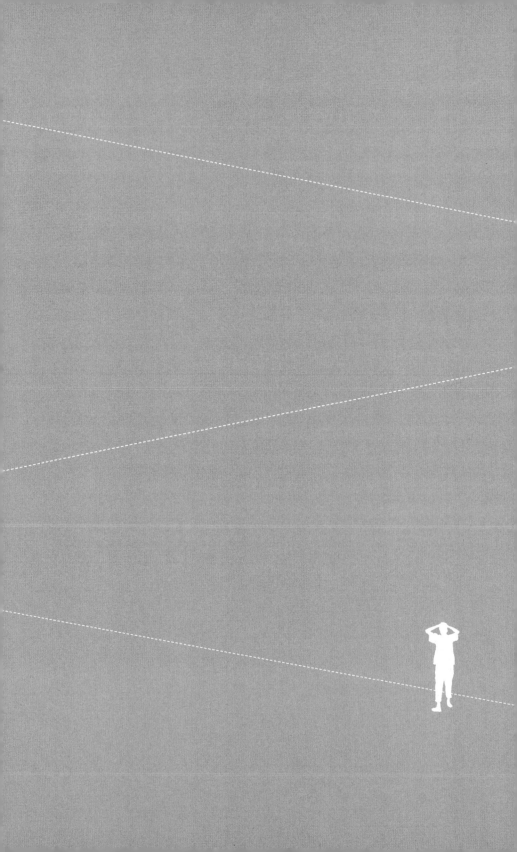

## 국방부와 미국의 부인

모든 사회운동, 특히 과거의 인권침해 진상규명 운동의 반은 여론 싸움이다. 즉 정부의 사건 조작, 은폐 사실을 폭로해서 진실을 들추어내는 일과 새로운 진실을 국민들에게 알리는 일, 그리고 이 작업을 통해 피해자들과 무관심한 시민사회를 조직하는 일이다. 나는 이것을 조직적 부인, 강요된 망각과의 싸움이라고 불렀다.

한국전쟁 50주년 학술행사를 마치고 특별법 제정을 위해 새로운 단체 창립을 준비하던 2000년 7월 말, 처음으로 범국민위 준비위 차원에서 일거리가 생겼다. 당시 국방부 장관이던 조성태가 국방부 내부에서 진행되던 '해원解冤' 사업과 관련해 '양민 학살 조사 축소'를 지시한 것이 알려졌기 때문이다. 이 지시가 언론에 보도되면서 우리는 국방부에서 '해원' 사업이라는 민간인 희생 사건 연구가 진행되고 있다는 것을 알았다.

당시 국방부는 각 지역 피학살자 유족들이 국방부에 계속 민원을 제기하자 이에 대한 대응의 형태로 국방부 산하 국방군사연구소에서 "지역 전사 연구 결과"를 보고했는데, 그중에는 "상당수 민군 관련 사건(학살 사건)은 당시 정황이나 방증이 군의 관련 여부를 부정하기 어렵고, 만약 군이 관련되어 있다면 이는 군에 대한 신뢰감 조성 및 협조 유도 등의 측면에서 심각한 결함을 노정하였던 경우로 판단되며, 이러한 측면에서 전시를 포함한 비상시의 올바른 민군 관계의 정립이 필요하다는 교훈을 도출해낼 수 있으며, 일부 미군 관련 사건은 당시 상황이나 생존자·목격자 증언을 기초로 할 때 사실일 가능성이 매우 높아 정권 차원의 진상조사와 한미 간의 합동 조사를 통해 적절한 조치(명예회복, 피해 보상) 등이 요망된다"는 매우 긍정적인 결론 및 건의 내용이 포함되어 있었다. 그런데 이를 보고받은 국방부 장관이 국방군사연구소에 사건을 축소하라고 지시한 것이다. 당시 장관은 "(이 문제는) 군이 주도적으로 해결할 사안이 아니다. 제주도, 문경, 함평, 나주 사건 등은 군이 보유한 자료를 섭렵하여 문제 해결을 뒷받침할 것. 차후 쟁점화할 가능성이 있는 사건은 손도 대지 마라. 군 작전의 정당성이 훼손되어서는 안 된다. 군의 최후의 양보선은 양비론이다. 차후 국회에서 군에 요청할 때를 대비해서 준비한다"는 지시를 내렸다.[1] 그런데 당시 국방군사연구소는 내부 비리, 인사 운영 체제의 파행으로 구성원 간에 심각한 갈등을 겪고 있었다. 결국 국방부는 연구를 전담해온 국방군사연구소를 개편하고, 상부의 지시대로 움직이지 않는 민간 출신 연구원을 쫓아내고 전원 군 출신 인사로 대체했다.

국방부 장관의 '해원 사업 축소 지시' 내용은 유족들과 우리 범국민위 준비위를 격분시켰다. 1951년 3월 거창 신원면 학살 사건이 알려지자 당시 신성모 국방장관이 "전쟁 수행에 지장을 초래한다는 것과 군의 사기를 해친다는 등의" 이유로 덮어버리려 했고 사건은 "통비분자들에 대한 처단이었다"고 설명하려던 태도에서 한 걸음도 더 나아가지 않은 것이었다.[2] 군이 민원을 받아 자체 조사를 하고 국민의 원한을 풀어주어도 시원찮을 판에 사건을 가급적 덮어버리려 했으며, 국방부 장관이 진정한 군 명예회복을 위해 적극적으로 나서도 모자랄 판에 군의 위신을 지키기 위해 피해 국민의 요구를 묵살하는 등 민주화된 나라의 국방부 모습이 저 정도밖에 안 되는가 하는 생각이 들었다. 결국 2000년 7월 27일 범국민위 준비위는 조성태 국방부 장관의 민간인 학살 축소 지시 건에 대한 비판을 내용으로 하는 기자회견을 세실극장에서 열었다.

이 기자회견에서 우리 범국민위 준비위는 "김대중 대통령은 해원 사업 축소를 지시한 조성태 국방부 장관을 즉각 해임하라"고 요구했다. 그리고 공비 토벌 작전 및 군사재판 자료 등 민간인 학살과 관련된 자료를 즉각 공개할 것과 '한국전쟁전후민간인희생자진상규명과명예회복을위한 통합특별법'을 제정할 것을 국회와 정부에 각각 요구했다. 이 기자회견을 마친 후 우리 임원들은 국방부를 항의 방문했다.

한편 범국민위가 창립될 무렵, 그 전해인 1999년 AP의 보도로 노근 리사건이 국제적인 이슈가 되자 이 사실에 대한 조치 차원에서 한국 정부 와 미국 정부가 공동 조사에 들어갔다. 그런데 노근리사건 조사 개시는 한국 정부와 미국 정부가 전쟁기의 민간인 피해자들을 어떤 시각으로 보 고 있으며, 피해 사실을 어떻게 은폐하려 하는지를 보여준 살아 있는 교 과서와 같았다. 노근리사건 유족들이 그렇게 오랜 세월 미군에게 학살당 한 가족의 억울함을 호소해도 미동도 하지 않던 한국과 미국 정부는 미국 의 주류 언론 AP를 통해 이 사건이 국제적으로 이슈가 되자 마지못해 공 동조사단을 꾸렸다. 그러나 그 후 조사는 제대로 진행되지 못했다.

한국 정부, 특히 국방부의 입장이 문제였다. 한국 국방부의 입장은 처음부터 미국과 보조를 맞추자는 것이었다. 애초에 한국 측 위원을 구성 할 때에도 한국 시민사회와는 일절 협의하지 않았으며, 자신들이 보기에 온건한 인사라고 판단되는 사람들로 위원을 선임했다. 그 후 노근리대책 위가 한국 측 조사단에 민간인의 참여를 바란다는 요구를 하자 "필요할 경우 추천하는 인사에게 자문 역할을 할 수 있는 기회를 제공하겠다"[3]는 극히 형식적인 답변만 보냈다. 미국 정부도 그렇지만, 진상조사단은 양 정부가 선임한 인사로 구성되어 있어 이들이 각 정부의 입김으로부터 과 연 자유로울 수 있겠는가 의심스러웠다.[4] 심지어 한국 국방부는 노근리사 건 조사를 위해 예산을 배정하지도 않았다. 조사 팀에 배치된 한국인 20 여 명의 인건비는 그냥 공무원이니 월급으로 지출되었지만, 별도의 조사

예산이 없어 국방부 불용 예산을 전용했다. 또한 미국 자료에 대한 접근이 비용과 전문 인력의 제한으로 원천적으로 제약을 받았고, 한국 측 요원들이 사건 당일 공군기 출격 자료와 비행사 명단을 요청했을 때 미국 측은 그 자료가 없다고 형식적으로 답했다. 한국 측 조사팀이 할 수 있는 일이 없었다. 노근리사건 진실규명에 극히 중요한 자료인 '주한 미 대사 무초John Muccio가 국무부 차관 러스크David Dean Rusk에게 보낸 서한' 등은 한국 측에 보여주지도 않았다. 미국 측은 미군 제대군인 100여 명의 증언과 한국 현지 피해자들의 증언이 엇갈린다며 조사 실시 기간을 일방적으로 연장하기도 했다.

사실 미국은 이 조사를 통해 자신의 책임을 은폐하려 했고, 한국 정부의 공식 입장 역시 별로 다르지 않았다. 그리고 1년 이상의 조사 끝에 한미 양국은 공동발표문Statement of Mutual Understanding을 발표하여 한국전쟁 당시 충북 노근리 일대에서 발생한 민간인 학살 사건의 실재를 공식적으로 인정했다. 그런데 양국이 내놓은 보고서는 애초의 AP 보도와 달리 중요 증인들이 진술을 번복했는가 하면, 명백하게 민간인을 향해 총을 쏜 사실이 있음에도 불구하고 미군은 아무런 상부의 명령이 없었으며, 따라서 가해 책임이 없다는 식으로 결론을 내렸다. 피해 규모도 유족들이 자체 집계한 것과 크게 차이가 났다. 곧바로 클린턴 대통령이 이 사건에 대해 '유감'을 표했다. 미국 정부는 노근리사건의 피해에 대한 사후 처리로 노근리사건을 포함한 한국전쟁기 민간인 희생자들을 위한 추모비를 세우고 피해자 및 유족들에게 장학금을 지급하겠다고 밝혔다. 즉 미국에는 책임이 없다는 결론에 따라 피해자 측에 제안한 돈도 보상이나 배상이 아닌 단순한 위로금이었다. 그뿐 아니라 한국전쟁 중에 발생한 미군의 피난민 폭격 사건 수십 건과 민간인 학살 등 노근리사건과 유사한 사건에 대해서는 일절 언급하지도 않았고, 다른 사건에 대한 추가 조사 계획도 밝히지 않았으며, 또한 추모비나 위로금에서도 노근리사건뿐 아니라 다른 미군 사건 모두를 포함해 추후에 제기될 수도 있는 미군 책임론을 이 한 건으로 모두 해결하려는 속이 훤히 보이는 꼼수를 부리기도 했다.

한국 측 조사단은 미국 측 조사단과 약간 의견을 달리하는 별도의 조사보고서를 발간하기는 했지만, 특별히 다른 내용을 포함하지 않았기 때문에 주목받지도 못했고 공식 배포되지도 않았다. 그리고 한국 행정자치부는 노근리사건 피해자 신고를 받아놓고도 희생자 여부 심사도 하지 않았다. 문서 자료를 미국이 갖고 있다고는 하나 자국민이 전쟁기에 학살당한 사건에 대한 한국 정부의 접근 방식은 개탄스러운 것이었다. 한국 정부는 '전쟁 중 미군에 의한 피해에 대해 미국이 유감을 표시한 것도 유례를 찾아보기 어려운 것이니 그것만으로도 감지덕지한 일'이라고 생각했다. 혈맹이니 우방이니 그 어떤 논리를 들이대더라도 주권국가의 태도라고 보기는 어려운 것이었다. 피해자 단체인 노근리대책위는 미국 측의 이러한 태도에 분노를 표시했으며, 미국 정부의 축소·왜곡 조사와 성의 없는 사후 처리를 수용할 수 없다며 재조사를 촉구하는 성명서를 내기도 했다.

이처럼 노근리사건은 냉전 시대와 한국전쟁기에 미군에 의한 심각한 인권침해가 발생했다는 사실을 세계에 알리는 중요한 계기가 되었지만, 결국 미국의 무성의한 태도와 한국 정부의 소극적 태도로 추가 조사, 책임 규명과 처리 등 새로운 단계로 나아갈 수 있는 수많은 기회를 놓치고 서둘러 봉합하는 방식으로 마무리되어 큰 아쉬움을 남겼다. 우리 범국민위 준비위는 한미 양국의 노근리사건에 대한 진상조사 결과에 대해서 학살 사실 자체를 인정한 것과 클린턴 대통령이 "깊은 유감"을 표명한 점 등 긍정적인 측면을 갖고 있다는 점은 인정했지만, 미군 신병들의 오인 사격이 아니라 미군 지휘관의 공격 명령에 의해 가해진 의도적인 사격이었다는 점이 모든 자료에서 확인되고 있는데도 보고서가 이를 무시했다고 비판했다. 그리고 "한국 정부는 한미 공동 조사가 아닌 독자적인 추가 조사를 통해 사건의 진실을 밝혀야" 하며, "한미 양국 정부는 노근리사건의 조사 결과를 정치적 협상이 아닌 사실관계에 따른 공정하고 진실된 재조사와 공개를 통해 (밝히고) 앞으로는 이와 유사한 사건이 발생하지 않게 할 안전장치를 마련해야" 하며, "노근리사건 외에 한국전쟁 중에 발생한 60여 건의 민간인 학살 사건에 대해서도 진상규명을 위한 조사 작업에 나서야 하고 그 계획과 일정을 밝혀야 한다"고 주장했다.

물론 이러한 성명은 실질적인 영향력이 없는 메아리에 불과했다. 당시 우리는 노근리사건에 대한 책임을 인정하지 않는 미국보다, 자국민의 사망에 대해 오히려 미국 눈치를 보는 한국 정부의 비굴한 태도에 대해 더 실망했다. 김대중 정부가 들어섰으나 국방부의 태도는 과거와 달라진 것이 없었다. 미국의 노근리사건 처리에 대한 입장은, 일본 정부가 일본군 성노예 할머니들에게 공식적으로 사과하거나 보상하지 않은 채 '아시아 여성기금'이라는 민간 기구를 통해 보상하겠다고 제안한 것과 유사했다.

노근리 조사팀에 파견된 한국군 조사 전문가들은 나름대로 미군의 책임을 부각시켜 미국의 입장과 다른 시각을 갖는 보고서를 쓰기 위해 노력했지만, 현역 군인이라는 한계 때문에 이들의 목소리는 밖으로 흘러나올 수 없었고, 왜 한국이 별도의 보고서를 내기에 이르렀는지에 대해서는 거의 알려진 바가 없었다. 또 그 후 내가 진실화해위 상임위원으로서 직접 만난 AP의 노근리사건 취재 당시 선임기자 찰스 핸리Charles Hanley도 미국 측 조사에 대해 강한 불만을 표했다. 그는 미국 측 보고서를 문장 하나, 단어 하나까지 꼼꼼히 읽고 조목조목 비판하는 내용을 포스트잇에 적어 보고서 페이지마다 붙여놓은 것을 보여주기도 했다. 그러나 노근리사건 조사 결과가 발표되었을 때 한국에서 연세대 국제학연구소 소속 박선원을 제외하고 이 보고서의 문제점을 비판한 사람은 거의 없었다.[5] 한미 관계의 현주소, 우리나라 전문가들의 실력, 시민사회의 수준을 적나라하게 보여준 사건이었다.

## 언론의 외면, 교육의 부재

나는 AP의 노근리사건 보도를 『전쟁과 사회』를 마무리하던 1999년 라디오 뉴스를 통해서 들었다. 처음 이 내용을 들었을 때 나는 전율할 듯한 흥분에 사로잡혔다. 아, 드디어 감추어진 일이 온 세상에, 만천하에 공개되는구나! 미국이 이런 일을 보도하다니 과연 대단한 나라다, 결국 진실은 드러나고 마는구나라고 박수를 치면서 이런 조사를 한 미국 언론을 찬양하기까지 했다. 한국 언론은 노근리 유족들이 그렇게 오랫동안 청원을 하고 책이나 자료집을 내도 모른 척하면서 사건을 들여다보기를 회피하거나 취재 자체를 포기해왔는데, 세계적인 영향력을 가진 미국의 주류 언론인 AP가 보도를 하니 그것을 받아서 취재하기에 열심이었다. 일부 비주류 언론을 제외한 보수 언론의 이중성과 심약함이야 익히 아는 바였지만 그때처럼 한국의 언론이 원망스러운 적도 없었다. 왜 한국 언론은 우리 자신의 피해 사실을 미국의 언론에 의존해야 하나? 그러고도 왜 부끄러움도 느끼지 않는가? 왜 노근리사건을 비롯한 수많은 학살 사건이 널려 있고 피해자들이 도처에서 말하고 싶어 하는데도 이 사건들을 본격적으로 취재할 생각은 하지 않고 미국 측 보도만 하나씩 받아 보도하면서 마치 새로운 것을 발견한 양 호들갑을 떨고 있나?

그래서 나는 참다못해 『동아일보』의 아는 기자를 통해 내 칼럼을 실어줄 수 있는지 물었다. 당시 가까운 기자들 이야기를 들어보면 교수들이나 지식인들이 자기 글을 실어달라고 신문사에 보내는 일이 참 많다고 하는데, 나는 그때까지 청탁을 받지 않고서 글을 실어달라고 보낸 적은 한 번도 없었다. 그런데 그때만은 예외였다. 1999년 전후만 하더라도 중립성을 견지하려 했던 『중앙일보』도 가끔씩 내게 칼럼 청탁을 하기도 했고, 내 책을 크게 보도해주기도 했다. 『동아일보』도 이보다 약간 더 보수적이기는 했지만 나와 같은 반대쪽 필자들에게도 약간의 지면을 할애하던 상황이었다. 그래서 나는 이 내용을 『동아일보』에 싣는 것이 좋겠다고 생각해서 문을 두드렸다. 반응이 긍정적이었다. 그래서 이 사건의 의미를 국민들에게 알리기 위해 「노근리뿐이랴」라는 칼럼을 실었다.

AP를 타고 노근리 학살 사건이 보도된 이후 국내 언론도 다투어 유사 사건 취재를 했다. 이러한 분위기에 편승해 한국전쟁 당시 해군 포항경비부 사령관이었던 남상휘가 국군이 동해바다에서 민간인 200여 명을 빠뜨려 죽였다는 증언을 하기도 했다. 노근리 외의 다른 지역 미군 피해 사건에 대해서도 일부 보도가 나왔다. 그런데 딱 거기까지였다. 외신도 국내 언론도 노근리 이상의 본격적인 취재나 보도는 결코 하지 않았다. 그때 전국적으로는 익산역 사건, 단양 곡계굴 사건, 마산 곡안리 사건 등 미군 관련 피해 사건도 이미 수십 건이 국방부에 접수되어 있었고, 일부 지역에서는 유족회도 활동하고 있었고 청원도 제출한 상태였다. 취재할 마음만 먹으면 얼마든지 추가 취재를 할 수도 있었을 것이다. 그러나 한국 언론은 AP가 취재한 범위 내에서만 취재를 했다. 정말 허탈했다. 한국 언론의 이러한 보도 태도를 보고 미국인 학자도 일침을 가했다. 다음은 미국 조지타운대학 데이비드 스타인버그David Steinberg 교수가 『문화일보』
에 기고한 글이다.

노근리사건의 생존자들은 한국 정부에 수십 년 동안 진상규명을 촉구해왔다. 한
국 언론에 이 같은 사실이 보도된 적이 있었던가? 있다면 어느 정도의 비중으로
보도됐던가? 보도되지 않았다면 그 이유는 무엇인가? …… 미국의 AP 통신이
노근리사건을 보도하지 않고 이를 『뉴욕타임스』가 1면으로 받지 않았더라면 한
국 언론에서 노근리사건은 그렇게 대서특필되지 않았을 것이다.[6]

미국의 가해 사실에 입도 뻥끗하지 못하는 한국 정부, 미국 언론이
자국 군인들의 가해 사실과 한국인 피해 사실을 보도해도 그것을 받아 적
기만 하는 한국 언론……. 나는 외교적 어려움 때문에 입을 다문 한국 정
부보다 그 정부의 입장에 충실히 따르기 위해 언론 본연의 사명을 저버린
한국 주류 언론의 모습에 더 좌절했다. 자신의 과거 범죄를 은폐한 일본
의 주류 언론을 탓할 것도 없었다. 그 비굴함은 1980년 당시 '인간 전두
환'을 그렇게 찬양하던 바로 그 모습이었다. 민주화 10년이 지났건만 언
론의 모습은 달라지지 않았다. 과거 군사정권 시절에 권력의 탄압 때문에
진실을 보도하지 않았다는 변명은 사실 거짓이었다.

외신이 보도해야 국내 정치나 언론이 움직이는 것은 그때가 처음이
아니었다. 학살 사건의 대명사인 거창사건도 폭로는 지역구 국회의원인
신중목이 먼저 했고, 애초의 보도도 국내 언론이 한 것은 사실이지만 『뉴
욕타임스』가 이것을 보도하기 시작하면서 세계 여론의 주목을 받게 되었
다. 한국 정부 역시 외국의 여론을 의식해 국회 조사와 지휘명령자들에
대한 재판을 하게 되었다. 결국 외신 보도가 거창사건을 정치적 이슈로

만든 결정적인 계기가 되었지만, 그것도 전시의 보도 통제라는 한계를 넘지는 못했다. 바로 같은 부대에 의한 학살이 이웃 산청과 함양, 호남의 남원·순창·함평 등지에서 동일하게 발생한 사실에 대해서는 더 이상 취재하지 않았기 때문이다. 그래서 수많은 미군 관련 피해 사건 중 하나에 불과한 노근리사건이 한국전쟁기 미군에 의한 학살의 대명사가 되어버렸고, 국군의 토벌 과정에서 발생한 수많은 학살 사건 중 하나인 거창 신원면 사건이 국군 학살의 상징이 되어 전 세계인들과 한국인들의 기억에 자리 잡게 되었다. 언론은 사건을 들추어내고 집단적 기억을 만들어내는 데 중요한 역할을 하기도 하지만, 기억을 일정한 틀 안에 가두는 역할도 한다는 것을 실감했다.

언론의 침묵 다음으로 나를 가장 좌절시킨 것은 이 문제에 대한 사회 일반의 무관심과 무지였다. 그 핵심에는 학교교육이 있었다. 따지고 보면 이렇게 엄청난 사건이 세상에 알려지지 않은 가장 중요한 이유는, 학교에서 한국전쟁에 대해 편협한 내용만 주입하고 있기 때문이다. '6·25'로 공식 명명된 한국전쟁은 오직 북한의 침략성만 부각시켰지, 남한 정부의 과오, 특히 군경이 저지른 학살 사건은 그때까지 교과서에 일절 언급조차 되지 않았다. 제주4·3사건, 여순사건 등에 대한 기술도 마찬가지다. 좌익의 죄악상만 적은 교과서는 국가의 공식 기억 밖의 연구 성과를 거의 반영하지 않았기 때문에, 1987년 민주화되기 이전에 중고등학교를 다닌 한국인들은 이 문제를 전혀 모르고 있다. 그리고 교과서의 내용이 진리인 양 배워온 세대에게 교과서 밖의 내용을 이야기하면, 무슨 큰일이라도 날 것처럼 생각했기 때문에 다른 이야기를 꺼내는 것조차 부담스러웠다.

결국 군사정권이 물러갔어도 교육과 언론은 사람들의 의식을 제약하는 가장 중요한 걸림돌로 남았다. 군사정권 때는 일방적인 보도 통제를 당했지만, 민주화 이후에는 언론 스스로 권력 집단이 되어 스스로 판단해서 이런 문제에 대한 보도를 회피했다. 사실 학자들의 논문이나 저서는 전문가들, 여론 주도층에게는 영향을 미치지만 일반인들의 의식에까지 영향을 미치지는 못한다. 그러나 언론은 다르다. 언론이 사건을 크게 보도해주면 그것이 사회의 중심적 의제로 떠오르게 되어 있기 때문이다. 언론의 논조는 사주와 데스크의 관심과 의사에 좌우되기도 하지만 일선 기자들의 문제의식과 지식을 반영하는 것이기도 한데, 한국의 기자들은 바로 한국의 고등교육을 받은 보통 식자층이다. 이렇게 본다면 언론의 시야는 교육과 크게 연관되어 있다고 볼 수도 있다. 교육이 언론보다 더 근본적인 이유가 여기에 있다. 나는 한국전쟁기 학살 사실을 주변에 알리려 노력하면서 사회의 변화와 사회운동은 교육, 그리고 언론에 의해 형성된 일반인들의 의식의 벽을 넘어서기가 어렵다는 점을 실감했다.

하나의 사건에 대한 다양한 언론사의 보도를 비교해보면 언론이 어떤 점을 왜곡하고 있는지, 무엇을 축소하고 과대 포장하고 있는지는 보여주지만, 그 자체로는 언론이 무엇을 보도하지 않는지를 알기는 어렵다. 즉 "미디어는 우리에게 무엇을 생각할지를 말해주는 게 아니라, 생각할 대상이 무엇인지를 말해준다"[7]는 스탠리 코언Stanley Cohen의 지적도 언론의 이런 측면을 가리키고 있다. 언론은 특정한 내용만 보도하고 특정한 주제만 끄집어내고, 제한된 범위의 사건만을 인권침해라고 규정한다. 이 점에서 한국전쟁기 학살 사건은 '인권침해'의 범위 밖에 있다. 바로 그런 이유 때문에 나는 특별히 MBC의 정길화·이채훈·한학수 PD 등 〈이제는 말할 수 있다〉팀의 노력과 용기를 높이 평가하고 싶다. 나 역시 그들의 작업을 지원하기도 했지만, 그들이 학살 관련 취재와 프로그램을 만들지 않았다면 우리의 운동은 더 힘들었을 것이다.

범국민위 활동 초기에는 소신 있는 미디어나 기자들의 도움도 받았다. 학살 사건 보도의 선구자는 뭐니뭐니 해도 『말』지였다. 1990년대부터 『말』지는 보도연맹사건 관련 발굴 보도도 했고 강화사건, 화순의 미군 학살 사건 보도도 했다. 그리고 『말』지 기자로 있었던 정희상은 취재 기록을 책으로 내기도 했다. 정희상의 책은 전국 단위로 이 사건을 다룬 거의 최초의 기록이었고, 그의 취재는 나의 연구 활동은 물론 이후 범국민위 활동, 그리고 진실화해위 활동에도 크게 도움을 주었다. 그가 취재한 뒤에 곧바로 사망한 유족들도 많았기 때문에 그의 취재 기록이 특정 지역의 학살 사건에 관한 유일한 자료가 된 경우도 있다. 그다음으로 중요한 인물은 『부산일보』의 김기진 기자였다. 그는 보도연맹사건 보도에 남다른 열정을 갖고 있었다. 그 역시 우연하게 학살 사건을 접하게 되었고, 부산·경남 일대의 사건을 취재해서 보도하기도 했다. 그는 미국을 직접 방문하기까지 하면서 연구자로서 해야 할 수준 이상으로 자료 발굴에 신경을 썼고, 실제로 이 분야의 최고 전문가가 되어 두 권의 책을 내기도 했다.[8] 그리고 마산 『경남도민일보』의 김주완 기자도 현지에서 열정과 관심을 갖고 이 사건을 많이 취재한 사람이었다. 안동 MBC의 강병규 PD 역시 예천 산성동 사건에 관심을 갖고 취재하여 학가산 일대 미군 폭력과 민간인 사망 사건의 진실에 어느 정도 접근하는 성과를 거두었다. 이들 모두는 중앙의 주류 언론이 아닌 지방이나 주변 언론의 기자였는데, 학살 문제에 대한 이들의 사명감은 다른 주류 언론의 무관심을 크게 상쇄해주었다. 제주 4·3사건 피해자 실태 보도를 통해 진상규명에 기여한 양조훈·김종민·김애자 등 『제민일보』 4·3사건 보도팀의 역할과 유사한 것이었다.

물론 언론인들과 범국민위 활동 간에 긴장이 없었던 것은 아니다. 2001년 진주 외공리 사건 취재 때였다. 나를 찾아온 MBC PD는 이 사건을 전국에 알리기 위해서는 일단 현장 굴착을 해야 한다는 입장이었다. 그러나 국내의 몇몇 인류학자들로부터 함부로 학살 현장을 파헤치면 오히려 진실규명에 방해가 되고 다시는 복원할 수 없다는 경고를 들은 바 있어서 나는 굴착을 말리는 형편이었다. 그러나 사건의 파장을 크게 하기 위해서는 유골을 보여줄 필요도 있었다. 진실규명에는 같은 배를 타고 있어도, 한 건 특종 보도에 목숨을 건 기자들과 문제의 궁극적 해결에 더 관심을 가진 내 입장 간에는 다소의 긴장이 있었다. 그러나 나로서는 그들의 의지를 꺾을 힘이 없었다. 결국 외공리 사건은 MBC에 의해 전국적으로 크게 보도되었다.

범국민위는 새로운 자료가 나오면 기자회견을 했고, 그것을 통해 학살의 실재성을 알리고 사회적 관심을 불러일으키려 했다. 대구 인근 칠곡군 신동고개 학살 사건 자료로 기자회견을 한 것도 그 예였다. 애초에 그 자료는 『부산일보』 김기진 기자가 내게 전달한 대구 주둔 미 제1기갑사단의 관련 기록이었다. 사실 노근리사건 조사 과정에서 나온 것인데, 국내 언론에는 제대로 보도된 바 없었기 때문에 나름대로 사회적 파장이 있을 것 같았다. 그래서 범국민위에서는 이 자료를 갖고 기자회견을 열기로 했다. 노근리사건 조사 과정에서 발굴된 그 자료에는 대구 북쪽 13킬로미터 정도 지역에서 한국 헌병들에 의해 학살이 자행되었다고 적혀 있다. 그전에 나온 대구 지역 생존자들의 증언에 의하면 전쟁이 발발한 직후 대구는 거의 무법천지가 되었다고 한다. 경찰들이 각 동네마다 돌면서 그동안 경찰서에서 보관해오던 주민들의 신원 확인 자료를 토대로 해서 보도연맹에 가입했던 사람은 물론 시위에 가담한 경력이 있는 사람, 그 가족 친척들을 모조리 잡아들이기 시작했다고 한다. 4·19 직후 피학살자 운동이 일어났을 때 유족회 조사부장이었던 고 이복영에 따르면 대구·경북 지역에서는 거의 3만 명 이상이 희생되었다고 한다. 끌려간 사람들은 가창, 월배, 경산 코발트 광산, 본리동, 성서 등지에서 학살되었다고 한다.

미군이 작성한 다음 보고서는 학살 당시의 상황을 비교적 자세하게 서술하고 있다. 이 자료에 따르면 1950년 8월 10일 오후 3시에서 4시 반경 순찰 중에 골짜기에서 큰 총성이 들려 가까이 가보니 한국의 헌병들이 200~300명의 한국인들을 학살하고 있었다는 것이다. 피학살자 중에는 여성들도 많이 있었는데, 심지어 12~13세 정도의 소녀들도 포함되어 있었다고 한다.

> 피의자들은 20명 정도 일렬로 서 있었다. 군인들은 피의자 정면에 서 있었고, 주변에는 칼빈으로 무장한 다른 군인들이 있었다. 명령이 떨어지면 정면의 군인들이 총을 피의자 머리에 대고 쏘았다. 한 번에 죽지 않은 경우 수차례 발사하기도 했다. 그런데 학살 후 3시간이 지나고서도 아직 죽지 않은 사람들이 있어서 골짜기의 시체 더미에서 신음소리가 들리기도 했다. 어떤 사람들은 시체 더미에서 약간 떨어진 거리에서 의식을 잃은 채 여전히 숨을 쉬고 있는 경우도 있었다. 자신의 차례가 오지 않은 사람들은 뒤편에 사슬로 손이 단단히 묶인 채 서 있었다. 죄수들은 심각한 고통을 호소하는 울음을 뱉어내고 있었다. 헌병들은 대단히 잔인했다. 총 개머리판으로 머리를 내리치기도 했고, 아무 이유 없이 죄수들을 발로 차기도 했다. 학살을 명령한 군인은 이 죄수들이 스파이 행동을 했다고 말했는데, 다른 정보는 없다. 시체는 제대로 묻히지 않았으며, 오물이나 나무 잔가지에 반쯤 덮여 있었다.[9]

이 보고서를 쓴 미군은 분명히 한국 헌병이 자행한 학살을 방관했을 것이다. 이 보고서는 당시 맥아더 총사령관에게까지 보고되었다. 그러면서 왜 그들이 이렇게 현장 상황을 자세하게 보고하는지 그 이유를 나름대로 제시하고 있다. 그들은 이 지역이 만약 인민군 치하에 들어갈 경우 남겨진 모든 증거가 한국군이 아닌 미군에 의해 자행된 것으로 보일 수 있다는 것을 우려했다. 즉 그것은 학살 사건을 막기 위한 것이 아니라 사실상 면피용이었다. 그리고 시체들의 옷이 벗겨져 있어서 희생자들이 민간인인지 북한군 요원들인지 판별하기 어렵게 될지 모른다고 지적하고 있다. 같은 보고서의 다른 면에는 군인들의 헬멧에 흰 줄이 있었다고 밝히며, 이들이 분명히 대한민국 헌병이라고 적고 있다.

그런데 그 무렵 나는 4·19 직후 발행된 『대구매일신문』 기사 중 대구 부근의 학살 증언 중에서 바로 이 사건을 지칭하는 기록을 확인했다. 칠곡군 지천면 신동고개에서 발생한 학살 사건이라고 적혀 있었던 것이다. 기록은 당시 동네 이장이던 구자승의 증언에 기초하고 있는데, 그는 음력 6월 27일 3시경 신동고개의 골짜기에서 학살이 발생했다고 증언하고 있다. 그 음력 날짜는 바로 미국 보고서에 나온 8월 10일이며, 시간도 정확하게 일치했다. 이 신문의 증언자는 약 500명가량의 사람들이 20대 이상의 트럭에 실려와 이곳에서 학살되었다고 했다. 주민들은 피투성이가 된 사람들이 산에서 기어 내려와 기겁을 하고 도망가는 것을 목격하기도 했다. 그런데 사건이 발생한 8월 10일은 전선이 대구 북쪽 가산에 형성되어 대구 인근 지역 주민들이 피난을 가던 시점이었다. 그래서 주민들은 시체도 제대로 수습하지 못하고 피난을 갔는데, 국군이 북상하면서 동네에 돌아와 보니 개천이 핏빛으로 물들어 있었다고 한다. 그래서 주민들은 두 지역에 흩어져 있는 시체들을 9월 말이 되기 전에 수습했는데, 그중에는 동국대학교 배지를 단 학생, 그리고 여학생도 포함되어 있었다고 한다. 그런데 시체의 상당수는 양복을 입고 있었으며, 일부는 흰 한복을 입고 있었다고 한다. 그 후 대구와 군산에서 유족이라고 주장하는 사람들이 몇 명 이곳을 찾아온 일이 있었는데, 그 뒤로는 찾는 사람이 없었다고 마무리하고 있다.[10]

사실 신동고개 사건 관련 미군 자료는 이미 AP 팀이 발굴한 것이어서 자료로만 본다면 새로운 것은 아니었다. 사실 그 자료는 『부산일보』 김기진 기자가 AP의 최상훈 기자에게서 받아 내게 넘겨준 것이었다. 우리는 그것을 새로운 것인 양 포장했다. 그런데 노근리사건 보도 당시 AP가 발굴한 자료를 충분히 검토하지 않았던 한국 언론은 그 사실을 몰랐거나 무시했던 것 같다. 어쨌든 언론은 마치 새로운 것인 양 보도를 해주었다.

## 유족 조직화와 시민사회 홍보

2001년 여름 범국민위는 전국 단위로 유족을 조직화하고 '민간인학살진상규명을위한통합특별법' 제정의 당위성을 알리기 위해 여러 곳에서 유족 증언대회를 개최하기로 계획했다. 그래서 우리는 그해 7, 8월에 부산·마산·거제·여수 등지에서 지역 사회단체와 협의해 유족 증언대회를 개최했다. 범국민위와 협조 관계에 있던 지역의 시민사회단체와 협의해 이들 단체가 각 지역에서 유족 증언대회를 준비하면 서울에서 우리가 내려가 행사를 같이 주관하고 언론 홍보 등을 통해 알리기로 계획했다.

그때 부산에서 1960년 이후 가장 큰 규모로 유족회 결성식이 있었다. 『부산일보』 김기진 기자가 산파 역할을 했다. 유족회 모임이 가장 잘 조직된 곳은 마산이었다. 『경남도민일보』의 김주완 기자, 부산·경남 지역 학살 사건을 조사해온 전갑생, 지역 운동을 한 김영만 등이 준비해 경남 일대의 유족들을 증언자로 참석시켰다. 그날 증언대에 선 어떤 할머니가 사건 이후 50년 만에 처음으로 공적인 자리에 증언자로 나와서 이야기하던 중 말을 제대로 잇지 못하고 울음을 터트려 행사가 중단되기도 했다. 그 자리에 참석한 모든 사람이 같이 울었다.

마산 행사를 마치고 나는 전갑생과 같이 거제로 이동했다. 거제에서는 공개적인 행사를 하기 어려워서 몇 사람의 증언을 비공개로 듣는 것으로 마무리했다.

그해 가을에는 여순사건 기념행사 시점에 맞추어 여수에서 증언대회를 개최했다. 그중 기억에 남아 있는 것은 여순사건 유족인 장홍석, 오동근 등의 증언이었다. 장홍석의 증언에 따르면 여순사건 당시인 1949년 음력 8월 17일 밤 온 마을이 불타고, 어머니가 총에 맞아 사망하고 곧 불에 태워졌다고 한다. 증언자는 사건 당시 세 살이었는데 이 사건의 와중에 부모를 잃고, 자라면서 어른들에게 들은 가족과 동네의 비극적인 현대사를 증언한 것이다. 그는 그러한 공식 석상에 처음 나온 것이니 말을 잘 못해도 용서해달라고 하고는, 단상에 나와 불안하고 엉거주춤한 자세로 자꾸 단상을 이리저리 왔다갔다 하면서 망설이다가, 주머니에서 원고를 꺼내 떨리는 손으로 눈물을 훔치면서 읽어 내려가기 시작했다.

그의 이야기에 따르면 당시 쌍암 출신의 문홍주라는 14세 소년이 빨치산 연락병 노릇을 했는데, 어느 날 빨치산이 동네 사람들에게 이 소년의 치료를 다소 협박조로 부탁해 동네 사람들이 이 소년을 재워주고 밥해주고 빨래 해주고 했다는 것이다. 치료가 끝난 후 이 소년이 승주에서 약국을 운영하던 할아버지에게 가던 길에 이웃 마을에서 동네 아이들과 말다툼이 벌어졌다고 한다. 그런데 동네 아이들이 자신을 놀리는 데 격분한 소년이 너희들을 혼내주겠다고 말했는데, 이 소년이 한 말을 이상하게 여긴 면 서기가 경찰에 고발한 것이다. 경찰은 이 소년을 잡아 승주지서로 넘겼으며, 소년은 자신의 활동을 실토했다고 한다. 결국 경찰은 소년을 앞세우고 동네에 들어왔는데, 곧이어 경찰은 동네 사람들을 한 사람도 빠짐없이 마을 앞에 집결시킨 다음 소년이 지목한 사람, 즉 당시 이 지역 사람들이 말하는 '손가락총'이 가리키는 사람을 모두 빨치산 협력자로 간주했다. 빨치산을 치료해준 사람, 옷을 빨아준 사람, 먹을 것 특히 누룽지나 홍시를 준 사람 모두를 빨치산 혐의자로 분류해 모진 고문을 가하고 빨갱이 활동을 했다는 자백을 받아냈으며, 이 소년에게 호의를 베푼 사람들을 모두 모아서 총살했다고 한다. 당시 동네에서는 그의 부모를 포함해 세 살 아이부터 예순이 넘은 노인까지 22명이 학살되었다고 한다.

총살당한 시신은 곧 기름을 붓고 태워버렸으며, 나머지 병력은 돌아다니면서 동네 집들을 불태웠다고 한다. 평화로웠던 시골 마을은 하루아침에 생지옥으로 변했다. 아직 목숨이 끊어지지 않은 사람들이 물 달라고 외치는 소리가 한편에서 들렸으나 아무도 손을 쓸 수 없었고, 다른 편에서는 불타는 시체의 내장이 터지는 소리가 펑, 펑 하고 들렸다고 한다. 그의 증언대로라면 단테의 『신곡』 「지옥편」도 이보다 더 처참하지는 않았을 것이다. 생존한 동네 사람들과 이웃 마을의 한 어른이 인부를 사서 죽은 사람들의 시신을 거두어 장사를 치렀다고 한다.

증언 시점인 2001년 봄, 마을에서 도로 확·포장을 하게 되어 증언자는 난생처음으로 52년 전에 돌아가신 어머니의 유골을 보았다고 한다. 그는 유골을 수습해 안장했다. 증언을 마치면서 그는 이러한 상황에서 "그 어느 누가 죄인이 되지 않을 수 있겠는가? …… 그런데도 힘없고 돈 없는 유족인 우리로서는 지금껏 말을 꺼낼 수 없었다"고 울먹였다. 어쩔 수 없는 상황에서 적을 도와주는 일이 곧 죽음을 부르는 천하의 대역죄가 되는 상황이니 죄와 벌의 기준이 도대체 어떻게 설 수 있겠는가? 어머니의 사랑과 따뜻함도 맛보지 못하고 할아버지 밑에서 고아로 자라나 50년 세월 동안 힘겨운 삶을 꾸려온 그의 증언을 들은 사람 중에서 눈시울을 적시지 않은 이가 없었다. 그 산골 마을 유족 중에서 힘 있고 돈 있는 사람이 나오기도 어려웠겠지만, 그런 사람이 나왔다고 하더라도 그는 자신의 지위와 사업에 불이익을 당할까 두려워 이런 자리에 나오지도 않았을 것이다. 그래서 그런지 그날의 증언자들은 대체로 우리 사회에서 힘겹게 살아가는 민초들이었으며, 전쟁의 비극은 바로 그 이후의 살아남은 사람들의 생존을 위한 전쟁으로 계속되었다는 것을 짐작하기가 어렵지 않았다.

또 다른 여순사건 유족인 오동근의 증언도 참 충격적이었는데, 그는 농기구 가게 등 자기가 평생 종사한 직업이 60가지라고 말했다. 그는 학교 다닐 때 주변에서 "저 자식은 공부를 해도 필요 없는데 왜 공부를 해. 공무원도 못하는데……. 왜 그런 고생을 하는가"라는 말을 들었는데, 어릴 때는 그게 무슨 말인지 몰랐지만 학교를 나오고 보니 비로소 알게 되었다고 했다. 그래서 그는 살아가기 위해 걸리는 대로 일을 했고, 닥치는 대로 직업을 전전했다고 말했다. 그의 고단한 인생이 피학살자 유족들이 한국에서 살아온 모습을 집약해주는 듯했다. 그 후로 여의도 광장에서 전국 위령제, 특별법 제정 시위 등 입법 투쟁을 할 때 양복을 잘 차려입은 그의 모습을 볼 때마다 60개의 직업을 가졌던 그는 과연 지난 50년의 세월을 어떻게 기억하고 있을까 하는 궁금증을 떨칠 수 없었다.

유족들의 한 많은 증언을 계속 듣는 것은 큰 고역이다. 대체로 유족들은 학자, 언론인 등 공적인 역할을 하는 사람들이 자신들의 이야기에 관심을 갖고 들어주는 것을 크게 기뻐하면서 억울함과 하소연을 늘어놓았다. 나는 가까이 지낸 몇 사람에게는 같은 내용의 이야기를 수십 번 들기도 했고, 그와 비슷한 사연을 다른 유족들로부터도 수백, 어쩌면 수천 번을 더 들어야 했다. 하지만 어렵게 말문을 튼 유족들 앞에서 우리는 마치 처음 듣는 것 같은 표정을 하고서 그들의 이야기를 인내심을 갖고 계속 들었다. 난생처음 자신의 이야기를 들어주는 사람들 앞에서 증언을 하는 그들은 대단한 해방감을 느꼈을 것이다. 유족들의 말문이 트이게 하는 일, 그것이 범국민위 활동 초기에 나와 범국민위의 중요한 역할이었다.

유족 증언대회만큼이나 중요한 것이 대시민사회 홍보 작업이었다. 범국민위 창립 후에 나는 전국을 돌며 이 문제를 알리는 강연을 했다. 2002년에는 서승 교수의 주선으로 일본에 순회강연을 가기도 했다. 8월 17일에는 나고야에서, 18일에는 오사카·교토에서 각각 여순사건과 한국전쟁기 학살 사건에 대해 강연을 했다. 우리 한일 과거사 문제에 관심을 갖는 학자, 시민단체 활동가들이 참석한 자리였다.

일본에서는 학살 사실 자체를 알리는 데 초점을 두었지만 한국에서는 이 문제를 우리가 왜 다시 끄집어내지 않으면 안 되는가에 초점을 두었다. 그래서 대체로 "민간인 학살 왜 오늘의 문제이고, 우리 모두의 문제인가"라는 제목을 달고 강연을 했다. 강연은 내가 살고 있는 고양시에서부터 시작했다. 고양시민회가 주최하고 당시 지역구 국회의원이었던 정범구 의원도 참석한 모임에서 나는 전쟁 전후 민간인 학살은 1980년의 광주 학살, 수많은 고문치사, 의문사, 군 비리, 공권력 남용 등 그 후 50년 동안 발생한 인권유린의 출발점이며, 이 문제가 해결되지 않는 한 우리와 우리의 사랑하는 자녀들이 인간 대접을 받는 세상에서 살아갈 수 없다고 말했다. 오래전에 발생한 이 사건이 왜 현재의 문제인지에 대해서는, 남북 화해 이전에 남남 화해가 선행되어야 하고 체제와 이념에 의한 적대의 종식이 필요한데, 그것은 우선 전쟁과 분단 희생자들의 원혼을 달래는 일에서 시작되어야 한다고 말했다. 그리고 그것이 단지 피학살자 유족들만의 문제가 아니라 우리 모두의 문제인 이유는 과거와의 연속성을 가진 현대 국민국가에서 "국가가 저지른 모든 행위에 대해 국민들은 어느 정도의 책임을 갖고 있기 때문"이며, 부조父祖·자식이 억울하게 죽어도 모른 체해야 하는 기막힌 세상, 불의한 가해자가 잘나가는 세상, 뒤집어진 가치관이 통용되는 세상, "죽는 놈만 서럽다", "개같이라도 살자"는 논리가 작동하는 세상을 변화시키지 않으면 안 되기 때문이라는 점을 강조했다.

나는 이런 내용의 강연을 유족을 비롯한 전국 각 지역의 시민단체 활동가를 대상으로 수없이 많이 했는데, 언제나 왜 우리가 이 문제를 '지금' 들추어내야 하는가를 사람들에게 설명하는 데 초점을 맞췄다. 특히 각 지역의 시민단체 활동가를 이 운동에 끌어들이기 위해서는 이 문제가 자신이 살고 있는 지역의 문제, 즉 지역의 지배 구조를 변화시키는 데 어떤 의미가 있는지를 그들에게 설득해야만 했다. 그 점에서 여수가 가장 모범적인 사례였다. 이영일을 비롯한 여수지역사회연구소 사람들은 원래 여수에서 노동운동이나 지역운동을 해왔는데, 여순사건이라는 큰 암초를 건드리지 않고서는 여수 지역의 민주화가 진전될 수 없다는 사실을 깨달았다. 그래서 그들은 아마추어 연구자들이었지만 직접 여수 일대를 돌면서 피해 실태를 조사하고, 그것을 몇 권의 책으로 발간하기도 했다. 결국 지역사회에 뿌리내리는 운동을 하기 위해서는 지역 현대사와 정면 대결을 해야 했는데, 여수지역사회연구소는 그 성공적인 모습을 보여주었다.

고양 지역의 경우도 가해자였던 세력이 여전히 지역 정치를 지배하고 있었고 피해자들은 뿔뿔이 흩어졌기 때문에 지역의 보수적 지배 구조가 50년 동안 유지되었다. 그래서 지역 차원에서의 과거 학살 사건에 대한 문제 제기와 그것을 적극적으로 해결하려는 노력이 지역공동체를 복원하는 문제와 떼려야 뗄 수 없이 연관되어 있었다. 나는 여수지역사회연구소의 활동 모델을 다른 곳에도 적용할 수 없을까 고민했으며, 지역 현대사를 건드리지 않고, 또 지역에 애정을 갖고 있는 사람들로 하여금 지역의 과거를 통해 현재를 돌아보는 작업을 하게 하지 않고, 즉 지역사회의 정체성을 재구성하지 않고 지역운동을 하는 것은 사상누각이라고 강조했다.

## 가해자의 증언

나는 앞의 신동고개 사건 관련 기자회견 후 곧바로 대구에 가서 대구 지역 인권운동가들과 문제의 그 현장을 찾았다. 그런데 예상했던 대로 마을 어느 곳에서도 과거 학살의 흔적을 찾을 수 없었다. 마을 사람들에게 물어보니 과거에 그곳은 한센병 환자들의 마을이었다고 했다. 4·19 당시 언론 보도에 나온 두 곳의 시체 더미 중 한 곳은 1960년에 이미 도로가 개설되어 자취가 없어졌다고 해서 나머지 한 곳이 지금 그대로 보존되어 있는지 물어보았지만, 50년 전의 학살 사실을 알고 있는 사람은 아무도 없었다. 허탈한 심정으로 되돌아올 수밖에 없었다.

앞서 언급한 대로 우리가 신동고개 사건에 대한 미군 측 자료를 공개하고 기자회견을 한 후 이 사건이 방송을 통해 전국으로 보도되었는데, 그 무렵 대구 KBS로부터 신동고개 학살 현장에서 직접 총을 쏜 군인이 방송사로 전화를 해왔다는 연락이 왔다. 전화했다는 사람이 기자에게 자신이 바로 그 보도에 나온 학살 현장에 있었던 군인이라고 말했다는 것이다. 나는 전화를 걸어온 기자에게 내가 그 사람을 만나야 하는 이유를 설명하고 연락처를 물었다. 혹시 국방부나 주변 사람들의 압력으로 어느 순간 마음이 바뀌지 않을까 하는 두려움 때문이었다. 결국 나는 그의 연락처를 알아내는 데 성공했고, 떨리는 마음으로 그에게 전화를 했다.

경상도 말투의 노인이 전화를 받았는데, 자신이 그 현장에 있었던 사람은 맞지만 나와 "만나지는 않겠다"고 했다. 그는 이제 더는 "기억을 떠올리고 싶지 않다"고 단호하게 말했다. 하지만 그를 꼭 만나야 할 것 같은 생각에 나는 우리 사회에서 잘 먹혀들 수 있는 지역 연고를 들먹였다. 내가 동향 사람이며, 오직 학술 연구 때문에 이 문제에 관심을 갖고 있으니 꼭 한번 만나서 귀중한 증언을 듣고 싶다고 말했다. 그러자 그는 내게 집이 대구 어디인지 물었다. 나는 고향은 대구가 아니지만 계성고를 다닌 사람이라고 말했다. 그러자 그는 자기 동생이 계성고 음악 선생 임종명이라고 했다. 나는 깜짝 놀랐고 속으로 쾌재를 불렀다. 내가 임종명 선생님에게 직접 배운 제자라고 말했다. 그랬더니 그는 태도를 누그러뜨리고 자신의 집을 알려주며 한번 찾아오라고 말했다. 사진 촬영, 녹음은 일절 하지 않는다는 조건이었다.

2001년 7월 초 어느 날, 찌는 더위 속에서 그의 집을 찾아 부천을 헤맸다. 집을 찾아 들어가니 허름한 연립주택의 어두컴컴한 방에 일흔 살쯤 된 노인이 혼자 앉아 있었다. 그는 아내가 집을 비운 시간을 일부러 택해서 약속을 잡았다고 했다. 그를 찾아온 이유를 설명하고 안심시킨 다음 몇 가지 질문을 했다. 나는 그의 증언에서 몇 가지 중요한 사실을 확인할 수 있었다. 현장 가해자에게서 들은 최초의 증언이었다. 숨 막히는 순간이었다. 당시 참여연대 기관지 『참여사회』의 지면에 실린 「신동고개에 어지럽게 흩어진 주인 없는 신발들」이라는 에세이에서 밝힌 내용이지만 대체로 그의 증언은 다음과 같았다.

그는 한국전쟁 발발 당시 경북 모처에서 초등학교 교사로 봉직하고 있었다고 한다. 전쟁이 터지자 그는 곧바로 대구의 집으로 향했다. 트럭과 버스, 열차를 갈아타고서 전쟁 발발 이틀이 지난 6월 27일 대구 시민극장 근처(대신동) 집으로 돌아왔다. 그런데 집에 돌아오니 징집통지서가 와 있었다. 군 입대를 준비하고 있던 차에 동네 정미소 벽에 붙은 벽보를 보았는데, 민병대 모집 공고였다. 민병대에 들어가면 군 입대가 면제된다는 내용이었다. 그는 군 입대가 총알받이, 곧 전사를 의미하는 당시의 위급한 시점에서 민병대에 입대하기로 결심했다. 당시 민병대 사무실은 달성공원에서 죽 내려오는 사거리 모퉁이 2층에 있었는데, 간단한 신체검사를 마치자마자 곧바로 근무하라는 명령을 받았다. 민병대가 무엇을 하는 조직인지도 모른 채 일단 장남으로서 살아남아야 한다는 책무 때문에 민병대에 들어간 것이다. 그는 자신이 대구 지역 계엄사령부가 관할하는 민병대 제6지대에 편입되었다는 사실을 알게 되었다. 그런데 그는 비교적 체구가 크고 신체가 튼튼했기 때문에 민병대 제6지대 대장으로 임명되었다. 당시 민병대 제6지대는 32명으로 구성되어 있었는데 모두 대구 지역 내당동, 대신동 거주자들이었다고 한다. 민병대는 대장과 부대장, 그리고 분대장으로 구성되어 있었으며, 그것을 표시한 완장을 차고 있었다. 그들을 지휘한 지대장은 헌병 중위였으며 민병대는 사실상 그의 일방적인 통솔 아래 움직였다. 민병대가 하는 일은 주로 보도연맹 가입자 정보를 취합해 헌병사령부에 보고하는 일이었다. 대원들은 주로 동네를 다니면서 보도연맹 가입자를 수소문했는데, 이웃 사람이 밀고하면 본인의 부인이나 항변에도 불구하고 곧바로 보도연맹원으로 인정해 상부에 보고했다. 평소에 이웃과 사이가 나빴던 경우 모함을 받고 보도연맹원으로 분류되는 일도 있었다.

그런데 민병대 업무를 수행하는 과정에서 동료 두세 명이 군에 징집되었다. 그는 민병대에 가면 군 입대를 면제해준다고 했는데 왜 군에 징집되는지 의아스럽게 생각했으며, 그때부터 헌병들을 의심하기 시작했다. 아마 전시의 다급한 상황에서 법률적 근거 없이 민병대를 조직한 데서 기인한 것이 아닌가 생각했다. 그러던 중 8월 초에 긴급명령이 하달되었다. 아침에 갑자기 트럭 3대가 민병대 사무실 앞에 들이닥쳤다. 무개(위를 덮지 않은) 트럭이었는데, 그 트럭에는 사람들이 묶인 채 빼곡히 앉아 있었다. 대체로 40~50대의 농민들이었으며, 더러 학생 복장을 한 사람도 있었다. 헌병과 민병대가 같이 승차하고 트럭은 팔달교를 지나 북쪽으로 가고 있었다. 군인들은 어디로 가는지 의아해했지만 후송 책임자조차 어디로 가는지 모르고 있었다. 가는 도중에 그가 묶인 사람들에게 말을 걸었더니, 그들은 대구형무소에서 오는 길이며 고향은 왜관·칠곡·구미·김천 등지라고 답했다. 왜 잡혀왔는지 물으니 몇몇이 울부짖으며 하소연했다. "나는 빨갱이 아니다. 잠자는데 인민군이 들이닥쳐 밥 해달라고 해서 밥 해준 것밖에 없다." "아들이 어쩔 수 없이 부역을 했는데, 아버지도 같이 부역자라고 나를 집어넣었다." 그러자 여기저기서 웅성거리며 "나도 밥해준 것밖에 없다, 억울하다"고 외쳤다고 한다. 이들은 자신들에게 다가오는 저승사자를 이미 눈치 채고 있었을 것이다.

트럭은 칠곡 신동고개를 올라 지천 쪽으로 약간 방향을 틀고는 언덕에 정차했다. 트럭 뒤편의 문을 내리고 사람들을 하차시킬 수도 있었는데, 헌병들은 뒷문도 내리지 않고는 옆으로 뛰어내리라고 명령했다. 그러나 사람들이 굴비처럼 엮여 있었기 때문에 한 사람이 뛰어내리려다 나머지 모두가 뒤엉켜서 바닥에 처박히듯이 떨어졌다. 헌병들은 안 다치려고 조심하는 사람들에게 마구 발길질을 했다. 이들은 이미 인간으로 취급되지 않았다. 사람들은 큰 바위가 옆에 있고 뒤편에는 2미터 정도의 경사진

비탈이 있는 언덕에 일렬로 묶여 서게 되었다. 권총을 든 헌병 중위는 뒤에서 명령하고 민병대와 여타 헌병 병사들이 칼빈으로 이들을 조준했다. 헌병이 권총으로 신호탄을 울리자 일제히 사격이 시작되었는데, 총을 쏴본 경험이 없는 민병대원들은 공중에 쏘기도 했고, 또 제대로 조준도 하지 못했다. 그때마다 헌병들은 권총으로 이들의 머리를 내리치면서 "개새끼들아, 그것도 제대로 못하냐"고 소리 지르고 발로 차기도 했다. 헌병들은 말의 8할 이상이 쌍소리와 욕설일 정도로 거칠고 험악했으며, 이들 민병대는 험악한 헌병들을 보고 자신도 죽을지 모른다는 공포감을 느꼈다고 한다.

피학살자들은 총살 직전에 검정고무신, 운동화 등 자신이 신었던 신발을 모두 벗어놓았다고 한다. 가족들이 와서 자신이 여기서 죽었다는 것을 나중에라도 확인하기를 기대했던 것이다. 피학살자들은 총을 맞기 전에 주로 "대한민국 만세"를 외쳤으며, 더러는 "인민공화국 만세"를 외치기도 했다고 한다. "대한민국 만세"를 외친 사람들은 주로 40~50대의 농민들이었는데, 그는 이들이 만세를 부른 것은 아마도 살려주지 않을까 하는 한 가닥 기대 때문이 아니었을까 추측했다. 고등학생으로 보이는 여자 혹은 젊은이들은 "인민공화국 만세", "김일성 장군 만세"를 외치기도 했다고 한다. 총성이 울릴 때 대부분은 총을 맞고 숨을 거두었지만 일부는 잽싸게 먼저 고개를 숙이는 경우도 있었는데, 그는 이들 중 일부는 기어서 도망갔을 수도 있다고 했다.

총살이 끝나자 중위가 민병대원을 이끌고 시체를 저벅저벅 밟고 걸어 다니면서 확인 사살을 했다고 한다. 숨이 붙어 있는 사람, 신음소리가 나는 곳을 찾아서 확인 사살을 했는데, 민병대원들이 너무도 끔찍해서 하늘을 보고 총을 쏘면 조금 전과 마찬가지로 거친 상소리를 하면서 두들겨

팼다고 한다. 그는 이 확인 사살의 총성이 자신에게 향해진 것으로 착각하기도 했다. 일단 확인 사살을 한 다음 바위 위에 다시 집합을 시켰다. 헌병 중위는 재차 민병대원들에게 교육을 했는데, 여기서 일어난 일은 각자의 가족에게도 발설하지 말 것을 경고하는 내용이었다. 즉 가족에게라도 이 사실을 알리는 경우에는 즉결 총살을 당한다는 위협이었다.

그는 "무슨 이런 나라가 있나", "학교에서 내가 아이들을 가르칠 때는 이렇게 가르치지 않았는데, 도대체 이러한 일이 있을 수 있는가" 하고 심각하게 회의하기 시작했다.

1950년 8월 10일부터 6일 동안 총살이 계속되었다. 마지막 날은 총살을 한 다음 삽으로 시체를 묻었다고 한다. 갈치 구운 냄새 비슷한 시체 썩는 냄새가 코를 찌르는 한여름이었다. 이미 핏물은 흐르다가 주변의 바위나 돌에 핏자국을 남기고 있었으며 일부 시체는 썩어가고 있었다. 이들은 주변의 모래나 나뭇가지 등으로 대충 시체를 덮었다. 시체 옆에는 이들이 벗어 놓은 주인 없는 신발들만이 어지럽게 흩어져 있었다.

하루에 차량 두 대 정도가 이곳으로 와서 학살을 했는데, 어떤 날은 세 대가 오기도 했다고 한다. 한 차에 30명 정도가 탑승했다고 가정하면 대략 400명에서 500명 정도가 학살되었다고 볼 수 있다. 그것은 나중에 시체를 묻은 동네 사람들의 증언과도 일치한다. 그 역시 여기서 500명 정도가 학살당했을 것으로 추정하고 있다.

이 일을 겪은 그는 이승만 정권에 환멸감을 느끼게 되었다. 공산국가도 이러지는 않을 텐데, 다른 사람의 말 한마디로 보도연맹원으로 분류하고는 이렇게 개돼지처럼 도살할 수 있는가 하는 회의가 든 것이다. 그는 학살이 일어나는 장면이 50년이 지난 그때까지도 매우 생생하게 머리에 남아 있다는 것을 강조하면서, 차마 짐승들에게도 못할 짓을 대한민국 군인들, 이승만 정권이 했다고 분노했다. 그 후 민병대 동료들끼리 술잔이라도 나눌 때면 트럭에서 들었던 이야기들을 조심스레 서로 나누기도 하고 학살 현장은 어떻게 되었을까 궁금해하기도 했는데, 모두가 이 불가항력적인 전쟁 상황에 환멸을 느꼈다고 한다.

결국 그는 이 민병대 생활에 회의를 느끼고 9월 초에 전투경찰에 입대했다. 전투경찰 근무를 마치고 제대한 그는 그곳이 어떻게 되었는지 궁금했지만 현장에 직접 가보지는 못하고 동네에 찾아가 사람들에게 그곳 시체가 수습되었는지 물어보았다고 한다. 그러나 동네 사람들은 모두 쉬쉬하며 말도 꺼내지 말라고 했다고 한다. 그는 나와 면담을 했던 2001년 시점까지도 절대로 갈치 고기를 먹지 않는다고 했다. 그의 아내와 자녀들도 그가 왜 갈치를 먹지 않는지 알고 있다는 것이다. 50년 전의 지긋지긋했던 시체 썩는 냄새가 지금까지 그를 짓눌렀기 때문이다. 나에게 처음으로 이 끔찍한 일을 털어놓은 그는 조금은 홀가분해진 것 같았다.

나는 그와 2시간 정도 이야기를 했다. 비록 명령에 의해서였지만 가해자 측의 하수인으로서 겪은 평생의 트라우마로부터 처음으로 약간의 해방감을 느끼는 듯했다. 사실 그와의 약속을 어긴 것이지만, 나는 그의 집에 갈 때 작은 녹음기를 숨겨 가지고 갔다. 그와는 2미터쯤 떨어져 앉아서 2시간 동안 쉬지 않고 이야기하는 것을 들었던 탓에 이야기를 전부 녹음하지는 못하고 일부만 녹음해서 그 내용을 『참여사회』에 기고했다.

증언을 다 듣고 나오면서 지금 말한 내용을 공개 석상에서 증언해줄 수 있는지 물었다. 그러니 그는 지금은 국가보안법이 있어서 할 수 없고, 당시 현장에 있었던 동료 한 사람이라도 더 나오면 하겠다고 말하면서 동료를 찾아달라고 부탁했다.

그런데 도대체 그와 같이 근무했던 민병대 요원을 어디서 어떻게 찾는다는 말인가. 그것은 사실상 불가능한 주문이었다. 국가보안법이 당장 폐지될 리도 만무했다. 결국 그를 한 번 더 설득하는 수밖에 없었다. 며칠 후 다시 전화를 했다. 또 한 번 방문을 해도 좋은지 물어보기 위해서였다. 그러나 그는 퉁명스럽게 "더 만나고 싶지 않다"고 대답했다. 부인이 펄쩍 뛰면서 "이 영감이 죽을 때 다 되어 미쳤나, 자식들 어떡하라고 이러느냐"고 강력하게 반대한다는 것이었다. 실제로 자기 자신도 이제 더 이야기할 것이 없다고 말했다. 재차 삼차 전화했을 때 그는 전화를 받지 않았다. 그 후 세월이 많이 지나 진실화해위가 만들어지고, 신동고개 사건을 조사하면서 그의 증언 녹취 테이프를 풀고 다시 한 번 체계적으로 청취하려고 생존 여부를 수소문해보니, 그는 이미 저세상 사람이 되어 있었다. 내가 들은 그의 2001년 증언은 처음이자 마지막 증언이 되었고, 나는 처음이자 마지막으로 그를 평생 짓누른 기억을 들추어낸 사람이었다.

## 기록 부재, 사실 규명 없는 거창특별법

1996년 학술진흥재단(현 한국연구재단)의 박사후 과정 지원을 받아서 미국 로스앤젤레스에 체류하던 중 『전쟁과 사회』 집필을 위해 기존 연구나 자료를 정리했는데, 당시 UCLA대학 도서관에는 한국전쟁 참전 미군들의 각종 수기가 많이 있었다. 나는 이 목록을 독서카드로 일일이 정리했는데, 정리하다가 국내에서 나보다 앞서 한국전쟁을 연구한 동료, 후배 학자들에게 메일로 연락을 했다. 혹시 국사편찬위원회, 정신문화연구원(현 한국학중앙연구원) 등에서 한국전쟁 참전자 수기나 기록 등을 수집하고 있는지 묻기 위해서였다. 그러나 나보다 먼저 한국전쟁을 연구한 동료들은 모두 "그런 것은 없는 것 같다"는 대답을 했다. 실망스러웠다.

그렇다. 한국전쟁은 한국인들의 전쟁이 아니라, 맥아더Douglas MacArthur와 펑더화이彭德懷의 전쟁이 아니던가. 청일전쟁과 러일전쟁은 모두 한반도와 그 주변에서 일어났고 우리 민족이 큰 피해를 입었지만, 남북 코리언·조선 사람들 이야기는 한마디도 나오지 않지 않았는가. 2000년 이후 범국민위 활동을 하면서 나는 활동가의 입장이 되어 동료 역사 연구자나 사회과학자들을 거리를 두고 보았다. 그러고 보니 당장 인용하고 싶어도 한국전쟁에 관한 기초적인 통계조차 확실하게 되어 있는 것이 없다는 사실을 발견했다. 익히 알고는 있었지만 이것이 한국 학계의 실정이었다.

나는 범국민위 사무처장 역할을 하게 되면서 활동에 쫓기느라 학술 연구, 특히 한국전쟁 일반이나 민간인 학살 관련 추가 연구는 거의 하지 못했다. 애초에 『전쟁과 사회』 서문에서도 밝혔듯이 그 책을 낸 다음 곧바로 후속편을 쓸 작정이었지만, 연구 작업에는 손도 댈 수 없었다. 연구와 활동을 병행하는 것은 힘들었다. 그러던 중 2001년 거창사건 관련 학술회의에서 발표 요청을 받아 거창사건 자료를 뒤져볼 기회가 있었다.

처음 거창시민회의와 거창역사교사모임으로부터 거창사건 관련 학술행사 발표를 부탁받았을 때 나는 거창사건은 민간인 학살 사건 중에서도 워낙 잘 알려진 사건이니 자료 수집과 발표에 아무런 문제가 없겠거니 생각하고 흔쾌히 수락했다. 더구나 거창사건은 명예회복 특별법까지 마련된 상황이라 관련 자료가 충분히 확보되어 있을 것으로 생각했다. 그래서 10월 예정인 학술행사 발표 두세 달 전까지도 자료를 찾지 않고 범국민위 일로 바삐 돌아다녔다. 방학이 되고 7월 말쯤 되어서 이제 발표 준비를 해야지 생각하고 우선 기존에 공개된 연구나 자료들을 읽었다. 그런데 기존 문헌들은 다분히 르포성 기사들이었기 때문에 학술적 가치를 충분히 인정하기가 어려웠다. 그래서 1차 자료를 수집할 필요가 있다는 생각에 거창사건 관련 단체나 기관에 문의를 해보았다. 당시 내가 찾으려 한 자료는 2차 자료에서 나온 이야기, 즉 1951년 이후 1년 동안 계속된 거의 1000쪽에 달한다는 거창사건 관련 공판 기록과 국회 차원의 거창사건 조사 자료, 그리고 소문으로만 돌던 당시 경찰 박기호의 개인 기록 자료, 국회 폭로 당시 나온 사건 현장을 찍은 사진 자료였다. 우선은 내게 발표 청탁을 한 거창시민회의, 거창역사교사모임을 통해 유족회에 자료가 있는지 찾아봐 달라고 부탁했다. 그런데 돌아온 대답은 놀라웠다. 거창 유족회는 피학살자 명단 외에는 아무런 자료도 갖고 있지 않다는 것이었다. 나는 내 귀를 의심했다. 4·19 직후부터 그렇게 유족회 활동이 활발하게 전개된 지역에서 사건 관련 자료를 소장하고 있지 않다는 것은 정말이지 믿기 어려웠다. 그래서 거창시민회의에 자료가 있는지 물어보았다. 시민회의 측은 4·19 직후 국회 특위에서 거창사건 관련 경찰과 주민을 소환해 사건 개요를 청취한 속기록만 갖고 있다고 답했다. 그것은 나도 쉽게 구할 수 있는 자료였고, 너무나 소략하여 거창사건의 전모를 파악하기에는 턱없이 부족한 것이었다.

그래서 나는 '거창사건등관련자의명예회복에관한특별조치법(이하 거창특별법)' 제정 과정에서 중요한 역할을 한 지역구의 이강두 의원 측에서 근거 자료로 활용했던 자료를 갖고 있을 것으로 생각하고, 이강두 의원 보좌관에게 문의했다. 그러나 그쪽 역시 대답은 마찬가지였다. 다음으로는 행자부(현 안전행정부)의 거창사건 처리반이 관련 정부 기관이니 모든 자료를 갖고 있을 것으로 생각하고 담당자에게 전화를 해서 문의해보았지만, 자신들은 행정적인 일만 처리할 따름이며 근거 자료를 갖고 있지 않으니 거창군청에 물어보라는 대답만 돌아왔다. 한 가닥 희망을 갖고 거창군청에 전화해서 담당자를 찾으니 거창군청 역시 아무런 자료가 없다고 대답했다.

정말로 믿기 어려운 일이었다. 어떻게 거창 주민들이 군경에 의해 학살당했다는 구체적인 사실 자료, 기초 조사도 없이 거창사건 관련 명예회복 법안이 심의·통과될 수 있다는 말인가? 도대체 무슨 자료를 근거로, 누구를 대상으로 몇 명에게 국가가 공식적으로 피해자 명예회복을 한다는 말인가? 온 국민이 알고 있는, 한국전쟁기 학살 사건 중 가장 유명한 그 거창사건 관련 기록이 이렇게 없다는 말인가?

그런데 내게 발표를 부탁한 거창시민회의 측 이야기가 걸작이었다. 특별법이 통과될 수 있었던 것은 명확한 사실 확인 조사가 전제되어 있었기 때문이 아니라 1951년 당시의 군사재판 판결문에 기초한 것이며, 유족들이 당시 자민련 당수였던 김종필을 찾아가서 특별법을 통과시켜주지 않으면 그의 부친 묘를 파버린다고 협박했기 때문이라는 것이었다. 거창특별법이 지역구 의원이자 김영삼의 측근이었던 김동영 의원의 줄기찬 노력에 힘입은 정치적인 타협의 산물이라는 것은 나도 알고 있었지만, 이렇게 기초 조사도 없이 1951년 군법회의 최종 판결문 달랑 한 장에 기초해 명예회복법을 통과시킬 수 있다는 말인가? 나는 거창특별법이 이렇게 엉터리 법인 줄은 그때 처음 알았다. 당시의 중앙고등군법회의 판결문을 갖고서 국가가 피해자 명예회복 및 화해 사업을 실시한다는 것이 믿기지 않았고, 기존의 증언과 기록에 이렇게 결정적인 자료들이 있는 것으로 나오는데도 그것을 찾으려는 노력조차 하지 않은 유족회, 시민회, 정부, 거창군청, 관과 민 당사자 모두가 너무나 어이없었다. 이게 대한민국인가?

그 후로 나는 나 스스로 자료를 찾을 수밖에 없다는 결론을 내렸다. 우선 변호사들을 통해 당시 거창사건 관련 고등군법회의 자료, 그리고 당시 변호사가 정리했다고 기록에 나와 있는 1000쪽가량의 변론 자료를 수소문했다. 그러나 담당 변호사는 이미 사망했고, 그의 소재를 확인할 길도 없었다. 고등군법회의 자료를 찾아보았으나 그것은 이미 대전 정부기록보존소(현 국가기록원)로 이관됐다는 답변을 받았다. 그리하여 나는 정부기록보존소에 근무하는 후배들을 성가시게 하면서 관련 자료를 찾아볼 것을 요청했다. 언론에는 보도되었지만 사건 발생 직후 세간의 관심을 끌면서 무려 1년 동안 진행된 재판 기록이 어딘가에 있을 텐데 아무리 해도 찾을 수 없었다. 결국 대전으로부터 거창사건 피의자인 연대장 오익경, 대대장 한동석 관련 색인에서 한동석만을 확인하였으나 실제 자료는 누락되어 있다는 답변만을 받았다.

결국 나는 마지막으로 사건 직후 국회에서 조사했던 보고서에 실낱같은 기대를 걸 수밖에 없었다. 국방부 군사편찬연구소의 어떤 연구원으로부터 국회 지하 수장고에 거창사건 관련 국회 조사 자료가 소장되어 있다는 정보를 입수했기 때문이다. 나는 우선 국회 지하 수장고의 자료를 헌정기념관에서 분류 중이라는 소식을 듣고 헌정기념관을 찾아갔다. 그곳에는 공식 속기록 외의 각종 국회 자료들이 제대로 분류도 되지 않은 채 산더미처럼 쌓여 있었다. 직원들에게 물어보니 거창사건 조사 기록은 거기에 없고 본관에서 본 적이 있다고 대답했다. 다시 국회 본관으로 가서 문의해보니, 그곳에 소장되어 있으며 공식적으로 정보공개 요청을 할 경우 보여줄 수 있다는 답변을 얻었다.

결국 이렇게 해서 1951년 거창사건 직후 국회 조사단이 현지에 급파되어 관련 경찰과 주민을 대상으로 조사한 속기록을 기쁜 마음으로 살펴볼 수 있었다. 보관 상태는 좋았으나 600쪽이 넘는 자료를 그 자리에서 복사하기도 힘들고 해서 필요한 내용 일부만 복사해 학술회의 발표에 참고

했다. 그러나 기록에 나온 것처럼 전쟁의 와중에 김종원 등 반대파의 협박을 받으며 진행된 조사인지라 오히려 군의 학살을 정당화하는 내용이 상당히 많았고, 사태의 진실에 도달하기에는 너무나 불충분했다.

그 후 서울대 한인섭 교수 팀이 거창사건 관련 자료를 모두 발굴해 자료집으로 편찬했다. 그리고 특무대의 수사 자료는 그 후 내가 일했던 진실화해위에서 기무사로부터 입수했다. 당시의 이 작은 경험을 통해, 도대체 대한민국이라는 나라 자체가 얼마나 허술하고 기본을 갖추고 있지 않은지 새삼 확인할 수 있었다. 국회도, 정부도, 법원도, 행정부도, 언론도, 피해 당사자도, 그리고 학자들도 모두 직무 유기를 하고 있다는 씁쓸한 생각을 지울 수 없었다.

결국 나는 부족한 자료로 발표문을 만들어 거창시민회가 주최하는 학술행사장에 갔다. 그런데 당일 행사장에서 나를 놀라게 한 것은 일부 유족들의 반응이었다. 그런 학술행사를 개최한 거창시민회의에 대해 유족들이 오히려 감사해야 마땅하다고 생각했는데, 유족들은 오히려 발표 내용이 마음에 들지 않는다고 소리를 지르며 항의했다. 뒤에 언급하겠지만 이들은 강정구 교수 등 우리 발표자들이 거창사건을 인근 지역에서 같은 시점에 발생했던 산청·함양 사건과 하나의 사건으로 보았으며, 거창사건의 비중을 축소했다는 것이었다. 그렇게 되면 유족들의 입장에서는 겨우 통과된 거창특별법의 지위가 흔들리게 된다는 것이었다. 나는 그들의 어이없는 반응을 보면서 왜 그들이 거창사건에 대해 자료 수집을 하지 않았는지, 하다못해 유족들의 증언집도 편찬하지 않았는지 어렴풋이 짐작할 수 있었다.

그렇다. 심지어 피해 당사자인 유족조차도 진실을 정확하게 대면하려 하지 않았다. 1988년 광주 청문회 이후 '정치력'을 통해 모든 것을 해결할 수 있다는 논리가 '5·18민주화운동등에관한특별법(이하 5·18특별법)' 제정, 그리고 그 후의 보상도 파행을 걷게 만들었고, 거창 명예회복 사업도 파행을 걷게 만들었다. 그 후의 의문사 진상규명 작업 역시 그런 점이 있었다. 시민적 공감과 충분한 지지가 없는 과거 청산, 철저한 진상규명 없는 명예회복이 무슨 소용이 있는가? 진상이 규명되지 않고 가해자가 사과를 하지 않았는데, 무슨 용서와 화해가 있을 수 있겠는가? 진실을 확인하려는 마음가짐과 용기가 없는데 무슨 정의의 수립이 있겠으며, 그것에 기초한 정책과 이념과 노선이 있다고 말하겠는가? 나는 "대한민국이 다시 태어나기 위해서는 이 문제를 확인하고 공론화하는 일에서부터 출발해야 한다"고 생각했다. 그래서 한국에서의 민간인 학살 진상규명 운동이 단순히 피해자의 한을 풀기 위한 운동에서 그치는 것이 아니라 나라 바로 세우기, 정의 세우기 운동의 일환일지 모른다고 생각하게 되었다. 기록을 소중하게 생각하지 않는 국가, 공식 기억을 삭제한 국가, 자신에게 유리한 기억만 강조하는 가해자와 피해자, 남의 매우 중요한 기억을 모른 체하는 시민, 그러한 국가나 사회는 국가 이전의 상태에 있다. 실제로 대한민국이 그런 나라 아닌가?

## 위령제―기억 환기를 위한 의례

모든 사회운동은 곧 기억 투쟁이기도 하다. 1987년까지의 반독재 민주화 운동은 곧 광주 학살을 기억하자는 투쟁이었다. 기억해야 한다는 책임감, 그리고 공유된 기억은 정신의 공동체를 만들고, 운동의 주체를 만들어낸다. 한국전쟁 학살의 기억을 환기하기 위해 가장 중요한 행사는 지역이나 전국에서 위령제를 개최하는 일이었다. 죽은 자를 불러와서 달래는 위령제는 단순히 전통적 제의일 뿐 아니라 산 사람들에게 죽은 자를 기억하게 하는 중요한 행위였다. 지금까지 한국에서는 대부분의 대중 집회나 시위, 사회운동이 거의 모두 이 위령 행사를 매개로 하여 전개되었다는 점이 특징적이다. 집회 허가가 나지 않으니까 위령제를 빌미로 시위를 벌이는 경우도 있다. 그러나 위령제나 제의가 기억을 환기시키는 행위이니만큼 위령 행사가 끝난 다음 집단의식이 곧바로 시위로 연결된다고 볼 수도 있을 것이다. 3·1운동이 고종의 장례식을, 6·10만세운동이 순종의 장례식을, 6월항쟁이 이한열 장례식을 매개로 전개된 것도 우연한 일이 아니다.

그래서 유족들이 주도했던 각 지역의 위령제 행사는 억울한 죽음을 기억하고, 억울하게 죽은 사람들의 영혼을 달래면서 산 사람들이 새롭게 그 억울함을 푸는 일에 나서자는 의미로 매우 중요한 일이었다. 범국민위와 산하 시민사회단체가 한 활동 중 매우 중요한 부분이 유족들로 하여금 지역의 위령 행사를 개최하도록 주선해주는 일, 그리고 여의도 등 서울에서 매년 전국 단위의 위령제를 개최하는 일이었다. 서울에서 전국 유족들이 모여 위령 행사를 할 경우 두건을 쓰고 오거나 상여를 메고 오는 경우도 있었다. 어떤 경우는 발굴한 일부 유골을 들고 와서 '유골 시위'를 하기도 했다. 2000년 9월 이후 나는 전국 각지에서 열린 위령제의 단골 기념사 담당자가 되었다.

이 무렵 범국민위에 중요한 후원자가 나타났다. 전쟁기에 의대생으로 환자를 치료한 적이 있었고, 그 후 산부인과 의사로 성공한 류춘도 선생이었다. 그는 전쟁 중에 서울에 남아 있다가 잠시 인민군에 동원되어 의사 역할을 한 적이 있어서 평생 과거를 숨기고 살아왔는데, 말년이 되어 전쟁 피해를 입은 자신의 동료들과 모든 피해자들을 생각하는 일에 조금씩 관여했다. 역사문제연구소에도 나왔고 범국민위에도 가끔씩 나왔다. 그런데 류춘도 선생이 특별히 관심을 가진 것이 바로 문경 석달동 학살 사건에서 죽은 아기들이었다. 그녀는 2001년 점촌역 광장에서 개최된 위령제에 참석해 이름 없는 아기들의 명패를 보고서 크게 마음이 움직였다. 그녀는 "아기들이 '나를 보세요, 나를 보세요' 하면서 애절하게 호소하는 것 같았다"고 그때의 심경을 피력했다. 그리고 학살 현장에 직접 가 보고 서는 "어디선가 웅성대는 소리가 바람결을 따라 희미하게 들려왔습니다. 그 소리는 마치 아기들의 흐느낌 같았습니다. 저는 저의 인생에서 그토록 신비스럽고 서럽고 감동적인 분위기를 맛본 적이 없었습니다. 돌아오는 차 안에서 내내 고목 가지에서 하얗게 빛을 내던 그 흰색 버섯꽃이 머리에서 떠나지 않았습니다"라고 심경을 피력했다.[11] 그녀는 이제 이 슬픔을 또다시 아기들에게 안겨주지 않기 위해서 추모비 건립을 지원하기로 결정했다. 그 추모비 앞면에는 그녀의 시가 적혀 있고, 뒷면에는 내가 쓴 비문이 적혀 있다.

이름 없는 아기 혼들
―석달동 양민 학살 때 참살된 아기들을 생각하며

산 넘어 넓은 세상 머물 곳 찾아
구천 떠도는 어매 아배 기다리며
석달 마을 산 모퉁이에
이름 없는 아기 혼들 울고 있네

아가들아 아가들아

이름 없는 아가들아
피묻은 아배 조바위 쓰고
눈물 젖은 어매 고무신 신고 놀지
그 옛날 이야기 말해주렴
지나가는 길손이 발 멈추거든

아가들아 아가들아 오늘 밤은
어매 품에 안겨 아배 등에 업혀
백토로 사라지기 전 그 옛날처럼
좋은 세상 꿈꾸며 잠들어라

# 4장

# 범국민위 운영과 운동 노선

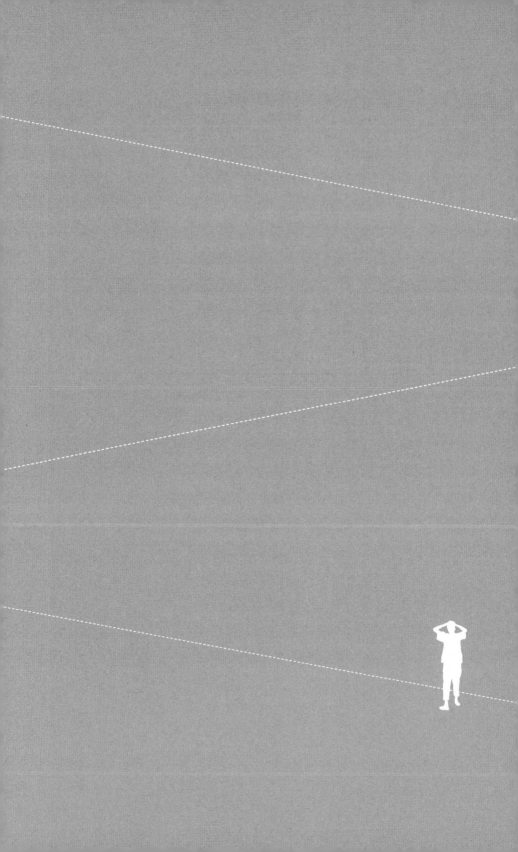

## 시민단체로서의 범국민위 운영

1987년 이후, 특히 김대중 정부 이후 대체로 개혁 입법은 정치권이 아닌 시민사회가 주도했다. 특히 시민단체가 시민사회의 중심에 서 있었다. 대통령제에서 정당이 정책 정당의 역할을 하지 못했기 때문에 시민단체나 이해집단이 먼저 의제를 제기하고 여론을 확산시키는 역할을 하면, 그에 따라 정당이 움직였다. 광주 5·18 학살 사건을 비롯해 과거의 의문사, 고문 등과 같은 인권침해 사건 역시 대부분 피해자들이 먼저 호소하면 활동가나 교수들, 인권변호사들이 나서고 마지막으로 정치권이 호응하는 양상이었다. 다른 나라와 비교해본다면 한국에서는 학생과 지식인의 역할이 컸다. 이것은 한국의 오랜 역사적 전통이었다. 조선시대 이래 재야 지식인의 역할이 크기도 했지만 일제강점기 이후, 특히 4·19 이후 한국 민주화 운동 과정에서 지식인들은 공적 대의를 추구하는 데 가장 큰 역할을 했다. 1990년대 초 정치적 학생운동의 영향력이 급격히 퇴조한 뒤에는 주로 교수, 변호사, 학생운동 출신 활동가들로 구성된 시민단체가 구심점 역할을 했다. 범국민위 운동도 그러한 흐름 속에 있었다.

민간인 학살 진상규명 운동 역시 당사자인 개별 유족이 제일 먼저 억울함을 호소했다. 몇몇 유족들이 정부나 국회에 청원을 했다. 그러나 정부나 정당이 한국전쟁기 군경에 의한 학살 사건의 청원을 들어줄 리 만무했다. 그래서 외로운 소수의 호소는 아무런 반향을 일으키지 못한 채 그냥 사라져갔다. 앞에서 언급한 문경 석달 사건의 채의진은 『아 통한의 45년』이라는 자료집을 만들어 국회와 주변 사람들에게 배포했다. 함평의 정근욱은 11사단 20연대 5중대 군인을 추적한 끝에 찾아내서 결정적인 가해 사실 증언을 청취하기도 했다. 그는 계속 탄원서를 올리는 한편, 공비와 전투 중에 사망한 국군 전사자의 비석까지 세워주려 했다. 익산 미군 폭격 사건 해결을 위해 이창근 주도로 시민대책위원회가 만들어져 미 대사관 앞에서 농성을 하기도 했다. 강화 유족인 서영선은 당시 가해 세력인 향토방위특공대의 최중석을 의정부 집에까지 찾아가서 자기 부모를 왜 죽였는지 다그치기도 했다. 완도에서는 김보희가 피학살자 유족들을 가가호호 방문해서 무려 1200여 명의 명부를 작성하고 탄원서를 올리기도 했고, 청도의 박희춘은 보도연맹에 관한 책을 펴내기도 했다. 노근리 유족의 경우 멀리는 4·19 직후에, 그리고 가까이는 김영삼 정부가 들어선 이후에 김영삼 대통령과 빌 클린턴 미 대통령에게 정식으로 진정서를 제출했고, 1997년에는 청주 지방검찰청에 손해배상을 청구하기도 했다. 노근리 유족 정은용은 『그대 우리의 아픔을 아는가』라는 책을 1994년 소설 형식으로 발표했다. 유족은 아니지만 제주 출신 현기영은 이미 1978년 『순이 삼촌』을 썼다가 곤욕을 치렀고, 김원일은 『겨울 골짜기』라는 소설을 써서 거창사건을 고발했다.

개별 유족들과 소수의 지식인들은 자료를 수집하거나 때로는 가해자를 찾아다니며 증언을 청취하기도 했다. 그중 제주 예비검속 사건 유족인 고 이도영의 역할은 가장 두드러졌다. 그는 미국 국립문서기록관리청 NARA에 정보공개를 요청해서 대전 산내 학살 사건 관련 사진을 얻어내는 쾌거를 이루었으며, 막무가내로 김종필 당시 국무총리를 방문해 증언을 얻어내는 등 매우 귀중한 자료를 몸소 확보해서 배포하기도 했다.

그러나 유족들의 힘만으로는 극히 민감한 사안인 군경에 의한 민간인 학살 사건을 세상에 알리는 데 큰 한계가 있었다. 1960년 4·19 직후처럼 사건이 발생한 지 10년밖에 지나지 않은 시점에서는 서른 전후의 청상과부였던 미망인들이 대규모로 집결하기도 했고, 또 언론도 적극적으로 이들의 외침을 받아주었다. 그러나 이미 50년이 지난 사건, 그것도 30년 동안 반공 군사독재를 겪으며 잔뜩 움츠려 있는 시민사회가 어찌 이들의 외침에 귀를 기울일 수 있겠는가? 결국 유족들은 외로운 투쟁을 할 수밖에 없었다. TV의 저녁 뉴스에 보도될 정도로 충격적인 증언이나 자료가 나오거나 세상을 놀라게 할 대규모 집단행동을 감행하지 않는다면, 유족들의 호소도 국회 앞의 외로운 1인 시위처럼 묻힐 수밖에 없었다. 그래서 모든 사회운동이 확산되기 위해서는 전국적인 정치적 의제로 만들어야 하고, 그것을 전업으로 수행할 수 있는 활동가가 반드시 있어야 한다. 다행히 국민의 정부가 들어서고 남북 관계도 풀리기 시작했다. 바로 그 시점에 내가 그들을 만났다.

2000년 9월 범국민위 창립 후 나는 비상근 사무처장 역할을 했다. 성명서를 쓰고, 집회를 조직하고, 사람을 끌어모으는 일이 주요한 역할이었다. 한편 제자들 중에서 조사 과정을 함께하고 이 문제에 관심이 있었던 한성훈을 간사로 일하게 했다. 대의명분을 이유로 제자의 노동력을 '착취'하게 된 셈이었다. 조직을 운영하려면 우선 사무실이 있어야 하고, 일할 사람이 있어야 하며 돈이 있어야 한다. 별도의 재원이 없었던 범국민위는, 처음에는 창립 과정에서 함께했던 당시 『대한매일』(현 『서울신문』) 정운현 기자가 주변의 연구자들과 함께 사용하는 광화문의 공부방(현대사연구실)을 사무실로 쓰기도 했고, 그 후에는 강창일 교수가 주선해서 서울역 앞 후암동의 제주4·3위원회 서울 지부 사무실을 함께 나누어 사용했다. 더부살이 신세는 어쩔 수 없었지만 그래도 최소한의 사무 공간, 회의 공간이 있었기 때문에 조직 운영은 가능했다. 그런데 조직이 영향력을 갖기 위해서는 대외적으로 내세울 지명도 있는 인사, 즉 '간판'도 필요했고 인맥이 넓고 영향력이 있는 사람들이 운영위원진으로 들어와야 했다. 대표나 운영위원을 섭외하는 일은 주로 사무처장인 내게 떨어졌다.

　사회운동, 시민운동 중에도 속된 말로 잘나가는 운동이 있고 주변적인 운동이 있다. 즉 뭔가 폼이 좀 나고 사람들이 알아주고 성과도 있는 운동이 있는가 하면, 바닥에서 힘들게 시작해야 하고 아무리 활동을 해도 가시적 성과를 만들어내기 쉽지 않고 후원자 집단을 구하기도 어렵고 활동을 벌여도 언론에서 거의 받아주지 않는 운동도 있다. 1990년대 이후 한국에서 경실련, 참여연대 등 종합 시민운동과 여러 여성운동, 환경운동 단체는 전자에 속한다고 볼 수 있다. 나는 1994년경 참여연대 창설에 관여했고, 참여연대 산하 참여사회연구소에서 정책실장으로 상근도 해봤기 때문에 범국민위 활동과 참여연대 활동을 여러 측면에서 비교할 수 있었다. 참여연대 활동은 출발부터 언론의 주목을 받았고, 교수나 변호사들도 많이 참여했다. 처음에 일반인들에게 활동의 성격과 의미를 설명하는 데는 시간이 좀 걸렸지만, 적어도 지식인들에게는 긴 설명이 필요 없었다. 회원 모집도 순조로웠던 것 같다. 한국에서 권력 감시, 인권, 복지 등의 개념은 별로 '위험하지 않은' 주제였고, 그만큼 시민들의 공감을 쉽게 얻을 수 있는 여지가 있었다. 그러나 한국전쟁기 군경에 의한 민간인 학살 사건 진상규명은 그렇지 않았다. 그것은 여전히 금기의 영역에 속했다. 역사 교과서에 이런 내용이 나온 적이 없고, 언론에서도 보도된 적이 거의 없기 때문에 사람들은 우선 그 사건 자체를 모르는 상태였다. 일반인들만 그런 것이 아니라 알 만한 지식인들도 대부분 그러했다.

　과거사, 특히 인권 문제 중에서도 고문, 인권침해 사건은 법의 지배, 민주화의 완성이라는 의제와 관련해서 누구나 고개를 끄덕일 수 있었지만, 한국전쟁기 학살 사건은 이데올로기 문제, 즉 한국의 반공주의 지배질서에 의심을 품는 것이기 때문에 일반인들에게는 말 그대로 매우 부담스러운 사안이었다. 나 자신도 수없이 그런 생각을 했지만, 과거 군경의 잔혹 행위를 거론하면서 그들이 전쟁기에 많은 학살을 저질렀다고 말하는 순간, 국가 혹은 나라를 지킨 영웅들의 명예에 흠집을 내는 이단자가 되는 느낌이 있다. 언어란 참 묘한 것이다. 사실 지배의 언어가 아닌 피지배의 언어는 공론의 장에 등장하는 것이 쉽지 않다. 저항자는 항상 '폭도'여야 하고, 저항을 진압하는 군인에게 '폭력'이라는 말을 사용해서는 안 되는 것으로 되어 있다. 검사들의 뇌물 수수를 '떡값'이라 표현하고, 관료 부패를 '전관예우'라고 표현하지 않나? 그래서 지배는 언제나 언어에 기초한다. 피억압자들이나 약자들이 자신의 처지를 표현하는 언어와 개념을 만들어내지 않는 한 그들은 언제나 그 자리에 있을 수밖에 없다.

하여튼 주변 사람들에게 이 사건의 성격이 어떠한지, 그리고 내가 왜 이러한 일을 하는지 설명하는 데 아주 많은 노력이 필요했고 대체로 설득에도 실패했다. 길게 설명을 해도 그들이 고개를 끄덕이게 하는 데까지 가지는 못했다. 자발적으로 "나도 당신이 하는 일을 도와줄게"라고 말하는 사람은 거의 없었다. 오히려 "다른 일도 많은데 왜 그런 일을 하지?"라는 질문을 받기 일쑤였다. 아니면 "인민군에 의한 학살도 많은데 왜 국군에 의한 피해만 문제 삼지?", "지금 와서 어쩌자는 거지? 그거 해결될 수 있겠어? 그거 너무 위험한 거 아냐? 그러지 말고 인권 문제에나 좀 관심을 갖지" 등등의 정중한 충고나 반응도 있었다.

그래서 유족들이 50년 동안 겪었을 외로움과 답답함을 나도 갖게 되었다. 가까운 사람에게도 그것을 설명할 수 없었고, 그들의 전폭적 지지를 구하기도 어려웠다. 지금도 그렇지만 그 무렵 우리 사회에는 이러한 심각한 국가폭력이나 인권침해 문제를 알면서도 모른 체하는 사람들, 아니면 알면서도 그 중요성에 대해서는 그다지 점수를 주지 않거나 그냥 고개를 돌려버리는 사람들이 대부분이었다. 전쟁을 겪은 기성세대는 그것을 모두 시대의 불행 탓으로 돌렸다. 그리고 지금 와서 들추어내봐야 해결되는 것은 아무것도 없다는 생각을 하면서 화석처럼 앉아 있었다. 다케우치 요시미는 일본 사람들이 자신의 과거를 돌이켜보지 않는 것은 양심 부족과 용기 부족 때문이라고 보았지만,[1] 한국의 경우는 양심 부족보다는 개인들이 갖고 있는 상처와 권력에 대한 두려움이 더 큰 이유였다.

당시 내 아버지도 내가 이런 일을 한다고 하면서 질문을 하면, "그때 영주에서도 철담산(실제 명칭은 철탄산. 영주시의 진산) 뒤로 끌고 가서 총을 쏴서 사람들 많이 죽였다"고 말했지만, 죽은 사람들이 참 억울하다든지, 그것 참 안됐다든지, 아니면 사람을 그렇게 죽여서는 안 된다든지 하는 이야기는 일절 하지 않았다. 전쟁 중에 그런 개죽음은 비일비재했으니 뭐 그리 충격적이냐는 식이었다. 그냥 "우리 일가 중에 그렇게 죽은 사람은 없었다" 정도로 간단한 언급만 하고 더 이상 말하지 않으셨다. 좌우 이데올로기로 찢어진 한국 사회에서 군경에 의해 좌익으로 지목되어 죽은 사람들에게는 한국인들의 공감과 애도가 미치지 않았다. 그때는 모두가 불행했기 때문일까? 전쟁을 겪은 기성세대는 슬퍼하지도 분노하지도 않았다. 나는 이 거대한 외면의 벽과 씨름하지 않으면 안 되었다. 이 외면의 벽은 무엇보다도 전쟁을 겪었던 개인들의 지긋지긋한 체험에 기초한 것이었고, 이후 세대인 우리는 그러한 태도를 갖는 부모로부터 어릴 적부터 그렇게 사회화되었다. 그 후로도 학교나 언론, 사회를 통해 그렇게 생각하라고 배우며 자라기도 했지만, 마치 합의나 한 것처럼 모든 사람들이 각각 다른 이유로 외면했다.

당시 나는 범국민위 운동의 동조자를 확보하고 대중적으로 확산시키기 위해 한국 사회의 여론 지형, 그리고 잠재적 지지층이 누구인가를 고민했다. 그래서 이 문제와 관련해 한국 사람들을 세 부류로 구분해 보았다. 우선 "국군은 선하고 빨갱이는 나쁘다"는 한국의 국가 신화, "한국전쟁은 인민군의 침략으로 시작되었고, 인민군은 매우 잔인했다"는 공식 기억의 일방적 주입과 왜곡된 역사교육 때문에 이러한 사건 자체를 모르는 90퍼센트 이상의 한국인들이 첫째 부류였다. 공식 기억과 배치되는 사실, 교육과정에 없고 언론에서도 보도하지 않는 일을 그들에게 이야기하면 우선 두려움을 가질 수밖에 없었다. 말을 꺼내는 것조차 과거 유신 시절에는 긴급조치 위반, 심지어는 간첩 신고 대상이었다. 지적 호기심 때문에 교과서가 아닌 일반 교양서나 학술서를 읽고 학교에서 가르쳐주지 않는 사실을 알게 되는 사람은 극소수였다. 교과서에 나와 있지 않은 사실을 책을 통해 알게 된 교사가 수업 진도와 관계없이 학생들에게 이면의 역사를 가르치는 것도 학생과 학부모의 원성을 살 수 있고, 심지어 고발 대상이다. 그러니 기억을 독점하고 기억을 조작하려는 사람이 가장 먼저 초중등 교육 내용과 미디어를 장악하려 하는 것은 당연하다. 그래서 사회 의식을 변화시키는 데 교육보다 더 중요한 것은 없다. 사회운동은 기성 교육의 벽을 넘기가 참으로 어렵다는 것을 절감했다.

둘째 부류는 사건 자체는 어렴풋이 알고 있거나 들은 적이 있는 고등 교육을 받은 보통 식자층이었다. 이들은 사실 자체를 약간 알고는 있지만 그냥 지나간 역사로 알고 있다. 그런데 안다는 것이 무엇인가? 안다는 것은 그 사건의 중요성과 의미를 이해한다는 것만을 의미하는 것이 아니라, 자신 혹은 현재의 전체 사회의 모습과 그 사건의 관련성을 인식하고 있다는 말이다. 그런 의미에서 이 사람들은 알고는 있으나 엄밀하게 말하면 알지 못하는 사람들일 수 있다. 즉 이 사람들은 그 사건에 대해 놀라거나 더 호기심을 갖지 않고, 그냥 반쯤은 모르는 척 지내려는 사람들이다. 특히 반공 이데올로기의 영향을 크게 받은 상당수의 지식인들이나 고등교육을 받은 사람들은 학살 등의 중대한 인권침해 문제를 거론하는 것이 얼마나 위험한지 알고 있기 때문에, 여러 가지 자기변명과 이유를 들이대면서 과거의 지나간 사건과 오늘의 자신이 무관하다는 것을 스스로 확신시키고 있다. 물론 그중에는 기피하거나 두려워하는 사람도 있을 것이다. 이 사건의 중요성을 말해도 이러한 사람들을 움직이는 것은 쉽지 않다.

셋째 부류는 이 사건의 내용을 잘 알고 있고, 또 그 내용을 자세히 설명하면 그것이 인권 차원에서든 사법 정의 수립 차원에서든 해결되어야 한다는 것을 어느 정도 인정하는 극소수의 내 주변 학자들과 활동가들이다. 물론 이들 중 일부는 이 사안 자체가 우리가 감당하기에는 너무 엄청나고 지난한 것이라는 생각이 들어 이 일에 끼고 싶어 하지 않는다. 또 다른 일부에는 이미 다른 시민운동, 노동운동, 인권운동을 열심히 하고 있기 때문에 이 사안에까지 개입할 여력이 없는 사람도 있고, 또 자신이 지금 하고 있는 일이 가장 시급한 마당에 50년 전 과거의 일을 다루는 것은 후순위일 수밖에 없다고 생각하는 사람도 있다.

내가 임원, 지지자 혹은 후원자로 들어오라고 설득할 수 있는 사람은 결국 극소수인 셋째 범주의 사람들이었다. 이들은 적극적으로 활동에 가담할 수는 없지만 사안의 중요성과 필요성에 공감하기 때문에, 여력이 있으면 시간을 내서 자신의 지식으로 기여하거나 후원회원이 되거나 다른 방식으로도 약간은 지원해줄 의사가 있는 사람들이다.

범국민위를 조직하자는 말을 꺼낸 사람은 제주 4·3사건 진상규명 운동 경험이 있는 강창일 교수였지만, 그 외에도 한국 현대사를 전공한 학자들 몇 사람이 우리 모임에 적극적으로 합류했다. 그러나 역사학자건 사회과학자건 서울과 수도권의 큰 대학에 안정된 자리를 잡고 있는 학자들보다는 오히려 학계의 주변에 있거나 평소에 대중과의 접촉 국면이 많았던 실천 지향적인 지식인들이나 학자들이 오히려 더 적극적인 경향이 있었다. 자기 자신이 어려운 처지에 서 있는 사람이 남의 어려운 일에도 적극적인 것 같다. 역사문제연구소 시절 인연을 맺었던 임헌영, 이이화 두 사람이 범국민위 대표를 맡아준 것도 그들의 위치 자체가 이런 일에 더 공감하도록 만들었기 때문인지도 모른다. 자신의 처지가 불안하고 어렵기 때문에 더 어려운 사람들의 일에 공감하고 연대하는 것인지, 아니면 이런 일에 적극적이고 실천적인 태도를 갖고 있기 때문에 그런 처지가 되었는지는 알 수 없다. 아마 둘 다일 것이다.

그러나 이 문제를 직업적으로 다루려는 활동가를 찾는 것이 가장 우선적인 일이었다. 그런데 인권·사회 운동가들이 한국 현대사, 특히 학살 문제에 대한 인식 수준이 높지 않다는 데 문제가 있었다. 한국의 편향된 역사교육의 결과이자 운동가들의 학습 부족, 그리고 유행을 타는 시의적 사안에 과도하게 집중하는 단체들의 경향에 기인한 것이었다. 지금은 민족문제연구소 등을 중심으로 친일 문제를 사회적으로 의제화해온 역사운동가 집단이 존재하지만, 당시로서는 한국전쟁 관련 인권 활동가, 과거사 관련 운동가라는 존재는 생각할 수도 없었다. 있다면 인권·평화 운동가들인데, 우선 미군기지 반대 운동을 하는 활동가들이 있었고, 천주교인권위원회·인권운동사랑방 등에서 인권운동을 하는 사람들이 있었다. 그런데 이들 역시 당면의 평화·인권 문제에는 관심이 있을지언정 한국전쟁기의 학살 문제는 잘 모르고 있었고, 현재의 인권 문제를 과거의 것과 연결시키지 못했다. 그래서 애초 범국민위가 계획 중인 장차 사회단체협의회를 강화한다는 과제와 관련해서, 여러 사회단체를 범국민위에 합류시키려면 민간인 학살 이슈를 지역 정치·평화·인권 이슈와 결합시키지 않으면 어려울 것이라고 생각했다.

어쨌든 나는 사람들을 만나면 범국민위 사무처장으로서 저 사람이 우리 모임의 지지자·지원자가 될 수 있을까만 주로 생각했다.


## 활동가들

모든 일은 사람이 하는 것이고, 활동가도 필요하지만 '간판'도 필요하다. 그래서 사회적으로 존경받는 명망가들을 대표나 운영위원으로 모시는 것은 그 조직의 영향력을 확대하는 데 무엇보다 중요하다. 그런데 조직의 대표로 이름을 올리면, 그냥 이름만 걸어서는 안 되고 시위나 기자회견 등에 얼굴도 내밀어야 하고 또 회비도 내야 한다. 그래서 이런 일은 각별한 소신이나 사명감이 없으면 하기 어려운 자리다. 물론 이런 사회단체에 이름을 올리면 자신의 지명도가 높아지고 부수적으로 도움이 되는 일이 생길 수도 있다. 그러나 범국민위는 전혀 그렇지 않았다. 알려지지도 않았고 사회적으로 인정받지도 못할뿐더러, 잘못하면 우파들의 공격 표적이 되거나 고발을 당할 수도 있고 심지어는 붙잡혀 가서 조사를 받을 수도 있는 자리고, 옛날 같으면 구속도 각오해야 하는 자리다. 따라서 대표로 모실 분이나 운영위원으로 같이 일할 사람을 섭외하는 일은 가장 어려운 일 중 하나였다.

이들 단체의 대표나 어른 역할은 역시 주로 사회운동에서 여러 역할을 하는 교수, 목회자, 변호사들이 맡았다. 가장 많이 거론되는 인물은 역시 교수들이었고, 그다음으로는 목회자나 변호사들이었다. 조직으로서의 교회나 기독교인들, 일반 신부나 승려들 중에서 인권·사회 문제에 관심을 갖는 경우는 드물었다. 한국의 기독교나 불교 인구가 전체 인구의 거의 절반을 차지하고 막강한 재원과 동원력을 가지고 있을뿐더러 원래 추구하는 이상이나 가치가 평화, 인권, 그리고 화해와 직결되어 있다는 점에서 볼 때 종교계, 특히 기독교계가 이런 문제에 무관심하다는 것은 참으로 이해하기 어려운 거북한 현실이었다. 사실 남아프리카공화국의 아파르트헤이트를 자행한 세력도 성경을 읽고 교회에 나가는 기독교인들이었다. 종군목사 다우니Willaim Downey와 가톨릭 사제 조지 자벨카George Zabelka가 원자폭탄을 탑재한 폭격기의 출격을 축복해주었듯이, 한국의 기독교도 반공 분단 체제 속에서 성장해왔다. 특히 기독교는 평신도 사회운동을 해온 고 오재식 선생이 오래전에 지적한 것처럼 "정치권력과의 밀착으로 자가 집단의 영달을 도모"하면서 "기독교의 진리를 특정한 반反이념과 결부시켜서 기독교의 적극적이고 포괄적인 인간에의 사랑을 폐쇄적이고 독선적인 율법으로 전락"시켰고 "기독교의 이름을 가지면서도 사회부정과 비리를 고발하고 개혁하려는 노력을 보이기는커녕, 오히려 부작위의 죄책감을 반공이란 영광으로 상쇄하려고" 했다는 비판을 받기도 했다.[2]

문익환 목사처럼 통일운동에 앞장선 사람은 많았지만 "성경은 불의와 압제가 판치는 상황을 뒤집을 수 있는 가장 강력한 힘이었다"[3]는 남아공 진실화해위원회TRC 위원장을 맡은 투투Desmond Mpilo Tutu 주교와 같은 생각을 갖고 한국의 군사정권 시절 인권침해를 고발한 성직자는 극소수였다. 한 걸음 더 나아가 한국전쟁기의 반인륜적 범죄, 특히 학살 문제를 알고 있거나 거론하는 한국 기독교 지도자는 없었다. 한편 캄보디아 크메르 루즈 학살 문제 해결에 불교계가 한 역할을 했다고 들었지만, 제도화된 교단으로서 한국 불교계는 10·27 법난 등으로 스스로가 군사정권에 피해를 입었음에도 불구하고 인권운동에는 소극적이었다.

제도권 종교가 한국전쟁 피해, 특히 학살 문제를 거론하거나 해결에 나선 경우가 없었기 때문에 기독교·불교 지도자들 중에서 우리 단체의 어른으로 모실 만한 사람을 찾기가 어려웠다. 그나마 군사정권 시절 민주화 운동에 관여했던 일부 목회자나 스님들을 찾지 않을 수 없었는데, 이들 소수의 몇 사람은 이미 여러 단체의 대표나 임원을 맡고 있는 실정이었다. 따라서 우리는 몇몇 종교 지도자들과 접촉했지만 대체로 실패했고, 결국 1970년대에 기독교 운동·민주화 운동에 적극 가담하고 그 후에도 평화운동과 인권운동을 해온 이해동 목사를 상임 공동대표로 모셨다. 한편 과거 나와 역사문제연구소 시절 인연을 맺고 있었던 이이화, 임헌영 두 분을 내가 섭외하여 대표로 모셨고, 전 제주도 도의원이자 제주 시장인 김영훈 선생을 상임 공동대표로 모셨다.

범국민위 운영위원은 앞에서 언급한 한국전쟁 50주년 학술행사 준비 모임에 참여했던 사람들 중심으로 구성되었다. 언론계 사람들은 점차 거리를 두었기 때문에 교수, 사회운동가, 유족 몇 사람으로 운영위원이 꾸려졌다. 『수호지』의 양산박에서 강호의 고수들이 만나듯이 애초에 함께하지 않았지만 지역에서 나름대로 운동을 해온 사람들이 활동의 주축이 되었다. 여수의 여수지역사회연구소 이영일 소장, 고양 금정굴 사건을 계속 지원해온 고양시민회의 이춘열, 거창에서 유족 지원 사업을 해왔고 문화예술계 인사이기도 한 한대수, 산청군 군의원이자 지리산 외공리 학살 문제 대책위를 만들어서 활동하던 서봉석, 청주에서 진보 정치 운동을 하면서 지역의 역사를 정리하다가 이 문제에 뛰어든 박만순 같은 경우가 대표적이었다. 이들은 그 후 범국민위 운영위원 등의 직함을 갖고서 범국민위 활동의 가장 중심적인 활동가가 되었다. 얼마 후 일제강점기 강제 동원 문제에 관심을 갖고 있던 장완익 변호사를 영입했고, 의문사위 지원 모임

때 알게 된 새사회연대의 이창수도 운영위원으로 영입했다. 특히 이창수
는 그 후 입법 투쟁에서 가장 결정적인 역할을 했다. 천군만마를 얻은 느
낌이었다. 그는 '기본법' 통과의 마지막 국면에서 박근혜 당시 한나라당
대표의 집 앞에서 시위를 하다가 구속되어 벌금형을 받기도 했고, 내가
안식년을 얻어 미국으로 갔을 때 입법 투쟁을 실질적으로 이끌기도 했다.
그 후 진실화해위가 만들어졌을 때는 외곽에서 감시·지원·비판하는 역할
을 주로 담당했다.

정치사회 문제에 관심을 갖는 교수나 변호사들 역시 한 사람이 여러
단체에 직함을 가질 수밖에 없는 경우가 많았다. 그래서 한국에서는 어떤
일에 쉽게 관심과 지지를 표시하는 것도 부담스러운 일이 될 수 있다. 아
예 모른 체해버리면 사람들이 고려 범위에서 제외하지만, 관심을 보이면
여기저기서 갖가지 형태의 요청이 들어온다. 학자들 중에서도 사회운동
에 관심과 열정을 가진 사람이 드물고 서울과 수도권 교수 중에서 진보
성향의 학자는 더욱 수가 적었기 때문에, 이 제한된 인력 풀에서 임원을
맡거나 후원회원으로 들어오라는 부탁을 하기도 참으로 미안했다. 그러
나 워낙 다급한 상태이니 '서로가 품앗이하는' 방식으로 부탁을 할 수밖에
없는 경우가 많다. 그래서 그중 몇 사람은 '일복'이 터진다. 좋아서 하는
일이긴 하지만 그게 너무 과중하면 나자빠질 수도 있다.


## 재정 문제

모든 사회운동의 알파와 오메가는 돈이다. 조직 활동을 위해 돈을 마련하
는 일은 가장 곤란한 일이기도 하지만 실제로는 가장 중요한 일이기도 하

다. 따라서 운동을 시작하고 조직을 만들면 당연히 재정 계획부터 세워야한다. 자기 돈이라도 써서 활동하는 사람이 있으면 몰라도 그렇지 않은대부분의 경우 후원자 즉 재원이 없으면 극히 초보적인 활동조차 할 수없다. 나는 참여연대 활동을 하면서 조희연 교수, 박원순 변호사 등 역대사무처장을 했던 사람들이 재원 마련에 얼마나 골머리를 앓는지 잘 보았다. 그리고 사무실을 꾸려나가는 사람들이야말로 운동을 지속시키는 데가장 중요한 역할을 한 사람이라는 점을 확실하게 알게 되었다. 재원 마련 대책 없이 일을 벌이게 되면 반드시 주변 사람들을 부담스럽게 할 수밖에 없다. 그런데 사실상 주변 사람들에게 부담을 주는 역할을 누군가는반드시 해야 조직이 만들어지고 활동을 할 수 있고 조직이 제대로 굴러가기 때문에, 잠재적 후원자를 모으는 데 유리한 사람만이 조직의 사무처장일을 맡아야 한다. 그렇지 않아도 기부 문화가 발달하지 않은 우리 사회에서 부자들이 자신의 이해와 배치될지도 모르는 일에 후원하는 경우는거의 없으므로, 결국 없는 사람들의 한 푼 두 푼이 중요하고 그것이 사실상 조직의 힘이기도 하다.

범국민위가 출범한 뒤 가장 시급하고 중요한 일은 상근 간사의 월급과 사무실 운영비를 확보하는 것이었다. 나를 비롯한 운영위원들은 직장이 있었기 때문에 식사비나 교통비, 심지어는 출장비도 주로 개인이 부담했지만, 상근자인 제자들에게까지 봉사를 요구할 수는 없었기 때문이다. 그러기 위해서는 주변 지인들에게 회비를 내라고 손을 벌릴 수밖에 없었다. 그런 민감한 사안을 다루는 일에 선뜻 돈 내는 사람을 찾는 것은 매우어려운 일이었다.

나는 1996년 무렵 참여사회연구소 연구실장으로 있으면서 독자적 재원 마련에 약간 신경을 쓴 적이 있지만, 단체 사무국을 직접 챙기는 일을 해보지는 않았기 때문에 상당히 난감한 상황에 빠졌다. 특히 다른 사람에게 아쉬운 소리 하는 것을 죽기보다 싫어하는 성격이었기 때문에 재원 마련 문제로 잠을 이루지 못한 적도 많았다. 그리고 학교 강의와 연구 활동을 하면서도 어떻게 하면 범국민위 재원을 마련해 간사들 월급을 안정적으로 지급하고 범국민위 활동을 활발하게 할 수 있을지를 날마다 고민했다. 처음에 범국민위를 만들자고 한 사람들도 모두가 함께하자고 했지만 결국은 사무처장인 내가 최종 책임을 질 수밖에 없었다. 우선 매월 일정액을 납부하는 회원을 모집하는 것이 가장 손쉽게 접근할 수 있는 방법이었다. 그래서 범국민위 브로슈어를 만들어서 돌렸다. 초기 운영위원 각자가 주변에서 몇 사람씩 후원자를 물어오기로 했다. 나도 지인들에게 계속 메일을 보내고 전화를 돌렸다. 그래서 역사문제연구소 등의 학계 선후배들에게 회원으로 가입해달라는 편지를 계속 보냈다. 가족, 친척, 초·중·고·대학 동창들 대부분은 접근할 수 없는 영역에 있었다.

1980년대 이후 언제나 그랬지만, 월회비를 내는 회원 모집 외에 재원을 마련할 수 있는 가장 익숙한 방법은 공연이나 일일 호프 등이었다. 그래서 우리는 활동 기금과 위령제 행사 비용을 마련하기 위해 여러 번 공연을 기획했다. 안치환, 정태춘, 최도은 등 이런 일에 선뜻 나서서 노래를 불러주는 분들에게 부탁을 할 수밖에 없었다. 아마도 수십 개의 가난한 단체에서 출연비도 별로 주지 않으면서 노래해달라고 부탁을 해올 것이니 이들은 이들대로 참 고충이 많겠다는 생각을 했지만, 우리가 워낙 다급했기 때문에 그냥 막무가내로 부탁했다. 안치환을 섭외할 때는 이들을 잘 알고 있는 동료 김창남 교수의 도움을 얻었고, 정태춘을 섭외할 때는 서로 친분이 있는 운영위원 한대수가 개인적으로 부탁했다. 나는 이들에게 부탁하면서 대중음악을 하는 사람들도 시간으로나 재정으로나 우리

사회의 민주화에 참으로 많은 기여를 한 사람들이라고 새롭게 생각했다. 어떤 일을 바닥에서 시작하려면 사실상 모든 사람들의 도움이 필요하다는 것을 절감했다.

그리고 2004년에는 입법 투쟁에 많은 경비가 필요해서 서화전을 기획하기도 했다. 유족 채의진이 서각 전문가였기 때문에 그의 작품으로 서화전을 하기로 기획했다. 그리고 이 서각을 위해 신영복 교수가 특별히 글씨를 써서 도와주었다. 1980년대 말 이후 역사문제연구소와 참여연대의 기금 모금 서화전을 여러 번 지켜본 나로서는 서화전을 여는 데는 작품을 모으는 일보다 구매 약정을 받는 일이 더 어렵다는 사실을 잘 알고 있었다. 한 점에 최하 50만 원에서 100만 원 정도 하는 글씨 서각을 강매해야 하기 때문에, 이 역시 작품을 살 만한 주변 사람들에게 말을 꺼내기가 참으로 부담스러웠다. 즉 약정자 섭외도 대표나 운영위원들의 몫이었는데, 나는 서각 작품을 사준 모두에게 미안하고 고마운 마음을 갖지 않을 수 없었다.

이런 이유 때문에 사회운동 단체에 변호사라도 여러 사람 들어와 있으면 좀 다행이다. 이미 그전부터 사회의식이 있고 인권 문제에 관심 있는 변호사들은 벌써 여러 인권·사회 운동 단체에서 활동가이자 후원자의 역할을 하고 있었다. 범국민위 창립 당시 학살 문제에 관심을 갖고 있는 변호사는 거의 없었다. 그 후 일제강점기 강제 동원 문제에 관여했던 장완익 변호사가 범국민위 운영위원으로 들어와 입법 활동뿐 아니라 재정에도 큰 도움을 주었다.

그래서 사회운동 단체에서도 한국 사회의 인맥이 작동하게 된다. 가장 가까이 접촉할 수 있는 사람들이 바로 대학 선후배이고, 대학 선후배 사이이기에 가장 어려운 부탁도 할 수 있기 때문이다. 학연이나 지연 등의 인간관계가 넓은 사람이면 주변 사람들을 동원하기도 쉽다. 그러니 사회운동에서도 '사회적 자본'이 주요하게 작용한다. 1980년대 이후 각종 민주화 운동, 사회운동의 중요한 자리에 교수나 변호사들이 단골로 들어간 것도 이 때문일 것이다. 세상 사람들은 시민단체가 오히려 특정 학벌 출신 비율이 더 높다고 비판하지만, 일을 해야 하는 입장에서는 각계 요로에 친구나 선후배를 많이 둔 사람이 언론·정치권 섭외, 재정 후원 등의 일에 더 많은 기여를 할 수밖에 없다. 물론 장기적으로는 시민의 참여를 더디게 하고 엘리트주의 경향을 강화하기 때문에 결코 바람직한 것은 아니다. 그러나 이름 없는 시민들의 자발적 참여가 거의 없는 한국의 조건에서 그나마 활동을 하기 위해서는 어쩔 수 없는 측면이 있다.

성공회대 동료 교수들에게도 도움을 많이 받았다. 특히 각종 사회단체에 많이 관여하는 성공회대 교수들은 적은 월급에도 여러 단체에 회비를 내지 않으면 안 되는 상황이었다. 학교에서 식사를 하고 환담을 나누는 자리가 있으면, 누군가가 단체 회원가입 신청서나 일일 호프 티켓을 들고 온다. 내가 한 번 부탁하면, 다음에는 내가 다른 교수들의 부탁도 들어줘야 한다. 없는 사람들끼리 서로 지탱하는 구조라고나 할까.

사실 돈이 많다고 해서 기부를 잘하는 것도 아니고, 돈이 없다고 해서 기부를 못하는 것도 아니다. 돈이 많은 사람이라고 해서 무조건 돈을 내놓으리라고 기대해서도 안 된다. 통상 운동단체의 전업 활동가들은, 안정된 직장이 있는 월급쟁이나 기업을 해서 돈을 좀 번 사람들은 그 단체에 당연히 기부를 해야 한다고 생각하는 경향이 있다. 범국민위 사무처장 시절의 나도 그렇게 생각했다. 월회비 1, 2만 원 내는 것이 별로 부담될 것 같지 않은데도, 내가 이 일을 한다는 것을 계속 알려줘도 회비 한번 내지 않는 사람들을 보면 좀 야속한 생각이 들기도 했다. 그러나 사실 그것은 나의 착각이었다. 사업하는 사람들이나 월급쟁이들이 단돈 만 원을 벌기 위해 얼마나 피 말리는 생활을 해야 하는지 운동단체 활동가들은 잘 모른다. 자신이 전업으로 사회운동을 한다는 생각 때문에, 그런 일을 하고 싶어도 못하고 생업에 종사할 수밖에 없는 사람들의 고충을 잘 모르는 경향이 있다. 그래서 단체의 사무처 직원들이나 전업 활동가들은 후원회원이 내는 돈을 당연하게 받는 경향이 있고, 별로 고마워하지 않는 경향도 있다. 이것은 전업 활동을 하는 시민운동가들의 큰 착각이다.

범국민위 활동은 주로 유족들의 한을 풀자고 하는 일이었지만 전체 재정에서 유족들의 기여도가 높지 않아 나도 처음에는 크게 실망했다. 그러나 그들의 처지를 생각하면 이해하지 못할 것도 없었다. 유족들 중에는 부자도 있고 성공한 사람도 많지만, 그들은 유족회에 나타나지 않았다. 그래서 그 일에 나선 유족들은 대체로 가난했다. 경제적으로 어려운 일부 유족들은 회비 부담 때문에 아예 모임에 나오지 않는 경우도 있었다. 각 지역의 유족 대표들에게도 역시 이중의 고통이 있다. 자기 돈 써가면서, 별로 보상이 있을 것 같지 않은 활동을 해야 하기 때문이다. 이 유족회장들은 유족들에게 일이 잘되면 보상을 받을 수 있다고 설득하기도 한다. 그러나 평생을 경제적으로 쪼들리며 살아온 우리 사회의 최하층인 유족들은 그 대표들에게 "해결되는 것도 하나 없고, 법도 통과되지 않고 법에 보상 조항도 없는데 왜 자꾸 회비를 내라고 하느냐"고 항변하기도 한다. 여의도 시위를 할 때면 멀리 여수와 부산에서 버스를 대절해서 서울 한번 오는 데도 돈이 많이 든다. 그래서 노령의 가난한 유족들은 그들대로 참 부담이 컸다. 사회운동도 소송도 돈 없이 되는 일은 아무것도 없는 것이 자본주의의 현실이다.

## 유족 주도인가, 시민사회 주도인가

앞서 언급했듯이 범국민위를 만들 무렵 제주·거창·함평·문경·고양 등 알려진 곳 외에도 이미 전국 각지에서 소수지만 유족들이 활동하고 있었다. 제주4·3사건, 거창사건, 노근리사건의 경우 이미 별도의 특별법이 만들어져 조사가 진행 중이었기 때문에 범국민위와 결합할 필요는 없었다. 여수에서는 오래전부터 여수지역사회연구소를 중심으로 여순사건 피해 실태 조사를 하고 있었고, 대전에서도 참여자치시민연대가 대전형무소 학살 사건 문제를 제기하고 유족들을 모으고 있었으며, 전라북도 도의회에서도 유족의 요청으로 조사 작업이 진행된 사실이 있었다. 경남 지역에서도 사회단체 주선으로 유족들이 모였으며, 화순에서도 군의원을 중심으로 특위가 구성되어 활동을 했고, 산청군에서도 서봉석 군의원을 중심으로 외공리 대책위가 만들어졌다. 고양 금정굴의 경우도 고양시민회가 먼저 문제를 제기했는데, 1995년 서병규 등 고양 금정굴 유족들이 독자적으로 유해 발굴을 시도해 153구 이상의 유해를 발굴했으며, 1999년에는 경기도 의회에서 '고양시 일산 금정굴 진상조사특별위원회'를 구성해 1년 조사 끝에 중앙정부의 책임 있는 진상조사를 건의하기도 했다.

유족 개개인이 먼저 활동하는 경우도 있었지만, 지역 사회운동 단체 주선으로 흩어진 유족들이 한두 명 모이는 경우가 많았다. 그래서 범국민위의 가장 일차적인 작업 하나는 바로 전국 단위 유족회를 새로 조직하는 일이었다. 1990년대 초부터 활동했던 유족들이 가장 적극적으로 참여했다. 문경의 채의진, 함평의 정근욱, 강화의 서영선 등이 대표적이었다. 이들은 누구의 도움도 받지 않고 거의 혼자서 이 일을 해오고 있었다. 대부분의 동료·이웃·유족들이 "그거 해서 뭐해", "쓸데없는 짓이야", "해봐도 안 돼"라고 부정적 태도를 보였지만, 이들은 혼자서 돈과 시간을 들여 문제 해결에 나선 사람들이었다. 비록 자기 가족의 일 때문에 나서기는 했지만, 권력과 기성 질서에 굴복하지 않고 억울함을 풀기 위해 줄기차게 움직인 그들 개인의 투쟁력은 대단한 것이었다. 가족들은 이들의 활동을 도와주기는커녕 말리는 입장이었다. 피해의식 때문이기도 했고, 또 그 일을 하다 보면 가정을 등한시할 수밖에 없기 때문에 싫어했을 수도 있다. 그래도 이들 앞장선 유족 입장에서는 '받아들일 수 없는 현실'을 그냥 참고 지낼 수만은 없었기 때문에 움직인 것이다. 어떤 경우든 문제를 직시하고 그것을 주장하는 힘은 바로 이 피해자들에게서 나오고, 그러한 피해자들의 줄기찬 요구가 있었기 때문에 주변 사람들이 그들의 목소리에 귀를 기울일 수 있었다.

이들 중에서도 범국민위를 창립하기 전에 내가 연구자로서 조사차 만났던 문경의 채의진은 가장 주목할 만한 인물이었다. 현장에서 기적적으로 살아난 그는 4·19 직후인 1960년 5월에 이미 서울문리사범대학(현 명지대학교) 2학년 학생 신분으로 유족들의 서명을 받아 호소문을 작성해서 관계 당국에 제출한 적이 있었다. 그 후 30년 넘게 온갖 고초를 겪으며 살아오다가 김영삼 정권기인 1993년 유족회를 결성했고, 관계 요로에 탄원서를 제출했다. 그리고 국회를 방문해 이만섭 국회의장에게 국회 차원에서 이 문제를 해결해달라고 요청하기도 했다. 그리고 그해 말 합동위령제를 개최하기도 했다. 그리고 자료집 1000부를 찍은 다음 국회·정부 등 각계에 보내기도 했다. 하늘은 스스로 돕는 자를 돕는다고 했던가. 그의 활동 소식을 들은 미국의 방선주 박사가 미국 국립문서기록관리청에서 문경 학살 관련 미 군사고문단의 기록을 찾아서 그에게 보내주었다. 이 기록에는 당시 학살 가해 부대, 부대장, 학살의 피해 상황 등이 매우 상세하게 기록되어 있었다. 앞서 말한 대로, 그는 2000년경에 나를 만났다. 교사 출신이자 서각 전문가이기도 했지만, 그는 자신의 일을 해결하기 위해 거의 전업으로 활동했고, 그러한 결연한 의지가 나와 같은 외곽의 지식인들을 움직인 셈이었다.

그런데 채의진·서영선·정근욱·서병규 등 범국민위를 결성할 때 함께해 전국유족협의회를 조직한 이들이 범국민위나 전국유족협의회에서 중요한 직책에 앉게 되기는 했지만, 주로 자기 사건에만 관심을 갖고 있었기 때문에 다른 유족들을 조직하는 지도자가 되기는 어려웠다. 피해자인 유족은 사회운동가는 아니었다. 그들은 자신이 입은 상처와 피해 때문에 자신의 피해를 넘어서 다른 지역 유족의 피해, 전국적 피해까지 생각할 여유를 갖지 못했다. 또 이들은 이미 노년기에 접어들었다. 4·19 당시 대구의 이원식, 마산의 노현섭 등 지도자급 사람들은 자기 가족의 슬픔과 고통에서 출발했지만 곧 그것을 모든 유족의 문제로 인식하고 전국적인 조직화를 시도했다. 하지만 2000년 당시에는 그런 유족 활동가를 찾기 어려웠다. 그래도 어쨌든 공통의 고통을 느끼고 살아왔으며 자신의 문제를 해결하기 위해 나선 사람들이 서로 모여서 경험을 공유하고 문제 해결을 위해 나설 수 있게 된 것만 해도 획기적인 일이었다. 범국민위는 전국 각지의 유족들이 만나서 서로 교류할 수 있는 공간을 제공해주었다.

앞서 말했듯이 보통의 유족들은 체념하고 포기하고 좌절한 상태에서 끔찍한 기억을 지우고 살아남기 위해 몸부림쳤으며, 그러다 보니 자신의 부모와 가족을 죽인 국가를 한편으로 증오하면서도 한편으로는 그 국가에 절대적으로 의존하는 존재가 되었다. 특히 그들은 4·19 이후 30여 년의 군사독재를 겪으면서 분단 반공 이데올로기를 철저하게 내면화했다. 그래서 그들의 역사인식은 같은 연배의 평균적인 한국인들의 생각을 별로 넘어서지 못했고, 어떤 점에서 보면 민주화 과정에서 점차 정치적으로 각성해온 중산층 한국인들보다 더 폐쇄적이고 수동적이고 지역주의에 사로잡혀 있는 경우가 많았다. 특히 이들 대부분은 어릴 적에 부모를 잃고 오직 생업에만 종사해왔기 때문에 자신의 피해를 사회적인 문제, 정치적인 문제로 연결시키지 못했다.

그래도 그들의 눈을 뜨게 한 것은 1987년의 민주화였고, 광주 청문회 등 광주 학살 문제의 공개 거론, 그리고 김대중 정부의 등장이었다.

물론 피해자라고 해서, 그리고 고통을 받았다고 해서 당연히 저항을 하거나 운동에 나설 수 있는 것은 아니다. 나는 박사 학위논문 작성 과정에서 노동 현장을 돌아다니면서 노동자들이 노조를 만들거나 조직적 저항을 하기 위해서는 기댈 언덕 즉 일정한 '자원'이 있어야 한다는 사실을 깨달았다. 노동 현장에서도 가장 밑바닥에 있는 사람들은 감히 저항하지 못한다. 그래서 그들은 오히려 사용자와 국가에 더 의존적이고 생각도 보수적인 경우가 많다. 그래서 마르크스의 생각과 반대로 모든 것을 잃어버려 더 이상 잃을 것이 없는 사람은 저항할 힘도 박탈당한다. 그래서 저항과 참여는 어느 정도의 기댈 언덕, 즉 저항하다가 피해를 보더라도 버틸수 있는 기반 위에서 가능한 경우가 많다. 일부 유족들은 4·19 직후 유족회를 조직했다가 철퇴를 맞았기 때문에 더욱더 패배감에 물들어 있었다. 그들은 이 거대한 권력에 맞서 이길 수 있다는 어떤 확신도 가질 수 없었기 때문에 더 위축되었다. 그래서 피학살자 가족들은 대부분 자신이 겪고 있는 고통을 정면으로 제기하지 못했다. 사실 누구를 향해 저항해야 할지도 잘 모르는 경우가 많았다. 그 후 범국민위에서 특별법을 입안해 입법 운동을 할 때 각 유족들로 하여금 자기 지역구 국회의원들을 찾아가 찬성표를 던질 것을 호소하도록 독려했는데, 그들 중 상당수는 자신이 뽑은 국회의원 사무실도 찾아가기를 꺼렸다. 또 막상 찾아가도 자신의 억울함에 무관심한 의원들을 향해 큰 소리로 항의조차 하지 못했다. 그들의 가장 큰 무기는 그저 눈물로 호소하는 것이었다. 수천 년 동안 동아시아의 민중들이 보여준 항의의 방식이었다.

당시 나는 전국의 수많은 유족들을 만나고 그들의 고통에 안타까워하면서도 그들의 행동에서 나타나는 소극성, 폐쇄성, 이기주의, 상호 불신 때문에 많이 실망했다. 거의 예외 없이 이들 개개인은 자신과 자신의 가족이 겪은 사건이 대한민국에서 가장 비극적이고, 자신이 가장 비참한 사람이라는 생각을 하고 있었다. 그리고 전국 단위의 문제를 함께 해결하려 하기보다는 자기 지역 사건을 먼저 국회에서 해결하면 다른 사건들도 곧 해결될 수 있다고 생각했다. 그런 일을 당했다면 나라도 그렇게 생각했을지 모른다. 그러나 다른 유족들을 만난 자리에서나, 유족이 아닌 외곽의 지식인들이나 사회운동가들과의 만남에서도 그러한 하소연을 레코드판을 돌리듯 반복할 경우에는 서로 간에 대화가 잘 되지 않고 매우 힘들어진다. 우선 같은 처지에 있는 타 유족들과 화합이 잘 되지 않고, 그러니 연대하기가 어려워진다. 이렇게 되면 자신의 문제를 객관화하여 외곽의 시민들을 설득하기가 어려워진다.

학살 문제에 관한 한 가장 대표적인 피해 지역이자 유족회 활동도 가장 활발했던 거창사건 유족들의 모습이 전형적이었다. 유족회 활동의 큰형님은 단연 거창 유족들이다. 이미 그들은 4·19 직후부터 서울에서 시위를 하는 등 진상규명과 책임자 처벌 요구를 해왔다. 그리고 5·16 이후 극심한 탄압을 당한 경험도 갖고 있었다. 거창사건이 워낙 많이 알려져 있기 때문에 그들은 일반 국민들에게 자기들의 억울함을 구태여 설명할 필요가 없을 정도로 유리한 고지에 있었다. 그들은 1988년 당시 광주 청문회를 지켜보았고, 광주 보상법이 통과되는 것을 보았다. 그것은 다른 모든 유족들에게는 자극과 자신감을 주었지만, 거창사건 유족들에게는 참을 수 없을 정도로 불공정한 처사였다. 그들은 '김대중이나 전라도 사람들이 들고 일어서니까 해주는데 우리는 경상도 사람이라고 해주지 않는가'라고 생각했다. 그래서 거창 유족들은 이미 1990년대 초부터 국회, 지역구 국회의원인 김동영, 그리고 김영삼 대통령에게 계속 탄원을 했으며, 1996년에 가장 먼저 특별법을 통과시키는 성과를 거두었다. 이 모든 성과가 유족들의 지속적인 요구가 있었기 때문에 가능했다는 것은 두말할 나위도 없다. 그런데 그들은 이웃들과 어깨동무하기를 꺼렸다. 거창 유족들은 범국민위나 전국유족협의회 활동에 한번도 참석한 적이 없고, 지원을 한 적도 없었다. 나는 '자기 앞가림이 너무도 다급한 형님은 동생들 돌볼 여유가 없는가 보다' 하고 생각했다.

그 무렵, 거창 인근 산청의 유족들은 자신들도 거창과 같은 피해를 입었기 때문에 거창특별법을 개정해서 정부가 위령공원 조성 등 명예회복 작업을 해야 한다고 주장하고 있었다. 사실 거창사건은 산청사건과 동일한 사건이었다. 같은 부대가 산청·함양에서 먼저 민간인 학살을 저지르고 거창 신원면에 가서 동일한 학살을 저지른 사건이었다. 그런데 거창사건은 당시 거창 국회의원 신중목이 국회에서 폭로해 전국적으로 알려지게 되었고 가해자들이 군사법정에까지 섰지만, 사건의 진상을 조사할 의지가 없었던 이승만 정권은 가해 군인인 9연대 군인들이 사건 며칠 전에 산청·함양에서 동일한 일을 저질렀다는 것을 전혀 조사하지 않았다. 그래서 오늘날까지 이 사건은 거창사건으로 알려져 있지만 실제로는 산청·함양·거창사건이라 해야 맞다. 그리고 1995년 거창특별법 제정 과정에서도 이 문제를 살폈어야 했으나 진상을 규명하기보다 오직 민원 처리 차원에서 이 문제를 해결하려 했던 김영삼 정부나 당시 집권당인 신한국당은 이런 문제를 검토조차 하지 않았다. 그래서 산청·함양 유족들은 1995년 12월 국회에서 논의 중이던 '거창특별법' 명칭의 지명인 '거창' 뒤에 '등' 한 글자를 집어넣어 달라고 요구했다. 그렇게 되면 자신들도 거창사건과 동일한 대우를 받게 되기 때문이었다. 결국 이들 산청·함양 유족들의 요구가 받아들여져 산청·함양에서도 피해자 명예회복 작업이 진행되었다. '거창사건등관련자의명예회복에관한특별조치법(법률 제5148호)'이 1996년 1월 5일 대통령령으로 공포되면서 거창과 더불어 산청·함양 지역도 별개의 합동 묘역을 조성할 수 있게 되었다.

그런데 특별법 제정 당시부터 지금까지 거창 유족들은 산청·함양 유족들과 계속 대립했다. 남이 차려놓은 밥상에 숟가락만 들고 온다는 것이었다.[4] 요컨대 거창의 경우 사건 직후부터 이미 지역구 국회의원이 이 문제를 제기했고 그 후에도 유족들이 지속적으로 투쟁해 이제 특별법을 제정할 단계에 왔는데, 그동안 아무런 투쟁도 하지 않던 인근 산청·함양 유족들이 이것이 같은 사건이므로 거창과 같이 해결해달라고 요구하는 것은 무임승차 심보이니 받아들일 수 없다는 것이다. 즉 투쟁은 우리만 했는데, 그때는 나타나지도 않고 몸 사리고 있다가 정부에서 가시적 조치를 취하려 하니 갑자기 나타나 같이 해달라는 것은 도둑놈들이나 하는 짓이 아니냐는 것이었다.

그러나 산청 유족들의 경우에는 자신들은 1960년 당시에는 거의 조직화되어 있지도 않았고 사건 내용도 모르고 있었기 때문에 공동으로 보조를 취할 수 없었다고 항변했으며, 자신들이 당한 사건과 거창사건은 완전히 동일한 것이니 형평성 차원에서 같이 해주는 것이 맞다고 주장했다. 사실 이 문제는 정부에서 조사해서 유족들의 목소리 크기나 조직화 정도와 상관없이 동일하게 추진했어야 했다. 그러나 민원 처리 차원에서 그저 입 막기 사업으로 하다 보니 이런 일이 발생한 셈이었다. 힘세고 목소리 큰 놈이 장땡이라는 이러한 논리는 오늘까지 유지되고 있으며, 거창 유족과 산청 유족 간의 갈등이 발생한 원인이 된다. 뒤에 다시 이야기하겠지만, 이러한 갈등은 보·배상 관련법을 둘러싸고 2라운드로 전개된다.

나는 범국민위 활동 초기에 거창·산청 유족 간의 이러한 갈등을 직접 보았고, 거창사건의 명예회복과 위령 사업이 진행되는 것도 지켜보았다. 2001년에는 거창의 합동묘역 기공식에도 참석했다. 그러나 학살 현장이라는 상징성이 있지만, '거창군 소재지에서도 한참 멀리 떨어진 오지인 신원면에 그렇게 거대한 묘역을 조성해서 뭘 하겠다는 건가'라는 극히 회의적인 생각을 지울 수 없었다. 거창사건을 잘 알리고 후세에 교육하는 것이 주가 되어야 하는데, 억울하게 당한 것에 대한 강한 인정 요구에만 초점이 맞춰져 있었으며, 사건을 후대 사람들로 하여금 기억하게 하는 데는 거의 관심이 없어 보였다. '아마도 거창 명예회복 사업의 최대 수혜자는 지방 건설업자들이겠구나'라는 생각이 들 정도였다. 나중에 이야기를 들어보니 실제로 그랬다.

나는 유족들 간의 갈등과 거창의 위령공원 조성 사업을 보면서 과거청산이 이렇게 되어서는 안 되겠다는 생각을 했다. 거창의 사례를 보면서 한국전쟁기 학살 문제는 지역 단위로 해결되어서는 안 된다는, 즉 통합특별법 방식으로 처리되지 않으면 안 된다는 생각을 확고하게 갖게 되었다. 정부 입장에서 보더라도 한국전쟁기에 군 단위에서만 수십 수백 건의 사건이 있었을 텐데 수백 건의 명예회복, 기념사업을 할 수는 없는 일이었다. 그러나 각각의 사건을 별개로 해결하면 안 되는 더 중요한 이유는 각각의 사건이 사실상 하나의 사건이었기 때문이다. 거창 유족들은 거창사건이 당시 한국군이 저지른 최대 규모의 사건이고 가장 비극적인 사건이라고 알고 있었지만, 당시 전국 각지에서 특히 11사단 예하 다른 연대가 벌인 학살 사건을 모두 알고 있는 내가 보기에 그것은 전국 수백 개의 사건 중 하나에 불과했다. 정부로서도 그것에 대해 어떤 특권을 인정해서는 안 되는 문제였다. 시민사회의 입장에서 보더라도 거창 유족들만 특별히 명예회복과 위령 사업을 해줄 아무런 근거도 이유도 없었다. 만약 있다면, 사건 직후 군사재판이 있었고 유족들이 줄기차게 요구했다는 것인데, 정부가 이처럼 우는 아이 젖 주는 식으로 접근하면 과거 청산 작업이 정의 수립과는 전혀 무관하게 오직 민원 해결 작업이 되어버릴 것은 뻔한 일이었다.

사실 이런 모습은 노근리 유족들에게서도 나타났다. 노근리사건 역시 거창사건처럼 이미 4·19 직후에 유족들이 문제를 제기했던 사건이었고, 생존자인 정은용이 책을 써서 세상에 알리고 일찍부터 문제 해결에 앞장선 경우였다. 이러한 유족 중심의 운동이 있었기 때문에 AP가 이 사건을 주목하고 취재해서 세계적으로 알려진 것도 사실이다. 그 후 유족들이 이러한 여론 형성의 바탕 위에 국회의원을 설득하고 관료들에게 압박을 가하는 활동을 해서 노근리 특별법이 만들어진 것도 알려진 대로다. 즉 노근리사건 자체는 전쟁 초기 미군에 의해 저질러진 대표적인 학살 사건이 틀림없고, 지상과 공중에서 많은 피난민을 학살한 특이한 사건인 것이 분명하다. 그러나 이 사건이 세계적으로나 전국적으로 알려지게 된 것은 역시 AP의 보도 때문이었고, 그것에 힘입어 합동조사도 진행되었으며 정부 차원의 명예회복 사업도 시작되었다. 이 사건 역시 당시 발생한 수많은 미군 피해 사건 중 하나에 불과하며, 이 사건만이 위령 사업의 대상이 될 수는 없는 일이었다. 거창사건의 경우처럼 가능하면 이 문제를 더 이상 확대시키지 않으려는 국방부의 입장과 유족들의 요구가 합치되어 위령 사업이 시작되었지만, 그것은 차후에 형평성 문제에 휩싸일 가능성이 많았다. 따라서 유족 입장에서는 다른 사건의 진상이 규명되는 것을 봐가면서 함께 가자고까지는 못하더라도, 자신들의 문제 제기나 해결 경험을 다른 유족들과 공유할 필요는 있었다. 거창 유족들과 마찬가지로 노근리 유족들도 범국민위나 전국유족협의회에 나타나지 않았다.

한국전쟁기에 발생한 수많은 미군 피해 사건을 뒤로 제치고 노근리 사건만 부각시킬 수 있겠는가? 그것은 심히 부당한 일이다. 그래서 노근리 유족들도 미국의 재정 지원을 거절했는데, 그것은 잘한 일이었다. 이 사건의 축소·은폐를 원하는 미 당국, 한국 정부는 노근리 유족들에게 약간의 위로금을 주고서 모든 미군 관련 사건을 덮으려 했다. 학살 등의 국가폭력은 당사자뿐만 아니라 사회에도 상처를 남긴다. 물론 그 상처의 깊이는 유족들이 겪은 것과는 비교할 수 없을 것이다. 그러나 폭력은 목격자들도 위축시키고 권력의 위세를 강화시키는 효과가 있다. 그래서 유족이 아닌 부분 피해자인 일반 국민, 시민사회도 국가의 인권침해 재발을 막기 위해 국가의 범죄 사실을 알 권리가 있다. 국민의 입장에서 보면 이 모든 사건을 묶어서 한꺼번에 문제 제기하고 해결하는 방안이 타당하다.

한편 전국 각지에서 유족회가 속속 조직되자 예상치 않은 일이 또 하나 발생했다. 유족 간의 주도권 잡기 다툼이 그것이었다. 주로 4·19 당시 유족회를 이끌었던 사람들과 1990년대 이후 본격적으로 유족회 활동을 한 사람들 간의 갈등이었다. 4·19 당시 활동했던 몇 분은 이제 원로로서 새 유족회 활동에 조언을 해줄 만한 사람들이었다. 하지만 당시 고초를 겪었던 일부 인사들은 전국유족회 운동이 이미 4·19 당시 시작한 것이므로 당연히 과거의 전통을 잇는다는 의미에서 과거에 자신과 함께 활동했던 사람들이 '유족회의 정통'이며 자신들이 이 일을 주도해야 한다고 생각했다. 그들은 1960년 운동 당시에는 나타나지도 않았던 사람들이 이제 와서 유족회를 주도하겠다고 나서는 것은 과거의 업적에 대한 예의가 아니라는 태도를 갖고 있었다. 그들이 4·19 당시 겪었던 고통을 생각하면 그런 주장을 하는 것도 이해할 수 없는 일은 아니었다. 그러나 4·19 직후의 극히 짧은 기간에 그것도 대구·부산·마산 중심으로 진행된 유족회 활동을 다른 지방의 유족들이 알고 있었을 가능성은 거의 없었다. 물론 상당수 2세 유족들은 당시 어린 나이였기 때문에 활동에 나설 수 없었을뿐더러 사회운동이 활발하던 대구·경북·경남을 제외하고는 유족들이 나설 수 있는 조직이나 공간도 없었기 때문에 이러한 비판은 적절하지 않았다. 실제로 내가 만나본 유족들은 대부분 4·19 직후 그러한 유족회 활동이 대구·경남 지방에서 벌어졌다는 것을 40년이 지난 2000년 당시에도 전혀 모르고 있었다. 대구·마산 등지의 유족회 집회 소식은 일부 지방지에서만 보도했고, TV도 없던 시절이니 다른 지역 사람들이 모르는 것은 당연했다. 또 가족이 파괴되어 근근히 생계만 유지하던 사람들이 대부분이었으니 세상 일 자체에 관심이 없었던 것도 당연했다.

요컨대 4·19 당시 활동했던 일부 유족들은 자신의 과거 업적이나 노고를 '새롭게' 나타난 유족들에게 인정받기를 원했고, 여기서 갈등이 발생했다. 그렇다 보니 전국 단위 유족회를 누가 주도해야 하느냐는 문제가 제기될 수밖에 없었다.

앞선 유족들이 뒤에 참가한 유족들을 이끌어서 함께 힘을 합쳐 문제를 해결하려 하지 않는다는 점은 나로서는 참으로 이해하기 힘든 모습이었다. 극심한 피해와 고통을 당한 사람들이 자신만의 고통을 절대화하고 유사한 고통을 겪은 타인과 함께하려 하지 않는 현실, 같은 고통을 겪었으면서도 자신의 입장과 입지, 이해를 앞세우려 하는 것을 어떻게 이해해야 할 것인가? 분열과 파당은 우리 민족의 DNA에 들어 있는 것인가?

아마 그것은 '앞선' 사람들, '다행히' 문제가 해결된 사건의 유족들도 실제로 들여다보면 아무것도 얻은 것이 없고 여전히 육체적·정신적·물질적으로 고통받고 있는 희생자들이고 스스로 버려진 사람들이라고 생각하기 때문에 그럴지도 모른다. 사실 거창사건이 사건 발생 직후 알려지고, 극히 형식적이나마 지휘자가 처벌도 받고, 그 후 긴 세월이 지나 특별법도 통과되었지만 유족들에게 가시적으로 돌아온 것이 무엇인가? 거창특별법으로 거대한 위령공원이 조성되었건만, 그것이 유족들의 망가진 인생을 보상해줄 것 같지는 않았다. 그래서 뒤에 참가한 다른 유족들을 이끌어 함께 가자고 하는 권유는 쇠귀에 경 읽기처럼 들렸을 수도 있을 것이다. 거창사건이나 노근리사건이 많이 알려지고, 관심도 끌고, 세상 사람들도 안타까워했지만 정작 거창·노근리 사건 피해자 가족들에게 무슨 실질적 결과가 주어졌다는 말인가? 그들의 망가진 인생을 누가 보상해주며, 누가 달래줄 수 있다는 말인가? 여전이 자기 발등의 불이 꺼지지 않았기 때문에 남의 발등을 볼 여유가 없어서였을까? 나는 이렇게 생각하면서 유족들 간의 갈등을 이해하려 했다.

사실 분열과 갈등은 유족 일반의 모습이라기보다는 유족회장, 즉 앞에서 일을 맡고 있는 사람들의 자기 이해 때문인지도 모르는 일이다. 통상 일반 유족들이 극히 소극적인 가운데 앞장서 조직적인 유족회 활동을 하고 언론의 주목도 받고 사람들에게 알려진 대표자급 사람들은 그 운동의 성과와 결과를 자기 개인의 것으로 만들어버리는 측면이 있다. 이 일이 무슨 대단한 이권이 있는 일도 아니고 서로가 그 일을 회피하는 측면도 있고, 앞장서서 일하는 사람들이 무슨 권력자인 것도 아니다. 그렇지만 그 일에 열정과 시간과 돈을 많이 바쳤을수록, 그리고 그 일과 자신의 일생을 동일시할수록 그 일의 성과를 사유화하고 싶은 유혹으로부터 자유로울 수는 없는 것 같다. 누구든지 자신을 희생해가며 일한 사람은 어떤 형태로든 인정과 보상을 원한다.

한국전쟁기 피학살자 유족회의 명예회복 운동은 그 정도의 성과나 이득을 가져온 것이 아니므로 일부 유족 대표들이 성과를 사유화했다는 비판은 적절치 않다. 그러나 나는 유족들과 만나면서 그 맹아적 위험은 충분히 발견했다. 그리고 뒤에서 다시 언급하겠지만 진실화해위 활동을 하면서 그러한 위험이 현실화되는 것을 목격했다. 아마 민간인 학살 진상규명 운동이 정부 주도의 거대한 재단이나 위령 사업으로 구체화되고, 거기에 막대한 예산이 투여된다면 유족 대표급 사람들의 행동도 독립유공자 유족들, 4·19 유족들처럼 관변 조직이 될 위험성이 있다는 것을 예견할 수 있었다. 우리 사회의 우울한 단면이었다. 그러나 4·19 당시 유족회 운동에 앞장섰다가 고생을 한 김영욱의 경우 유족들만으로는 운동이 제대로 될 수 없다는 것을 확실히 알고 있었고, 그래서 범국민위가 중심이 되어야 한다는 입장을 분명히 갖고 있었다.

결국 한국전쟁기 피학살자 문제 해결 운동은 유족, 즉 피해자들만의 운동이 될 수는 없었다. 범국민위는 유족 주도의 진상규명 운동이 갖는 한계를 돌파해서 그것을 인권·평화 운동의 차원으로 발전시키려 했다. 학살의 최대 피해자는 유족들임이 분명하지만 간접 피해자, 사회적 피해자는 일반 시민사회다. 따라서 양자 간에는 이 문제를 대하는 접근 방식과 목표에서 거리가 있을 수 있다. 유족이 주도할 경우 피해 보상과 명예회복에 초점이 맞춰질 가능성이 높지만, 시민사회가 주도할 경우 시민사회의 복원과 재발 방지, 궁극적으로는 한국 사회의 민주화 등 더 미래지향적인 방향으로 초점이 맞춰질 수 있다. 당시에는 깊이 생각하지 않았지만 과거 청산 작업에서 유족 등의 피해자, 즉 당사자 주도 노선과 시민사회 주도 노선 간의 긴장은 광주 5·18 문제 해결 과정 및 1980년대의 민주화 과정에서 죽임을 당한 각종 의문사 문제 해결 과정에서 유족 조직인 민주화실천가족운동협의회(이하 민가협)와 주변의 지원 단체들 간의 긴장에서 이미 드러났고, 사실 지금까지 계속되고 있다.

## 운동 노선과 방향을 둘러싼 갈등

모든 사회운동에서 당사자 중심주의와 사회의 거시 변화를 추구하는 정치적 노선의 갈등, 그리고 운동 노선 정립에서 근본주의와 현실주의의 대립은 언제나 나타난다. 이해 당사자의 권익과 공적 가치 간의 긴장이 바로 그것이다. 범국민위 창립 무렵부터 나는 이것이 유족의 억울함을 푸는 운동인가, 우리 사회의 인권 실현이라는 좀 더 공익적인 과제를 해결하기 위한 하나의 방편인가라는 질문에 부딪혔다. 유족을 '위한' 운동인가, 유족 문제를 통해 사회의 변화를 추구하자는 것인가라는 문제, 즉 "운동에서의 당사자주의를 어떻게 할 것인가"였다. 전쟁기 피학살자 진상규명 운동은 과거 청산, 정의 실현, 평화·인권 운동이라는 측면과 동시에 피해자 존엄성과 명예회복, 피해 보·배상 획득이라는 두 측면을 모두 갖고 있었다. 그 운동이 사회적 공감을 얻기 위해서는 유족이 당한 설움과 억울함에 대한 사회적 공감을 불러일으키는 일도 필요했지만 과거 청산, 즉 한국전쟁기 학살의 진상규명과 피해자 명예회복 문제를 현재의 한반도 평화 실현 문제와도 연결해내야만 했다. 이미 1990년대부터 군사정권 치하의 사법 살인, 간첩 조작 사건, 의문사 진상규명 등 인권 문제를 갖고 씨름해온 활동가들은 공소시효 폐지 운동, 국가보안법 폐지 운동을 해오고 있었는데, 2000년에 본격화된 학살 진상규명도 이 운동의 한 목록 속에 들어가야 했고, 또한 그것보다 근본적인 차원 즉 남북한의 대립과 전쟁의 청산, 이데올로기에 의한 민간인 희생 문제와 대면해야 하는 또 다른 과제가 있었다. 1987년 이후부터 인권운동을 해온 사람들은 이미 당사자주의 운동과 인권 실현 운동 간의 긴장을 깊이 인식하고 있었고, 우리는 그 긴장의 열차에 마지막으로 오른 셈이었다.

결국 우리는 유족을 대상화하지 않고 그들의 주체화를 추구하면서도 그들의 요구에 머물지 않을 수 있는 방법을 고민했다. 그들의 억울함이 사회적 반향을 일으킬 수는 있으나 그것만으로 유족이 아닌 다른 사람을 행동하게 할 수는 없었기 때문이다. 니체가 말했듯이 역사를 오늘의 살아 있는 삶에 봉사하게 해야, 우리도 역사에 봉사할 수 있기 때문이다.[5] 과거의 부당함만 설파해서는 오늘을 사는 사람들을 움직이게 할 수 없다. 그 부당함이 오늘과 내일의 당면 문제와 어떻게 연결되는지를 설명해야 한다. 그래서 운동 초기에 부딪힌 가장 큰 장벽은 유족들의 요구를 시민사회의 요구, 인권 의제와 결합하는 것이었다. 그래서 범국민위에 유족협의회가 조직되어 있었지만, 그것은 당사자 즉 유족회 활동과는 성격을 달리해야 했다.

그런데 앞서 말했듯이 1987년 이후 전국의 여러 유족들은 거창사건을 필두로 하여 각각 자기 사건에 대한 진상규명과 피해자 명예회복 활동을 추진해온 터였지만, 이 유족들의 요구 사항은 자신이 관련된 이 각각의 사건의 진상규명을 요구하는 것이었지 전국 단위로 한꺼번에 이 문제를 해결하자는 것은 아니었다. 그래서 유족들에게 통합특별법의 취지를 설득하는 것이 큰 난제였다. 2000년 11월 25일, 범국민위는 국회에서 '한국전쟁 전후 민간인 학살 문제 어떻게 풀 것인가'라는 주제로 토론회를 개최했다. 이 자리에서 나는 그전 6월 '전쟁과 인권' 심포지엄에서 개진한 주장을 반복했다. 즉 "유족들도 이 문제가 소송 등을 통해 개별적으로 해결될 수 있다는 기대를 버릴 필요가 있다. 우선 사법적 구제 절차를 밟는다는 것은 가해자인 국가가 나서서 문제를 해결하는 것이 아니라 피해자가 자신의 비용으로 개인적으로 문제를 해결하는 것이기 때문이다"라는 점을 강조했고, 제주 4·3사건, 거창사건 관련 특별법의 전례를 보아 학살을 정당화한 다음 국가가 시혜적으로 이 문제를 해결하는 방법은 옳지 않다고 보았다. 즉 "'좌익은 죽여도 좋다'는 공식 논리를 수정하지 않는 한 설사 특별법이 만들어지고 진상조사 작업이 착수된다고 하더라도 조사 작업은 난항에 부딪힐 가능성이 높고, 또 정부는 진상규명 작업은 미룬 채 단순한 묘역 조성과 위령탑 건립, 약간의 생색내기 보상 쪽으로 가닥을 잡을 가능성이 농후하다. 결국 국가적·국민적 차원에서 인식의 변화가 없는 문제 해결은 극히 미봉적인 조치로 끝날 가능성이 많고, 그것은 유족의 진정한 명예회복과는 거리가 멀 것이고 그나마도 성사될 가능성이 별로 없다"고 강조했다.

예를 들어 '거창사건등특별법'은 "유족들에게 가해진 불명예에 대하여 명예를 회복시켜줌으로써 국민 화합과 민주 발전에 이바지함을 목적으로 한다"는 제1조의 목적에 명시되어 있듯이 진상규명과는 거리가 먼 '명예회복'에 치우쳐 있다. 즉 군의 공비 토벌 작전은 정당한 것이고 그 과정에서 실수로 이러한 사건이 발생했다는 인식 속에서 거창특별법이 제정되었다. 그래서 우리는 앞으로 만들 특별법은 군의 가해 사실을 정당화하는 특별법이어서는 안 된다고 생각했다. 거창특별법이 그런 한계를 갖게 되고 또 산청·함양 지역의 학살은 알려지지 않고 거창사건으로 알려지게 된 이유는, 그 사건을 전국 단위에서 발생했던 국가폭력이나 인권침해로 보지 않고 군의 실수에 의해 예외적으로 발생한 것으로 보는 국가의 시각이 드러난 데서 기인했다고 보았다. 그러나 피해자인 유족들은 자신의 관점에 서 있었기 때문에 서로 간의 차이를 좁히지 못했다.

당시 시·군·도의회 차원에서 '양민 학살' 진상조사 특위를 구성해 피해 조사를 실시하는 경우도 있었지만, 지역 단위의 조사 역시 유족 민원 해결 차원이었지 원인 규명을 하지는 못했다. 경북도의회, 전북도의회, 경기도의회, 그리고 함평군, 산청군, 화순군 등이 대표적이다. 더구나 경북도의회의 경우 신고된 곳 중 극히 일부만 진상조사를 마쳤는데, 그것도 단순한 피해자 실태 조사일 뿐 원인 조사에까지 이르지는 못했다. 그리고 경기도 고양 금정굴 사건의 경우 도의회가 조사를 마무리하고 국회와 정부에 진상규명과 명예회복을 요구했으며, 시에는 유해 발굴 및 수습, 위령탑 건립을 위한 준비와 계획 수립을 요청했다. 그러나 시 차원에서 가해자 측 관계자들의 주장을 반영해 도의회의 요청을 무시하고 있다. 다른 모든 지역에서도 시·군·도 차원에서의 조사는 극히 제한적인 실태 조사에 머물 뿐 그 이상의 진상조사는 불가능하여 피해자에 대한 명예회복이나 보상 역시 어렵다는 점이 확인되었다.

그래서 우리는 전국 단위의 학살 문제를 한꺼번에 해결할 수 있는 통합특별법 제정만이 유족들의 요구를 수용할 수 있는 유일한 길이라는 것을 강조했고, 유족이나 사회단체 관련자들을 조직하기 위해 전국 순회 증언대회를 개최했다. 그러나 매우 활동적으로 일해오던 일부 유족들은 통합특별법이 되면 자기 사건이 전체에 묻혀 소홀히 취급될 것이라는 우려를 갖고 있었다. 그 우려는 자신의 문제만 생각해온 유족 입장에서 보면 나름대로 당연한 것이었다. 자신들이 10여 년 이상 혹은 몇 년 동안 열심히 정부나 국회, 지자체에 청원하고 진상규명 운동을 했는데, 각각이 전국 단위 사건 하나로 통합된다면 과연 자기 사건에 대해 제대로 조사할 수 있을까 걱정하는 것은 자연스러운 일이었기 때문이다. 사실 진실화해위를 구성한 이후 유족들의 이러한 우려가 현실로 드러난 바 있다. 합리적으로 본다면 오랫동안 운동을 해온 유족들에게 우선권을 주고 그들 사건을 먼저 다루는 것이 맞을지도 모르지만, 상임위원인 나나 위원회는 그러한 우선권을 주지 못했기 때문이다. 그리고 여순사건 관련 운동단체는 여순사건이 제주4·3사건에 버금가는 역사적 중요성을 갖고 있으며 따라서 별도의 특별법을 만들어야 한다는 생각을 갖고 일해왔는데도 불구하고, 범국민위의 방침에 따라 통합특별법 제정 운동에 합류해 가장 적극적으로 앞장서왔다. 그런데 그 후 진실화해위에서 여순사건 진상규명에 지지부진한 모습을 보인 것에 분노해 내게 강력하게 항의하기도 했다.

나는 유족회별로 자기 사건을 각각 해결하려는 개별 청원은 부분적으로 통합특별법 제정, 즉 전체 문제 해결에 긍정적 역할을 한다고 보았다. 민원 제기는 관을 압박하고 여론을 동원하는 효과가 있고, 그 과정에서 문제의 전체상을 부각시킬 수 있다고 보았다. 그런데 그것은 유족들로 하여금 자기 사건 이기주의에 빠져들게 하는 부정적 측면도 있었다. 기존의 특별법 시행 사례, 특히 거창사건·노근리사건·제주4·3사건 특별법의 경험을 보았을 때 부정적인 측면이 더 많았다. 즉 진상규명도 제대로 안 된 상태에서 피해자 명예회복과 위령 사업만 서둘러 하는 경향이 있었고, 유족들 역시 다른 유족들과의 연대에 극히 소극적이었고 자기 사건을 중심으로 사고하는 경향이 있었기 때문이다. 그래서 유족들 간의 충분한 연대가 이루어지지 않은 상태에서 민간인 학살 사건 해결을 위한 특별법이 통과되면 피학살자 유족들의 모습은 4·19 희생자 유족, 5·18 민주화 운동 유족처럼 다른 민주화 운동 세력과 단절되거나 심지어는 관변화될 위험성도 있다고 보았다. 그래서 나는 유족들 전체의 연대가 무엇보다 중요하다고 역설했다. 그리고 그 이유는 이 사안이 단순히 유족 개인들의 민원 해결이 아니라 역사 바로잡기 작업이기 때문이라고 설명했다.

범국민위 활동 초기에 상당수의 유족들은 이 문제가 투쟁을 통한 특별법 제정으로 해결될 사안이라고 보지 않고 각각 대정부 청원과 호소를 통해 해결할 수 있다고 보았다. 동아시아 민중들에게 국가와 투쟁한다는 것은 상상할 수 없을 정도로 위험한 일이었다. 왕이나 국가가 청원을 제대로 들어주지도 않았거니와 들어주었다고 하더라도 그것은 국가의 자애심과 관용을 과시하는 효과만 있었을 뿐 민의 억울함은 제대로 해결되지 않았다. 결국 피해자 모임이 정부의 보호 아래 들어가는 것은 시간문제였다. 그렇게 되면 역사 청산의 과제인 은폐된 진실의 규명과 사회의 통합은 생략된 채 국가와 유족 간의 타협 즉 유족에 대한 보·배상 문제로 관심이 모일 위험성이 있었다.

당사자가 아닌 우리 제3자가 보기에 그 운동은 과거 청산 운동, 역사 바로 세우기 운동, 인권·평화 운동이 되어야 하는데, 유족들의 요구에만 머물면 그 운동은 결국 유족 명예회복과 보·배상 운동이 되어버릴 위험이 있었다. 그래서 범국민위 운동이 어떻게 당사자주의를 극복할 것이냐는 문제는 나와 범국민위 운영위원들의 지속적인 고민거리였다. 당시 유족들의 요구와 범국민위 방향 간의 갈등은 통합특별법 제정 운동으로 일단 봉합되기는 했지만, 이러한 당사자주의 문제는 진실화해위 활동이 종료된 지금 또다시 불거져 나왔다.

그런데 2000년 전후에 한국전쟁기의 미군과 군경에 의한 학살 문제를 반미 운동의 관점에서 접근한 사람들이 있었다. '미군범죄진상규명을 위한 전민족특별위원회(전민특위)' 남측 본부의 활동이 그것이었다. 이들은 1980년대 이후 민족해방NL 노선에 서서 운동을 해온 전국연합 사람들이었다. 이들은 한국전쟁만 다루지는 않았고 미군기지 문제 등 한국에서 발생한 미군 범죄를 단죄하는 운동을 해왔다. 이들은 한국전쟁기의 국군과 경찰에 의한 민간인 학살 사건이 대체로 미군의 지휘명령으로 진행된 것이므로 이 모든 사안은 반미·미군 범죄 처벌 운동 차원에서 해결해야 한다는 강력한 입장을 견지하고 있었다. 그래서 이 단체 활동가들은 미군에 의한 폭격 사건 피해 문제에 특히 관심을 갖고 있었다. NL 계열 운동의 힘이 강했던 경남·경북·전북 일부 지역에서 이들의 움직임이 활발했다. 외부 활동가들의 지원 없이 스스로 문제를 제기하거나 조직을 결성할 능력이 없었던 일부 유족들도 이 활동가들에 의존하고 있었다.

나는 1980년대 말부터 운동 진영에서 NL 노선이 설득력을 갖게 된 이유와 그들 주장의 일면적 타당성에 대해서는 인정했지만, 그들이 우리 사회 모순의 한쪽 측면만 부각시킨다고 생각해온 터였다. 나는 한국인 내부의 문제는 보지 않고 외세에게 모든 책임을 돌리는 전투적 민족주의를 이론적으로 지지하지 않았다. 특히 대한민국이라는 국가를 뛰어넘어 미국을 '적'으로 규정하고 문제에 접근해서는 피학살자 문제에 대해 공감을 얻기가 어렵다고 보았다. 범국민위 결성 자체가 이미 한국 정부를 상대로 과거 청산을 위한 입법 활동을 하려는 것이었기 때문에 한국 정부가 주권국가가 아니라고 전제할 경우 입법 운동에 나설 수 없는 것이라고 판단했다.

그래서 범국민위와 전민특위 간에는 전쟁기 피학살자 진상규명 운동을 둘러싼 일종의 세력 다툼 같은 것도 있었다. 평소 이 활동가들의 지원을 받던 유족들이 이 노선에 기울어 있었기 때문이다. 2001년 6월 미국

뉴욕에서 한국 국제전범재판Korea International War Crimes Tribunal이 열렸는데, 한국의 일부 활동가나 유족들도 이 회의에 참석했다. 1968년 당시 러셀과 사르트르 등이 주도해서 개최한 베트남전쟁 전범재판을 본뜬 것이었다. 냉정한 국제정치 상황에서 국가가 문제를 해결하지 못하니 국제 시민사회가 나서서 재판을 한 셈이었다. 물론 나는 과거의 국제전범재판이 얼마나 성공적이었는지는 알지 못한다. 넓은 차원에서 한국전쟁기 학살 사건에 대한 미군의 책임을 묻는 것이 온당하다고 보았지만, 전쟁기의 국군과 경찰에 의한 학살까지 미군 범죄 추궁이라는 방식으로 접근하는 데는 이론적으로도 실천적으로도 동의할 수 없었다. 미군의 책임이 없다고 생각한 것이 아니라, 이 문제는 우선 한국 정부의 책임을 묻는 것으로 시작해야 작전 수행 과정에서 한국군의 위치와 한계, 그리고 전쟁에서의 미국 책임 문제도 드러날 것으로 보았기 때문이고, 미군의 범죄성만 그대로 부각시키면 여전히 미군에 대해 우호적인 생각을 갖고 있는 유족들은 물론 시민사회를 설득할 수 없다고 보았기 때문이다.

입법 운동은 분명히 제도 내의 개혁을 추구하는 것이기 때문에 출발부터 한계를 갖고 있는 것이 분명했다. 가해자인 국가가 스스로 청산의 주체가 되는 모순이 있었지만, 나는 도덕적 비판과 단죄를 하면서 문제를 제기했다는 것에 만족하기보다는 현재의 법과 제도 내에서 가시적인 그 무엇을 얻어내는 것이 더욱 중요하다고 보았다. 이러한 입법화 작업을 통해 여건이 조성되면 그다음 차원으로 나아갈 수 있다고 생각했다. 나는 과거 청산의 궁극적인 목적은 시민사회의 변화, 즉 시민의식의 고양이라고 보았다. 이 점에서 내가 1990년대 이후 참여연대 활동을 한 것과 민간인 학살 진상규명 운동을 한 것은 하나의 궤도 속에 있었다고 볼 수 있다. 시민 참여, 권리의식 찾기, 내부 고발, 권력 감시, 정보공개 등 참여연대가

했던 모든 시민권 찾기 활동이 전쟁기의 민간인 학살 진상규명 운동에도 적용될 수 있었다.

여기서 나는 사회학 교과서나 사회운동론에서 익히 배웠던 사회 갈등 혹은 1980년대 이후 한국 사회운동이 부딪혔던 심층의 문제와 만나게 되었다. 그것은 이해 당사자와 그들을 대리한다고 자임하는 지식인 혹은 운동 조직 간의 긴장이었다. 1980년대의 노동조합 운동과 소위 변혁 운동 간의 긴장도 그런 것이었다. 학생 지식인 출신 운동가들은 정치지향적이고 사회변혁을 추구하지만 생활인인 노동자나 농민은 그렇지 않았다. 전민특위와 일부 유족들 간에도 그런 긴장이 있었고, 성격은 다르지만 범국민위 내부의 유족들과 활동가들 간의 긴장도 그런 면이 있었다. 애초에 표방했던 노선이나 방침을 일관되게 견지하지 못하고, 사안에 대해 끝까지 책임지지 못하고 물러가는 지식인들이나 시민사회의 허약함이 먼저 떠올랐다. 그러니 더 큰 책임은 사실 당사자가 아니라 지식인 활동가들에게 있다고 볼 수 있다. 한편 1997년 이후 신자유주의 경제 질서가 우리 사회에 착근하면서 사회 전반에서 공적 관심이 퇴조하고 사회의 모든 중요 의제가 이해 관계자, 즉 당사자들만의 갈등으로 현상화되는 점도 두드러졌다. 어떤 문제를 사회적으로 공론화하기 위해서는 피해자의 요구가 출발점이 되어야 하지만, 피해자들만이 문제를 계속 끌어갈 경우 충분히 의식화되지 않은 피해자의 행동은 단기적 이해에 매몰되거나 자신의 어려운 처지 때문에 가해자의 포섭 전략에 넘어갈 위험도 있었다.

## 제노사이드 학회 창립

창립 초기부터 2002년 말까지 사무처장으로 일하는 동안 내가 한 역할은 조직화, 특별법 성안과 국회 접촉, 여론 환기 작업 등이었다.

범국민위와 유족들은 '한국전쟁전후민간인희생사건진상규명및피해자명예회복등에관한법률안(이하 특별법)' 통과를 위해 여의도 공원에서 희생자 추모대회와 전국 단위 위령제 등을 명목으로 시위하고 농성했다. 전국 각지의 유족들이 버스를 대절해서 올라오면 여의도 공원에 단상을 설치하고 위령제를 지내고 입법을 촉구하는 각 인사들의 연설과 유족들의 증언 등을 이어갔다. 경찰이 불법 집회라고 해산시키거나 어려운 재정 형편에 마련한 천막들을 그대로 철거해가기도 했다. 이창수 등 범국민위 활동가들은 용산경찰서에 잡혀가 조사받기도 했고, 그 후 나도 집회 주최 대표자로 이름이 올라가 영등포경찰서에서 조사를 받고 도시공원법 위반으로 벌금형을 받기도 했다.

입법 투쟁을 시작하면서 우리가 가장 자주 찾아간 의원은 김원웅 의원이었다. 그는 부친이 독립운동가 출신이고 해서 역사 바로잡기에 누구보다 관심이 많았다. 2001년 8월 김원웅 의원을 대표로 특별법을 발의했다. 우리는 그에게 국회 내에서 특별법에 대한 공감대가 형성될 수 있도록 주도해달라고 요청했다. 이 무렵 민주당의 배기운 의원도 자기 지역구인 나주의 민원을 받아들여 민간인 학살 관련 법안을 별도로 발의했다. 그리고 16대 국회에서는 전갑길 의원도 4·19 직후 국회 양민학살진상조사특위가 발간한 조사 자료를 발굴해 공개하는 등 여러 의원들이 우리와 보조를 맞춰 노력했다.

2002년 대선 국면에는 강창일·이춘열·이창수·장완익 등 운영위원들이 새천년민주당의 노무현 대통령 후보를 면담해 특별법 추진에 대한 의지를 확약받기도 했다. 이 법의 통과 여부는 12월 대선 결과에 크게 영향을 받을 것으로 보였다. 노무현이 집권하면 특별법 통과 가능성이 커질 것이므로 그것에 총력을 기울이는 쪽으로 운동을 진행했다. 그리고 이회창 후보가 집권하면 특별법 통과가 어려워질 가능성이 있어, 그 경우 지역 차원에서 위령제나 조사 연구 사업 등을 진행해가면서 전국 차원에서는 홍보·교육 혹은 국제 연대 등에 치중하는 방향으로 가자고 생각했다.

2002년 12월 노무현이 극적으로 대통령에 당선되자 우리는 크게 기뻐했다. 그런데 당시 우리가 제출했던 특별법안은 2003년 2월 국회에서 다수당이던 한나라당의 벽을 뚫지 못했다. 이 법안이 행정자치위원회에 제출되자 행자위 전문위원이 각 부처에 돌리고 관련 부서의 의견을 취합했다. 물론 우리는 한나라당을 설득하기 위한 노력도 했다. 그런데 또다시 암초가 나타났다. 국방부였다. 국방부는 "사실상 진상규명이 어려워 법안 제정 불필요. 6·25 전쟁은 역사적 사실로 묻어두는 것이 준칙. 군인의 충정, 애국심이 폄하될 우려가 있음. 불가피할 경우 명확한 증거가 있는 사건만 개별 특별법 제정" 등의 이유를 들었다. 국방부의 명예, 군인의 사기나 애국심이 수많은 민간인 살상 사실보다 중요하다는 입장이었다. 2000년 7월 '해원 사업'이 폭로되어 이 문제를 은폐하려 한 이후 이 문제에 대한 국방부의 일관된 입장이 다시 확인되었다. 정권은 바뀌었지만 국회에서 특별법 통과가 좌절되어, 우리 운동은 새로운 차원에서 전개되지 않으면 안 되었다.

내가 사무처장으로 일한 기간 동안 범국민위의 실제 활동 주역은 상근 간사들이었다. 초기 간사로 들어온 제자 한성훈, 조진호 등이 역할을 마치고 나간 후 신혜영, 신나영, 남인우, 최홍섭 등 범국민위 상근자로 들어온 사람들이 범국민위 운동을 뒷받침했다. 나는 비상근 사무처장이었기 때문에 뒤에서 지휘·감독하고 성명서 쓰고 연대 단체를 섭외하는 등의 역할을 했으며 집회에 얼굴만 보이고 갔지만, 이들이 유족 조직화 등 궂은일을 모두 도맡아 했다. 그 후 이창수가 운영위원으로 들어오면서 새사회연대의 신수경, 오영경도 활동가 그룹에 포함되었다. 그러나 그들이 집단화되어 하나의 인권운동 단위로 커나가지는 못했다. 가장 중요한 것은 재정 문제였다. 범국민위 운동이 그들이 전업 운동가로서 역할을 할 수 있을 정도의 재원과 힘을 갖지 못했기 때문이다.

나는 유족 3, 4세대 등 젊은 사람들이 활동가로 성장하기를 기대했지만 유족 2세 중에서 자기 아들이나 손자들에게 그런 역할을 하라고 하는 사람은 없었고, 또 3세대가 되면 관심도 멀어지는 것 같았다. 결국 범국민위 상근자들이 인권운동 주체로 성장하지 못했고, 그렇다고 아르헨티나 '5월광장의 어머니회'처럼 유족회가 사회운동 단위로 성장하지도 못했다. 기존의 인권운동가나 유족 중에서 그람시Antonio Gramsci가 말한 '유기적 지식인'의 역할을 하는 활동가가 만들어지면 가장 좋은 일이라고 생각했지만 실제로 그런 일은 일어나지 않았다. 실제로 각 지역의 유족회 결성을 독려하는 작업조차 각 지역의 사회단체와 범국민위 사무국이 어느 정도 관장할 수밖에 없었다. 충북 지역처럼 활동가인 박만순이 주도해서 도 단위의 대책위를 꾸리는 것이 가장 이상적이라고 생각했으나 그것도 박만순 개인의 열정이 있었기에 가능했다.

범국민위는 애초에 유족협의회·사회단체협의회·연구자협의회 이 세 축으로 구성하기로 계획했다. 이 중 사회단체협의회는 주로 이 문제를 지원해온 각 지역의 단체들이 중심이 되었다. 여수의 이영일 소장이 주도한 여수지역사회연구소, 대전에서 후원 활동을 해온 대전 참여자치시민연대, 광주 인권센터 등이 그 대표적인 조직이다. 결국 창립할 때 약속한 대로 우리는 전국역사교사모임 등 26개 단체를 망라해 '민간인학살 진상 규명 전국사회단체협의회'를 출범했다. 그러나 애초에 회칙에 명시했던 연구자협의회 조직화는 지지부진했다.

교수, 변호사 등 직업을 가진 사람들은 애초부터 운영위원 등으로 결합되어 있었지만 이들이 활동가가 되는 경우는 드물었다. 연구자들의 경우 몸을 움직이는 활동보다는 자료에 관심을 갖고 있었기 때문에 나를 대리할 사람을 찾기가 어려웠다. 그리고 변호사들은 다른 경우에도 그랬듯이 조직 자체에 책임을 지는 모양새보다는 법률가 특유의 개인주의와 전문성을 바탕으로 조직 활동에 기능적으로 결합하는 데 그치려는 경향이 있었기 때문에 범국민위 운동 자체에 무게를 두는 사람을 찾기 어려웠다. 일반 시민의 경우 활동에 공감하는 양심적 시민이 있었으나 회원으로서 회비를 내는 정도가 참여의 극대치였고 활동가가 되지는 못했다.

2003년 초에 내가 2년 반 동안의 사무처장 역할을 정리하고 안식년을 떠나게 되어 임광빈 목사가 뒷일을 맡아주었다. 기독교계의 여러 사람들에게 특별히 추천받았는데, 그는 2003년 이창수·이춘열과 함께 범국민위의 국가인권위 농성 등 힘든 일을 많이 치러냈다.

미국으로 안식년을 다녀온 2004년 초에 나는 범국민위 운영위원장을 맡으면서 동시에 숙원 사업이었던 연구자협의회 활성화 임무를 부여받았다. 제노사이드 학회의 창립이 바로 그것이었다. 범국민위는 운동단체이므로 처음부터 이를 학술적으로 지원하는 별도의 외곽 연구자 단체가 필요하다는 문제 제기가 있었고, 만약 특별법이 통과되어 정부 내에 과거사 기구가 구성될 경우 이 활동을 학술적으로 뒷받침하고 외곽에서 지원 사격을 할 연구 단위가 필요하다는 문제의식이 있었기 때문이다. 나는 인권 문제에 관심 있는 동료 교수들에게 서신을 띄우고 전화를 돌렸다. 동조하는 사람들 중심으로 학회를 결성할 요량이었다. 결국 30여 명의 학자들이 응답해서 이들을 주축으로 하는 새 학회가 창립되었다.

# 5장

# 입법 활동과 특별법 통과

## 노무현 대통령의 8·15 담화―포괄적 과거 청산 필요성 제기

2004년 8월 14일, 나는 놀라운 소식을 들었다. 다음 날 있을 광복절 대통령 특별 담화에서 노무현 대통령이 '포괄적 과거 청산'의 필요성을 제기한다는 것이다. 나는 이 소식을 청와대 황인성 비서관에게서 미리 들었다. 이 소식을 듣고서 한편으로는 놀랍고 기뻤다. 대통령이 의지를 실었고, 총선으로 열린우리당이 다수당이 되었으니 이제 우리가 추진하던 특별법은 통과된 것이나 다름없다는 생각이 들었기 때문이다. 그런데 사실 걱정도 앞섰다. 그 이유는 대통령이 앞서서 저렇게 의지를 표명하면 사실상 그것이 정치 쟁점이 되어버려 그동안 우리가 해온 운동의 성과가 축소되고 오히려 보수 세력에게 공격의 빌미만 주게 될 것이었기 때문이다. 특별 담화를 접한 내 심경은 참으로 표현하기 어려울 정도로 복잡했고, 사실 좀 당황스럽기도 했다. 당시 나는 민간인 학살 진상규명 운동에 진력하고 있기는 했지만 지식인의 한 사람으로서 노동·교육 등 다른 개혁 의제에 대해서도 계속 관심을 갖고 있었는데, 과거사 문제가 이렇게 특별 담화까지 발표해서 추진할 사안인가 하는 회의도 있었기 때문이다. 오히려 담화를 하기보다는 조용히 밀어주었어야 하지 않았나 하는 생각도 없지 않았다. 그런데 이러한 걱정과 당혹스러움은 그 후 대통령과 열린우리당이 국가보안법을 비롯해 이른바 4대 개혁 입법을 추진하자 반대 세력인 한나라당이 강력하게 저항하면서 현실로 드러났다.[1]

물론 결과만을 놓고 본다면 그 후 '기본법'이 통과되고 진실화해위가 만들어질 수 있었던 가장 중요한 계기는 노 대통령의 8·15 담화, 즉 '포괄적 과거 청산' 제기라고 할 수 있다. 대통령의 확고한 의지가 있었기 때문에 당시 여당이었던 열린우리당이 법안 마련에 무게를 실었고, 여야 타협을 거쳐 '기본법'이 통과되고 위원회가 결성된 것도 사실이다. 그런데 왜 노무현 대통령은 '과거 청산'에 대한 의지를 갖게 되었을까? 왜 '포괄적' 청산을 이야기했을까?

우선 노무현 대통령이 인권변호사 경력이 있고 인권 문제에 특별히 관심이 있었기 때문에 이 일에 누구보다도 역점을 두었을 것이라 추측할 수 있다. 역사 바로잡기는 누구보다 정의감이 강한 그의 개인적 관심 사안 중 하나였다. 2002년 3월 후보 경선 중 우리 범국민위 운영위원들과 만난 자리에서 "국가 공권력의 침해이기 때문에 배상까지도 해야 한다는 것이 내 생각이다"라고 자신의 소신을 밝힌 적도 있다. 이러한 대통령의 결단이나 의지는 그 자체가 독립변수이기도 하지만, 또한 시민사회 진영의 요구를 반영하기도 한다. 즉 대통령이나 정당, 그리고 정치가가 어떤 사안에 관심을 갖고 그것을 자신의 정치 활동의 중심 과제로 삼게 되는 것은 그것이 인기나 정치생명을 유지하는 데 도움이 되거나 그 사안에 어느 정도 국민적 공감대가 형성된 경우, 또 이해 당사자들이 그들을 압박할 정도의 힘을 가진 경우다.

노무현 대통령 본인이 아무리 과거 청산 문제에 애정과 관심을 갖고 있었다고 하더라도, 강력한 사회적 요구가 없었다면 그로서도 이러한 '포괄적 과거 청산' 의지를 천명하기가 부담스러웠을 것이다. 요컨대 과거사 의제는 노무현 대통령이 만들어낸 것이 아니라 우리 운동 진영이 먼저 제기한 것이었고, 길게는 수십 년 짧게는 10여 년 동안 이 문제를 해결해달라고 줄기차게 요구했던 유족, 시민단체의 요구와 압박이 정치적으로 집약된 것이었다.

결국 2004년 17대 총선에서 열린우리당이 역사상 처음으로 다수당이 되고서야 우리 운동은 새로운 국면을 맞게 되었다. 노무현 대통령의

'포괄적 과거 청산' 담화 역시 이러한 변화된 정치 지형 위에서 나오게 된 셈이다. 그러나 반대쪽의 집요한 공격이 있었다. 즉 우파의 입지를 약화시키기 위해 김대중, 노무현 두 정부가 이 사안을 끄집어냈다는 비판이 그것이다. 물론 정치가인 대통령의 발언, 개인적 의지 표명이 정치적 이해타산과 전혀 무관하게 순수한 동기에서 이루어졌다고 말하기는 어려울지 모른다. 잘못된 역사를 바로잡는 과정에서는 그 역사 과정에서 인권침해 등의 잘못을 저지른 사람들의 과거가 드러날 수 있고, 한국 정치에서 그것은 한나라당에게 불리할 사안이었다. 특히 민주화 이행기에 독재 치하에서 저질러진 과거의 인권침해를 규명하는 것은 민주주의의 초석을 다지기 위해서 무엇보다도 중요한 과제이며, 또 이 과제를 수행하지 못할 경우 민주화는 좌초되기도 한다. 그래서 이러한 과거 청산 작업을 외국 학자들은 '이행기 정의transitional justice' 수립이라고 부른다. 한국의 경우 1987년 이후 광주 5·18 관련 청문회, 노태우 정부에서 추진된 광주 피해자들에 대한 보상 작업, 김영삼 정부 시기의 전두환·노태우 재판, 김대중 정부 시기의 의문사위 활동 등이 그 전형적인 사례였다.

그런데 노무현 대통령 집권기인 2004년은 민주화 '이행기'가 사실상 지난 시점이었고, 각종 과거 청산 작업도 상당히 진도가 나간 시점이었다. 따라서 민주화 직후인 1988년 무렵이라면 모르겠지만 노무현 대통령의 입장에서 과거사 문제를 거론해 얻을 정치적 이익은 그리 크지 않았을 것이다. 피해자 유족들을 다 합쳐도 그들이 정치적으로 큰 세력이 되거나 정권 연장에 도움을 줄 정도의 표가 나올 것 같지는 않았다.

그러나 1990년대 이후 추진되던 정부 주도의 과거 청산 작업을 정리할 필요는 있었다. 광주 5·18 학살 사건 청산의 경우도 피해자들에 대한 보상 조치는 이루어졌지만 피해자들은 국가유공자로 인정해줄 것을 요구했고, 이에 대해 우익 단체는 강력하게 반발하기도 했다. 노태우 정권의 광주 피해자에 대한 보상 입법은 진상규명과 가해자 처벌 없는 피해자 보상이라는 이상한 양상을 낳았고, 거창사건 등의 명예회복 작업 역시 진상규명 없이 유족들의 압박에 의해 서둘러 추진되었고, 의문사위 입법에는 조사 대상인 '의문사'를 '민주화 운동 관련자'로 제한하는 불합리가 있었고, '민주화운동관련자명예회복및보상심의위원회'는 진상규명이 없는 상태로 인혁당 관련 피해자들에게 보상을 실시하라고 권고하기도 했다. 한국전쟁기 학살 사건만 하더라도 거창사건이나 제주 4·3사건 등은 진상규명과 명예회복이 어느 정도 이루어졌으나 사실상 같은 시기의 동일한 사건인 다른 대부분의 사건은 진상조사조차 되지 않았던 형평성의 문제가 있었고, 또 이러한 형평성 문제 때문에 국가 차원의 각종 보상 조치, 위령사업 등에서도 심각한 비일관성과 문제점이 노정되고 있었다. 그것은 유족들의 요구에 지역구 의원을 비롯한 힘 있는 정치가들이 지역구 표를 의식해 선심성으로 법을 통과시키거나 타협적으로 조치를 취하면서 발생했는데, 제대로 된 정부라면 이를 바로잡을 필요가 있었다.

그런데 민주화 이후 역대 정부의 과거 청산 조치들이 일관성을 상실하고 유족의 민원에 대응하는 방식으로 실시되면서 정부의 공신력만 실추되는 것이 아니라, 사실 그 작업 자체의 대의나 정당성도 흔들리게 될 위험이 있었다. 그리고 그런 방식으로 추진된다면 이행기 정의 혹은 과거 청산 작업이 지향하는 애초의 목적, 즉 유사 사건의 재발 방지와 사회정의 수립을 어렵게 만들 수도 있었다. 2001년 3월 29일 한국을 방문한 남아공 진실화해위원회 위원 파즐 란데라Mohamed Fazel Randera와의 토론에서 나는 '한국의 과거 청산 운동의 현 단계와 과제'라는 주제로 발표를 했는데, 이 자리에서 과거 청산은 일종의 국가 만들기 작업, 국가의 가장 핵심적인 원칙인 정의 수립의 문제라는 점을 강조하면서 다음과 같이 주장했다. "과거 청산 운동은 단순히 과거의 사실을 원상태로 복원하는 데 중점을 두어서는 안 되며, 이후 기념사업을 위한 종합적인 상을 그리고 운동을 이끌어나가야 한다. …… 이러한 사건의 해결이란 곧 억울한 죽음의 의미를 정치적·사회적 죽음으로 승화하는 작업이 되어야 한다. 따라서 특별법 제정 작업도 …… 새로운 사회 건설의 청사진을 염두에 두고 진행되어야 한다. 국가 범죄를 규명하고 그 잘잘못을 가린다는 것은 곧 국가를 다시 태어나게 하는 일이기 때문이다."

노무현 대통령이 던진 '포괄적 과거 청산' 제기는 사실 1988년 광주 청문회 이후 십수 년 동안 진행된 정부 차원의 과거 청산 작업의 비일관성, 임기응변성, 형평성 부족 등의 문제점을 지적한 것이고, 그것은 사실 과거를 '정리'하는 것이 아니라 국가의 기본인 정의의 수립 문제라고 본 나와 내 주변 사람들의 생각과 근접한 것이었다.


## 정치가, 정당의 모습들

2004년 4월 총선에서 한국전쟁 이후 처음으로 개혁적인 세력이 대통령직과 국회를 모두 장악하게 되었다. 1987년 이후 지지부진한 민주화에 실망하고 좌절한 모든 민주화 운동 세력은 '이제 국회도 대통령도 우리 편이니까 이것부터 해야지'라는 생각을 했을 것이다. 국가보안법도 폐지해야겠고, 각종 노동 악법도 개정해야겠고, 언론관계법도 개정해야겠고, 검찰 개혁도 추진할 필요가 있고……. 어쨌든 각 진영은 모두 개혁 의제들을 생각했을 것이다. 물론 탄핵 바람을 타고 엉겁결에 당선된 의원들이 출세의 기쁨을 접고서 자신의 개혁 의제에 곧바로 착수할 의지와 복안을 갖고 있었는지는 의문이지만……

정당이 제 기능을 하는 나라라면 선거가 끝나기 무섭게 그동안 자신들이 추진해왔던 개혁 법안을 국회에서 통과시키기 위해 TF 팀을 만들거나 책임자를 선임해 작업에 들어가겠지만, 한국처럼 정당이 그러한 기능을 거의 하지 못하는 나라에서는 시민사회단체가 쌀을 씻어 밥을 해 의원들의 입에 넣어주는 역할까지 해야 한다. 아니 그 이전에 왜 밥을 먹어야 하는지, 어떤 밥을 먹어야 하는지부터 그들에게 설명해야 한다. 그래서 김대중 정부 이후의 개혁 입법은 6·15 회담 등 남북 관계 문제처럼 대통령 자신이 대통령이 되기 전부터 일생을 두고 추진했던 의제를 곧바로 현실화하는 예도 있지만, 대체로는 아무런 준비도 하지 않은 상태에서 선거 승리에만 전력투구했다가 당선되면 그때부터 해야 할 일을 생각하는 것이 보통이다. 한국의 정당이나 정치가들은 오직 권력 유지 혹은 당선에만 관심을 기울일 뿐, 왜 권력을 가지려 했는지에 대해서는 별로 질문을 하지 않는다. 재야에서 오랫동안 투쟁하다가 국회에 들어간 사람들 중 일부는 자신의 평소 의제를 국회의원으로 일하는 동안 줄기차게 추진하는 경우도 있지만, 그것도 '가물에 콩 나듯' 드문 일이고 대부분은 얼마 있지 않아 기성 정치가 중 한 사람이 되어 권력을 즐기는 모습을 보여주었다.

그래서 명색이 입법부에 속한 국회의원들이 스스로 입법안을 만들기보다는 시민사회에서 만든 법안을 약간 손질해서 개인의 실적으로 삼는 것이 일반적이었다. 나는 1990년대 초·중반 이후 참여연대 창립 당시부터 활동을 해왔기 때문에 시민사회가 입법 작업과 관련해 국회·정당·정치가들에게 어떻게 해야 하는지를 곁눈질로 보아 어느 정도 알고 있었고, 이미 2004년 총선 이전에 범국민위 차원에서 지역 단위로 유족들을 동원해서 출마자들에게 "당선되면 과거 청산 관련 특별법을 통과시키겠는가"라는 질문서에 답을 받는 작업을 하기도 했다. 그래서 17대 총선이 끝나자마자 곧바로 움직이기 시작했다. 특히 범국민위를 함께 만들었던 강창일 교수가 국회의원이 되었기 때문에 우리는 국회 내에 확실한 파트너를 갖게 되었다. 2003년 초에 특별법을 제출해 표결까지 갔다가 좌절한 경험이 있었던 우리는 17대 국회가 개원하자마자 첫 국회에서 법안을 제출해야 한다고 생각했다. 그래서 총선 직후인 6월 1일 개원 국회에서 열린우리당의 과거사 관련 의원들과 간담회를 가졌다. 강창일, 유기홍, 강기정 의원 등 이 문제에 관심을 갖고 있던 '국회 과거사 모임' 의원들이 이 자리에 참석했다.

이 간담회에서 범국민위는 입법의 당위성, 과거 청산의 원칙과 방법, 그리고 구체적인 기구 등에 대해 제안했다. 우리는 1993년의 테오 반 보벤Theo Van Boven 보고서[2]에 기초한 유엔의 원칙, 즉 중대한 인권침해에 대해 '진실을 알 권리', '국가와 사회의 진실을 기억할 의미' 등의 원칙에 따라 조사 권한을 충분히 갖고 있는 국가기관이 진실을 규명하고 명예회복 등의 기타 조치를 취해야 한다는 전제 아래 16대 국회에서 좌절되었던 통합특별법을 17대 국회의 개원과 더불어 곧바로 제정해야 한다고 주장했다. 그리고 거창사건, 제주4·3사건, 노근리사건 등 개별 학살 사건에 대한 특별법 제정의 전례에 비추어 볼 때 한국전쟁 전후 민간인 학살의 총체적 진실을 규명하는 데 한계가 있기 때문에 이 모든 사건을 포괄하는 통합특별법을 제정해야 한다고 역설했다. 이 통합특별법은 국무총리 소속인 제주4·3특별위원회가 여러 한계를 노출했기 때문에, 장차는 대통령 직속 진상규명위원회를 만들어야 한다고 말했다. 그리고 진상규명위원회의 임무에는 민간인 학살 진상조사, 역사박물관 및 사료관 건립, 유골 발굴 및 수습, 희생자 및 유족의 심사·결정, 희생자 유족의 명예회복, 재심과 사면 복권, 위령 공간 조성 등이 포함되어야 한다고 보았다. 그리고 아예 법률 초안을 만들어 참석 의원들에게 전달했다.[3]

그런데 17대 총선으로 열린우리당이 다수 의석을 차지한 국회가 개원했지만, 준비되지 않은 여당인 열린우리당은 개혁 과제에 대한 청사진을 보여주지도 못했고 정치력을 보여주지도 못했다. 대통령 탄핵 '덕분에' 갑자기 다수당이 되어서 그런지, 우왕좌왕하면서 전혀 준비되지 않은 모습을 보여주었다. 당 차원의 지도력도 없었다. 국회 각 상임위원회의 위원장을 누가 맡을 것인지를 둘러싸고 여야 간에 샅바 싸움이 계속되었다. "법사위원장은 반드시 맡아야 한다, 아니다, 행자위는 양보할 수 없다"는 논란이 계속되었다. 다수 의석을 얻는다고 해서 개혁 의제를 실천할 수 있는 것은 아니라는 사실을 실감할 수 있었다.

2004년 7월경 범국민위를 비롯한 여러 인권 사회단체 측에서는 9월 국회 개원을 준비하면서 별도의 모임을 준비했다. 8월 3일에 가칭 '과거청산을 위한 시민사회단체 연석회의' 준비 모임을 갖고 느슨한 형태의 네트워크를 구성했다. 그리고 8월 13일에는 2차 회의를 열어 각 단체의 사업을 공유하고 9월에는 공동 심포지엄을 개최할 것을 결정했다. 그리고 인권침해, 학살, 친일 청산 등 관련 단체별로 추진하는 각각의 법률안과 피해자 단체들의 현황에 대한 정보도 공유하기로 했다. 그런데 바로 그 시점에 대통령의 8·15 담화가 나왔고, 상황이 급격히 반전되었다. 노 대통령의 8·15 담화로 정치권의 움직임에 시민사회가 역으로 규정되어, 시민사회 차원에서 밑으로부터 논의되어야 할 의제들이 제대로 논의되지 못한 채 정치 일정을 따라가야 하는 형국이 되었다.

## 운동 진영의 응답

노무현 대통령의 담화 이후 친일 진상규명 문제가 화두가 되었다. 2003년 2월 한나라당이 다수 의석을 점하던 제16대 국회에서 통과된 '일제강점하친일반민족행위진상규명에관한특별법(이하 친일진상규명법)'이 진상규명 작업을 제대로 할 수 없는 누더기 법이라는 비판이 제기되었고, 17대 국회에서 다수당이 된 열린우리당이 이를 개정하기로 방침을 정한 이후 한나라당 박근혜 대표의 부친이자 전 대통령인 박정희의 친일 경력이 크게 논란이 되었으며, 과거 청산 작업이 야당을 무력화하기 위한 정치 공세가 아닌가 하는 비판이 제기되었다. 특히 해방 60년을 맞은 당시의 시점에서 친일파 문제를 다시 거론하는 것이 무슨 의미가 있는지, 그리고 과연 일제 치하에서 어느 정도의 행위까지, 혹은 어느 정도 직위까지 차지한 사람을 친일의 범위에 포함시키는 것이 합당한지에 대한 반론이 거세게 제기되었다. 이와 더불어 '포괄적 과거 청산' 작업에 포함될 예정인 한국전쟁 전후 민간인 학살 진상규명 문제에 대해서도 좌익 혹은 인민군에 의한 피해 사실을 포함하지 않아서 대한민국 국가의 기본을 흔들 수 있다는 반론이 제기되기도 했다.

노 대통령의 담화가 발표되고 과거사 진상조사 특별위원회 구성이 거론되자 한나라당 박근혜 대표는 '과거사 진상조사 특위' 수용을 전제로 하되, 해방공간 및 한국전쟁 과정의 친북 좌익 행위도 조사해야 한다고 역공을 폈다.[4] 한편 한나라당의 김학송 제2사무부총장은 노무현 대통령 장인의 실명을 거론하면서 6·25 당시 양민 학살과 미군 살해에 가담했다는 의혹이 있다고 역공을 펴기도 했다. 즉 박근혜 대표는 과거사 문제와 관련해 박정희 전 대통령 문제를 신경 쓰거나 부담 갖지 말라고 자신감을 내비치면서 반격을 한 것이다. 당시 박근혜 대표의 발언은 향후 이 문제에 대한 한나라당의 입장을 집약하는 것이었는데 결국 그 후 '진실·화해를위한과거사정리기본법'에 '적대 세력에 대한 조사'건을 포함시키는 구체안으로 가닥이 잡혔다.

어쨌든 과거의 잘못된 공권력 행사로 말미암은 피해는 분명하게 조사·확인하고 넘어가자는 의견과 시급한 국정 과제를 미루고 이러한 과거사 문제에 매달리는 것이 적절치 않다는 반론이 정치권에서 평행선을 달렸다. 열린우리당은 과거사법을 비롯한 국가보안법 폐지안, 사립학교법 개정안 등 이른바 '4대 개혁 법안'을 12월 정기국회에서 처리하기로 방침을 세웠다.

우리 과거사 관련 활동가들은 과거사법 통과의 당위성을 국민들에게 설득할 필요를 느꼈다. 당시 국내에서 가장 중요한 전거는 광주 5·18 청산 전례였다. 전직 대통령 2명이 구속되고 상당한 진상규명이 이루어졌으며, 피해자들이 보상을 받았다. 이를 두고 해외, 특히 아시아, 남미 등 유사한 민주화를 겪은 나라에서는 한국 민주주의의 공고화를 웅변해주는 중요한 사례라고 칭찬을 아끼지 않고 있다. 그러나 우리는 5·18 청산 작업은 별로 성공하지 못한 사례로 보았다. 두 전직 대통령은 학살죄가 아닌 반란죄로 구속되었으며 그나마도 곧바로 석방되었기 때문에 처벌 효과를 제대로 내지 못한 정치적 쇼에 가까웠고, 피해자 보상 조치가 이루어졌으나 그것도 불충분했으며, 무엇보다도 사회적 공감대가 약한 것이 가장 큰 결함이라고 보았는데 그것은 바로 진실규명 없는 처벌에서 기인한 것이라고 생각했다.[5]

그런데 이 문제를 둘러싸고 한국 사회의 철학 부재 현상이 드러났다. 사실 이 중요한 역사적 과제에 대해서는 정치권이나 시민사회에서 충분히 논의했어야 마땅했으나 보수 세력은 과거 공권력의 인권침해, 학살, 잔혹 행위를 들춰내는 것을 결사반대하고 그것을 좌익의 음모로 몰아갔으며, 반대쪽은 공세를 맞받아서 그 당위성을 주장하는 극히 단순하고 원시적인 대립 구도가 계속되었기 때문이다. 물론 과거의 가해 세력을 대변하는 정치권과 주류 언론의 흠집 내기, 좌익 딱지 붙이기, 과거보다는 미래로 나아가자는 주장 등은 어느 나라에나 있었다. 문제는 그것에 대응하는 우리 사회운동 측의 논리가 좀 취약했다는 점이다. 그 일의 당위성을 주장하는 것 이상으로 왜 우리가 이 문제를 거론해야 하는지, 그것이 일상을 살아가는 사람들, 특히 사회적 약자들의 존엄성 보장이나 인간성 실현과는 무슨 관계가 있는지, 가해자의 사과 없이 과연 화해가 이루어질 수 있는지 등등에 대한 깊이 있는 담론은 거의 없었다. 특히 우리가 과거의 인권침해 규명을 국가의 정의 수립의 문제로 부각시키기보다는 단순히 '과거' 청산의 담론으로 접근한 것은 이 담론의 대중적 확장력을 제한한 결과를 가져왔다.

그리고 화해가 중요한 국가적 쟁점이 되었는데도 한국의 대표적인 종교단체나 종교 지도자들은 이 문제에 거의 개입하지 못했다. 과연 한국의 종교 문화에 이러한 갈등을 치유할 수 있는 철학이 있는지, 그것이 한국인들의 심성 속에 나름대로 자리 잡고 있는지 의심스러웠다. 한국 기독교는 강한 반공주의를 견지하고 있었기 때문에 화해보다는 적대와 증오의 종교에 가까웠다. 공산주의에 피해를 본 경험이 강하게 드리워서 그런지 대체로 군경 학살에 대해 무관심했고 화해에 대한 입장이나 철학 자체가 없었다. 불교나 유교 등의 전통 종교도 별로 다를 바가 없었다. 한국의 민주화 운동이 치열한 투쟁의 역사를 지니고 있지만, 그 사상적·문화적 기반을 들여다보면 학생과 지식인들의 강한 공인의식과 역사적 소명의식을 제외하고는 별달리 사상적 근거를 찾아보기 어려웠는데 그 한계가 다시 드러났다. 독일의 경우 야스퍼스Karl Jaspers가, 프랑스의 경우 사르트르 Jean Paul Sartre가, 미국에서는 망명 유대인 아렌트Hannah Arendt가 유대인 학살 문제에 대한 담론을 주도했지만 한국에서는 어떤 철학자도 진실·정의·화해 등에 대한 논점에 개입하지 않았다. 그러니 과거 청산과 화해 문제에 대해 방향을 제시해주는 원로도 없었다. 과연 우리는 과거의 국가폭력을 왜 들추어내려 하는가? 그것이 우리 사회의 통합과 화해에 어떻게 기여할 수 있는가? 대통령부터 현장의 활동가에 이르기까지 이런 질문을 깊이 있게 제기하는 사람이 없었다. 우리 운동 진영은 한국의 종교, 철학, 학술 어떤 분야로부터도 배운 것이 없었다.

한편 노무현 대통령의 포괄적 과거 청산 담화 이후 시민사회 진영의 분위기는 급격히 바뀌었다. 우선 각 단체별로 추진하던 개별적인 과거 청산 입법 작업을 하나로 통합하자는 쪽으로 분위기가 형성되었다. 당시에는 내가 관여하던 '범국민위'를 중심으로 민간인학살진상규명특별법을 추진하던 흐름, 의문사위 활동 종료 후 의문사 미해결 사건을 완전히 해결하자고 주장하면서 새로운 의문사위원회 법을 만들어야 한다고 주장하던 인권 단체들, 그리고 군 의문사에 대한 독립적 조사를 할 수 있는 군의문사위원회를 만들자던 단체들, 그리고 일본군 성노예 문제, 강제 동원 문제 등 식민지 과거사를 다루던 여러 단체들이 있었다. 전혀 성격이 다른 이 사건들을 하나의 특별법으로 묶는 것이 과연 타당하냐는 반론이 많았다. 나도 할 수만 있다면 민간인 학살 문제는 별도의 기구를 만들어 조사하는 것이 좋다고 생각했다. 그런데 여러 개의 과거사 관련 특별법이 동시에 통과될 수 있을 것인가? 그리고 조사 이후의 후속 처리를 모두 별개로 하는 것이 바람직하기는 하지만 현실적으로 가능할까? 노무현 대통령이 포괄적 과거 청산을 하자고 하는 마당에 별개의 입법안을 만들어 각각 국회와 씨름할 수 있는 역량이나 조건이 될까? 막강한 권한을 갖는 하나의 위원회가 더 효과적이지 않을까?

가장 큰 쟁점은 의문사·군 의문사 등 군사정권 시절 발생한 '인권침해' 관련 과거사와 한국전쟁기의 학살 과거사를 하나로 묶는 것이 타당하고 가능하냐는 것이었다. 의문사위와 이후 국정원 '과거사건 진실규명을 통한 발전위원회(이하 진실위)' 경험을 갖고 있었던 안병욱 교수는 이에 대해 반대 의사를 분명히 했다. 피학살자 유족들도 이에 대해 반대 의사를 표명했다. 나도 성격이 전혀 다른 여러 유형의 과거사를 하나의 위원회에서 조사한다는 것에 대해 처음에는 반대 의사를 갖고 있었다. 그런데 과연 한나라당과 주류 언론이 저렇게 난리 치면서 반대하는데 정치력 없는 열린우리당이 이 두 법안을 통과시켜낼 수 있을지 회의적이었다. 여러 단체의 활동가들은 이 사안을 두고 논란을 거듭한 끝에 내부 표결에 붙였다. 결국 나도 애초의 입장을 바꾸었고, 학살 문제의 특수성을 양보하고서라도 전체 과거사를 포괄하는 하나의 과거 청산 관련 특별법, 하나의 위원회를 만들자는 안을 지지했다. 무엇보다 2003년 초에 특별법이 국회 표결까지 가서 부결되었던 안 좋은 일을 떠올리지 않을 수 없었다. 한국전쟁기 민간인 학살 문제를 독자적으로 드러내기에는 우리 사회의 정치 이데올로기 지형이 아직 그렇게 녹록하지 않다는 현실적인 판단도 깔려 있었다.

한국을 방문한 남아공 진실화해위원회 위원 파즐 란데라도 "가해자의 철저한 사과와 반성 없이 화해는 불가능하다"고 말했지만, 국가 범죄를 인정하는 조건으로 가해자를 사면한다는 남아공의 화해 모델은 우리로서는 상상도 할 수 없었다. 과거의 학살이나 반인도적 행위를 범죄로 인정조차 할 수 없는 한국 정치 현실을 어찌할 것인가. 민간인들을 불법적으로 죽이거나 고문한 자들이 '죄인' 취급을 당하기는커녕 영웅으로 칭송되는 나라가 아닌가. 전두환 등 광주 5·18 학살 가해자들은 학살 사실 자체를 공공연하게 부인하고 있으며, 전·노 두 전직 대통령에 대한 처벌조차 학살죄가 아닌 내란죄를 적용하지 않았는가. 수많은 의문사 사건이 발생했지만 그 명령 계통에 있었던 어느 누구도 처벌당하지 않은 것은 물론 그 일로 사회적 불이익을 당하지도 않은 나라가 아닌가. 한국전쟁은 북한의 침략에 맞서 나라를 구한 전쟁으로 공식화되어 있어서, 전쟁기 군경에 의한 학살 사건은 아예 그 발생 사실조차 거론하기 어려운 나라가 아닌가. 민주화되었다고 하나 아직 냉전의 그늘이 짙게 드리운 이 나라에서 어떻게 전쟁기 군경에 의한 민간인 학살만을 다루는 별도의 특별법이나 위원회가 만들어질 수 있겠으며, 어떻게 화해를 말할 수 있다는 말인가.

결국 나는 '진실' '화해'의 이름이 들어간 단일한 과거사법과 그 법에 따라 만들어진 과거사위원회의 우산 아래서 한국전쟁기 학살 사건을 다룰 수밖에 없다는 쪽으로 생각이 기울었다. 나는 냉전 시대의 우리 한국에서는 남아공과는 또 다른 의미의 진실이 필요하다고 생각했다. 우리는 사면을 조건으로 가해자의 고백을 얻는 것이 아니라, 아예 가해 자체도 거론할 수 없는 상태에서 진상규명을 통해 학살 사실 자체를 국가가 공개적으로 인정하게 할 필요가 있었고, 더 나아가 그것이 범죄라는 것을 공인받는 것을 우선 과제로 하는 진실화해위원회가 필요했다. 좌익으로 지목되면 죽여도 좋은 사회에서 화해의 방안을 이야기한다는 것, 사법적 정의를 추구하는 작업은 아직 시기상조였다.

그래서 우리는 '통합특별법' 초안을 잡는 단계에서 변호사들의 제안으로 '학살'이라는 용어를 '희생'으로 바꾸기로 했다. 과거에 히틀러는 유대인 학살을 정당화하기 위해 학살, 처형 같은 용어를 사용하지 않고 '제거', '정리', '특별 취급', '소개', '솎아냄', '청소', 그리고 '최종결정' 등의 용어를 사용했다. 한국전쟁기에도 학살을 지칭하는 용어는 '처분', '처리' 따위였다. 그러나 전쟁 중 민간인 학살 현장에서 정치 지도자나 군경 지휘관이 이런 용어를 사용할 경우, 부하들은 그것이 무엇을 의미하는지 알고 있다. 독일에서 유대인들이 '청소'되거나 '소독'되었듯이 한국전쟁기에는 좌익들이 '처분'이나 '처리'되거나 법적인 절차를 거쳤음을 암시하는 용어인 '처형'된 것으로 공식화되었다. 그래서 피학살자 유족들도 '처형'이라는 용어를 그대로 썼다. 그런데 공자가 말한 것처럼 '이름을 바로 붙이는 것正名'이 정치의 출발이다. 기존의 조사나 증언에 따르면 그것은 명백히 '학살'이었다. 우리가 해야 할 작업은 바로 이 '부인의 언어'를 바꾸는 일이었다. 그래서 일단 우리는 희생이라는 용어를 받아들이면서, 조사를 통해 그것이 학살임을 입증하는 일을 하자고 생각했다.

그래서 여러 영역에서 활동하던 과거사 관련 활동가들은 '올바른 과거청산을 위한 범국민위원회(이하 과청범국민위)'라는 연대 조직을 꾸리기로 결정하고, 이 과청범국민위가 진실화해위원회 설립을 골자로 하는 포괄적인 과거청산법을 발의하기로 의견을 모았다. 다가오는 가을 국회에서 그 문제를 처리하려면 시간이 없었기 때문에 한편에서 법안 기초 작업을 하고 다른 한편에서는 전국 조직화를 위한 섭외 작업, 실무자 인선 작업, 대표단 섭외·추대 작업 등을 하며 매우 바쁘게 움직였다. 나는 박석운, 한충목과 더불어 과청범국민위의 상임 집행위원으로 선임되어 사실상 입법 활동 실무를 총괄하는 역할을 했다.

2004년 9월 17일, 과청범국민위 창립대회에서 우리는 노 대통령의 성명에 부응해 과거 청산의 당위를 설명하고 특별법을 추진할 것을 촉구했다. 곧이어 10월 13일에는 자체적으로 마련한 특별법안을 발표해 열린

우리당에 넘겨주었다. 열린우리당은 17일 의원총회를 거쳐 20일에 '진실
규명과화해를위한기본법안'을 발의했다. 열린우리당이 법을 발의하기에
앞서 과청범국민위는 기자회견을 했는데, 이 자리에서 열린우리당이 애
초에 우리가 제안한 법안을 후퇴시켰다는 점을 지적하고 다음과 같은 내
용이 법안에 반드시 포함되어야 한다고 주장했다.

- 군 의문사 사건과 일제강점하 강제 동원 사건도 '특별법'에 포함시키고
- 권위주의 정권까지로 한 조사 대상의 종기終期 규정을 없애고
- 상임위원 수는 5명 이상이 되어야 하며, 비상임위원을 포함해 위원은 최소 19
  명이 되어야 하고
- 공소시효를 정지시켜야 하고
- 동행명령을 거부할 때는 형사처벌을 할 수 있도록 해야 하고
- 진실화해위원회 아래 사건 대상별 별도의 진상규명위원회를 두어야 한다.

과청범국민위의 입장은 포괄적 과거 청산의 취지를 살리기 위해 당
시 막 입법화되어 활동에 들어가려 한 일제강점기 강제동원위원회를 이
기구에 모두 포함하고, 군 의문사를 별도로 분리하지 말고 이 위원회에서
함께 다루자는 것이었다. 그렇게 되면 이렇게 설치될 위원회 아래에는
'일제강점기 진상규명위원회', '한국전쟁전후 민간인희생사건 진상규명
위원회', '인권침해 진상규명위원회' 3개를 두는 것이 된다. 이 의견은 그
후 통과된 '기본법'에 반영되어 진실화해위 활동의 골간을 이루게 되었다.
그러나 우리 내부에서는 여전히 이 특별법의 내용을 둘러싸고 여러 가지
논의가 계속되었다. 밖으로는 한나라당의 완강한 거부에 맞서고, 안으로
는 어떻게 해야 유족과 시민사회의 다양한 요구를 수렴하면서도 미래지

향적이고 현실적인 내용의 법안을 만들 수 있을지 고민했다. 김희수, 장완익 두 변호사가 법률 초안을 잡고 나머지 민변의 법률가들이 그 초안을 검토하는 과정에서 우리는 그 법에 담아야 할 기본적인 철학과 위원회의 성격 등에 대해 논의를 거듭했다.

의문사위에서 위원으로 일했던 백승헌 변호사는 당시 내부 모임에서 다음과 같은 제안을 했다. "왜 과거 청산을 해야 하는지부터 정리하고, 그 다음으로 왜 포괄적이어야 하는지, 또 기존의 개별적 과거 청산 작업과는 무엇이 달라야 하는지, 그리고 진실을 규명한다고 해도 그것이 피해자 중심의 진실규명인지 사건이나 가해자 위주의 진실규명인지를 분명히 해야 하고 …… 보상과 배상에 있어서도 …… 기존 법률과의 형평성 문제도 있고……", "사건의 성격이나 시기적 특성을 …… 아무리 범주화하려고 해도 가장 오래된 것은 동학혁명, 하여튼 12개의 과거 청산 법률이 이때까지 있었던 것 같은데, 동학혁명부터 심지어는 종기가 규정되지 않았기 때문에 바로 어제 일어난 사건까지를, 즉 1세기가 넘는 기간의 행위를 단일한 법률로 묶는다는 것이 잘 떠오르지 않는다. 개별 법률들을 보면 …… 입법 목적이나 행위 주체, 행위 객체, 행위 모습, 행위 태양, 보호 가치 등이 다 달리 규정되어 있다. 이것은 이 시대나 피해자들이나 관계된 많은 사람들이 그 시점의 주안점이 다르다는 것을 …… 지금까지 과거 청산 운동을 통해서 확인해왔던 것이 아닌가라는 생각이 든다." 그리고 결론적으로 "개별 입법을 비슷한 시기에 제정·시행한 후에 그 진실규명의 결과를 기초로 추후 처벌이나 재발 방지, 명예회복, 보·배상을 포괄적으로 처리하는 게 어떤가"라고 제안하기도 했다.

그러나 그가 지적한 것들이 하나하나 꼼꼼히 검토되지도 못한 채 우리는 정치권의 일정에 휩쓸려 들어갔다. 그의 우려는 그 후 현실이 되었다.

## 특별법의 철학과 방향 — 진실인가, 정의인가

그 무렵 나는 내 나름의 경험과 지식에 기초해서 특별법에 담아야 할 내용과 그 논리적 근거를 정리할 필요를 느꼈다. 도대체 지금 시점에 왜 우리가 이런 일을 해야 하는가, 어디까지 할 수 있는가? 근본적인 문제부터 정리해야 했다. 우선 당시의 국면에서는 "승리자가 패배자를 벌하는 것"이 될 수 없었다. 우리는 남아공의 경우처럼 "미래의 정부를 구속할 책임 규범과 기준을 확인할 국가의 의무"의 문제로 보았고 "앞으로도 인권침해에 대해서는 역사에 의해서뿐만 아니라 법의 규정에 따라 책임을 져야 한다는 것을 인식하는" 계기로 삼고자 했다.[6] 이러한 생각은 내가 초안을 잡은 2004년 9월 17일의 '과청범국민위' 발족식 발표문에 집약되어 있는데 당시의 내 생각은 다음과 같았다.

우선 왜 이런 일을 해야 하는지, 우리의 기본 입장을 정리할 필요가 있었다. 나는 국가 바로 세우기, 국가의 기본 원칙인 정의 수립 차원에서 과거 청산 문제를 보았다. 한국에서 실패한 과거 청산의 대표적인 사례인 1949년 반민특위의 좌절은 민족을 배반하고 파시즘에 동조했더라도 반공 노선을 견지하면 용서받을 수 있으며, '반공'이라는 이름을 빌린 어떠한 반사회적 행동도 용인될 수 있다는 것을 국민에게 교육하는 효과를 발휘했다. 한편 전후 독일에서 이루어진 나치 협력 세력의 숙청은 독일이 유럽에서 또다시 침략 국가로 등장하는 것을 억제했으며, 거꾸로 미국이 일본의 도쿄재판에서 동아시아 침략의 최고 책임 주체인 천황을 살려주었을 뿐 아니라 천황제를 부활시키고 전범들을 살려준 것은 지금처럼 일본의 정치와 사회가 또다시 우경화의 길을 걷도록 격려해준 가장 결정적인 사건이었다. 즉 독일과 프랑스가 주도하는 서유럽은 1990년대 이후 통합의 길로 나서고 있으나 일본과 중국이 주도하는 동북아시아 지역의 국가 간 군비경쟁과 민족주의는 더욱 심각해지고 있으며, 최근 더욱 심각해지고 있는 일본의 역사 망각증과 독도 영유권 주장 등 위험한 우경화 경향, 그리고 전후 일본 사회의 특징인 물질주의와 보수주의는 모두 과거 청산의 결여와 연관되어 있다.[7] 오늘 독일과 일본의 국가의 모습과 정체성, 그리고 양 국가가 유럽과 동아시아에서 각각 차지하는 위상은 바로 독일과 일본이 과거 자신의 침략전쟁을 어떻게 반성하고 사죄하였느냐는 차이에서 궁극적으로 기인하는 것이다. 그래서 한국의 현대사는 반민특위 실패, 친일파의 독립운동 세력 제거라는 거꾸로 된 역사의 그늘 아래 있다고 볼 수 있고, 오늘의 독일과 일본의 모습 역시 전후 전쟁범죄자 처리 공과의 그늘 아래 있다고 볼 수 있다.

나는 진상규명, 처벌과 명예회복, 사과, 구제와 포상, 각종 화해 조치 등으로 이어지는 일련의 과거 청산 과정은 국가, 정부, 정치 공동체의 도덕성을 수립하는 데 필요하며, 국민 교육적인 차원에서도 대단히 중요하다고 생각했다. 그것은 과거 청산이 제대로 이루어지지 않으면 도덕적 허무주의가 만연하고, 공권력에 대한 불신이 만성화되며, 국가 간의 정상적 신뢰 관계가 구축되지 않는다는 말이 된다. 한 사회의 미래를 개척하기 위해서 국가와 국가의 근본 철학과 방향을 완전히 재조정해야 한다면 과거를 청산하는 작업은 건설 작업만큼이나 중요한 비중을 갖고 있으며, 일종의 역사 만들기, 국가 만들기, 국민 만들기, 법과 질서 만들기 작업이라 볼 수 있다는 것이 내 생각이었다.

가장 중요한 쟁점은 '진실을 앞세울 것인가, 정의 즉 가해자 처벌을 중시할 것인가' 하는 문제였다. 요약하면 '정의 모델'과 '진실 모델'의 선택 문제였다. 다시 말해 과거 청산을 재판을 통해 진행하는 것과 진실화해위원회 같은 조직을 통해 추진하는 것 사이에서 선택해야 하는 문제였다. 이미 우리는 전자보다는 후자 쪽을 택했다. 그러나 냉정히 말하면 선택했다기보다는 전자가 어렵다고 보았기 때문에 현실론으로 후자를 받아들인 것이라고 말하는 것이 솔직할 것이다.

나는 "진상규명과 명예회복은 최대로 하고 처벌은 최소화하되 보상은 신중하게 해서 재발을 막을 안전장치를 마련하자"고 주장했다. 그것은 주로 내가 활동해온 한국전쟁기 민간인 학살 문제를 의식한 것이었다. 과거 청산의 방식과 성패는 정치적 국면, 과거 청산의 주체, 과거 인권침해 사건 발생 시점과의 시간적 거리, 대상의 성격, 운동 세력의 힘과 여론의 지지 등에 따라 상이한 방식으로 진행될 수밖에 없는데, 김대중 정부 이후 한국의 과거 청산은 전쟁이나 혁명 등 비상한 상황 혹은 군부독재의 붕괴라는 '이행기'에 제기된 것도 아니었다. 특히 민간인 학살 문제는 발생 시점에서 매우 오랜 세월이 지난 후에, 그것도 아직 한반도에 냉전이 상존하는 가운데 제기되었다. 민주화 이행기였던 1988년 국면에서 광주 5·18 학살 문제가 제기되었으나 당시 시점에도 이미 사건 발생 후 10년 이상의 세월이 흘러버렸다. 그러니 60년 전 한국전쟁기에 발생한 사건에 대해 가해자 처벌의 원칙을 내거는 것은 현실적으로든 전략적으로든 적절치 않아 보였다.

당시 내가 가해자 처벌보다는 진상규명을 극대화하자고 주장한 이유는 광주 5·18을 비롯해 그 이전까지 한국의 여러 과거 청산 과정에서 그것이 너무나 불충분했고, 결국 한국의 국가나 사회를 뒤틀리게 만들었다는 것을 뼈저리게 느꼈기 때문이다. 광주 5·18 학살이나 제주 4·3 학살의 경우 일단 진상조사가 어느 정도 마무리되었지만 실제 가해 주체는 거의 밝혀내지 못했고, 의문사진상규명위원회의 경우도 83건의 조사 대상

중에서 명확하게 밝혀낸 것은 거의 없었다. 그러나 군, 경찰, 공안 기구가 모두 자신의 비밀스러운 활동에 관한 자료를 공개하지 않기 때문에 가해 주체 규명은 대단히 어려운 일이다. 게다가 진상규명은 가해자 혹은 명령 자를 밝혀서 그에게 책임을 묻거나 피해자 개인의 피해 상황 규명에 그칠 경우 가해의 구조적 원인을 제대로 밝혀낼 수 없다. 2000년에 설치되어 2004년에 활동을 종료한 의문사위의 활동은 이 점에서 거의 성공하지 못 했다는 평가를 받았다.

그렇다면 우리의 과거 청산에서 처벌 원칙은 완전히 포기할 것인가? 나는 법적 처벌, 정치적 처벌보다 '사회적 처벌'이 중요하다고 보았다. 한 국의 경우 과거 국가폭력 가해 주체를 제대로 밝혀낸 적도, 제대로 처벌 한 적도 없었는데 그것은 이승만 정부 이래 과거에 국가 범죄를 저지른 가해 세력이 여전히 한국의 권력권에 포진되어 있기 때문이다. 남아공의 경우 처벌과 진실규명을 맞바꾸는 불처벌impunity이라는 원칙 아래 처벌 과 정치적 사면을 교환하기도 했지만, 전·노 두 대통령의 형식적 처벌을 제외하고는 아예 처벌할 시도마저 할 수 없었던 한국에서 사면이라는 말 은 꺼낼 수조차 없었다는 것은 명백했다. 이런 이유 때문에 나는 진상규 명을 통한 '사회적 처벌'의 길을 찾자고 주장했다. 즉 과거의 잘못된 공권 력 행사의 책임이 밝혀질 경우에도, 그 책임을 법적으로 묻기보다는 가해 자 명단 공개 등을 통해 그러한 잘못된 권력 행사에 협력할 경우 사회에 서 인정받으면서 살아가기가 대단히 힘들어지고 자손에게까지 불명예가 이어진다는 것을 가르치는 정도로 그쳐야 한다.

물론 진상이 규명되고 처벌해야 한다는 사회적 공론이 형성되면 처 벌의 기회가 올 수도 있다고 보았다. 가해 사실이 밝혀졌다고 해도 이미 공소시효가 지난 사건에 대해 생존해 있는 관련자를 처벌하는 것은 대단히 어려운 과제임이 틀림없었다. 유엔은 1968년 11월 26일 총회에서 '전쟁범죄 및 비인도적 범죄에 대한 국제법상의 시효 부적용에 관한 협약'을 채택했으며, 반인도적 범죄에 대해서는 공소시효를 배제해야 한다고 밝힌 바 있다. 한국의 인권단체들 역시 이 점에서는 확고한 태도를 견지하고 있다. '5·18민주화운동등에관한특별법'의 경우 비록 공소시효가 지났지만 사건 발생 시점부터 조사 시점까지 공소를 정지시키고 그것에 기초해서 전직 대통령 두 사람을 구속한 예가 있다. 과거 인권침해 사건은 모두가 대단히 정치적인 사건들이고, 따라서 과거 청산 작업 역시 대체로 정치권력의 의지에 기초해서 진행되기 때문에 어느 정도는 정치적 성격을 지니고 있다. 재발을 방지하기 위해서는 분명히 처벌을 해야 하지만, 처벌 여부, 혹은 처벌의 수위는 사회적 공감대나 여론 등에 따라 결정될 수밖에 없다는 현실론에 기울어졌다. 무엇보다도 처벌을 거론할 경우 과거사법 통과도 거의 불가능해 보였다.

나는 피해자에 대한 명예회복은 최대한도로 진행되어야 한다고 보았다. 한국에서 더 이상 간첩, 혹은 좌익의 명에 때문에 온갖 불이익을 감당하며 평생을 고통 속에서 살아가는 일이 없도록 하는 것은 너무나 급박한 과제였다.

**1** 과거 청산이란 무엇인가? 청산 대상은 제도인가 사람인가? 과거의 인권침해를 가능케 했던 법의 폐지가 우선인가, 책임자를 그 자리에서 추방하는 것이 우선인가? 과거에 공권력에 의한 인권침해를 명령한 장본인을 처벌하면 문제가 해결될까?

:: 제도적 청산보다는 인적 청산에 강조점을 두는 한국 사회의 그간의 관행은 극복되어야 한다. 인적 청산은 과거에 잘못을 저지른 개인을 처벌하거나 영향력을 미칠 수 있는 자리에서 물러나게 하는 것이고, 제도적 청산은 과거의 공권력 범죄를 가능케 했던 법·제도 등 환경을 변화시키는 것인데, 도덕주의 전통이 강한 한국에서는 대중들에게 가시화할 수 있는 인적 청산을 선호하는 경향이 있다. 그러나 두 전직 대통령까지 감옥에 보낸 나라에서 5·18 광주 학살의 진상규명조차 제대로 이루어지지 않았고, 5·18 학살을 가능케 했던 법과 제도의 청산이 미미한 것은 바로 제도적 청산 없는 인적 청산이 얼마나 일회성에 그치는지를 보여주는 사례다. 제도와 환경의 극복만 강조하다 보면 역사적 국면에서 중요한 개인의 책임을 희석할 위험이 있지만, 반대로 권력의 톱니바퀴 아래에서 무기력할 수밖에 없는 개인에게 지나치게 책임을 지우는 위험을 어느 정도 피할 수 있다. 인권침해를 가능케 하는 제도와 환경을 변화시키는 것이야말로 과거 청산이 국민에게 희망과 비전을 주고 찢어진 공동체를 복원하는 미래지향적인 작업이 되는 강력한 근거가 된다.

## ② 과거 청산인가, 과거사 청산인가?

:: 우선 과거사의 '사'는 역사[史]가 아니라 사건[事]이다. 우리가 말하는 '과거' 혹은 '과거사'는 과거에 국가가 저지른 범법 행위를 지칭한다. 청산이라는 것은 없애버린다는 의미로서 매우 강한 표현이다. 이미 발생하여 돌이킬 수 없는 과거의 사건을 없애버릴 수는 없다. 그러나 과거가 현재의 일부가 되어 여전히 현재의 법과 정의를 굴절시키고 있는 점을 바로잡을 수는 있다. 그러니 '과거사 청산'보다는 '과거 청산'이라고 부르는 것이 낫다. 우선 우리는 과거의 역사, 과거의 사건을 청산하는 일을 하고 있지는 않기 때문이다. 조작된 기억은 여론, 혹은 대중 의식이라는 형식으로 잘못된 정치 권력을 정당화해주는 힘으로 작용하고 있다.[8] 그래서 현재의 일부가 된 과거의 잔재를 없앤다는 의미에서 '과거 청산'이 더 적절하다.

## ③ 과거 청산의 사회적 의미와 효과는 무엇인가?

:: 국가의 잘못된 폭력 행사의 책임자 규명과 응분의 처벌, 그리고 그것을 가능케 했던 원인 제거가 제대로 이루어지지 않을 경우 그러한 공권력 범죄가 재발할 위험이 있다. 즉 책임 소재를 명확히 규명하고 책임자에게 응분의 처벌을 내릴 때 비로소 공권력 범죄의 반복 혹은 복수의 악순환을 막고 사회적 화해reconciliation와 통합으로 나아갈 수 있다. 과거 청산의 의의는 전쟁 같은 야만 상태에서 나타날 수 있는 가해자와 피해자 간의 보복적 갈등을 막고, 또 피해자가 상처를 안고 살아가지 않도록 그들을 당당한 사회적 주체로 복귀시키고 더 나아가 '사회관계'를 복원하는 데 있다.

'재해'가 아닌 어떤 심각한 피해가 발생했을 때 그것에 대해 누군가 책임을 진다는 것은 사회를 유지하는 데 기본적인 요건이다. 만약 분명한 피해자가 있는데도 가해 사실이 규명되지 않거나 가해자가 나타나지 않는다면, 공권력과 사회의 신뢰성은 확보되기 어려울 것이다. 가해자와 피해자가 모두 사망하더라도, 그들 사이에 만들어진 잘못된 정치적·사회적 관계의 틀은 그대로 남는다. 국가 간의 관계에서도 이러한 원칙은 그대로 적용된다. 이웃에 고통을 안겨준 국가가 자신의 책임을 인정하지 않을 때, 양국이 새로운 갈등이나 전쟁에 돌입하지는 않는다고 하더라도 국가 간의 진정한 평화는 구축되지 않을 것이다.

국가 내에서 중대한 범죄가 처벌되지 않으면 사회적으로 '죄'의 개념이 수립될 수 없다. 범죄자를 단죄하는 행위는 가장 중요한 공동체 유지 활동이며, 최상의 교육 활동이다. 그런데 통치 혹은 안보라는 이름으로 국가의 폭력 행위나 범법 행위에 면죄부가 주어지고, 또 정치적 이유로 사회 구성원을 살해하거나 고통에 빠뜨린 집단·개인이 사회 구성원으로 버젓이 살아 있거나 오히려 권력권에 포진되어 있다면, 이것을 본 피해자나 여타 구성원은 침묵으로 저항하거나 적극적인 사회관계 맺기를 포기하고 더 이상 책임 있는 주체로 행동하지 않으려 할 것이다.

남아공의 진실화해위원회 보고서에서 언급한 것처럼, 국가기관이나 가해자의 인권침해 행위를 규명하는 것은 단순히 악이나 심리적 문제점을 단죄하는 것이 아니다. 그것은 가해자와 피해자의 권력 불균형을 새롭게 조명하는 것이며, 그러한 비극이 발생했던 역사적·정치적 환경(냉전, 식민주의, 인종주의), 구성원이 복종함으로써 도덕적 자제력을 마비시키도록 하는 집단의 영향, 집단적 규범의 내면화, 타인을 비인간화하는 것을 허용해 주는 언어들의 기여 등을 규명하는 것이다.[9]

## **4** 과거 청산은 국민들에게 무슨 의미가 있는가?

∷ 청문회 등을 통해 과거의 국가폭력과 국가 범죄 사실, 가해자들이 범죄를 저지르게 된 상황들이 공개되고 피해 사실들과 피해자들의 고통이 알려지면, 국민의 '알 권리'가 충족되고 사회 구성원은 타인이 겪은 고통에 대한 공감과 그러한 고통을 가져온 배경과 상황을 공유할 수 있게 된다. 그 과정에서 사회 구성원이 가졌던 무관심과 공포도 같이 반성할 수 있는 기회가 부여될 것이다.[10] 진상규명과 그것을 공론화하는 작업은 바로 고통을 공유해 사회적인 것으로 만들 것인가, 피해자 가족들과 피해자 '자신만의 것'으로 가슴에 묻을 것인가의 문제다. 따라서 국가폭력의 진상규명과 책임자 규명 및 처벌은 일종의 사회적 정신치료, 국가 차원에서의 집단 정신치료라 부를 수 있다. 개인의 병과 달리 사회의 병은 "진실과 정의를 통해서 치료될Healing with Truth" 수 있기 때문이다.[11] 물론 이러한 정신치료 과정을 거치지 않아도 겉으로 사회는 유지될 수 있다. 그러나 그것은 정신병에 걸린 사람이 육체적 생명을 유지하는 것과 마찬가지로 사회적 건강성, 즉 사회가 유지되기 위해 반드시 필요한 법과 규범, 도덕률이 밑으로부터 무너진 상황이 초래된다. 용서는 대단히 소중한 것이지만 진상규명 없이는 이루어질 수 없다. 어떤 범죄가 왜 누구에 의해 자행되었는지 알지 못하는 상태에서 용서와 관용이 있을 수 없기 때문이다.

과거 청산은 일차적으로는 재발 방지에 초점을 두어야 하고 거시적으로는 정의 수립·인권 보장을 위해 필요하지만, 심층적으로 보면 화해와 통합을 가능케 하고 사회에 만연해 있는 편법·부정·부패·탈법·편의주의·목적 지상주의 등의 사회적·정치적 질병을 치료하기 위해서도 필요하다.

**5** 피해자 보상 혹은 배상은 어떻게 해야 하는가? 꼭 보상을 해야 하는가?

:: 피해자에 대한 보상·배상 문제는 가장 뜨거운 쟁점이고, 또 다루기도 어렵다. 공권력의 잘못이 어느 정도 드러나는 경우 정치권력의 입장에서 혼란을 최소화하고 피해자들을 달랠 수 있는 가장 좋은 방법은 물질적 보상이라는 것에 대해 이견이 있을 수 없다. 그러나 구세력의 힘이 여전히 강하거나 정권의 기반이 약한 경우 구세력과의 적절한 타협을 통해서 과거사에 대한 진상규명을 포기하는 대가로 관련 시민·인권단체를 따돌리고 보상을 통해 피해자들을 포섭할 가능성이 높다. 당장 생계가 곤란한 유족들도 명분보다는 실질적인 보상을 선호할 가능성이 있다. 그런데 이렇게 되면 보상의 형평성 논란이 제기되고, 피해자들 간에 분열이 일어날 수도 있다. 지금까지 광주 5·18 등 한국의 과거 청산에서 이러한 점이 있었는데, 향후에는 이러한 일이 더 이상 반복되어서는 안 된다. 따라서 선 진상규명 후 보상·배상 원칙이 분명히 확인되어야 하고, 불가피하게 보상·배상이 이루어져야 하는 경우라고 하더라도 개인 차원의 보상은 최대한 축소시켜야 한다. 개인 차원의 보상은 공권력 피해로 인한 후손의 물질적 궁핍을 완화해줄 수는 있으나, 차후에는 관련 사건의 역사적 의미를 왜소화하고 더 나아가 과거 청산 작업 전체의 정당성을 허물 수도 있다. 그리고 이것은 과거사를 올바르게 자리매김하여 후대에 교훈으로 남기는 작업에도 큰 짐으로 작용할 위험이 있다. 그래서 진상규명이 철저히 이루어지지 않은 상태에서 피해자의 보상이 요청되는 경우 결정 이전에 사회적 합의를 거치는 것이 좋다. 그리고 진상규명 이후 보상 문제가 제기되는 경우에는 상징적인 보상 정도로 마무리하거나, 경제 능력이 없는 노약자들에 대한 복지 차원의 보상, 치료·교육비 지원 등의 형태로 이루어지는 것이 바람직하다.

## 6 처벌과 보상 외에 해야 할 일은 무엇인가?

:: 기념사업, 역사교육은 과거 청산의 마지막 수순이다. 사건 재발을 방지하는 가장 확실한 방법은 모든 사회 구성원이 이러한 잘못된 역사에 대한 극복 의지를 갖는 것이다. 그런데 이 기념사업 역시 과거사를 과대하게 포장하거나, 정치적 이해관계 때문에 동일한 비중을 갖는 역사적 사건들이 차별적으로 기념되고 기억되는 일이 발생할 수 있다. 기념사업 역시 앞의 보상 문제와 마찬가지로 형평성과 지속성이 보장되지 않으면 오히려 역작용을 일으킬 수 있고, 단순한 정부 행정 업무의 하나로 간주될 경우에는 아무런 정신이나 의미를 담지 않은 의례적인 행사에 그칠 수 있다. 그래서 기념사업은 우선 정치적 이해관계로부터 어느 정도 자유로워야 하며, 동시에 각 기념사업 주체와 기관이 서로 간에 의사소통을 하고 사업과 비전을 공유하며 공동의 프로그램을 진행할 수 있도록 조정되어야 하며, 중앙에서 이를 조정할 수 있는 기구가 있어야 한다. 기념사업이 과거의 사실을 박제화하거나 공로자를 영웅시하는 방향으로 마무리되지 않기 위해서는 현재의 당면 사회적 의제들과 연결 고리를 찾아야 하며, 현재적 의미가 계속 확인되어야 한다. 그리고 그것은 새로운 역사 해석 작업으로 나아가야 하고 새 역사 해석은 교과서에 반영되어 새로운 세대에게 교육되어야 한다.

경북 경산 코발트 광산의 유해 수습 현장. 2007년과 2008년 두 차례 유해 발굴 결과 390여 구의 유해와 단추, 도장, 폭탄 등 250여
점의 유품이 나왔다. 1950년 7~8월에 대구 형무소 재소자와 경산·청도 지역 국민보도연맹원이 집단 학살된 곳으로 알려져 있다.

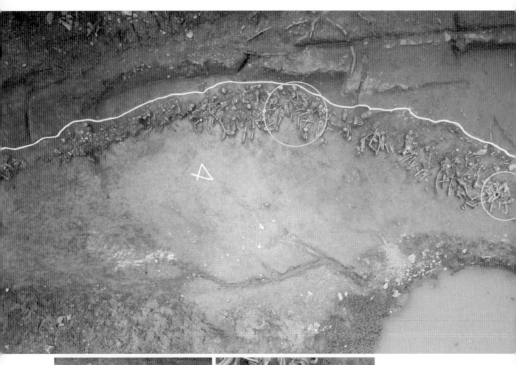

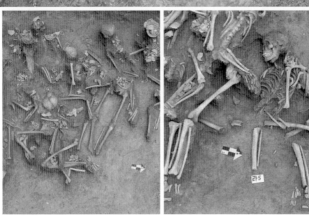

2007년 충북 청원 분터골에서 발굴된 114구의 유해. 1950년 7월 청주경찰서와 청주형무소 등에 구금된 청주·청원 지역 국민보도연맹원들이 군경에 의해 학살되었다. 유해들은 서로 엉켜서 발견되었으며 학살에 사용된 탄피 등이 유해 주변에 널려 있었다.

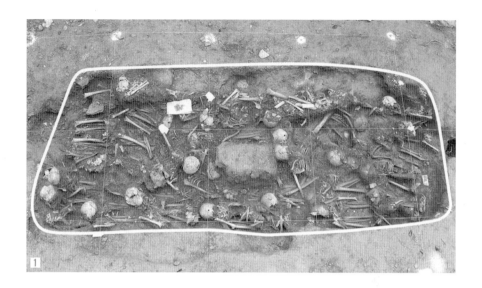

**1** 2007년 대전 산내 골령골 제3지점에서 발굴된 29구의 유해 모습. 대부분 무릎이 굽혀지고 엎드린 자세로 발굴되어 학살 당시의 상황을 보여준다. 1950년 대전형무소 재소자들이 국군과 경찰에 의해 집단 학살된 곳으로 추정되고 있으며 34여 구의 유해와 신발, 단추, 명찰, 수갑, 탄피 등 400여 점의 유품이 발굴되었다.

**2** 2008년 8월 25일 경남 산청 외공리 유해 발굴 현장. 5개의 지점에서 276여 구의 유해와 고무신, 도장, 탄피 등 1300여 점의 유품이 발굴되었다. 1951년 2~3월 무렵 장갑차와 트럭 3대에 나눠 탄 군인들이 11대의 버스에 민간인들을 싣고 와 총살한 후 5곳의 구덩이에 매장했다.

AIG NO.
REPORT NO. R-189-50
SUBJECT: Execution of Political Prisoners in Korea
FROM: ARMA Seoul    REFERENCES: BID
EVALUATION: A-1    DATE OF INFORMATION: Jul & Aug 1950    DATE OF REPORT: 23 Sept 1950
INCL 18    PREPARED BY: BOB E EDWARDS Lt Col GSC    SOURCE:
COUNTRY Korea
I.D. NO. 715579
Auth
SECRET
WDGS - INTELLIGENCE REPORT

SUMMARY OR SID REPORT:

Pictures of execution of approximately 1,800 political
prisoners in TAEJON.

The North Korean radio has recently made many claims about
brutality and mass executions in South Korea. Although claims
are probably exaggerated there have been some rather bloody
executions by South Korean Police since war started. It is
reported that when Seoul fell to North Koreans they released
thousands of prisoners from jails. It is the belief of the
Army Attache that thousands of political prisoners were executed
within few weeks after fall of Seoul to prevent their possible
release by advancing enemy troops. Orders for execution un-
doubtedly came from top level as they were not confined to towns
in front line areas.

It is the belief of the Army Attache that execution of
Prisoners of War by ROK troops have been confined to "on the spot"
jobs by front line troops, and that general treatment of Prisoners
of War after evacuation from front has been good.

Execution of 1800 (one thousand eight hundred) political
prisoners at TAEJON, requiring three days, took place during
first week in July 1950.

Pictures were taken by Major Abbott, Liaison Officer, GHQ
FEC, using Army Attache's Leica camera. Developing and printing
by members of attache office.

BOB E. EDWARDS
Lt Colonel GSC
Army Attache

18 Incls -
(execution photos)

대전형무소 정치범 처형 비밀문건 보고서. 미 대사관 무관 밥 에드워드Bob E. Edwards 중령이 1950년 9월 23일 정보 보고한 문건이다. 전쟁이 시작된 이후 남한 경찰(헌병)들에 의해 무자비한 처형이 행해졌고, 서울 함락 후 수천 명의 정치범들이 처형되었으며, 1950년 7월 첫째 주 3일 동안 대전에서 1800명의 정치범이 처형되었다는 내용을 담고 있다. 현장 사진 18매가 수록되어 있다.

**1** 대전 산내 골령골 학살 현장 사진으로 차량 적재함에 '논산읍'(論山邑)이라는 글자가 적혀 있으며 대전형무소 정치범들이 끌어내려지고 있다.

**2** 길게 파놓은 구덩이 둔덕 위에 재소자들을 엎드리게 하고 등 뒤에서 헌병들이 총을 쏠 준비를 하고 있다.

**3** 민간 청년단원들이 구덩이의 시신들을 정리하고 있다.

**1** 1948년 10월, 여순사건 당시 광양에서 경찰에 의해 좌익 사상범 용의자들이 학살되었다. 광양과 순천의 경계에 있는 덕내리 골짜기에서 서울대 법대에 다니던 김영배의 시신을 가족들이 수습하고 있다.

**2** 인민군이 함흥에서 300여 명의 정치범을 동굴에 감금해 질식 사망했다. 유엔군 점령 후 시신을 확인하고 유족들이 울부짖고 있다.(1950. 10. 19)

**1** 서울 서대문구 국민보도연맹 조직도 중 일부로 보도연맹원의 성명과 사진이 수록되어 있다.
**2** 국민보도연맹원증. 강령, 주의사항 등이 기재되어 있다.
**3** 국민보도연맹 울산군연맹 온양면 맹원 명부 중 일부로 맹원 인적사항이 적혀 있다.

**6 January 1951**

On 6 January, the remaining units of the ROT were moving to the Tanyang area.

To give the ROT more fighting men to defend the Tanyang area, General Hodes attached to the ROT the 1st Battalion, 17th Infantry, Benedae Force (Rico's Raiders), 185th and 101st ROK Engineer Battalions.

**7 January 1951**

The main event of 7 January 1951, was the attack of North Korean guerrillas on Tanyang. At 2345, 6 January, 20 unidentified Koreans approached Road Block "A". The Rangers fired on them and they dispersed. Then at 0530 small arms and automatic weapons fire started in the South part of Tanyang and shortly after fighting had broken out all over town.

In this fight 47 men from the Benedae Force was killed and seven Americans were captured. The attack appeared to have been centered on the Police Compound in which the Benedae Force was billeted.

Operations Order # 33 detached the 1st Battalion, 17th Infantry, Benedae Force and the ROK Engineers but the mission of the ROT remained the same.

**8 January 1951**

The 1st Battalion arrived at the Tanyang RTO by troop train and closed into its assembly area at 1035. The rest of the day was spent in organizing positions and in carrying out the mission assigned by Operations Order # 33.

The 2d Battalion also prepared and improved positions in accordance to its assigned mission. Neither Battalion encountered any enemy activity during this period.

The 3d Battalion shifted the Company "K" platoon to more favorable positions Southwest of Sunkung. One section of tanks joined this platoon at 1330 hours.

A civilian report received by the 3d Battalion stated that 10 American prisoners were with 1,000 North Koreans at Songum-Ri (DB435605). These prisoners were dressed in shorts, had only one blanket and no shoes.

The Tanyang area was cleared of all civilian Koreans during this period. Refugees were stopped at roadblocks and sent to other areas. This action was to eliminate the danger of enemy infiltration. Anyone moving at night without clearance from Regiment would be considered enemy and shot.

**9 January 1951**

The only enemy contact made during this period was by the I&R platoon. The Platoon engaged the enemy of unknown strength at (DS1000) at 1330 hours. Two of the enemy were killed and one light machine gun was captured.

Much enemy information was obtained through S-2 channels, mostly through civilian informers. 1000 North Koreans were reported in the vicinity of Miro-Ri (DB441802). Refugees reported that 2,000 NKPA left Kipungoe (DB370160) headed for Tanyang armed with small arms, machine guns, light mortars and one weapon in an ox cart. They also had a radio.

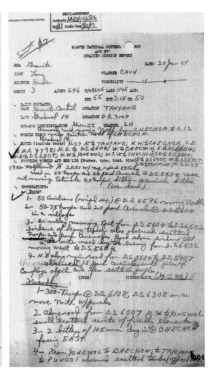

1951년 1월 8일 미군은 단양 인근의 모든 피난민들을 다른 지역으로 돌려보내고 밤에 허가 없이 돌아다니는 사람은 적으로 간주해 총격할 것을 허가했다. 1951년 1월 20일 오전 9시 50분 미 제5공군 35전투요격단 소속 F-51기 2대가 단양 곡계굴 지역에 네이팜탄, 로켓탄, 50구경 기관총 등으로 공격을 가했다.

미국의 네이팜탄 공격으로 부상당한 여인들이 응급구호소에 모여 있다. 수원(1951. 2. 4)

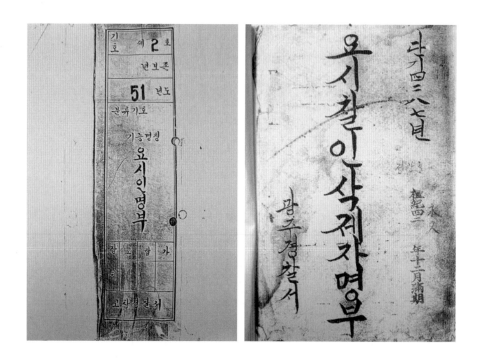

한국 경찰은 전쟁 직후부터 일제가 독립운동가 탄압을 위해 사용하던 '요시찰인'이라는 용어를 그대로 사용하면서, 부역자·좌익 출소
자·보도연맹 처형자와 그의 가족들을 체계적으로 감시해왔다. 진실화해위는 이 명단을 통해 거꾸로 피학살자를 확인할 수 있었다.

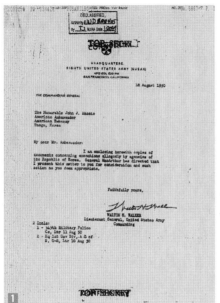

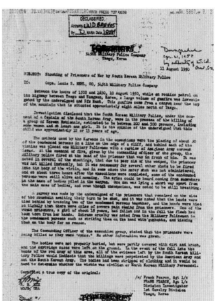

**1** 미8군 사령관 워커Walton Walker 중장이 경북 칠곡군 지천면 신동고개에서 발생한 학살 사건에 대해 무초 대사에게 보낸 보고서. 1950년 8월 10일 오후 3시에서 4시 반 사이에 대구 북쪽 8마일 근방에 있는 골짜기에서 한국의 헌병들이 200~300명 정도의 민간인을 학살하고 있었다는 내용을 담고 있다.

**2** 신동고개 학살사건을 보도한 1960년 5월 23일자 『대구매일신문』. 1960년 당시 대구·경북 지역 유족회 운동을 주도했던 이원식의 신문 스크랩 자료.

1960년 4·19 직후 경주지구의 피학살자 합동위령제 현장. "무덤도 없는 원혼이여 천년을 두고 울어주리라", "학살 관련자는 모든 공직, 정치에서 물러가라"라는 플래카드가 걸려 있다.

**1** 4·3사건의 피해자 '무명천'(진아영) 할머니. 1949년 35살의 나이에 경찰의 총에 맞아 그 후 한평생을 무명천으로 턱을 가리고 말도 못하고 후유증에 시달리며 살다가 2004년 90세의 나이로 사망했다.

**2** 제주 예비검속 유족들이 만든 백조일손지묘 비석을 5·16 군부 세력이 파괴했다.

1960년 6월 경남 김해 진영역 부근에서 개최된 김해 국민보도연맹 사건 희생자 합동위령제. 당시 9세의 김광호(원 안)가 생림면 나밭 고개에서 학살된 조부의 영정을 들고 있다. 1960년 당시의 어린이가 45년이 지난 후 2005년 서울에서 열린 민간인 희생자 합동위령 제에 참석하고 있다.

**1** 2005년 12월 22일 진실화해위원회 출범식과 제1차 전체회의. 가운데 송기인 위원장을 비롯한 13명의 위원(맨 왼쪽이 저자).
**2** 2008년 1월 24일 울산 국민보도연맹 사건 진실규명 후 희생자 추모식에서 안병욱 위원장이 추모사를 하고 있다.

**1** 2008년 1월 24일 울산 국민보도연맹 사건 희생자 추모식에서 노무현 대통령이 영상 메시지를 통해 과거 국가권력의 잘못된 행위에 대해 국가를 대표해 공식 사과했다.

**2** 강릉 6·25 민간인 희생자 위령탑, 나주 동창교 양민학살 희생자 위령탑, 산청 난몰 주민 위령비, 순창 6·25 양민 희생자 위령탑 (시계 방향 순서로).

## 정치화된 입법안 공방

과청범국민위는 본격적인 입법 지원 활동을 전개했다. 우리는 국회에서 이 법안을 적극적으로 지원해줄 의사가 있는 의원을 찾았다. 모든 사안에서 다 그러했듯이 정치적 민주주의가 어느 정도 달성되었다고는 하지만 당시 다수당이던 열린우리당 국회의원 중에서는 이 일에 총대 맬 사람을 찾기 어려웠다. 인권 문제 일반에 관심 있는 의원들은 있었지만 전쟁기 학살 문제는 자기 지역구에 그런 문제가 있는 의원이 아니면 꺼렸다. 예전에 동료였던 강창일 의원이 가장 적극적이었다. 우리 측의 안을 거의 그대로 받아들인 민주노동당의 이영순 의원과도 계속 협의를 했고, 재야 사회단체에 동의를 구하는 토론회도 개최했다.

　한국전쟁 당시 거창사건을 쟁점화하는 데 가장 큰 공로자는 거창 출신 국회의원 신중목이었다. 한국전쟁 당시 지역의 유력자들은 산청·함양·합천·남원·순창 등 지리산 인근 지역에서 유사한 학살이 일어났다는 것을 알고 있었으며, 산청·함양 국회의원 이병홍과 박정규도 신중목과 개인적으로 만나 이 문제에 대해 대책을 협의하기도 했다. 그러나 이들은 "입만 떼면 총살한다고 서슬이 시퍼런데 어떻게 경솔히 폭로하겠느냐"고 몸을 사렸다.[12] 국회의원도 잘못하면 빨갱이로 몰리던 시절이었기 때문에 이들은 신중목과 함께 행동하지 않았다. 만약 산청·함양 국회의원들이 신중목과 함께 행동했더라면 11사단에 의한 경남·호남 일대의 학살 사건은 단순히 거창사건으로 기억되지 않고 11사단 학살 사건으로 명명되어 지금까지 훨씬 더 강렬하게 국민들의 기억에 각인되었을 것이다.

　한국전쟁 당시 군경의 인민군 부역자 학살에 대해 가장 심각하게 우려하면서 관련 인권법 통과에 앞장선 사람은 그 후 진보당에 참가한 윤길

중 의원이었다. 그는 사형私刑금지법, 부역행위특별처리법 등 인권 법안을 통과시키는 데 결정적인 역할을 한 바 있었고, 1960년 4·19 직후 국회에서도 동료 민정구락부 의원들과 함께 "정식 재판 없이 양민들이 참절하게 죽임을 당했는데, 이는 헌법 파괴 행위이며 불법적인 집단 살인이다", "명령자, 주동자, 하수자의 엄중 처단과 참사한 양민들의 재심 및 복권을 위한 특별법이 필요하다"고 질의를 하기도 했다.[13] 당시로서는 큰 용기가 필요한 행동이었다. 학살 사건 발생 이후 개인적으로 이 문제를 가장 정면으로 제기한 사람은 1950년대에 정치재판으로 형장의 이슬로 사라진 진보당의 조봉암 의원이었다. 그는 보도연맹원들의 억울한 죽음을 안타까워하면서 "무지의 소치로 이 단체 저 단체 가입했다가 탈퇴한 그들이 이런 참변을 당하고 보니 그 얼마나 본인들이 억울할 것이며, 그것이 얼마나 가엾은 일이냐"고 탄식한 바 있다.[14] 그러나 조봉암이 이승만에게 제거되고 5·16 쿠데타 이후 진보 정당이 불법화되면서 30여 년 동안 정치권에서는 누구도 이 문제를 공개적으로 거론하지 않았다.

우리는 특별법안을 제출했다가 국회 표결에서 진 적이 있었기 때문에 아무리 열린우리당이 다수당이라고 하더라도 특별법 통과가 쉬운 문제는 아니라고 생각하고 있었다. 과청범국민위는 법안의 구체적인 내용을 만들어나가는 한편 대국민 선전 작업에 들어갔다. 가장 좋은 기회는 코앞에 다가온 추석이었다. 우리는 귀성객을 대상으로 하는 홍보가 추석에 가족들이 모인 자리에서 이 문제를 거론하게끔 할 절호의 기회라고 보았다. 그래서 시민들에게 배포할 신문을 만든 다음 서울역, 용산역, 청량리역 등지에서 귀성객들에게 배포했다.

추석 명절이 끝나고 우리는 최종 법안을 들고 열린우리당 사람들을 만났다. 열린우리당은 우리 측의 법안 내용을 대체로 수용하면서도, 한나라당과 정치적 타협을 모색하고 있었다. 특히 조사 대상에서 한나라당이 요구하는 안, 즉 "대한민국의 정통성을 부정하는 세력과 대한민국을 적대시한 세력에 의한 테러, 폭력, 의문사, 학살"을 조사하자는 한나라당의 요구를 수용했다. 한편 우리가 초안을 잡은 법안에 손질을 가한 열린우리당의 특별법안은 그동안 관련 시민단체나 유족들이 제기해왔던 과거의 국가폭력과 국가권력에 의한 인권침해 사실의 철저한 진상규명이 제대로 반영되지 않았으며 입법 취지도 상당히 흐려져 있었다. 과청범국민위는 이 조항은 한국전쟁 전후의 민간인 학살, 군부독재 치하의 각종 의문사 등을 조사한다는 애초의 취지를 크게 희석시키고, 거꾸로 지난 반세기 동안의 극우 반공주의에 피해를 입은 사람들을 또 한 번 죽일 수 있는 독소조항이라고 비판했다. 애초부터 열린우리당이 만든 법 자체를 거부해온 한나라당은 법 통과를 조건으로 이 조항을 넣을 것을 집요하게 주장했고, 열린우리당은 정치적 타협을 위해 이 내용을 받아들인 것이다.

나는 그전부터 한국전쟁기의 인민군에 의한 학살 피해도 충분히 조사되어야 한다고는 생각했지만 그 일이 대한민국 군경에 의한 학살 사건의 진상을 규명하고 국가권력에 의해 왜곡된 역사를 바로잡는다는 우리 '특별법'에 포함될 일은 아니라고 보았다. 인민군 좌익에 의한 피해 실태는 국가가 운영하는 연구기관에서 학술 연구, 자료 조사를 통해 충분히 수행될 수 있는 것이라고 보았기 때문이다.

당시 우리는 '과거사 정리'라는 한나라당의 용어를 거부했다. 애초에 한나라당은 과거사를 정리한다는 것은 역사학계가 할 일이지 정부가 할 일이 아니라고 보았는데 '정리'라는 표현은 바로 한나라당이 주장했던 학술 연구 방식으로 이 일을 마무리하자는 의견이 반영된 것이었다. 한나라당이 요구한 부분, 항일 독립운동, 해외동포사가 조사 대상에 포함된 것도 그런 논리와 상통하는 점이 있었다. 전자의 경우 보훈처나 독립기념관에서 이미 진상규명을 하는 중이었으며, 후자는 공권력에 의한 인권침해와는 무관한 것이고 정부의 연구 용역으로 해결할 사안이었다.

그 밖에도 열린우리당의 특별법안은 위원회의 구성과 관련해서도 위원의 자격을 너무 제한해 교수, 법조인이 아니면 위원이 될 수 없게 만들었고, 따라서 이 문제에 식견과 경륜을 갖춘 사회 인사가 포함될 수 없었다. 조사 권한과 관련해 특히 문제가 된 것은 가해자와 가해 조직을 조사할 수 있는 중요한 권한(영장 청구 의뢰권, 예금 조회권, 통신 사실 조회권, 실지 조사에서의 신문)이 모두 삭제되었으며, 청문회 조항도 삭제되었고, 공소시효가 남아 있는 의문사 사건 등을 조사할 수 있도록 고발을 하거나 수사를 의뢰할 수 있게 한다는 내용도 모두 삭제된 것이었다. 따라서 위원회는 사실상 이빨 빠진 호랑이가 될 수밖에 없었다. 게다가 실질적으로는 가해자가 많이 포함되어 있는 참고인을 과도하게 보호해 위원회가 조사 결과를 대통령과 국회에 보고하기 전에는 어떤 내용도 신문·잡지·방송·출판물 등을 통해 공개할 수 없도록 했고, 이를 위반할 경우 중대한 형벌로 처벌할 수 있도록 했다.

위원의 수와 자격도 논란이 되었다. 우리 측에서는 변호사나 교수의 자격 요건인 근속 연수도 줄이고 인권운동가를 포함시키자고 주장했지만 한나라당에서는 근무 경력 '10년'을 고집해 젊은 변호사나 학자가 위원이 될 수 있는 길을 제한했으며, 종교인도 포함시키지 않았다. 위원을 꼭 대통령이나 국회에서 임명해야 하는지도 논란이 될 수 있었다. 사실 국민적 대표성을 가져야 하는 위원은 국민들이 공개적으로 선출하는 것이 맞을 수도 있다. 그러기 위해서는 관련 단체의 추천을 받은 뒤 남아공처럼 공청회를 열거나 면접을 해서 이 문제에 대해 소신이 없거나 식견이 없는 사람은 배제하는 것이 마땅했다. 그러나 우리는 기존 정부 위원회의 위원 선임 방식을 그대로 따라서 대통령과 국회, 법원이 임명하게 하는 안을 받아들였다. 대법원이 위원 추천권을 갖는다는 것도 논란의 여지가 있었다. 법원 자체가 과거에 인권침해 사건을 방조하거나 정당화한 책임 주체 중 하나인데, 과연 위원 추천권을 가질 자격이 있는지 의문이었다. 위원 전원을 국회에서 임명하되 청문회나 공개 심의 과정을 거치는 것이 더 합당한 방안일 수도 있었다. 그러나 당시로서는 이런 문제를 공개적으로 논의할 여유가 없었다. 그동안 우리가 그렇게 비판했던 졸속 입법이 진행되고 있었기 때문이다.

2004년 12월 8일 열린우리당은 국회 행자위 전체회의에서 '의사일정 변경 동의안'을 제출하고 특별법 표결을 시도했지만 한나라당 의원들과 몸싸움을 벌이다 상정이 무산되었다. 그다음 날 행자위 전체회의에서 원혜영 의원이 대표 발의한 '진실규명과화해를위한기본법안'과 민주노동당 이영순 의원이 발의한 '진실·미래를향한과거청산통합특별법안'이 한꺼번에 상정되었다. 그리고 12월 20일 드디어 국회 행정자치위원회는 '진실규명과화해를위한기본법' 관련 공청회를 개최했다. 이 공청회에는 시민사회 대표로 안병욱 교수, 한인섭 교수, 김희수 변호사와 함께 나도 진술인으로 참가했다. 국회 앞에서는 유족들과 범국민위 간사들이 '특별법' 통과를 요구하면서 천막 농성에 돌입했다. 그해 몹시 추운 겨울 내내 범국민위와 유족들은 토론회, 대국민 캠페인, 국회 앞 1인 시위, 천막 농성 투쟁을 벌이면서, 한편으로는 여당의 타협을 비판하면서도 또 한편으로는 제대로 된 법안이 통과되어야 한다고 정치권 일반을 압박했다.

국회 공청회 석상에서 나는 이 법이 '해묵은 민원 처리'를 위한 것인지, 국가와 민족의 미래를 밝히려는 것인지 그 정신을 분명하게 정립할 필요가 있다는 전제하에 한국전쟁기 민간인 학살 사건의 경우 좌우 양측의 피해를 모두 조사하자는 것은 적절치 않으며, 군경에 의한 피해를 중심으로 조사하되 필요하다면 다른 방법으로 북한 인민군에 의한 피해도 포함하자고 제의했다. 모든 전쟁 피해자의 고통은 사실상 유사한 것이라고 하더라도, 좌우 양측에 의한 피해를 모두 조사하자는 주장은 실제 군경에 의한 학살 사실을 은폐하고 역사를 왜곡했으며 국민의 알 권리를 제약했고 유족들을 지난 50여 동안 빨갱이로 지목해 탄압해온 일을 바로 잡자는 우리 특별법의 취지와는 거리가 있다고 주장했다. 한편 나는 과거 청산에 대한 소신과 의지가 있는 사람이 위원으로 선임되어야 하고, 대통령 직속으로 하기보다는 독립된 기구로 해야 하며, 한나라당이 주장하는 '학술원'의 위상을 갖는 기구가 되어서는 안 된다고 주장했다. 그 외에도 일단 판정이 내려지면 그 결과를 곧바로 공개해 국민과 소통해야 한다고 주장했다.[15]

국회에서는 열린우리당이 제출한 법안을 두고 여야 절충이 시작되었다. 양당 2인씩 4인 대표가 협상을 했는데, 우리는 4인 대표회담에서 과거 청산법의 대상 사건에 "독재 치하 인권유린 행위"뿐만 아니라 "좌익 세력의 학살 등 행위"와 "민주화 세력의 친북·이적 활동"을 포함하기로 한 사실을 크게 우려했다. 한나라당은 처음부터 과거 청산의 정신과는 맞지 않는 '과거사정리 기본법'이라는 명칭을 사용하자고 주장했다. 그러고서는 이미 대한민국의 실정법에 의해 충분히 다루어지고 관련자들이 응분의 처벌을 받은 바 있는 '민주화 세력의 친북·이적 활동'을 조사 대상에 포함시키자고 떼를 쓰면서, 국가 범죄의 진상을 규명하자는 일을 이데올로기 공방으로 변질시켰다. 전쟁 중에 국민 생명권을 침해한 사실을 좌우 이데올로기의 잣대로 난도질하는 한나라당의 집요한 방해 때문에 과거 청산 문제가 좌우 대립의 문제로 변질되었다.

노 대통령의 8·15 담화 직후 우리가 우려했던 대로 특별법을 둘러싼 공방은 완전히 정치화되었다. 그들은 노 대통령의 담화가 한나라당 죽이기 정치 포석이라고 보았다. 그래서 한나라당은 중립적인 민간 학술 단체가 과거 '정리'를 담당해야 한다고 주장했다. 사실 친일 반민족 행위자 진상규명 작업 등은 어느 정도 학술 연구 차원에서 진행할 수 있는 측면이 있었다. 그러나 지금 가해자가 생존해 있고 법적 강제력을 발동해서 가해자와 참고인의 진술을 청취하고 군경의 자료를 확인해야 은폐된 진실을 규명하고 억울한 희생자의 한을 풀 수 있는 이 과거 청산의 과제는 어느 학술 단체가 과거 자료를 '정리'해 마무리할 사안이 아니었다.

물론 장차 설립될 진실화해위의 중립성 원칙은 매우 중요한 것이었다. 피해자가 주체가 될 경우 과거 청산은 보복적 양상으로 전개되거나 한풀이 차원에서 진행될 가능성이 높고, 가해자들이나 그들을 대변하는 집단이 주도할 경우 그 집단의 입김이 위원회에 강하게 작용해 과거 청산 작업 자체가 무력화될 수 있다. 제주 4·3위원회 구성 당시에 군 우익 단체 관련자들이 들어와서 조사 작업 자체가 지연되거나 방해를 받은 것도 그 예라 할 것이다. 그런데 완벽하게 중립적인 조직이나 위원회가 어떻게 가능한가? 과거 청산은 분명히 정치권력의 힘을 입지 않고서는 진행되기 어렵다는 딜레마가 있었다.[16] 즉 집권 세력의 정치적 힘이 강하게 작용할 경우 과거 청산은 더욱 효과적으로 진행될 수 있다는 장점이 있지만, 중립적인 학술 기관이 담당할 경우에는 법적인 강제력이 없기 때문에 오직 도덕적인 청산, 즉 역사 평가밖에 할 수 없게 된다. 그래서 당시 한나라당의 주장처럼 중립적인 순수 민간 인사들이 주도해야 한다는 주장은 나름대로 일리는 있었지만 한국의 맥락에서는 과거 청산을 하지 말자는 물타기 작전이자 방해 공작의 성격이 컸다.

의문사위의 경험은 민관 합동 기구의 성격을 갖는 좋은 선례가 되었다. 그러나 보수 언론이 "간첩(조사관)의 군 장성 조사" 식의 악의적인 공격을 제기하면서 민간 측 조사관, 위원 참여에서 상당한 견제가 이루어진 바 있다. 만약 특별법에 따라 위원회가 구성되어 시민단체 관련자가 조사관으로 참가할 경우 보수 언론이나 야당에서는 중립성 훼손을 강조하면서 직원 구성 자체에 대해 심각한 반격을 제기할 가능성이 높았다. 즉 우리로서는 과거의 인권침해 문제 거론을 극히 부정적으로 바라보는 인사가 위원으로 참여하는 것은 경계해야 하고, 이 문제에 대해 확고한 소신을 갖고 있으면서 가해자나 피해자 어느 쪽으로부터도 자유로운 인물이 선임되어야 한다는 원칙을 강조했다.

그런데 우리가 제안했던 안에서 크게 후퇴한 이 열린우리당의 안조차도 한나라당은 결국 받아들이지 않았다. 그래서 특별법 제정 작업은 해를 넘겨서 2005년으로 넘어갔다. 박근혜 대표가 2월 국회에서 통과되도록 협조하겠다고 말했다지만 그것조차 믿을 수 없는 일이었다. 당시 4대 개혁 법안의 하나로 같이 포함되었던 국가보안법 폐기는 사실상 물 건너간 느낌이었다.

## '기본법' 국회 통과

우려했던 대로 다수당이었던 열린우리당은 한나라당의 반대에 부딪혀 또다시 2월 국회를 넘기고 말았다. 그리고 우여곡절 끝에 2005년 5월 31일, 드디어 법안이 상정되었다. 재석 국회의원 250명 중 159명의 찬성으로 결국 '진실·화해를위한과거사정리기본법(이하 기본법)'을 통과시켰다. 그것도 법사위를 거치지 못하고 의장이 법안을 직권 상정해서 겨우 나온 결론이었다. 표결을 할 때 한나라당 의원들은 모두 불참했다. '기본법'이 통과되면서 2004년 10월 국회에서 통과되어 위원회 구성 단계에 있는 '친일진상규명법', '일제강점하강제동원피해진상규명등에관한특별법'과 더불어 일제강점기 이후 해결되지 못한 역사적 과제를 정리할 수 있는 중요한 계기가 되었다.

'기본법'이 통과되던 날 국회 근처에 대기해 있던 나는 통과 소식을 듣고 실로 만감이 교차하는 느낌이 들었다. 투쟁 끝에 드디어 해냈다는 기쁨과 이런 누더기 법안을 받아들여야 하는가 하는 걱정이 교차했다. 이 소식을 들은 유족들과 이이화 선생을 포함한 범국민위 관계자들은 대낮인데도 여의도 식당에서 점심에 반주 한 잔씩 걸치고 감격을 나눴다. 문경 채의진 유족은 약속대로 종로 네거리에서 14년 기른 머리를 잘랐다. 56년 묵은 한이 울음으로 터져 나왔다.

일단은 기뻐할 일이었다. 그것은 2000년 9월 범국민위 창립 이후 5년 동안 여의도 찬바람을 맞으며 농성하고 시위하고, 국회를 뻔질나게 드나들고, 의원들에게 호소하고 대국민 활동을 해왔던 우리 투쟁의 결실이었다. 비록 2003년 초에 좌절된 특별법과 내용은 좀 다른, '진실·화해'라는 거창한 명칭이 들어간 법이 통과된 것이기는 했지만, 나 개인적으로 2000년 범국민위를 결성할 때는 5년 내에 통과되리라고 상상도 하지 못했던 엄청난 결과였다. 당시 나는 민간인 학살 진상규명법이 통과되려면 적어도 이 주제로 박사 논문 여러 편과 석사 논문 수십 편이 나오고, 전국 유족이 힘 있게 조직되고 사회 여론도 훨씬 더 우호적으로 변한 뒤라야 가능하리라 생각했다. 그렇게 본다면 '기본법'은 내 예상보다 빨리 통과된 셈이다. 그러나 사건 발생 후 55년이라는 긴 세월이 지나 그것도 진실·화해라는 이름으로…….

'기본법'이 통과된 직후 돌이켜 보니 1949년 반민특위 활동 실패 이후 5·18특별법을 제외하고는 한국에서 아직 한 번도 과거의 국가 범죄에 대한 철저한 진상규명이나 책임자 처벌 등을 완수해보지 못했다는 생각이 들었다. 물론 5·18특별법은 국내외적으로는 법적 수단을 통해 과거의 반인륜적 범죄나 학살 범죄를 청산하려는 모범적인 시도였다는 평가를 받고 있지만 피해자나 일반 국민의 시각에서는 여전히 미흡한 점이 많았다. 특히 사건 진상규명의 내용이 빠져 있었다. 그래서 우리는 5·18특별법을 반면교사로 삼아 이 '기본법'을 만든 것이다.

그런데 이렇게 힘들게 통과된 법은 애초에 우리가 초안을 잡아서 열린우리당에 전달한 특별법안에서 크게 후퇴·변질되어 있었다. 우리는 과거의 전례를 많이 검토했지만 결과를 놓고 보면 그 '기본법'도 거창특별법이나 제주4·3특별법이 그러했듯이 정치적 타협으로 누더기가 된 법안 중하나가 되고 말았다. 사실 언제나 그렇듯이 법은 정당 간의 정치적 역학관계, 그리고 시민사회의 인식 수준을 반영한다. 열린우리당이 다수당이되었다고는 해도 '기본법'의 취지와 정신이 어떻게 되어야 하는지에 대해깊이 고민한 의원이 드물었고, 그 후에는 자신들이 크게 양보한 법안조차통과시킬 역량이 없었다. 소수당인 한나라당이 육탄 방어하고 보수 언론이 지원사격 하는 상황에서, 그들은 한나라당에 양보하고 또 타협을 하게되었다. 국방부의 거부감이 완강했고, 정부에도 과거의 학살과 인권침해에 대해 왜곡된 교육을 받아 부정적인 시각을 갖고 있는 관료가 대부분이었다. 그러니 우리가 제출했던 이상적인 법안의 통과는 애초부터 기대하기 힘들었는지 모른다.

통과된 법안의 서두에는 법의 목적이 밝혀져 있다. 그런데 '기본법'은 "항일 독립운동, 반민주적 또는 반인권적 행위에 의한 인권유린과 폭력·학살·의문사 사건 등을 조사하여 왜곡되거나 은폐된 진실을 밝혀냄으로써 민족의 정통성을 확립하고 과거와의 화해를 통해 미래로 나아가기 위한 국민 통합에 기여함을 목적으로 한다"고 밝히고 있는데, 진실과 화해의 두 정신을 담고 있으나 최종적으로는 '민족의 정통성'을 내세우고 있어서 인권·평화·민주주의 등의 보편적 가치가 빠져 있었다. 특히 조사 대상에 "대한민국의 정통성을 부정하거나 대한민국을 적대시하는 세력에 의한 테러·인권유린·폭력·학살·의문사" 사건도 포함되었다. 게다가 한나라당은 우리의 어두운 점을 부각시키는 것이 잘못되었다며 "일제강점기 또는 그 직전에 행한 항일 독립운동", "일제강점기 이후 이 법 시행일까지 우리나라의 주권을 지키고 국력을 신장시키는 등의 해외동포사"까지 조사 대상에 포함시켜, 이 위원회는 보훈처·한국학중앙연구원 등의 여타 정부 기관이나 학술 기관이 하는 일까지 수행하게 되었다.

결국 진실을 통한 정의 수립이라는 보편적인 원칙이 이 법의 목적에서 실종되었다. 구체적인 법 항목을 보면 대부분은 위원의 자격, 진실규명의 대상, 절차, 방법들이 장황하게 명시되어 있는 반면 화해 조치의 방법 등에 대해서는 "가해자에 대하여 적절한 법적·정치적 화해 조치를 취하여야 하며, 국민 화해와 통합을 위하여 필요한 조치를 하여야 한다"는 항목을 제외하고는 거의 관련 내용이 없다. 이는 당시에 법을 추진하던 시민운동 진영이나 국회의원 중 누구도 화해에 대해서는 구체적인 계획을 갖고 있지 않았기 때문이다.

그 외에도 조사 권한에 관한 내용이 크게 변질되었다. 의문사위의 경험에서 얻은 가장 뼈아픈 교훈은 중요 증인에게 출석을 요구하거나 관련 국가기관에 자료 제출을 요구했을 때, 해당 인사나 기관이 거부하면 이를 제재할 수단이 아무것도 없었다는 것이다. 이 점을 생각해서 우리는 자료 제출 명령권, 그리고 비밀 자료에 대한 열람권을 보장한다는 내용을 포함하자고 주장했으며, 필요한 경우 지방검찰청에 압수·수색·검증 영장 청구를 의뢰하는 권한을 부여하고 동행명령에 불응하는 경우 형사처벌을 할 수 있도록 초안을 잡았다. 그리고 국회에서의 증언 감정 등에 대한 법률 조항을 차용해 청문회를 실시할 수 있도록 하는 내용을 두었다. 그리고 위원회가 조사 후 고발하거나 수사를 의뢰한 진실규명 사건에 대해서는 해당 범죄행위가 종료된 이후부터 고발을 접수한 때까지 진실규명과 관련된 공소시효를 정지한다는 내용을 담았다.

그런데 참고인 강제 동행명령 제도가 위헌이라는 반론이 제기되었는데 그것은 진실화해위 설립에 불편함을 느낀 검찰이나 사법부의 거부감의 표현이었다. 법원의 통제를 받지 않는 위원회가 강제동행권을 갖는다는 것은 영장주의에 벗어난다는 것이 그들의 주장이었다. '자료 제출 요구'에 대해서도 장관이 소명하면 거부할 수 있게 되었고, 가해자 등 중요 증인이 동행명령에 불응하더라도 형사처벌을 받지 않고 단지 과태료만 물게 했으며, 청문회 조항과 수사 의뢰 조항은 아예 삭제되었다. 그리고 조사가 종료되지 않은 사건에 대해 조사 내용 공포를 금지함으로써 위원회의 입에 재갈을 물림과 동시에 가해자들을 과도하게 보호하는 내용을 담았다. 참고인인 조사 대상자에 대한 보호 규정을 둔 것은 국민의 알 권리를 침해하고 가해자로 역사에 지탄을 받아온 사람들의 '인권'을 과도하게 보호하려는 조항이 아닐 수 없었다. 뒤에서 다시 언급하겠지만 바로 이 조항 때문에 위원장과 내가 형사 고발을 당하는 일이 발생하기도 했다. 이 중에서 청문회 조항이 탈락된 것은 위원회 활동이 국민들과 소통하면서 국민들의 참여 속에서 이루어질 수 있는 기회를 막은 것이었고, 사건 조사 공표 금지 역시 위원회 활동의 진행을 국민들이 계속 감시하면서 참여할 수 있는 길을 차단한 것이었다. 그래서 위원회는 이 법에 따라 '조용히 그들끼리만' 진행하도록 만들어졌다.

사실 '기본법'을 '진실·화해'의 철학이 들어간 것이라고 부르기도 참으로 부끄러웠다. 법 전문에 보편적 인권 정신 대신 '민족 정통성'이 들어간 것을 외국의 인권 전문가들이 보면 뭐라고 말할 것인가. 그러나 어쩌겠는가. 우리나라의 힘과 식견이 이것밖에 되지 않는 것을! 정치는 현실이고 타협이므로 결국 한국 사회 민주 세력의 수준과 역량만큼 법이 만들어진 셈이었다. 나는 안타깝지만 어쩔 수 없다고 생각했다. 그래서 우리 과청범국민위 내부에서 누더기가 된 법안을 거부하자는 주장도 있었지만 일단 주어진 현실을 받아들이자고 했다.

6장

위원회라는 조직

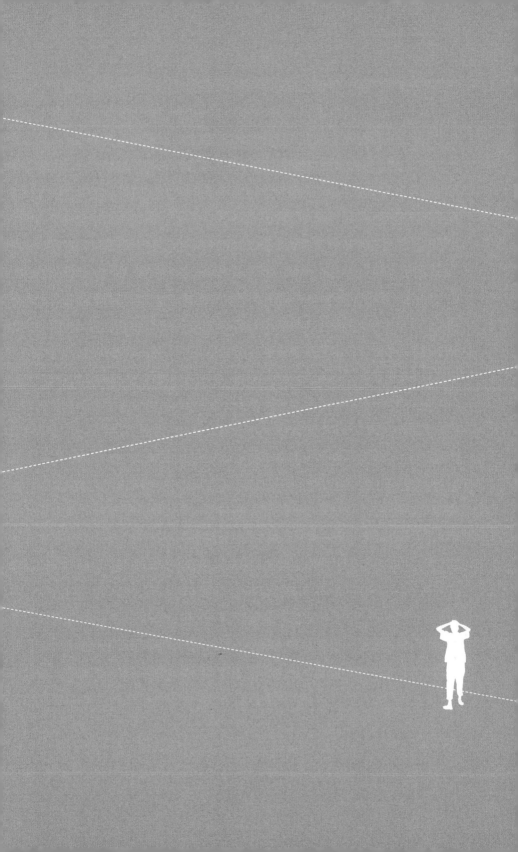

2005년 11월 말, 나는 청와대로부터 노무현 대통령이 나를 진실화해위 상임위원으로 임명한다는 전갈을 받았다. 이미 사전에 그간 '기본법' 입법 활동을 같이 한 주변의 활동가들, 지인들과 많은 논의가 있었는데 결국 내가 학교를 휴직하고 진실화해위에서 일하기로 했었다. 임기는 12월 1일부터였기 때문에 노무현 대통령에게 공식 임명장을 받기 이전인 12월 1일 위원회에 첫 출근을 했다. 대학에는 휴직계를 냈다.

공무원이 되는 첫날, 두려움 반 호기심 반으로 출근한 필동의 매일경제빌딩 3개 층을 임대한 진실화해위 사무실은 텅 비어 있었다. 대통령이 위원장으로 임명한 송기인 신부, 행자부에서 파견된 직원 8명, 그리고 임시로 채용한 비서 2명이 그 넓은 공간에 드문드문 앉아 있었다. 사무실에는 새로 들여놓은 집기의 화학약품 냄새가 진동했다. 3층의 상임위원실은 사무실 3개가 배정되어 있었는데, 한나라당이나 열린우리당이 추천한 상임위원들은 아직 공식적으로 임명되지 않았기 때문에 출근하지 않았고, 나는 그중 제일 구석진 방을 먼저 선택했다. 방의 규모는 정부의 차관급 예우 규격이라 그런지 매우 컸다. 회의용 테이블, 손님 접대용 소파, 그리고 큰 책장 3개가 배치되어 있었고, 책상 뒤에는 태극기가 걸려 있었다.

출근 첫날 행자부에서 파견 나온 한용각 과장이 업무 보고를 하기 위해 내 방에 들렀다. 나보다 나이가 많은 아래 직급의 공무원에게 업무 보고를 받는 것이 참 어색하고 당황스러웠다. 그전까지 한번도 겪어보지 않은 일이었고, 또 행정 업무 자체를 모르는 처지에 앞으로 내가 상관 역할을 제대로 해나갈 수 있을지 걱정이 되었다. 상임위원은 무엇을 하는 사람인가? 상임위원이 정무직 공무원이라는 것은 알았지만 법이나 공무원 복무규정에는 상임위원의 역할이 명시되어 있지 않았다. 위원장과 함께 위원회 전체를 지휘하고 이끌어가는 사람이라는 것은 분명하지만 문제는 위원장을 제외한 상임위원이 세 사람이었고, 그중 한 사람은 한나라당에서 임명된 위원이었다. 4개의 머리로 움직이는 조직! 위원회라는 조직이한 명의 장관이 움직이는 독임제獨任制 조직과 무엇이 다를까, 처음으로 깊이 생각해보았다. 이런 위원회 조직의 특성이나 운영 방법에 대해 알려주는 사람은 아무도 없었다. 위원장, 위원 모두가 이러한 일에는 처음인사람들이다. 파견 공무원들도 우리만큼이나 난감했을 것이다.

예산 검토와 집행을 위한 계획, 본격적인 인력 충원, 조사 활동 등 각종 내규 마련, 위원회 회의 개회, 조사 업무 개시 등 전혀 해보지 않았던수많은 일들이 나를 기다리고 있었다. 그리고 이를 상의할 부하 직원도파견 공무원들 외에는 한 사람도 없었다. 위원회를 만들기 위해 밖에서같이 활동했던 사람들과는 이제는 이런 문제로 상의할 수 없었다. 밖에서함께 투쟁했던 사람들 중에서 이 시점에 조직 안으로 들어온 사람은 나밖에 없었다. 나는 운동과 정부 활동의 연속성을 실천해야 할 유일한 인물이었다. 내가 장차 무슨 일을 어떻게 해야 할지 지도해주는 사람이 이 대한민국 땅에는 없었다. 유사한 조직인 국가인권위원회 조직 설립 과정에서 일했던 정연순 변호사, 조효제 교수, 그리고 국가인권위원회에서 일해온 참여연대 출신 김형완 선생에게 급히 SOS를 쳤다. 그리고 국가인권위원회 조직 구축과 인선 등의 실무를 맡았던 조용환 변호사의 수기를 찬찬히 읽었다. 원점에서 시작하는 조직! 아직 아무런 규정도 없었고, 조사를위한 매뉴얼은 하나도 마련되어 있지 않았다. 이 조직의 특성을 모르는사람들이 만든 시행령은 당장 개정에 들어가야 할 형편이었다. 전인미답前人未踏의 길을 가는 곤란함과 답답함은 그 후 거의 1년 동안 계속되었다.

그러나 이 조직은 2000년부터 밖에서 줄기차게 요구해서 만들어진조직이었고, 그만큼 유족과 시민사회의 기대를 한 몸에 받고 있었다. 역사적 의미를 생각해보니 1980년대 말 광주 5·18 과거 청산에서 시작한 한국의 여러 과거 청산 기구의 완결판이었고, 멀리는 1949년 반민특위가 해체된 이후 처음으로 설립된 종합 과거 청산 기구였다. 한국에서 해방 후 친일파 청산을 위한 첫 시도였던 반민특위 활동이 1949년 초 이승만 정부의 방해로 좌초된 이후, 1960년 4·19 직후 김구 암살 진상규명, 국회 차원의 한국전쟁기 민간인 학살 관련 조사 시도가 있었으나 5·16 쿠데타 로 좌절되고, 그 후 또 수십 년이 지난 1987년 민주화 이후에야 이 모든 과거 청산 작업이 다시 수면 위로 떠올랐다.

진실화해위의 이러한 역사적 무게가 나를 내리눌렀다. 비서 한 명밖 에 없는 텅 빈 사무실에서 무엇을 해야 할까, 메모지를 집어 들었다. 아래 층의 민원실에는 신청인들의 전화가 걸려오고 있었고, 파견 온 공무원들 이 민원인인 유족들과 대화를 하면서 열심히 위원회 활동을 설명하고 있 었다. "아하, 그들이 이 위원회의 역사적 의미를 어찌 깊이 알겠냐만, 규 정이 있고 업무가 주어지면 그 역할을 충실히 하게 되는구나!"

## 진실화해위는 독립 기구일 수 있는가

위원회 활동에 임하면서 나는 내심으로는 『논어』의 '이덕보원(以德報怨: 덕 으로서 원한을 갚는다), 이직보원(以直報怨: 바름 즉 정의로 원한을 갚는다)' 원칙을 염두에 두고 있었다. 그리고 남아공의 진실화해위원회는 진실을 처벌과 교환한다고 했는데, 한국의 '기본법' 제38조(완전한 진실을 고백한 가해자에 대한 화해 조치)에는 "진실규명의 과정에서 가해자가 가해 사실을 스스로 인정함으로써 진실규명에 적극 협조하고, 그 인정한 내용이 진실에 부합하는 경우에 위원회가 가해자에 대하여 수사 및 재판 절차에서 처벌하지 않거나 감형할 것을 관계 기관에게 건의할 수 있고, 형사소송절차에 의하여 유죄로 인정된 경우 대통령에게 법령이 정한 바에 따라 특별사면과 복권을 건의할 수 있다"고 되어 있었다. 그러나 진실화해위는 가해자를 고발하거나 수사를 의뢰할 수 없었기 때문에 이것은 명목상의 규정에 지나지 않았다. 그래서 진실화해위의 활동은 진상규명을 최대로 해서 과거의 은폐된 진실을 밝히는 데 주안점을 두고 억울한 피해자들의 명예회복을 목표로 삼아야 했다.

법을 만드는 과정에서 우리는 독립된 기관, 즉 대통령 직속이 아니고 말 그대로 국민의 편에만 서서 활동하는 기관을 꿈꾸었고, '기본법'에도 그것을 명시했다. 나는 내심 정치권의 요구, 특히 여당과 청와대 등의 요구에 대해서는 물론이고 사적인 연고에 의한 청탁이나 압력으로부터도 자유로워야 한다고 생각했다. 위원회의 중요한 논의나 모든 결정은 전원위원회, 세 소위원회에서 이루어지기 때문에 이 위원회들의 판단이 대단히 중요한데, 이 경우 위원이 올바르게 판단할 수 있도록 위원 자신들이 훈련과 학습을 하는 것이 중요하다고 생각했다. 위원들의 실력과 노력만큼 좋은 결정이 내려질 수 있기 때문이다. 그러기 위해서는 위원들이 이 위원회의 위상과 임무를 확고하게 이해하고 서로 간에 의견을 공유하는 일이 무엇보다도 중요하고, 사무처는 위원들이 이러한 역할을 할 수 있도록 최대한 지원해야 한다고 보았다.

그런데 특별법에 근거해 설립되어 한시적으로 활동하는 위원회라는 조직이 참으로 모호한 성격을 지니고 있다는 사실을 발견했다. 분명히 법에 근거해서 활동하지만 조직의 위상은 행정부도 아니고 사법부도 아니었다. 상설 정부 기구가 아니라 4년이라는 기간 동안만 한시적으로 활동하게 된 기구였으며, 강한 행정 집행권도 갖고 있지 않으며 위원회 결정이나 권고도 재판과 같은 구속력을 갖지 못했다. 정부 조직이기는 하지만 일부 행정 인력을 제외하고는 조직의 장은 모두가 행정 경험이 전혀 없는 민간인 출신들, 그것도 성직자·법률가·학자로 구성되어 있다. 게다가 위원장도 장관급이기는 하지만 스스로 모든 것을 단독으로 결정할 수 없게 되어 있었다. 사무국을 지휘하는 것은 위원장이지만 조사는 상임위원들의 몫이었다. 세 사람의 상임위원은 각각 민족독립국, 인권침해국, 집단희생국의 조사를 관장하게 되었다. 한나라당 추천 상임위원이 민족독립국조사를 담당해 '기본법'에 명시된 독립운동사·해외동포사 사건 조사를 관장하고, 인권침해국 담당 상임위원은 권위주의 정권 아래 일어난 각종 인권침해 사건을 관장하고, 나는 한국전쟁 전후의 집단 희생 사건을 관장하기로 결정했다.

진실화해위의 모든 진실규명 결정은 전원위원회에서 이루어지기 때문에 누가 위원으로 선임되는가가 '기본법' 통과 이후부터 가장 중요한 문제로 떠올랐다.[1] 입법 단계에서 위원의 자격과 구성에 대해 많은 논란이 있었으나 결국 국민적 대표성을 살리기 위해 청와대, 국회, 대법원에서 각각 4인, 8인, 3인을 추천하게 되었다. 청와대의 지분이 높았고 사법부역시 청와대의 의중에 크게 의존하기 때문에 그 구성 자체도 정권의 성격에서 자유로울 수 없었다. 반대편인 한나라당 추천 상임위원이 내부 조직운영에서 상당 부분 견제 역할을 할 수 있었기 때문에, 모든 운영 과정에서 사사건건 논란이 발생할 수 있었다. 특히 이명박 정부가 들어선 2008년 이후 위원회가 여러모로 파행을 겪게 되었는데, 그것은 과거 청산의 필요성을 인정하지 않거나 이에 대해 전혀 다른 입장을 가진 사람들이 위원회에서 다수를 차지하게 되었기 때문이다. 남아공의 경우를 보면 17명의 위원 중에서 종교인이 3명, 변호사가 7명 포함되어 있었는데, 우리와 다른 점은 의사·심리학자·운동가들이 나머지를 구성하고 있다는 점이다. 우리 위원회에서는 학자들의 비중이 높았고, 의사나 심리 전문가가 한 명 도 없었다. '기본법'의 제약 때문에 인권운동가도 없었다. 이 역시 한국의 실정을 반영하는 것이었는데, 학자·변호사가 과대하게 대표되는 한편 이 런 문제를 전문으로 해온 의사·심리학자 등이 한국에 실제로 거의 없었던 것도 사실이다. 결국 위원회는 '국민'을 대표해야 했지만 그 구성을 볼 때 실제로는 엘리트층으로 구성되었고, 사회 통합과 화해, 피해자 치유라는 과제를 수행하기에는 결함이 많은, 진상규명 위주의 기구가 되었다.

위원회에서는 위원들 간의 합의가 어려울 경우 최종적으로 표결을 통해 진실규명이 결정된다.[2] 전원위원회에서는 위원장도 15표 중 한 표만 행사한다. 상임위원이나 조사국장이 사건 조사 결과에 대해 충분히 설명 하지만 결정은 비상임위원을 포함한 15인이 표결해 내리게 되어 있었다. 독임제 조직에 비해 위원회는 아주 비효율적일 수밖에 없는 태생적 한계 를 갖고 있었다.

위원회 회의는 기본적으로 합의의 정신에 따라 운영되어야 했고, 위 원은 일반 국민을 대표해 상식선에서 판단하는 임무를 부여받은 존재였 다. 합의 기구인 위원회의 정신을 살리기 위해서는 무조건 다수결로 밀어 붙이기보다는 모든 사람들의 의견을 충실히 반영해 어느 정도 결론을 절 충할 필요성이 있었다. 그래서 진실화해위의 모든 결정은 이러한 논의나 타협을 통해 이루어졌다. 조사는 조사국에서 진행하는데, 최대한의 사실 에 기초해 보고서를 제출하고 위원들이 판단과 결정을 한다. 하나의 사실 에 대해서도 보는 시각이 다를 수 있으므로 백 퍼센트 합의를 이끌어낼 수 없는 경우가 많다. 그러나 사실의 힘은 강하기 때문에 조사관들이 의도적으로 특정 사실을 부각하거나 다른 점을 묵살하지 않는 한 보수·진보를 떠나서 상식적으로 판단할 수 있는 여지가 많았다. 실제로 나는 위원으로 일하면서 한나라당 추천 위원 중 몇 명은 애초에는 그렇지 않았을 것이나 인권침해나 학살 사실에 대한 현장 증언이나 자료를 직접 접한 다음에는 생각이 약간 바뀌는 것을 피부로 느낄 수 있었다.

그러나 여느 상설 행정조직은 직급별로 업무와 책임이 분화되어 있는 데 비해 머리인 위원장과 상임위원이 민간인으로 구성된 진실화해위는 모든 것을 원점에서 시작해야 했다. 민간에서 들어온 처장이나 국장급 직원 중에서 다른 유사 위원회에서 전문적인 행정 경험을 해본 사람은 거의 없었다. 조사국 역시 주로 밑에서 경험을 쌓아서 올라온 공무원이 아니라 민간 혹은 다른 부처에서 온 사람들로 구성되었기 때문에, 차관급인 상임위원은 다른 정부 조직처럼 판단하고 결재하기보다는 실제로 사무국의 조사국장 역할을 부분적으로 하지 않을 수 없었다. 그래서 '인권침해' 사건을 담당한 변호사 출신 상임위원은 사건 하나하나를 소송 사건 다루듯이 해야 했다. '집단 희생' 사건 담당 상임위원인 나는 한국전쟁 전후의 집단 희생 사건을 연구자의 입장에서 관장했다.

조사국에서 조사를 해서 소위원회에서 검토한 다음 전원위원회에 상정하면 위원들의 다수결로 진실규명 결정이 이루어졌다. 그러나 진실화해위의 결정은 권고를 통해 행정부가 이행하도록 촉구하는 정도의 힘만 갖고 있으며, 행정부가 권고를 집행하지 않아도 강제할 힘이 없었다. 그런데 행정부의 권고 사항 이행은 대통령의 정치적 의지에 따라 움직이기 때문에 위원회의 힘도 결국 정치적 분위기에 좌우될 수밖에 없었다.

한편 진실화해위가 독립기관이라는 '기본법'의 이상은 활동 시작 단계에서 장벽에 부딪혔다. 그래서 출근한 지 며칠 되지 않았을 무렵 위원회에 파견 온 사무관급 공무원과 이 문제로 충돌했다. 그는 이 위원회 조직이 헌법에 나온 삼권분립의 원칙과 배치되는 이상한 조직이라는 생각을 갖고 있었다. 행정부도 사법부도 아닌 정부 조직이 있을 수 없다는 것이 그의 상식이었다. 그는 "위원회는 독립기관"이라는 내용이 들어간 법조항은 잘못 만들어진 것이라는 주장을 굽히지 않았다. 나는 처음에는 그의 주장이 틀렸다고 말했지만 시간이 지날수록 그가 말하려는 것이 무엇인지 이해할 수 있었다. 즉 위원회는 진실규명 결정에서는 독립적일 수 있어도 사무국 운영에서 독립성을 보장받을 수 있는 방법이 없었다. 당장 예산 확보만 해도 그렇다. 위원회가 독자적으로 예산안을 올릴 수 없게 되어 있었고, 시행령의 개정은 청와대와 국무회의의 의결을 거쳐야 하며 인력 충원 문제도 행자부에 조정 혹은 허가를 받게 되어 있었다. 즉 우리가 인력과 예산이 필요하다고 생각해도 행자부 전체의 인력 조정 계획과 규정에 제한을 받았다. 그리고 정부조직법상 별정직 국장은 1명밖에 둘 수 없다는 규정 때문에 업무의 특성상 3개의 조사국을 만들어야 하는 위원회에서 업무가 제일 많은 우리 집단희생국에 국장을 둘 수 없는 일이 발생했다. 합당한 이유를 제시해서 시행령을 개정하려 해도 각 부처의 의견을 모두 들어야 했기 때문에 한 사람의 별정직 공무원도 마음대로 채용할 수 없었고, 어떤 사업이 필요하다고 아무리 주장해도 기획예산처 담당 공무원을 설득하지 않으면 예산을 전혀 확보할 수 없었다.

결국 위원회의 법적 성격이나 이상은 독립 기구였지만, 실제 활동은 어느 것 하나 여타 정부 기관의 지원과 협조 없이는 이루어질 수 없게 되어 있었다. 시행령을 만드는 작업에서는 하나하나의 조항에 대해 모두 법무부의 검토를 거쳐야만 했다. 이상이 현실에서 좌절하는 일이 매일 반복되었다. 즉 국가인권위원회가 창립 당시부터 법무부와 그렇게 충돌했듯이, 진실화해위도 모든 사안에서 행자부의 협조 없이는 아무것도 할 수 없는 처지에 있었다. 상설 정부 부서와 임시로 조직된 위원회의 위상은 판이하다는 것을 실감할 수 있었다. 비록 사무처장은 민간에서 채용한다고 하더라도 사무처의 핵심 직원은 거의가 각 정부 부서에서 파견 온 사람으로 채워지게 되어 있었다. 그래서 타 부서와의 관계가 문제가 아니라 우선은 우리 내부에 있는 공무원에게 이 일이 왜 필요한지 설득하여 일하도록 만드는 것이 가장 일차적인 과제가 되었다. 각종 규정이나 행정절차를 잘 알고 있는 그들에게 민간에서 들어온 우리는 이상한 외인부대, 행정에서는 걸음마를 떼는 어린아이로 보였을 것이다.

위원회에 출근하면서 그전에 그 의미를 정확하게 이해하지 못했던 '기본법' 조항들이 어떤 문제점을 갖고 있는지 좀 더 구체적으로 느끼게 되었다. 예를 들어 우리 위원회의 조사는 피해자인 국민의 신청을 받아서 진행하게 되어 있었는데(신청인 조사), 여러 가지 이유로 신청하지 않았거나 못한 사람은 조사 대상에서 배제하게 되었다. 즉 진상규명을 국가 의무가 아닌 피해자 권리 주장의 문제로 본 것이었다. 과거 국가가 특정 국민들에게 심각한 인권침해를 저질렀으면 해당 국가기관이 자체로 문제를 해결해야 하는데, 이들 해당 국가기관은 빠지고 한시 조직인 준국가기관인 위원회에게 모든 일을 알아서 하라고 맡긴 모양새가 된 셈이다. 사실 한국전쟁 당시 학살 사건은 국방부가, 경찰에 의한 인권침해는 경찰이, 과거 중앙정보부나 안기부(국정원) 직원에 의한 고문 사건은 국정원이 자체적으로 조사해서 피해자를 구제해야 하는데 그들은 여전히 그 자리에서 요지부동하고, 이 모든 피해를 진실화해위에 떠맡겨서, 이들 국가기관은 우리 위원회의 진상규명 활동을 통해 그동안의 모든 민원 요구를 일거에 해결해버리는 셈이 되었다.

결국 우리는 기존의 여러 과거 청산 관련 법들의 한계를 극복하는 최선의 법을 만든다고 자부했지만, 막상 진실화해위를 운영해보니 여러 가지 결점이 보였고 우리의 준비 부족이 드러났다. 나 자신도 입법 운동 중에는 조직이나 홍보 등의 활동에 바빴지 정작 법안 초안에 대해 숙고할 겨를이 없었기 때문에, 우리 민간 측의 전문가 부재를 또다시 아프게 느끼지 않을 수 없었다. 당시 우리는 법 통과 자체를 최우선으로 했기 때문에 법을 둘러싼 여러 가지 쟁점에 대해 심도 있는 정책적 검토를 할 여유가 없었다. 우리 측 변호사들도 '의문사진상규명에관한특별법'을 모델로 했다. 이 문제를 놓고 국내에서 연구 논문을 쓴 사람은 거의 한 명도 없었기 때문이기도 했고, 외국의 기존 진실화해위 관련 법을 면밀히 검토해 한국 사정에 적용한 사람은 우리 시민사회 진영, 법조계, 학계, 국회, 정당 어디에도 없었기 때문이기도 했다. 지난 민주 정부 10년 동안 진행된 개혁 입법 활동이 정도의 차이는 있지만 모두 그랬던 것 같다. 당장 국회에서 벌인 한나라당과의 힘겨운 정치투쟁에 모든 것이 걸려 있었기 때문에 시민사회에서 그것을 차분하게 검토할 여유는 거의 없었다. 사실 지난 시절 법은 정도의 차이는 있지만 모두가 졸속법이라는 한계를 갖고 있다. 정당이 제 기능을 못했기 때문이다.

그런데 진실화해위는 실험 대상이 아니었다. 우리는 법을 집행해야 하는 엄한 현실에 직면했다. 위원들 간에 법 해석을 둘러싸고 논란이 계속되었다. 위원들의 의지와 합의에 따라 법은 넓게 해석될 수도 있고, 좁게 해석될 수도 있었다. 이것은 조사 개시와 향후의 조사 활동에 매우 중요한 문제였다. 만약 '인권침해'라는 개념을 넓게 해석할 경우 조사의 범위가 대단히 넓어질 수 있고, 그 경우 진실화해위가 조사해야 할 일은 엄청나게 많아질 수 있었기 때문이다. 예를 들면 재산권 침해가 인권침해인가라는 문제도 위원회 활동 초기인 2006년 3월 회의에서 제기되었다. 재산권 침해도 중대한 인권침해로 본다면 미군정, 한국전쟁기, 그리고 그후의 공권력에 의한 토지나 재산 강제수용도 모두 인권침해로 볼 수 있고, 한국전쟁기 집단 희생 사건 전후에 우익과 경찰 등이 월북자나 피학살자가 남긴 재산을 강제 취득한 것도 모두 조사 대상이 될 수 있었다. 나는 회의 석상에서 재산권 침해도 인권침해의 하나로 볼 수 있다는 의견을 제기했지만 위원들 대다수는 생명권 침해만으로 국한하자는 쪽이었다. 또 다른 논란은 형법상의 재심사유에 해당하는 사건만 조사하게 되어 있는데, 조사를 해보지 않은 상태에서 사건을 조사 개시할 수 있느냐는 문제가 있었다. 그래서 '기본법' 해석을 둘러싼 긴장이 언제나 존재했다.

그리고 '기본법'상의 '집단 희생'을 어떻게 정의할지도 문제였다. '희생'은 과연 학살만을 의미하는지, 아니면 학살 외의 다른 피해도 의미하는지가 논란이 되었다. 유엔 A규약(경제적·사회적·문화적 권리에 관한 규약)에 따른 자유권적 기본권 침해 즉 고문, 폭력 행사, 강제 퇴직 등도 인권침해의 범위에 포함되는지도 문제가 되었다. 피학살자 유족들이 겪은 연좌제에서 비롯된 피해도 사실상 중대한 인권침해에 포함될 수 있지만, 그렇게 될 경우 피학살자 가족이 겪은 연좌제 피해를 집단희생국뿐만 아니라 인권침해국에서도 조사해야 하는 문제가 생기는 셈이었다. 법률 입안 과정에서 섬세하게 검토했어야 할 많은 내용이 결국 위원회로 넘어온 꼴이 되었다. 기구의 힘, 집행하는 사람들의 의지와 재량에 따라 법의 운용 범위는 넓었지만, 진실화해위는 내외부 반대파의 공격과 비판을 의식해 정말 살얼음을 걷듯이 조심스럽게 운영했으며, 최대한 객관성과 형평성을 유지하려 했다.

즉 모든 정부 기관의 활동은 법에 근거하지만 법에는 다양한 해석의 여지가 있고, 수장의 지향과 힘의 관계에 크게 좌우된다. 진실화해위 내에서는 위원장의 의지와 위원들 다수의 의견이 법 해석에 결정적인 영향을 미쳤는데, 반대파인 한나라당 추천 위원들의 의견도 존중해야 했기 때문에 일방적으로 밀어붙일 수는 없었다.

그 후의 이명박 정부와 비교해보면, 노무현 정부는 위원회 정부라는 비판도 많이 받았지만 실제 운영은 훨씬 원칙대로 한 것이 아닌가 생각된다. 이명박 정부의 방송통신위원회 등 위원회가 사실상 독임제 조직처럼 움직이는 것을 보거나 4대강 사업을 시행하며 절차를 무시하는 것을 보고서, 노무현 대통령 기간 중에 우리 위원회가 얼마나 힘겹게 운영되었는지 새삼 알 수 있었고, "저 사람들은 권력을 잡으면 자기들 마음대로 하는구나"라고 다시금 생각했다. 김대중·노무현 정부는 오히려 절차나 합의를 중시했지만, 보수 세력은 과거에도 그랬지만 지금도 자신들이 칼자루를 쥔 순간 독단과 편법, 탈법을 자행하는 데 겁을 내지 않았다.


## 진실화해위는 임무를 수행할 수 있는가

첫 시행령이 나오고 나서 진실화해위에 객관적으로 요구되고 있는 조사 사건과 실제로 수행할 수 있는 인적·물적 역량 사이의 괴리가 대단히 심각하다는 사실이 드러났다. 막상 시행령에 따른 인력과 조직을 보니 일반직 113명을 배정해놓았고 직급까지 정해놓았기 때문에 당시의 조건에서 요구되는 사건 조사를 만족스럽게 수행하는 것은 불가능에 가깝다는 사실을 알게 되었다. 이런 점을 우려해 2005년 5월 3일 법 통과 직후 시행령 수립 작업에 민간 활동가들의 의견이 수용되어야 한다는 주장이 많았지만, 결국 성사되지 못했다.

그래서 우리는 시행령이 나오자마자 곧바로 개정 요구를 했다. 가장 문제가 되는 사안이 바로 집단 희생 사건 조사를 위한 인력이었다. 집단 희생 사건 신청 건수를 추산해볼 때 처음 시행령대로 인력을 잡으면 10년이 걸려도 조사를 다 하지 못할 정도였다.

사무처 일은 설동일 처장이 담당했지만, 나 역시 조사 준비를 위한 자료 검토 등을 해야 할 시간에 시행령 개정 등 조직 운영을 위한 준비, 즉 파견 공무원 설득을 주 내용으로 하는 위원회 구성원 내부의 동의와 합의의 창출, 별정직 공무원 선발, 외적인 지원, 여타 정부 부서 설득을 통한 추가 예산 확보 등 사무국이 해야 할 일에 거의 6개월 이상 매달려야 했다. 사무국을 우선 설립하는 일도 상임위원의 과제였고, 세 상임위원 중에서도 주로 내가 이 일에 신경 쓰지 않을 수 없었다.

조직의 인적·물적 역량 배분은 위원회의 기본 활동 방향이나 철학과 직결되어 있는 문제였다. 이 역시 법 제정 과정에서 검토된 것이기는 하지만 피해자의 민원 처리에 비중을 둘 것인가 아니면 역사 바로잡기에 무게를 둘 것인가를 둘러싼 쟁점이 있었다. 나는 남아공 진실화해위원회의 평가서와 한국 의문사위의 활동에 대한 평가를 함께 검토했는데, 피해자의 신청과 구제는 우리 위원회 활동에 보조적인 것이 되어야지 그것이 주된 것이 되어서는 곤란하다는 생각을 했다. 같은 시기에 활동했던 국정원 진실위, 경찰청 산하 과거사진상규명위원회(이하 과거사위)의 경우도 검토해보았다. 그 경우에는 위원들이 직권으로 조사 대상을 선정해서 조사를 했다. 그렇게 하면 정치적 논란에 휩싸일 위험은 있지만, 필요한 조사를 곧바로 실시할 수 있다는 장점이 있었다. 그러나 우리 위원회는 피해자 신청에 기초해서 조사를 하게 되어 있었기 때문에 이렇게 직권조사 결정을 하려면 위원회 내부의 합의 수준이 매우 높지 않으면 안 되었고, 그것은 합의 기구로서의 위원회 취지를 고려해보면 상당히 어려운 일이었다. 결국은 개별 신청인들의 요구에 의거해서 조사할 수밖에 없다는 한계가 있었다. 파견 공무원들은 기존의 민원 처리 활동의 관성이 있고, 또 법적으로도 직권조사는 특별한 경우에만 하게 되어 있기 때문에 당연히 민원 처리가 주요 업무라고 생각했다. 그래서 이 진실화해위가 설립된 근본적인 취지는 단순한 민원 처리가 아니라 역사적 진실규명이라는 점을 설득하는 데 긴 시간이 필요했다.

책정된 2006년 예산을 검토해보니 홍보 부문에는 예산이 거의 책정되지 않았다. 기획예산처에 추가 예산을 요청했지만 보기 좋게 거절당했다. 언론 홍보를 하려고 해도 많은 예산이 필요했는데, 과거의 국가폭력이나 인권침해 문제에 대해 들어본 적도 생각해본 적 없을, 주로 고시 출신 경제학 전공자로 구성된 예산 부처 사람들에게 이 위원회가 왜 필요한지, 위원회 활동을 위한 홍보가 왜 필요한지 설득하는 것은 매우 어려웠다. 그래서 국민들에게 이러한 위원회가 수립되었음을 알리고 과거 공권력에 피해를 입은 사람들에게 적극적으로 신청하라고 독려하는 것도 쉽지 않았다. 결국 우리 직원들이 마치 시민단체 활동가들처럼 추석 명절에 서울역에 나가 위원회 홍보 전단을 돌리기도 했고, 위원장과 위원들이 전국 시·도지사를 만나 각 지자체에서 홍보해달라고 부탁을 하기도 했다. 일반인들 대상의 홍보 부재는 더 심각했다. 언론에서 위원회의 결정을 약간이라도 보도해주면 국민들에게 위원회가 무엇을 하는 곳이고 어떤 일을 했는지 알릴 수 있었지만, 보수 신문들은 오직 약점을 잡을 때만 우리 위원회를 보도했기 때문에 위원회의 출범을 알릴 수단이 별로 없었다. 이명박 정부 들어 설립된 납북자조사위원회[3]의 경우 동사무소나 거리 곳곳,

지하철역 등 어느 곳에 가더라도 납북자를 신고하라는 현수막이 펄럭이고 라디오에서 수시로 신고 안내 광고가 나오는 것을 보았을 때는, 역사적으로 그렇게 중요한 의미를 갖고 있음은 물론이고 피해자 가족의 60년 한을 풀고 일반 국민의 인권 신장에도 크게 기여할 수 있었던 우리 진실화해위의 초라한 위상과 너무도 극명하게 비교되어 서글픈 마음이 들었다.

앞에서 말했지만 위원회가 제대로 임무를 수행하기 위해서는 관련 정부 기구의 협조가 알파요 오메가였다. 위원회는 공권력의 인권침해 관련 중요 자료를 갖고 있을 것으로 여겨지는 관련 기관, 특히 국방부·경찰청·검찰청·국가보훈처 등에 자료 제출을 요구할 수 있었고, 만약 그 기관이 거부하면 기관장이 그에 대해 소명서를 제출하게 되어 있었다. 또한 과거에 수사·공안 기관에 종사했던 사람이 출두를 거부하면 동행명령장을 발부할 수 있게 되어 있었다. 하지만 법률에 명시된 이 모든 협조 의무는 사실상 단지 자료 제출과 출석을 요구하는 도덕적 강제력에 불과했고, 실제로 이들 기관이 거부할 경우 우리가 쓸 수 있는 방법은 거의 없었다. 결국 각 기관장의 의지만이 자료를 확보할 수 있는 유일한 길이었는데, 그나마도 당시 국방부처럼 장관의 지휘명령에 일사불란하게 움직이는 조직이면 차라리 쉬운 점이 있었지만, 경찰청처럼 상급자가 지시를 해도 관련 부서 하급 책임자가 정권이 바뀔 경우 닥쳐올지도 모르는 불이익을 피하기 위해 차일피일 자료 제공을 미룰 경우 아무런 방법이 없었다. 결국 청와대의 강력한 의지와 대통령이 임명한 각 기관장의 생각이 중요했다고 하더라도 부하 직원들이 움직이지 않으면 방법이 없었다.

명색이 진실화해위의 위원장이 장관급, 상임위원이 차관급이라고 하지만 한시적인 위원회의 위원장은 다른 정부 부처 장관들과 동격의 힘을 갖지 못했다. 그나마 초대 송기인 위원장은 노무현 대통령과 특별한 관계가 있었기 때문에 관련 장관들이나 공무원들도 약간 눈치를 보는 것 같았다. 이명박 정부의 방송통신위원장 최시중은 취임 전에도 판공비(업무 추진비)를 불법으로 사용하고 취임 후에도 6개월 동안 무려 6000만 원의 판공비를 사용했다고 하고, 신재민 문화부 차관은 1년 동안 판공비를 무려 1억 원도 넘게 지출했는데 그것도 유흥비와 골프비 등으로 사용한 의혹이 있었다고 한다. 하지만 참여정부의 가장 중요한 조직 중 하나인 진실화해위 차관급 상임위원인 나의 월 업무 추진비는 100만 원에 미치지 못했으며, 만에 하나 공격을 당할까 그것마저 극히 조심스럽게 지출했다. 각 지자체의 협조를 얻기 위해 첫해 송 위원장과 전국의 지자체를 돌면서 느낀 것 가운데 하나는 장관급 위원장의 방 규모가 지방의 광역시 시장실보다 좁았으며, 인구 수만 수십만 명의 시·군 단위 시장실 정도에 불과했다는 점이다. 진실화해위의 힘은 그 정도였다.

진실화해위 활동이 제대로 이루어지려면 법적으로 강력한 조사 권한이 확보되어야 하며, 자료를 소지한 행정기관의 협조가 필수적이었다. 국민적 압력도 중요했기 때문에 모든 활동이 국민들에게 알려지도록 언론과 시민사회가 뒷받침해주어야 하며, 결정 사항이 집행될 수 있도록 행정부가 협조해주어야 했다. 만약 그렇지 못하면 진실화해위의 활동은 조사 단계에서부터 비틀거릴 수밖에 없었다. 그래서 의문사위 당시에는 자료 제출을 거부하는 기무사 앞에 조사관은 물론 상임위원까지 나가서 법에 나와 있는 대로 요청한 자료를 제출하라고 농성하기까지 했다. 진실화해위가 반관반민 조직의 특성을 갖고 있다는 이유로 군과 경찰은 자체 소장 자료도 제공하기를 꺼리는 경향이 있었다. 민간인들인 당신들을 어떻게 믿느냐는 것이었다. 게다가 이러한 과거 청산 기구가 존재한다는 것 자체에 거부감을 갖는 군경 출신 보수 세력들은 진실화해위 출범 당시부터 사사건건 시비를 걸었고, 약점이 잡히면 마구 두들겨댔다. 그래서 진실화해위의 활동 즉 과거 공권력의 탈법과 위법, 반인권 이력을 들추어내는 일이 극히 중요한 공익적 의미를 지녔음에도, 국민들은 사실상 구경꾼으로 전락했으며 이러한 활동이 오늘과 내일 자신에게 닥칠지도 모르는 경찰과 검찰의 무리한 법 집행과 인권침해를 견제하는 약간의 안전장치가 될 수 있다는 것을 생각해볼 수 없었다. 그런데 진실화해위는 명색이 정부 조직이니 다른 정부 기관과 공개적으로 충돌할 수도 없는 노릇이었다.

위원회의 주요 구성원은 연구자, 공무원, 활동가, 그리고 법률가였다. 연구자는 조사에 능했고, 공무원은 행정적인 일 처리에 능했고, 활동가는 열정과 의지가 강했고, 법률가는 복잡한 법적 쟁점을 해석하는 능력이 탁월했다. 그런데 연구자들은 개인적 연구에 대한 관심에 이끌려 사건을 학문적으로 재구성하려 하는 경향이 있고, 법조인들은 법 논리에 치중해 사건 전체의 상을 놓칠 위험이 있었으며, 각 부처 파견 공무원들은 자기 친정 부처를 보호하려는 방향으로 조사를 진행할 가능성이 있었다. 활동가들은 사건 조사에 필요한 전문성과 조직 적응력이 취약했다. 각자의 장점은 충분히 살려야 하지만 각자의 한계가 드러나면 조직은 최악이 된다. 위원회 활동의 가장 큰 난점은 각 부처에서 파견 나온 공무원과 조직 경험이 거의 없을뿐더러 행정 조직 자체와 잘 맞지 않는 연구자나 활동가들이 모여 공동의 과제를 제한된 기간 내에 완수해야 한다는 점이었다. 파견 공무원들은 이 업무의 역사적 중요성을 인식하고 자발적으로 온 사람들도 없지 않았지만 자원해온 경우가 별로 없었기 때문에 일 자체에 대한 열정이 약했다. 지방직인 경우에는 서울로 진출할 생각에 온 경우가 많았고, 중앙부처 출신인 경우에는 승진을 위한 대기 상태에 있거나 승진 시험 준비를 위한 여유를 갖기 위해 오는 경우도 많았다. 따라서 이들 혼

성부대를 일사불란하게 움직이게 하는 것이 무엇보다 중요한 과제였다. 더구나 위원회는 파견 부처였기 때문에 기관장인 위원장에게는 이들의 인사고과를 매길 권한이 없었다. 그렇다 보니 이들을 통솔하는 일이 대단히 힘들 수밖에 없었다.

그러나 일부 파견 공무원들의 일 처리 능력은 대단히 유능했기 때문에 민간인 출신들이 밀리는 경향도 곧 나타났다. 노무현 대통령이 취임 후 왜 경제 관료들에게 기울어지게 되었는지 이해할 수 있을 것 같았다. 파견 온 사람 중 수사기관 종사자들은 민간인 출신 조사관을 훈련시키거나 노하우를 전수하는 데 크게 기여했고, 민간인들이 접근하기 어려운 기관과의 협의 과정에서 대단히 큰 역할을 했다. 민간인 출신 조사관들이라면 도저히 얻을 수 없는 자료나 정보도 이들의 힘으로 얻는 경우가 많았다. 그러나 일부 직원들은 노골적으로 업무를 태만하고 승진시험을 준비하기 위해 자주 출장을 가거나 외출하는 경우도 많았는데, 그것을 통제하는 것은 거의 불가능했다. 이것은 모든 파견 기관이 공통적으로 겪고 있는 문제일 텐데, 한시 기구인 우리 위원회의 경우 문제가 더욱 심각한 양상으로 나타났다.

민간인 출신 별정직 공무원들, 특히 조사관들 역시 다른 차원의 문제를 안고 있었다. 이들은 파견 공무원에 비해서는 사건의 내용을 잘 알고 있는 경우가 대부분이었고, 사회운동 출신들은 사명감도 컸다. 그래서 물불 가리지 않고 열심히 일하는 사람도 있었다. 그러나 이들 중에는 박사과정 연구자이거나 과거 운동에 몸담았던 사람들이 많았기 때문에 위원회가 해체된 뒤의 장래가 불투명했다. 그래서 이들은 업무에 몰입하기 힘들었고, 한시 기구인 진실화해위가 이들에게 열심히 일할 수 있는 동기를 부여해주는 데에도 한계가 있었다.

그래서 각 구성원이 자신의 장점을 살릴 수 있도록 조사국, 사무처의 적절한 인원 배치와 지휘가 이루어져야 했다. 조사 사건 중에서도 학문적으로 심화시킬 것, 법원에서 소송으로 해결할 것들을 적절하게 남겨두고 위원회가 할 수 있는 일만 충실하게 해야 했다.

　　위원회 출범 초기에 내가 가장 걱정했던 것은 이 조직이 하나의 민원처리 기구가 되어 기대했던 진실규명 성과를 내지 못한 채 유족들에게는 실망과 허탈감을 주고, 반대 진영에는 과거 청산 작업 자체의 의의나 가치를 폄하할 수 있는 거리를 제공하거나 아니면 정부가 유족의 요구를 들어주었다는 면피 효과만을 주고 위원회 활동이 유야무야 마무리되는 것이었다. 그리고 그렇게 되면 거의 모든 책임은 애초부터 위원회를 만들자고 주장하고 활동해왔던 나와 주변 활동가들에게 돌아올 것이 뻔했다. 그래서 나는 공식적으로는 조사에만 신경을 쓰면 되는 상임위원이었지만 송 위원장의 양해 혹은 지시하에 조사 업무 외의 다른 일에도 개입했다.

　　위원회 운영이 관료화되는 것은 가장 큰 걱정거리였다. 관료의 목표는 현상 유지다. 말 그대로 주어진 사건을 처리하면 되고 큰 과오만 없으면 된다. 그러나 나는 위원회가 그렇게 되는 것은 우리가 추구했던 일을 못하게 되는 길이라고 보았다. 위원회는 정치나 사회에서 파장을 일으켜야 할 조직이었다. 즉 '튀는 조직'이 되어 기존의 질서를 뒤흔들어야 했다. 그런데 그게 어떻게 가능할까? 사실 위원회의 관료화 경향은 이미 처음부터 어느 정도 예견되었다. 나는 직원 중 거의 반수에 달하는 인원이 정부각 부처의 파견 공무원들로 구성되는 정부조직법상의 규정과 관례를 보고서 그것을 실감했다. 관료화를 막기 위해서는 위원장을 비롯한 상임위원이 적극적으로 조직의 목표와 방향을 계속 강조하면서 과업을 부여하고 조직에 활기를 불어넣는 길밖에 없었다. 물론 민간에서 온 조사관들이 위원회의 관료화 경향에 저항하면서 자체 리더십을 통해 적극적으로 조직 분위기를 만들어가는 길도 가능했다. 그러나 민간인 출신 직원들은 조직 운영에 능한 공무원들에게 점차 압도당했고, 이들 서로 간에 "공무원이 다 되었네"라는 자조 섞인 이야기도 나오기 시작했다.

이 모든 내적 어려움을 한마디로 요약하면 위원회가 상설 정부 조직이 아니라 민간의 요구로 만들어진 한시적인 준정부 조직이라는 점에 있었다. 직원들이 극히 이질적이었고 위원회를 바라보는 각 구성원의 입장이나 태도가 천차만별이었을뿐더러 그들을 통제할 수단이 거의 없었기 때문에 이러한 특별한 조직을 제대로 꾸려나가는 일은 여간 어려운 일이 아니었다. 과연 이보다 더 복잡하고 다루기 어려운 조직이 있을까? 나는 위원회 활동 내내, 그리고 지금 이 순간에도 다시는 이런 식의 애매한 조직이 만들어져서는 안 된다고 생각한다. 즉 공권력이 인권을 침해하는 일도 없어야겠지만, 그런 일이 있더라도 사법 당국이나 정부가 제 역할을 하면서 책임지고 마무리해야 한다는 의미다.

## 법, 규칙의 개정

나는 법이라는 것은 민간과 국회에서 오랜 검토와 토론을 거쳐 만들어야 하며, 국민의 요구는 물론 이해 당사자나 전문가의 관심과 의지, 식견과 노력이 집약된 것이어야 한다는 것을 뼈저리게 느꼈다. 나도 밖에 있을 때는 국회의 졸속 입법에 대해 비판한 적이 있었는데, 이제 내가 그 책임 주체 중 한 사람이 되었고 집행자가 된 셈이었다.

가장 심각한 법적 제약은 조사 대상에 '적대 세력'에 의한 학살과 폭력, 독립운동사, 해외동포사까지 포함된 사실이었고, 결국 위원회의 상당한 인적·물적 자원이 그쪽으로 투여될 수밖에 없었다는 점이다. 특히 해외동포사 같은 경우는 외교부나 해외동포 재단에서 연구 용역 사업으로 하면 될 일이었다. 또 나는 앞서 언급한 것처럼 한국전쟁기의 인민군에 의한 학살 피해도 모두 조사해야 한다는 입장이었으나 그것은 진실화해위와 같은 조직에서 담당해야 할 사안은 아니라고 생각했다. 사실 전쟁 중에 인민군에게 피해를 당한 국민도 대한민국 국군에게 피해를 당한 사람과 동일한 전쟁 피해자이고, 대한민국 정부가 이들을 돌보는 일을 하지 않았으니 그 피해를 조사하고 그것을 통해 모든 민족 구성원의 화해를 도모할 필요가 있다. 하지만 애초에 한나라당은 맞불을 놓기 위해 이 조항을 집어넣었다. 그들의 '깊은 뜻'을 가장 뼈저리게 느낀 사람이 바로 나였다. 내 임기 4년 동안 정작 대한민국 정부에서 한 번도 제대로 다루지 않았으며 가장 시급하게 해야 할 일, 즉 한국전쟁기 군경에 의한 학살 사건 조사를 양보한 채 학술 기관에서도 할 수 있는 일에 위원회의 막대한 인적·물적 자원을 투여하게 된 이 기막힌 일을 몸으로 겪게 된 셈이었다. 정말 누구에게도 호소할 수 없는 일이었지만 법이 그렇게 되었으니 어찌할 수 없었고, 비록 집권은 했다고 하지만 민주 세력의 힘이 그 정도밖에 안되니 어쩔 수 없는 일이었다. 이러한 내부 사정을 모르는 유족이나 시민사회는 왜 위원회가 그 정도밖에 못하느냐고 계속 질타했다.

우리의 시도에 대해 '적대 세력에 의한 인권침해'도 조사하자고 맞불을 놓았던 주류 언론에서는 이러한 문제를 모르는 체하면서 우리 위원회의 활동을 공격했기 때문에, 국민들에게 위원회의 속사정을 알리는 것은 거의 불가능에 가까웠다. 해가 서산에 기우는 것을 보면서 발길을 재촉하는 사람에게 길에 떨어져 있는 휴지를 모두 주우면서 가라는 식의 게임

규칙을 지켜야 하는 답답함이라고나 할까.

그 밖에도 애초에 충분히 생각하지 못했거나 강력하게 집어넣자고 주장하지 못했던 조항 몇 가지를 들자면, 화해 사업의 명목 중에서 진실 규명 결과를 국민들에게 교육하라는 내용을 명시하지 않았다는 것이 있다. 한국의 다른 모든 과거 청산 관련 위원회 법에도 이 조항은 거의 대부분 없는데, 애초에 법 초안을 만들 당시 거론되기는 했으나 강하게 주장하는 사람이 없었기 때문에 빠진 것 같다. 그것은 우리가 미처 챙기지 못한 점이었다. 진실화해위 활동의 성과는 일차적으로는 제도 개혁으로 집약되어야 하고, 이차적으로는 교육을 통한 국민 의식의 변화로 나타나야 하는 것이었다. 그런데 외국의 진실화해위원회법에는 대체로 새롭게 규명된 진실을 국민교육으로 연결시키는 내용이 포함되어 있었다. 이러한 내용은 정치적으로 별로 논란이 될 사안은 아니고, 일단 조항을 집어넣기만 하면 위원회 활동의 성과를 좀 더 의미 있게 만들 수 있는 것이었는데 우리는 그냥 '기본법'에 명시된 것처럼(기본법 제40조 '과거사연구재단 설립' 조항) 진실규명 후 후속 작업은 과거사 재단만 설립하면 거기서 다 해결될 수 있다고 생각했다.

그다음으로, 자료의 보존과 이관에 대한 내용이 명시되지 않은 점도 한계였다. 위원회 활동을 시작하고부터 조사를 위해 수집된 자료를 분류하고 정리할 필요가 있었는데, 그 후 그 자료의 보존·공개 문제를 염두에 두어야 한다는 사실을 깨달았다. 즉 진실화해위 활동이 종료된 뒤에 진실이 규명된 자료가 어디로 가서 어떤 목적으로 사용될 것이라는 점이 법에 포함되지 않았다. 뒤에서 언급하겠지만, 진실화해위 활동을 통해 얻는 자료는 특별한 가치를 지닌 정부 혹은 민간 측 자료였다. 이것은 정부가 감추고 싶어 하는 부분, 즉 국민을 학살하거나 고문하거나 인권을 침해한 극히 중요한 역사 기록이다. 이 기록은 국가에 의해 억울하게 죽임을 당하거나 국가로부터 말할 수 없는 고통을 당한 국민들이 어떤 방침과 정책에 의해, 어떤 기관에 의해 그런 일을 당했는지 폭로해주고 장차 이런 일이 다시 일어나서는 안 된다는 것을 깨우쳐줄 수 있는 생생한 역사 자료이자 교육의 소재다. 따라서 이러한 자료는 국민의 알 권리 차원에서 별도로 보관되고 공개되어야 할 것들이었다. 그런데 5·18특별법 제정 이후 한국에서 정부가 주도하는 과거 청산 활동이 많이 있었지만, 각 기관에서 수집된 자료들이 그 후 어디로 가서 어떻게 보관되는지 알 수도 없을뿐더러, 일반 국민들은 거의 접근조차 어렵게 되었다. 따라서 이 자료들은 별도의 국가사료관을 만들어 특별히 보관되어야 하며, 국민들에게 적절히 공개될 필요가 있다. 그러나 애초의 입법 과정에서는 생산된 자료의 별도 보관, 공개 문제가 거의 쟁점 사안이 아니었기 때문에 이 내용 역시 법 초안에 포함되지 않았다.

또한 위원회 법에는 몇 가지 독소 조항이 있었는데, 대통령이나 국회에 보고하기 전에는 공개를 금지한 내용이었다. 이것은 여야 협상 과정에서 한나라당이 집어넣은 조항이었다. 그래서 나는 이 조항은 삭제하는 것이 마땅하다고 주장했다. 이 조항은 검찰이나 수사기관이 수사 중인 내용을 수사 진행상의 이유나 피의자의 인권 보호를 위해 미리 공개하지 말도록 한 법에 준한 것이었다. 그런데 검찰은 언제나 그것을 어기면서 여론 재판을 통해 자신들에게 유리한 방향으로 몰아간다. 이명박 정부에서 진행된 노무현 전 대통령이나 한명숙 전 총리에 대한 수사의 경우 검찰이 거의 생중계하듯이 기자회견을 하면서 여론 재판으로 몰아가는 위법 행동을 한 것을 우리는 모두 기억하고 있다. 그런데 위원회는 오히려 그 반대였다. 위원회는 국민의 알 권리 보장이라는 목표를 가장 앞에 내세워야 하는 조직인데 실제로는 가해자에 대한 인권침해 위험성이라는 족쇄에 압도당했다. 위원회의 결정이 사법적인 것은 아니지만 국민 입장에서 보면 과거의 국가기관과 가해자들의 인권침해 사실을 공개함으로써 얻을 수 있는 국민적 이익이 그들이 입을 명예훼손보다 훨씬 크다. 따라서 나는 위원회의 조사는 결정이 내려지자마자 곧바로 공개하는 것이 마땅하다고 생각했다. 그런데 우리 법에는 그러한 조항을 넣지 못했다. 가해자를 과도하게 보호하고 국민으로부터 위원회를 고립시키는 대표적인 독소조항이었다. 검찰은 법을 매일 어기면서도 어느 누구 한 사람 처벌당하지 않지만, 힘없는 우리는 이 법을 의식하면서 입도 뻥끗 못했고, 결국 어떤 사건에서 '실수로' 언론 보도에 사건 지휘명령자가 언급되어 안병욱 위원장과 내가 '사자死者 명예훼손죄'로 고발되기도 했다. 이 역시 우리 사회의 실질적 힘의 관계를 적나라하게 보여주는 일이었다.

'기본법'에서 신청 기간을 제한한 것도 큰 한계였다. 신청 기간을 1년으로 제한한 탓에 이러한 위원회가 생겼는지도 모르는 유족들이 부지기수였다. 이 역시 법 입안 과정에서 논의하기는 했지만 학살 피해 유족들의 상황을 충분히 고려하지 못했다. 의문사 등의 인권침해 사건 피해자들의 경우는 당사자나 유족들이 나름대로 권리의식이 있고 또 정치적 부담도 약했기 때문에 신청 자체를 주저할 이유가 없었다. 그러나 학살 사건의 경우는 달랐다. 학살 사건을 잘 알고 있는 나도 그 점을 충분히 생각하지 못했다. 피학살자 유족 자신이 사건을 모르고 있거나 알고 있어도 소극적으로 위축되어 있다는 특별한 사정을 고려했더라면, 조사 진행과 신청 접수 간에 업무 혼선이 있다고 하더라도 신청 기간을 적어도 2년 정도는 두었어야 했다. 충분히 심의·검토되지 않은 입법 작업은 이렇듯 많은 문제점을 낳는다.

## 무엇이 사건의 진실인가

전원위원회가 개최되고 조사가 본격화되면서 그전에 추상적으로 생각하던 것들이 이제 분명하게 드러나기 시작했다. 나 자신도 그전부터 진상규명, 진실규명 많이 떠들었는데, 과연 위원회가 조사를 통해 얻는 사건의 진상, 그리고 위원들의 결정에 의해 얻어질 진실이란 무엇일까, 그리고 그것을 어떻게 확정할 수 있을 것인가? 과연 몇 사람의 증언과 위원의 다수결 투표로 진실이 구성되는가? 과연 기존의 왜곡·은폐된 사실을 바로잡을 정도의 진실은 어느 정도의 요건을 필요로 하는가? 신청인이 원하는 진실과 진실화해위원회가 추구하는 역사적 진실은 어떻게 다른가? 법정에서의 진실과 위원회의 진실은 과연 다른 것인가?

대체로 국가의 민간인 살해 사건에 대해 문서화된 기록은 존재하지 않는다. 어떤 얼빠진 공무원이 군대, 경찰, 수사기관 등이 저지른 범법 사실을 기록해두겠는가? 설사 남아 있다 해도 그 후의 정권이나 관계 당국이 모두 폐기했다고 봐야 한다. 그렇다면 증거는 오직 참고인들의 구술 증언밖에 없는데, 구술 증언은 주로 기억에 의존하기 때문에 정확도가 떨어진다. 또 가해자는 자신에게 불리한 증언을 하지 않을 것이고, 피해자는 자신의 경험을 과장할 가능성이 크다. 그렇다면 문서 자료 없이 구술 증언만으로 사건의 진상을 재구성할 수 있을까?

나는 수사기관이나 사법부도 아니고 학술 연구 기관도 아닌, 법에 의해 진상조사를 하고 진실규명 결정을 내린 후 정부 각 부서에 '권고'를 하는 진실화해위라는 정부기구의 독특한 성격에 대해 다시 생각해보게 되었다. 즉 진실화해위가 추구하는 진실은 추후 법정에서 사용하기 위한 자료, 즉 가해자의 법적 책임을 묻고 피해자에게 적절한 보상과 회복 조치

를 하기 위한 근거 혹은 자료의 성격이 강하다. '기본법'에 의하면 위원회
는 모든 인권침해, 학살 사건이 아니라 '공권력에 의한 불법'만 조사하게
되어 있다. 진실화해위 조사국은 수사기관이 아니지만 불법 사실을 확인
하기 위해서는 준수사기관 역할을 해야 하고, 위원회가 법원은 아니지만
위원회의 진실규명 결정은 준사법적 성격을 갖고 있다. 위원회 조사국의
조사 활동은 학자의 연구 활동, 기자의 취재 활동과는 다르다. 즉 조사국
은 가해자의 범법 사실, 피해자의 부당한 불법 피해 사실을 밝혀서 국가의
범죄성을 입증해야지, 그렇지 않으면 단순히 역사학이나 사회과학의 학문
적 재구성에 머물 가능성이 있다. 학문적 진리는 역사적 배경, 구조적·객
관적 요인, 개인적·주체적 요인, 상황적 요인 등을 다층적으로 밝혀야 하
지만 진실화해위는 그러한 수준까지 할 필요는 없다. 예를 들어 가해자의
심리적 동기, 우연한 상황적 요인 등은 고려 대상이 되지 않는다.

그런데 진실화해위의 조사 대상 중 집단 학살 사건은 대규모로 벌어
진 집단 사건이고, 그러한 사건은 정치권력의 의도, 가해자의 명령, 역사
적·정치적 환경 등이 결합되어 발생한 복합적인 사건이다. 따라서 첫째,
전국적인 피해 규모를 파악해서 정리하는 것이 무엇보다도 중요하다. 둘
째, 가해 주체 혹은 가해자의 지휘명령 계통, 즉 누가 최종 책임자이며 누
가 부차적인 책임자인지를 밝힐 필요가 있다. 물론 여기에는 구조적 조
건, 국면적인 상황 등이 모두 참작되어야 했다. 셋째, 신청자 개인의 가족
과 관련자의 사망 원인과 경위에 관한 진실이 규명되어야 했다. 넷째, 학
살이라는 1차 피해 이후의 2차 피해 ,즉 사건 직후 남은 가족이 겪은 고통
문제도 조사되어야 했다. 특히 학살 사건은 한국전쟁이라는 특수 상황에
서 발생했다는 특징을 갖고 있었다. 따라서 가해와 피해 주체가 불명확한
경우가 상당히 많을 수밖에 없고, 보복 학살도 많았다. 즉 가해 주체를 특

정하기 어렵고 피해 규모 파악도 어려운 점이 있었다. 피해자들이 적극적으로 진상규명 요구를 제기하기 어려웠는데, 이는 그 후 가해자와 피해자 간의 화해 작업을 어렵게 만들 요인이었다. 그리고 구조적으로는 남북이 분단되어 있고 이데올로기 대립이 상존하는 상태에서 이를 전면적으로 규명하는 것이 정치적으로 어려운 점도 있었다. 특히 수십 년 한을 품고 트라우마에 시달리며 살아온 피해자들을 잘못 건드렸다가는 그들의 상처를 덧나게 할 수도 있었다.

아직 조사가 시작되기도 전인 2006년 초에 국정원 진실위에서 동백림사건의 진상조사 결과를 발표했다. 그 결정문을 읽고 나서 나는 위원회의 진실규명과 조사 방향이 다음과 같이 진행되어야 한다고 생각했다.

우선 첫째로 과거의 국가폭력 사건 조사 시에는 당시의 시대적 분위기에 대한 이해가 전제되어야 한다. 즉 역사적·사회적 분위기와 정황이 고려되지 않고 지금의 잣대로 과거의 잘잘못을 판단하는 오류를 범해서는 안 된다. 지금까지 과거 청산 위원회(특히 의문사위)에서는 수사하듯이 한 경우가 많았으며, 구조와 배경에 대한 이해가 결여되어 있었다. 이러한 점들이 보완·극복되어야 한다. 둘째, 과거의 잘못을 발생시킨 명령·지휘 계통은 명백하게 밝혀야 하나, 그 과정에서 '의로운 소수'에 대해 주목해야 한다. 즉 그러한 잘못된 결정이 내려지는 과정에서 상부의 명령에 저항했거나, 기피 혹은 저항하다가 불이익을 당했거나, 소극적으로라도 반대 혹은 회피했던 사람들을 찾아서 포상하고 칭찬해야 한다. 셋째, 과거의 잘못을 밝히는 일은 개인의 억울한 피해를 확인하고 명예를 회복시켜 주는 것 못지않게 그러한 잘못이 일어나게 된 제도 장치에 대한 규명이 중시되어야 한다. 즉 인권침해 사건의 경우 사법부의 잘못을 밝히는 것이 가장 중시되어야 하지만, 그에 못지않게 정치권·언론·학계 등도 간접 책임이 있다는 점을 분명히 지적해야 한다. 과거 청산은 그러한 과거의 잘 못을 유발한 제도의 청산에 초점을 두어야지, 개인에게 과도한 책임을 물 어서는 안 된다. 넷째, 피해는 한 번으로 끝나는 것이 아니다. 사건이 발생 한 이후 당사자나 가족이 겪었던 고통도 피해 사실에 포함되어야 한다. 즉 진상의 규명은 잘못된 판결·고문·학살 등에 그쳐서는 안 되고, 그 후 지 금까지 피해자와 주변 가족들이 겪었던 고통의 내용까지 포함되도록 노 력해야 한다. 그렇게 되어야 피해 사실이 사회화될 수 있다.

나는 이런 생각을 정리해서 조사관들에게 배포했다. 그리고 우리 집 단희생국이 찾아내려는 진실에는 '사건 전체의 진실'과 신청인인 '피해자 의 진실' 간의 긴장이 있다는 사실을 강조했다. 피해자의 민원을 처리하 기 위해서는 우선 후자가 필요하지만, 위원회 존립의 역사적 의미를 충족 시키려면 전자에 초점을 두어야 했다. 그런데 '기본법'은 주로 후자에 초 점이 맞추어져 있었기 때문에, 사건의 진실을 캐기 위해서는 별도의 노력 이 필요했다. 그래서 나는 법에 명시된 조사의 한계와 범위를 넘어서기 위해 나름대로 고민을 했다. 그래서 직원 충원이 완료되고 조사 활동이 본격적으로 시작된 시점에는, 조사를 할 때 개인의 사망 사실 확인과 불 법성 여부 확인에 그치지 말고 국민적 공감대 형성, 그리고 이후의 여러 가지 후속 조치와 추가적인 조사·연구, 국민교육 등을 염두에 둘 것을 강 조했다. 따라서 신청인이 연로하여 사망하기 전에 더 많은 증언을 들을 필요가 있는 사례, 학살 이후 그와 연장된 피해로 지극히 기구한 삶을 살 아온 사람들의 이야기, 성적인 피해를 당한 사람, 의인(용기와 기지를 발휘해 많은 사람들을 살려낸 경찰, 우익 단체 간부), 가해자 중 자신의 행위를 부끄럽 게 여기는 사람들, 학살과 관련되어 재산을 탈취당한 사례들도 조사하라 고 지시했다.

내가 지시한 이 모든 조사 항목은 '기본법'상의 진실규명 범위에는 포함되지 않는 사실상 부차적인 일들이었다. 그런데 나는 이런 조사야말로 위원회가 신청인의 관심이 아닌 국민의 관심에 부합하는 일이라 생각했다. 그래서 틈나는 대로 직원들에게 이것을 강조하고 조사된 내용을 보고서에 포함시키려 했다. 특히 '한국의 쉰들러'로 볼 수 있는 의인의 사례, 즉 학살 명령을 상부로부터 받고도 구금된 보도연맹원들을 풀어준 경찰들의 사례를 위원회 임기를 마치기 직전에 별도의 보고서를 만들어 발표하기도 했다.

나는 수사를 통해 얻는 진실과 역사 연구를 통해 얻는 정황 진실을 실제 조사 활동을 하면서 어떻게 적절히 배합시킬 것인가 고민했다. 우리는 공권력의 불법을 밝혀야 하고 오직 불법 사건만 조사해야 했다. 그래서 역사적·정치적 정황에 관한 진실을 무시하지 않으면서도 불법성의 내용 규명이 포함된 진실을 부각시키는 문제가 중요했다. 만약 역사·정치 상황을 과도하게 고려하면 학술 연구가 되어버리고, 불법성만을 밝히려 할 경우 정치와 법을 지나치게 단절적으로 보게 된다. 이것은 법이 통과될 때 한나라당이 학술 연구 차원에서 '과거사'를 '정리'하자고 주장했고, 그래서 '기본법'의 명칭에도 '정리'가 들어간 것과도 관련이 된다. 그러나 법적 강제력을 갖지 않으면 국가기관을 대상으로 하는 조사는 불가능하다. 그래서 결국 조사권을 갖는 위원회가 만들어진 게 아닌가. 한편 전쟁기 집단 학살 사건에 대한 조사는 군사정권 시절 발생한 여러 인권침해 사건과 달리 수사의 측면과 더불어 역사 연구의 측면도 있다. 사건에 대한 역사적 지식과 배경에 대한 이해도 필요하고 문헌 조사, 현장 조사 기법이 요구되는 점도 있었다.

이렇게 보면 진실화해위가 추구하는 진실은 언론과 학술 연구가 추구하는 사건의 객관적 진실에다 법적 책임을 규명하는 것을 포함시킨 것으로 볼 수 있었다. 육하원칙에 입각해 사건의 실재, 발생 시간과 장소, 가해자, 피해자 등을 밝혀야 한다. 통상의 '인권침해' 사건은 모두가 개별적으로 고립된 사건으로서 신청인의 진실, 즉 중요한 개인의 사망 원인을 규명하는 데 집중된다. 김훈 중위의 죽음이 자살인지 타살인지, 허원근 일병이 타살되었는지 자살했는지에 대해서는 오직 하나의 진실만이 존재한다. 여기서는 중립은 존재하지 않는다. 그런데 집단 학살 사건은 단순히 개별 피해 사건의 진상, 즉 누가, 언제, 어디서, 왜 그리했고 책임자는 누구인지를 밝혀내는 퍼즐 게임이 아니라는 점이 분명했다. 그래서 학살 사건 규명은 역사적·정치적 진실이 포함되지 않을 수 없었다.

이것은 가해의 책임 문제를 밝히는 것, 즉 법적 책임인가, 정치적 책임인가의 문제와도 연결되었다. 법은 기본적으로 집단 책임 문제를 고려하지 않는다. '인권침해' 사건은 엄밀한 법적 책임을 따진다. 그런데 집단 학살은 특정한 역사적·정치적 국면·조건과 관련되어 있고, 개인 단위의 엄밀한 사인 규명이 사실상 불가능할뿐더러 무의미한 경우도 많다.

한편 나는 법에는 '희생'으로 표현되어 있는 학살 사건을 명확히 정의해 조사 지침을 내릴 필요를 느꼈다. 예를 들어 피해자의 최소 규모를 어떻게 할 것인가? 두세 명이 죽은 사건도 학살인가? 가해자의 의도성 부분을 어느 정도의 지표를 갖고서 확인할 수 있을 것인가? 정치적 목적과 단순 보복 목적의 구분선을 어떻게 설정할 것인가? '민간인'의 범주를 어떻게 설정할 것인가?(전면전에서 사실상의 군인과 민간인 구별 문제) 이러한 문제를 명확히 하지 않으면 강력한 반격에 직면할 것으로 예상되었다. 그런데 우리 학계에서는 이런 분야에 대해 연구한 것이 없었다. 외국 문헌을 봐도 학술적인 정의는 있지만 우리처럼 법적 권한을 갖고서 조사하기 위해 정의한 것은 찾기 어려웠다. 그래서 나는 한편으로 학계에서 이런 논의를 할 수 있도록 용역을 주는 방식으로 지원을 하고 분위기를 조성할 필요가 있다고 생각했다.

## 무엇이 불법적인 민간인 집단 희생인가

한국의 법에는 국가가 국민을 집단적으로 살해한 것에 대해 죄책을 묻는 조항이 포함되어 있지 않다. 국가기관의 공무원 개인이 다른 개인을 죽이는 일, 즉 살인만 문제 삼고 있다. 그런데 전쟁과 준전쟁기에는 구체적 개인이 아니라 국가기관인 군과 경찰이 명령에 의해 집단적으로 민간인을 살해하는 일, 즉 학살 사건이 발생한다. 이것은 분명 국가 범죄행위다. 그런데 한국의 국내법 어느 조항에도 국가의 범죄성을 명시한 내용이 없다.

그래서 학살 사건의 불법성은 국제적인 법 규범에 의거할 수밖에 없었다. 국제사회에는 '반인도적 범죄에 대한 처벌' 규정이 있었다. 전후 나치 학살을 단죄한 뉘른베르크 국제군사법정에서는 "전쟁 전이나 전쟁 동안에 민간인을 대상으로 자행된 살인, 절멸, 노예화, 강제 이송 등 정치적·인종적·종교적 이유에서 가한 박해"를 범죄로 규정한 바 있다(1974년 반인도 범죄와 전쟁범죄에 대한 공소시효 비적용에 관한 유럽 협약). 이 법의 적용 규범에는 교전 방법과 수단에 관해서 군사적 필요에 비추어 불필요하거나 지나친 고통을 주는 살상이나 파괴를 금지하고 전투원과 민간인을 구별하는 내용이 포함되어 있다.

한편 '전쟁범죄' 규정도 있다(유엔 안전보장이사회). 이것은 1907년 헤이그 협약과 육전법(교전법규), 1949년 제네바협약으로 발전했다가 1950년 6월 국제법위원회에서 구체적으로 정의한 것들이 포함되어 있다. 이 규정에 의하면 "의도적 살인이나 고문 등 생물학적 실험을 포함한 비인간적 처우, 의도적으로 큰 고통을 가하는 행위, 점령 지역 내의 민간인들을 살해·학대하거나 노동력 활용 및 다른 목적으로 강제 이송하는 것, 전쟁포로나 선원들을 살해하거나 학대하는 것, 인질을 살해하는 것, 공공의 재산이나 사유재산을 탈취하는 것, 크고 작은 도시와 농촌을 무자비하게 파괴하는 것, 군사상 필요하다고 정당화될 수 없는 유린 행위, 그 밖에 전쟁과 관습법을 침해하는 행위" 등이 '불법'으로 정의된다. 마지막으로 유엔 제노사이드협약(1948)이 있는데, 이것은 135개국이 비준했고 미국도 1986년 비준한 바 있다. 제노사이드협약의 내용은 "국민, 인종, 민족, 종교 집단 전체 혹은 부분을 파괴할 의도를 가지고 실행된 행위"를 의미하는데 집단 구성원에게 "중대한 육체적·정신적 위해를 가하는 것, 전부 또는 부분적으로 육체 파괴를 초래할 목적으로 의도된 생활 조건을 집단에게 고의적으로 부과하는 것, 집단의 출생을 방지하기 위해서 의도된 조치를 부과하는 것" 등이었다.[4]

한국전쟁기에 일어난 국군과 경찰에 의한 여러 형태의 학살 사건을 위의 제노사이드협약에서 규정한 '제노사이드'로 간주하기는 어려운 점이 있을지 모르나, 반인도적 범죄나 전쟁범죄에는 포함될 여지가 분명히 있었다. 국제법은 강제력이 없는 단순한 규범에 불과하지만, 전시라고 하더라도 민간인을 재판 없이 살해한 것은 이 규정에 적용될 수 있었다. 그러나 한국전쟁 같은 내전 상황에서 무장 부대 간의 교전 중에 민간인이 살해된 사건을 의도적인 학살 사건과 명백하게 구분하는 것은 대단히 어려웠고, 위원회가 결정을 내릴 때에도 이것이 언제나 논란거리가 되었다.

가해 측인 국가기관과 피해 측인 민간인의 범위는 어디까지인가에

대해서도 규정해야만 했다. 예를 들면 전쟁 중 민간인들 간의 보복 살인
도 학살에 포함될 수 있는가? 여순사건 당시 반란군이었다가 무기를 버리
고 피신한 뒤 토벌대에 살해된 사람은 민간인인가? 무장한 우익청년단의
가해는 국가 범죄에 포함될 수 있는가? 빨치산을 따라 산에 올라갔다가
토벌대에게 학살당한 사람은 민간인인가? 이처럼 매우 난해한 쟁점들이
있었다. 무장한 빨치산은 명백하게 민간인의 범주에 포함시키기 어려운
점이 있었지만, 무장하지 않은 군인, 무장하지 않은 야산대 등을 민간인
으로 봐야 하느냐는 문제는 논란이 되는 사안이었기 때문이다.

　집단희생국에 배당된 사건 중에 조사 개시 단계에서 특히 논란이 된
것은 미군 관련 희생 사건이었다. 위원회에 접수된 미군 사건은 총 505건
이었고 집단으로 묶어도 212건이나 되었다. 전원위원회에서 전투 중 미
군의 공중폭격이나 기총소사로 민간인이 사망한 사건을 과연 불법 집단
희생이라고 주장할 수 있느냐는 반론이 제기되었다. 물론 오폭, 오인 사
격에 의한 민간인 살상은 분명히 불법적 집단 희생 사건이라고 보기 어려
웠다. 그러나 불법이라고 한다면 과연 "어떤 법에 의거해서 미군 폭격에
의한 인명 피해가 불법이란 말인가"라는 더 거센 반론이 제기되었다. "전
시에 특히 공중폭격에서는 얼마든지 부수적 피해collateral damage[5]가 나올
수 있는 것이 아닌가?" 결국 나는 미군에 의한 피해 사건의 조사 개시 근
거를 다시 다듬어야 했다. 나는 다음과 같이 주장했다. "1945년 8월 15일
부터 한국전쟁 전후 시기에 불법적으로 이루어진 민간인 집단 희생 사건"
을 다루어야 하는데, 미군 관련 사건에서 '불법적'이란 말은 당시에 발효
중인 국제인도법 위반을 지칭하는 것으로 보아야 하며, 여기의 국제인도
법이란 1907년의 헤이그협약, 1949년의 제4차 제네바협약에서 채택된
국제법을 지칭한다."[6] 그리고 "조사 개시 단계에서 불법성을 증명할 수는

없으나 기존 신청인인 피해자의 증언만으로도 불법성이 어느 정도 확인될 수 있으며, 그것에 기초해서 조사를 개시하는 데 무리가 없다."

기존의 정부 통계를 보면 전쟁 초기에 서울 인근 지역에서 사망한 사람은 대부분 폭격으로 인한 희생자들이다. 그런데 한국을 도와주러 온 미군이 피난민이나 민간인 거주지를 향해 무차별적으로 폭격을 가해 수많은 민간인이 사망한 사실을 어떻게 보아야 할까? 단순한 과실치사인가? 그건 아닌 것 같았다. 북한에 대한 무차별적인 폭격도 국제인도법이나 전쟁법상 문제가 될 수 있는데, 한국전쟁 당시 남한은 우방이었다. 우방인 남한의 대도시 지역이나 피난민을 향해 이렇게 무차별적인 폭격을 가한 것에 대해 면죄부를 줄 수는 없는 일이었다. 물론 미군은 제2차 세계대전 중 적국이었던 일본이나 독일을 향한 폭격에 대해서도 자신의 과실을 인정하거나 책임을 진 적이 없었다. 노근리사건에 대해서도 가해의 의도성과 명령 여부를 입증할 수 없다면서 책임을 피해 갔다. 설사 미군에 의한 민간인 대량 사망 사실이 확인되어도 군사적 필요, 정당방위, 자위권 행사, 불가항력적 상황, 전쟁이라는 특수 상황을 들먹이면서 빠져나갈 구멍을 수없이 많이 만들어놓았다. 그리고 명백히 가해 사실이 확인되는 경우에도 베트남전쟁 미군 학살의 대명사인 미라이Mylai사건 처리처럼 국가의 책임을 인정하기보다는 현장 지휘 군인들에게 책임을 돌리는 경우가 많았고, 이들 가해 군인도 곧 석방되었다.

위원회가 사법 기구는 아니었지만 미군의 법적 책임을 확실하게 규명하기 위해서는 국군과 경찰에 의한 사건보다 훨씬 더 엄밀한 조사와 법적 근거에 대한 검토가 필요했고, 설사 충분히 조사를 하고 국내외의 법을 들어서 불법 사실을 주장한다고 하더라도 위원회 내에서는 물론 사회적으로도 논란이 될 여지가 너무 많았다. 노근리사건의 전례를 볼 때 설사 위원회에서 미군의 범죄성을 인정한 진실규명 결정이 이루어졌다고 하더라도, 한국 정부가 반응할 가능성도 없었고 미 당국이 그것을 인정할 가능성은 거의 없었다. 위원회의 조사가 '한미 우방'의 높은 벽을 넘기에는 역부족이었다. 정말 우리 후손들이 통탄하면서 읽을 역사였다.

한편 신청 사건을 분류해 해당 사항이 없는 사건은 각하하고 신청 사건 중에서도 희생자의 범주에 포함되는 사람을 정하기 위해 "민간인 희생자는 누구인가"에 대해서도 엄밀히 정의할 필요가 있었다. 나는 신청인들의 진술을 읽어보고 희생자가 무장 빨치산이라고 볼 여지가 많을 경우 담당 조사관을 불러서 진상규명을 하기 어렵다고 유족들을 설득하라고 지시했다. "명백히 좌익 빨치산 활동을 한 사람인 경우 장차 통일이 되고 세월이 지나 희생자의 활동이 역사적으로 재평가받는 날이 올 수도 있겠으나, 대한민국 정부 기구인 진실화해위가 빨치산으로 보이는 사람들을 '억울한 희생자'로 보기는 어렵다. 그리고 국가기관으로서 하는 조사에 제한이 있으니 신청인인 유족들에게 이야기해달라"고 했다. 실제로 여순사건이후 노역 동원이나 피난을 위해 반란군이나 빨치산을 따라 지리산으로 갔다가 내려오면 죽는다고 해서 산에 남아 있던 사람들이 많았다. 사실이들과 빨치산의 경계는 참 애매하다. 처음에는 어쩔 수 없이 합류했으나계속 행동을 같이한 사람들을 억울한 민간인으로 보기는 어려웠다. 유족들은 대단히 섭섭하게 생각했을지 모르지만 진실화해위는 그렇게 할 수밖에 없었다. 사실 이런 문제는 진상규명의 영역을 넘어서는 역사적 상상력, 즉 문학과 예술의 영역이었다.

지금까지 사실상 한국의 공식 입장은 "빨갱이는 죽여도 좋다"는 것이었기 때문에, 진실화해위는 "빨갱이라고 의심되어도 불법적으로 죽여서는 안 된다"는 법과 인권 기준의 전제 위에서 출발했다. 따라서 나는 희생자 범주를 정하면서 '비전투원'을 가장 넓은 의미의 민간인으로 보았다. 그런데 전시에는 군인만 전투원이라고 볼 수는 없었다. 즉 무장대의 경우 사실상 전투원인데 제복을 입은 군인이 아니라는 이유로 민간인 희생자의 범위에 포함시킬 수 있느냐는 의문이 제기되었다. 따라서 우선 희생자 범위를 정하기 위해 군인과 민간인을 구별해야 했다. 그래서 나는 군사 조직 혹은 준군사 조직para-military group과 민간인을 구분하는 기준으로 1) 국제법 혹은 교전 당사국에 의해 교전 주체로 인정되고 있는가? 2) 법에 의거하여 징집되었는가? 3) 공식 입대 절차를 거쳤는가? 4) 군번이 있는가? 계급이 있고, 작전 명령을 수수하고 전달하는 법적인 지위가 있는가? 5) 제복이 있고, 국가 혹은 공권력이 제공한 무기를 소지하고 있는가? 6) 그 후 국가로부터 공식 참전을 인정받고 있으며 각종 예우를 받고 있는가? 등을 열거했다. 위의 모든 조건을 충족시킬 경우 군인이고, 그중 한두 개의 조건만 충족시킬 경우는 상황에 따른 판단이 필요하다고 보았다.

그런데 조사관들은 여순사건 당시 피신해 숨어 있다가 토벌군에게 학살당한 '반란군', 국민방위군사건 당시 징집된 방위군 등이 민간인인지 아닌지 원칙을 정해달라고 요청했다. 사실 이들 범주는 군인으로도 민간인으로도 볼 수 있기 때문에 대단히 애매하여 숙고가 필요했다. 그리고 군인은 아니라고 하더라도 또다시 민간인으로 분류될 수 있는 범주를 재차 설정했다. 그래서 나는 조사 대상이 되는 희생자의 스펙트럼을 민간인의 성격이 가장 강한 범주부터 정치성이 있는 민간인까지 네 범주로 구분했다. 1) 비전투원, 비정치적, 방어력 없는 사인(여성, 노인, 아동), 즉 미군 피해자, 토벌 작전 피해자, 일부 인민군·좌익 피해자, 2) 비전투원, 비정치적, 방어력 있는 사인(15~60세 사이 남성), 즉 보도연맹원, 재소자, 3) 비전투원, 정치활동 가담, 방어력 있는 사인, 즉 일부 보도연맹원, 재소자, 4) 정치 활동에 가담도 했고 방어력이 있는 사인, 즉 인민군, 좌익 관련 피해자 (우익 청년단원), 예비검속자, 일부 보도연맹원, 재소자 들을 열거할 수 있었다. 이 모든 민간인이 희생자인 것은 맞지만, 첫째 범주에 드는 민간인은 가장 억울한 희생자들이고, 그들의 피학살 사실을 적극적으로 부각시키는 것이 위원회 활동의 효용성과 당위성을 알리는 데 매우 중요하다고 판단했다. 그리고 둘째 범주 이후는 희생자로 확정할 때 논란이 되는 사람들이었다. 따라서 이들이 비무장 상태였는지, 교전 상황이었는지, 학살이 명령에 의해 불법적으로 이루어졌는지 등을 살펴야 한다고 생각했다.

그런데 또 하나의 복잡한 문제가 남았다. 집단 희생, 즉 학살이라는 것은 과연 현장에서 무기를 사용해서 곧바로 사람을 죽이는 것을 의미하는가? 당장 죽이지는 않아도 정황상 사실상의 학살로 봐야 하지 않을까 하는 경우의 수가 많았다. '현장에서 기적적으로 살아남은 자는 희생자의 범주에 포함되지 않는가?' 등의 쟁점도 있었다. 그래서 나는 다음과 같은 원칙을 정하고 소위원회의 논의 석상에 올렸다. 나는 '기본법'상 '집단 희생'에 포함된 사람들은 다음과 같이 구분했다.

- '학살' 현장에서 살아나온 자
- '학살' 현장에서 곧바로 사망한 자 및 그와 관련되어 3일 이내 사망한 자
- '학살'과 직접 연관되어(총격, 폭력 등) 심각한 신체적 피해를 입은 자
- 학살 현장에서 그와 간접적으로 연관되어 사망하거나 부상당한 자
- 행방불명은 유형별로 사건을 보고 판단한다.

이처럼 나는 부상자를 희생자로 분류하자고 제의했으나 소위원회에서 논란이 되었다. 결국 '목숨을 잃은 사람'을 희생자로 보자는 쪽으로 결

론이 났다. 희생의 범위가 너무 축소되는 감이 있었지만 수천 수만 명의 피살자를 다루어야 하는 상황에서 '부상' 건은 결국 조사 대상에서 제외되고 말았다. 그리고, 1) 모든 물적인 피해(재산, 가옥, 농우 등), 2) 모든 형태의 정신적 피해, 3) 학살 3일 이후 사망한 경우, 4) 학살 사건과 연관성을 입증하기 어려운 부상 등의 범주는 '집단 희생'의 조사 내용에 포함시키지 않기로 했다. 여기서 조사 제외 범위에 속한 것은 일단 각하 처리하되 조사 대상에 속한 사람들이 이러한 피해를 중복적으로 입은 경우 그러한 내용을 일단 확인·조사하며, 각하한 경우도 내용을 기록하여 이후 사건 보고서 및 종합보고서에 싣고 국가가 그에 대한 적절한 조치를 취할 수 있도록 위원회 차원에서 적극적으로 권고해야 한다고 생각했다.

형무소 수형자 학살 사건의 경우 희생자 확정에서 큰 곤란에 부딪혔다. 우선 첫째, 형무소에서 재판을 받지 않고 불법적으로 살해당한 사람만을 희생자로 판정하려 했는데, 문제는 당시의 군법회의 재판이라는 것이 극히 형식적이어서 재판이지만 사실상 학살로 볼 수 있는 경우가 있었다는 것이다. 그래도 형식적으로 재판을 거쳤다는 사실이 있어 희생자로 확정하기가 곤란했다. 둘째는 형무소에서 살해당하지 않고 이송 중 병으로 사망하거나, 형무소에서 동사凍死·아사餓死한 사람들 문제였다. 후자의 경우 사인으로 보자면 분명히 학살은 아니었기 때문에 이 역시 위원들을 설득하는 문제를 고심했다. 그런데 전자의 경우는 제주4·3사건의 경우를 참조했고, 후자의 경우는 외국의 사례를 살펴보았다.

우리가 알고 있는 나치 치하 유대인 학살의 경우가 좋은 예였다. 사실 600만의 학살이라고 하지만 가스실에서 죽은 사람은 120만 정도였고 나머지는 가혹한 집단 이주 과정이나 노동 현장에서 병과 기근의 고통을 견디지 못하고 죽었다는 사실에 주목했다. 그리고 1915년 터키의 아르메

니아 학살 역시 상당수는 강제 이주 과정에서 동사·아사했다는 사실을 발견했다. 그래서 집단 학살이라는 것은 반드시 총칼로 사람의 목숨을 뺏는 것만 의미하는 것이 아니라, 그들을 사실상 죽을 수밖에 없는 환경에 몰아넣고 그들이 죽음에 이르렀을 때 적절히 보호하거나 치료하지 않은 행위도 모두 포함된다고 결론을 내렸다. 사실상 생존 불가능한 상황으로 몰아넣은 것도 학살의 개념에 포함되어야 한다는 논리 위에서 형무소의 극히 비인도적인 상황에서 죽음을 맞이한 사람도 피학살자에 포함되어야 한다는 주장을 다듬은 다음 위원들을 설득했다. 약간의 반론도 있었지만, 대체로 내가 만든 방침이 적용되었다.

그다음은 학살을 직간접적으로 겪고 나서 자살한 사람의 경우였다. 부역자로 몰려 잡히면 죽을 상황에서 자살한 사례들이 있었다. 이것을 학살로 봐야 하는가에 대한 의문이 있을 수 있었다. 최근 군 자살자의 경우에도 '타살성 자살'이라는 주장이 제기되고 있지만, 당시의 정황에서 보면 피할 곳은 없고 잡히면 백 퍼센트 학살이 기다리고 있는 '부역 혐의자'들이 스스로 목숨을 끊은 경우를 학살 범위에서 배제할 이유가 없었다. 그래서 이 역시 피학살자 범주에 포함했다. 그런데 학살 사건 1년 후 정신적 고통 혹은 폭력의 후유증으로 사망한 사람도 학살 희생자로 보아야 할 것인가? 한 달까지는 희생이고, 그 이후는 자연사인가? 결국 50년 이전의 사건에 대해 마치 현재의 범죄를 수사하듯이 개인 차원의 사망 경과를 규명하는 것은 불가능했다. 그래서 유족들이 생각하는 희생의 범위와 위원회에서 판단하는 범위가 달라질 수밖에 없었다.

법은 일반적이었지만 실제 현실은 너무나 복잡하고 풍부했기 때문에 법을 집행하기 위해서는 사안별 검토나 구체적인 판단이 필요했다. 이 모든 쟁점은 소위원회·전원위원회에서 계속 논란이 되었는데, 나는 관련 외국 사례의 논문, 한국의 사정 등을 종합해서 그때그때의 논리를 만들었다. 이것은 상임위원으로서 나의 가장 중요한, 그리고 고유한 임무였다.

## 신청을 기피하는 유족들

위원회의 법에서 충분히 다룰 수 없어 각하한 사건들의 목록을 보면 정말 우리가 그동안 알고 있었던 것보다 민간인들의 피해는 훨씬 더 광범위하고 다양했다는 사실을 알게 되었다. 대표적인 것만 떠올려보면, 군에 노무자 혹은 '보국대(나는 이것이 일제 말기에만 있는 것인 줄 알았는데 한국전쟁 때도 있었다)'로 끌려가 사실상의 강제노역에 동원된 사람, 그리고 그렇게 노역에 동원되었다가 사고로 죽음을 당하고 그 후 정부로부터 아무런 인정도 보상도 못 받은 사람, 학도병으로 동원되었다가 복무를 마치고 왔는데 징집영장이 나와 군대를 두 번 간 사람 등 별별 희한한 사건이 많았다. 우리 국민들이 지난 60년간 국가로부터 당한 억울함은 정말 셀 수 없이 다양했고, 위원회가 동원할 수 있는 인적·물적 자원은 극히 제한적이었다.

그런데 학살 사건 후 반세기가 지나 이제 유족의 억울한 사연을 들어주고 희생의 진실을 규명하겠다는 위원회가 만들어졌는데도 유족들의 반응은 미지근했다. 특히 1961년 5·16 쿠데타 이후 호되게 당한 경험을 가진 유족들은 더욱 소극적이었다. 홍보 예산이 없어서 미디어를 통해 신청을 독려하는 데도 한계가 있었기 때문에 위원회가 설립되었다는 것을 모르는 유족들도 많았다. '기본법'에는 위원회 활동 개시 후 1년 동안만 신청을 받는 것으로 되어 있었다. 그래서 2006년 초 조사 활동을 개시할 무렵부터 어떻게 하면 좀 더 많은 유족들이 신청하도록 할 수 있을까 계속 걱정을 했다.

유족들이 신청하지 않은 이유도 이해할 수 있었다. 우선 남은 가족들이 희생자를 적극적인 부역자 혹은 좌익 활동가로 판단하거나, 실제로 그런 경우였다. 예를 들어 남로당 간부를 부친으로 둔 소설가 김성동 선생은 자신의 부친이 대전 산내에서 학살당했지만 위원회에 신청하지 않았다. 김성동 선생에게 신청할 의사가 없는지 전화로 물어보니, 그는 자신이 살고 있는 양평 인근에 세균전 의혹이 있다는 제보만 해주면서 이런 사건을 조사하지 않는지 물어보았다. 그러면서 "반동의 세월이 오지 않을까요", "꼭 올 것 같은데요"라고 오히려 나를 걱정해주고, 신청 건에 대해서는 더 이상 말을 하지 않았다. 이제 와서 들추어내서 뭣하겠냐는 생각에 묵은 상처를 더는 다시 건드리고 싶지 않아서 신청하지 않은 경우들도 있었다. 별도의 보상 조치가 없다는 사실을 알기 때문에 신청을 하지 않은 유족도 이 경우에 포함되었다. 그런데 아예 위원회가 설립된 것을 모르거나, 이후에 닥칠지도 모르는 보복, 연좌제 등 단순히 공권력에 의한 보복뿐만 아니라 지역사회 내에서 이 문제가 거론되고 또다시 이웃의 따돌림을 당하는 등의 피해를 입을까 두려워해서 신청하지 않는 경우도 많았다.

앞의 세 경우는 적극적인 회피였기 때문에 유족들의 의사를 존중할 수밖에 없었지만 위원회 존재 자체를 모르거나 알고 있어도 두려움 때문에 신청하지 않는 경우는 위원회 차원에서 적극적인 대책을 강구할 필요가 있다고 보았다. 제주 4·3사건의 경우 추정 피해자 3만여 명의 과반수가 조금 못 되는 1만 4000명이 희생자로 판정되었는데, 이것은 제주도가 고립된 섬이고 농촌 사회의 모습이 그대로 유지되고 있으며 모두가 이웃으로 얽혀 있기 때문이었을 것이다.

나는 그 무렵 한국전쟁기의 학살(남북한 혹은 좌우익에 의한 피해 모두) 피해자 수를 20만에서 50만까지 추정했다. 어림짐작으로 이 중 반수 정도는 가족이 완전히 풍비박산 나서 신청할 수 있는 생존자가 없을 것으로 추정했다. 그리고 나머지 중에서도 반수 이상은 아들, 딸, 그리고 손자대 사람들에게 이 사실을 알리지 않았기 때문에 가족들도 이 사실을 모르고 있을 것으로 예상했다. 그리고 사건을 인지하고 있는 경우에도 앞의 세 가지 이유로 신청을 기피할 것으로 예상했고, 오직 미디어를 통해서 세상일을 접하는 대도시 거주자는 진실화해위 활동을 접하지 못할 가능성이 컸다. 그래서 나는 진실화해위가 방송, 지방자치단체 등을 통해 최대한 홍보하면 신청자가 대략 1만 명 정도 될 것이고 그렇지 않으면 5000명 정도 될 것으로 예상했다. 그런데 신청자가 5000명밖에 되지 않는다면 1960년 당시의 자료를 근거로 '100만 학살'을 주장하던 나를 포함한 활동가들이나 유족회의 주장이 머쓱해지는 셈이 되기 때문에, 실제로 몇 사람이 신청할지 걱정스러웠다.

물론 유족들이 진상규명을 신청하지 않는 것도 이들의 자유의사다. '망각의 행복', '기억하지 않을 권리'를 침해할 권리가 우리에게는 없었다. 스스로 자신의 상처를 들추기를 원하지 않는데, 당신은 피해자이니 우리가 원인을 밝혀주겠다고 나서는 것은 그들의 '자유의사'를 침해하는 행위가 아닌가? 그리고 사실상 조사 이후의 결과를 책임져줄 수도 없으면서 들추어내는 것만이 능사는 아닐 것이다. 사실 위원회는 사건을 들추어낸 다음 피해자 개인이 겪을지도 모르는 또 다른 정신적 고통에 대해 책임을 질 수 있는 위치에 있지도 않았다. 이산가족 상봉을 보자. 한 번의 만남이 평생의 한을 풀어준 경우도 있지만, 상실의 고통을 더 심화시킨 경우도 많지 않은가. 어떤 경우에라도 사실상 피해의 원상복귀는 불가능한 것이 아닌가. 나는 이 유족들이 '신청 거부 행동'을 통해 사회에 말하고자 하는 것이 있다고 보았다.

그럼에도 불구하고 '기본법'상 조사는 신청에 기초해서 하도록 되어 있었고, 학살 사건의 중대성을 선전하기 위해서라도 신청인이 많아야 할 필요가 있었다. 그런데 홍보 예산이 없었던 우리는 특단의 방법을 고안했다. 집단희생국 직원들 중심으로 지역을 순회 방문하고 유족을 홍보 요원으로 활용하는 방법을 시도한 것이다. 그리고 각 지역의 유족회장, 혹은 시민단체 관계자를 대동해 신청 기피 유족을 방문하도록 했다. 그리고 각 지역의 관련 시민단체가 유족들을 대신해 신청서를 작성할 수 있도록 했다. 그리고 위원장과 상임위원이 각 지자체를 순회 방문해서 홍보 요청을 하기로 했다.

그래서 나는 공무원인 조사관들이 서울역, 청량리역 등의 입구에 서서 오가는 사람들을 대상으로 전단지를 배포하도록 했다. 그전에 범국민위 활동가였던 조사관들은 이제 위원회의 별정직 공무원이 되어 두 번이나 같은 장소에서 다른 전단을 돌리는 셈이 되었다. 전에는 과거 학살 사건을 진상규명하라는 전단을, 이번에는 유족들에게 진상규명 신청을 하라는 전단을 돌린 것이었다. 그리고 송 위원장과 나는 전국 시·도지사를 방문해 지자체가 자체적으로, 그리고 어떤 도 지역에서는 면 단위에서 이장 회의를 통해 위원회가 설립되었다는 것, 올해 안에 신청해야 한다는 것을 홍보해줄 것을 요청했다. 전국 순회는 내게도 좋은 학습 경험이 되었다. 우선 전국 시·도지사를 만나는 것 자체가 학자로서는 전혀 겪어볼 수 없었던 일이었기 때문에 매우 흥미롭기도 했지만, 담당 공무원, 시·도지사와 대화를 하면서 이 사안이 지자체에 어느 정도의 관심거리인지 알수 있었고, 과거사가 우리 사회에 어느 정도로 인지되고 있는지를 파악하는 데에도 크게 도움이 되었기 때문이다. 시·도지사를 방문하면서 지방 권력이 얼마나 막강한지도 새삼 느꼈고, 조선시대 이래 지방관의 위세에 대해 피부로 접할 수 있었다. 나는 시민단체 경험이 있었기 때문에 만약 정부가 NGO처럼, 그리고 정부 공무원이 시민단체 활동가처럼 일한다면 국민이 얼마나 행복할까 하는 생각도 해보았다.

나는 신청서를 접수받는 각 시·군·구의 창구 직원, 그리고 서울 사무실의 창구 직원들에게도 별도의 교육이 필요하다고 역설했다. 그것은 우리 민원인인 피학살자 유족은 대한민국의 모든 민원인 중에서 가장 특수한 민원인이라는 점, 신청인이 없으면 진실규명도 화해도 있을 수 없기 때문에 우리 위원회의 존립 의의도 부정될뿐더러 중요한 증인들의 증언을 들을 기회가 없어져버린다는 점을 이들이 알아야 한다고 생각했기 때문이다. 그래서 내부 직원 교육에서 "이 사업은 유족을 피해의식에서 벗어나게 하고 사회적 주체로 만드는 일이다", 그리고 조사를 통해 "장차 지역사회에서나 전국적으로 이들이 조직화될 수 있는 기회를 제공해준다", "신청 자체가 이들에게 시민권을 부여해주는 일차적인 상징적 행위라고 볼 수 있으므로 가능한 한 많은 사람이 신청하도록 하는 것이 좋다"는 점을 강조했다. 결국 모든 수단을 동원한 효과가 있었는지, 2006년 11월 법정 신청 시한까지 약 1만여 명의 피학살자 유족, 인권침해 피해자들이 진실규명을 신청했다. 아쉽기는 했지만 그래도 최악의 상황은 면했다.

그런데 막상 신청인의 분포를 보니 지역별로 큰 편차가 드러났다. 예상했던 대로 호남의 비중이 압도적이었다. 그것은 호남 지역의 피해가 컸기 때문이기도 하지만, 광주 5·18 청산의 경험으로 지역 주민들의 두려움이 덜하다는 것도 큰 이유인 것 같았다. 과거 4·19 직후 이원식이 작성한 전국 피해자 분포도 이와 비슷했고 가해를 밝히지 않은 한국 정부의 공식 통계에서도 호남 지역 학살 피해가 큰 것으로 나온다. 한편 유족회가 조직되어 있는 경우와 그렇지 않은 경우의 신청인 수 편차가 극심했다. 유족회가 거의 조직되어 있지 않은 경상도나 충청남도의 신청자는 별로 많지 않았다. 그리고 공동체가 유지되는 농촌 지역에는 나름대로 위원회 설립 소문이 퍼져서 신청자가 많았지만 대도시 지역의 신청자는 거의 없었다.

신청인의 현황과 분포는 사회학자인 나의 호기심을 특별히 자극했다. 우리 사회의 최상층 혹은 세속적 기준으로 '성공한' 유족은 거의 신청하지 않은 것 같았다. 즉 고위 공무원, 기업의 임원, 전문직 등 이 사회에서 나름대로 출세를 하고 자기실현을 했으며 경제력도 있는 사람들이 외면한 것이다. 신청인 대다수는 우리 사회에서 중간층 혹은 하층으로 분류될 수 있는 사람들이었다. 세속적인 지위를 얻은 사람들은 잃을 것이 많고 사회에서 이미 시민권을 인정받았기 때문에 지금 와서 새삼 이런 일에 자신을 노출시킬 필요가 없었을 것이다. 그래서 나는 신청인들의 분포를 보면서 과거 청산의 계급·계층적 성격, 즉 이 문제가 단순히 막연한 과거의 사실을 다루는 것이 아니라 전쟁을 겪으면서 우리 사회에서 사실상의 비시민, 거의 '천민'과 같은 처지로 전락한 사람들의 문제, 밑바닥 사람들의 문제임을 새삼 실감하게 되었다. 민간인 학살 문제는 바로 한국 사회 일반, 특히 지역사회를 들여다볼 수 있는 가장 흥미로운 프리즘이었다. 한국전쟁의 피해와 국가폭력의 트라우마, 유족회의 탄압사와 연좌제를 모르고서는 한국 민중의 심층 심리를 이해할 수 없다는 사실을 다시금 확인할 수 있다.

전쟁이라는 것은 대체로 정치투쟁의 연장이며, 승자와 패자가 갈린다. 전쟁, 즉 정치에서 패배한 측은 대역죄인으로 몰리거나 노예로 전락한다. 한국전쟁은 현대전이었지만 그와 유사한 결과를 낳았다. 좌익도 아니면서 좌익으로 분류되었던 사람들, 죄도 없이 학살당한 사람들의 가족은 한국 사회 내에서 새로운 형태의 '천민' 혹은 이단자로 전락했다. 자신이 아무리 적의 편이 아니었다고 해도 누구도 그들의 항변을 들어주지 않았다. 권력은 "입 다물어, 너희는 적이야"라고 일방적으로 낙인을 찍었다. 양반이 된 '노비'들은 자신의 과거를 들추어내기를 원하지 않는다. 그런데 권력은 바뀌지 않았지만 세월이 지나 이제 권력이 과거에 억울하게 노비가 되었던 사람들을 다독거리는 양상이었다. 60년의 세월이 지나는 동안 목격자와 피학살자 2세들은 진상규명도 되지 않은 상태에서 이미 너무 늙어버렸다. 그들의 마음은 이제 얼음처럼 차가워졌고, 분노는 재처럼 식었다. 비웃을 힘도 욕할 힘도 그들에게는 남아 있지 않았다. 유족 신청 상황을 보면서 이런 생각이 내 머릿속을 왔다갔다 했다.

# 7장

# 조사와 진실규명 결정

## 집단 학살 사건을 조사한다는 것은 무엇인가

연구자로서 여러 조사 활동에 참여해보았지만, 법적 강제력을 가진 정부 기구에서 과거 사건의 진상조사를 해본 것은 처음이었다. 무엇이 과거 국가의 불법적인 폭력 행사를 조사하려는 우리의 모델이 될 것인가? 즉 조사에는 매뉴얼이 필요한데, 학살 사건 조사 매뉴얼이 국내에는 없었다. 제주 4·3위원회가 가장 유사한 선행 조사 기관이었지만, 그 위원회는 경찰·군인 등 가해자에 대한 조사보다는 피해자 신고를 받아 피해 사실을 확인하는 데 치중했기 때문에 우리 학살 사건의 조사 모델로 삼을 수는 없었다.

과거사 진상조사로 말하자면 그전에 설립되었던 의문사위의 경험이 가장 큰 준거였지만, 그것과 연속성을 가진 위원회의 '인권침해' 사건은 오히려 사실 검경의 수사와 유사했기 때문에 60여 년 전에 발생한 집단 학살 사건과는 전혀 성격이 달랐다. 집단 학살 사건의 진실은 당시의 정치적 조건, 무엇보다 전쟁이라는 역사적 특수 상황이 고려되어야 하며 국군의 작전권, 미군의 개입, 경찰의 역할 등 역사적·사회적 분위기와 정황이 참작되어야 했다. 그래서 우리 조사국에 파견 온 경찰·검찰 출신 조사관의 도움을 얻어 조사 매뉴얼을 만들었고, 일단 그것을 가지고 시작했다. 외국의 각종 '인권침해' 사건의 조사 매뉴얼을 접해본 우리 집단희생소위원회의 자문위원들은 "예민한 사항일수록 과학적인 근거와 절차에 입각해서 조사가 이루어질 수 있도록 해야 하고 국제 기준에 맞춰야 한다. 사전 조사 매뉴얼을 작성할 때는 피해자와 가해자를 다루는 데 윤리적·법적 측면을 모두 고려할 필요가 있다"고 제언해주었지만, 사실 그런 것까지 세세하게 고려할 여유는 별로 없었다.

그런데 한국전쟁기 집단 학살 사건과 같은 국가폭력 사건은 사건이 발생하고 너무 오랜 시간이 경과했다. 세계 어떤 나라의 진실화해위도 이렇게 오래된 사건을 조사한 경우는 없었다. 비교적 오래되었다고 하는 캄보디아의 전범재판도 기껏해야 30년이 좀 넘은 것들이다. 스페인의 '기억화해법'은 프랑코 치하의 학살 문제를 다루었지만, 우리처럼 진상규명을 주요 활동 내용으로 하기보다는 기억·기념 사업에 초점을 두었다. 즉 가해자의 대부분이 사망했고, 관련 문서 자료를 찾기가 거의 불가능하다는 것이 전쟁기 학살 사건의 특징이었다. 그런데 더 어려운 점은 전쟁기 집단 학살 사건의 가해자는 대체로 한국의 국가유공자 혹은 전쟁 영웅이라는 점이었다. 한국전쟁에 대한 한국 정부의 공식 규정과 입장이 흔들리지 않는 마당에 그 전투의 공로자 중 일부가 조사 결과에 따라 가해자로 공식화될 수 있는지가 근본적으로 의문이었다. 그리고 말단 가해 군인이나 경찰도 자신은 상부의 명령을 따랐을 뿐이고, 또 명을 받아 군인이나 경찰로서 당연히 해야 할 일을 했다고 확신하고 있었다. 지금까지 그렇게 대우받아온 사람들이기 때문에, 공식적으로는 참고인이지만 이들을 잠재적 가해자로 취급하여 조사에 응하라고 할 수는 없는 문제였다. 물론 그들은 조사에 응하지 않을 것이며 사건 발생 자체, 자신이 관련되었다는 사실 자체를 완강하게 부인할 것으로 예상되었다.

나는 이런저런 문헌을 뒤졌다. 외국의 조사 사례를 참고할 수밖에 없었다. 국제사면위원회Amnesty International와 아프리카사회과학연구발전위원회(CODESRIA. Council for the Development of Social Science Research in Africa)에서 사용한 '무력 충돌 상황에서의 인권침해 조사 및 감시 매뉴얼 Monitoring and Investigating Human Rights Abuses in Armed Conflict'을 참고했다.[1] 나는 이 매뉴얼을 기초로 학살 사건 조사에서 반드시 참고하거나 주의해야 할 사항, 그리고 이후의 보고서 목차 등을 대략 구상했다. 전쟁기·준전쟁기 인권침해의 범위에 명백히 포함시킬 수 있는 살해, 즉 민간인에 대한 의도적이고 무차별적인 살해의 유형에는 어떤 것이 있는가, 그리고 자료를 가지고 국가 범죄의 증거를 입증할 수 있는 진실규명의 수준은 어떠한가 등에 대해 외국의 여러 조사 경험 관련 자료를 읽고서 많은 시사를 얻을 수 있었다. 그리고 이 매뉴얼에 나와 있는 대로 보고서는 사건의 배경과 경위, 진실규명의 쟁점, 법적인 책임, 권고 등의 순서로 구성할 수 있다는 자신감을 갖게 되었다.

그러나 외국의 조사 매뉴얼을 보니 우리 '기본법'의 조사 내용과 범위가 얼마나 제한적인지 새삼 절감하지 않을 수 없었다. 예를 들어 학살 조사에서 아동에 대한 잔혹 행위, 강간 등 성폭력, 인구의 강제 이주, 난민에 대한 처우 등도 학살에 버금가는 심각한 인권침해로서 반드시 조사되어야 했지만 우리는 법 초안을 구상할 당시에 그런 점은 생각조차 하지 못했고, 사실 그럴 여유도 없었다. 그리고 통상 학살 사건의 경우 1차 피해 이상으로 2차 피해 즉, 학살 이후의 차별과 학대, 정신적 피해가 심각한데, 2차 피해 실태를 조사할 수 있는 법 조항이 없었다. 사실 학살 사실 자체를 규명하는 것도 우리로서는 버거웠다. 국제사회는 학살, 혹은 심각한 인권침해에 대해 조사의 쟁점과 기준을 이렇게 구체적으로 만들어가고 있는데, 한국 사회의 인권의식은 극히 초보적이고 원시적인 상황에 놓여 있다는 탄식을 하지 않을 수 없었다. 우리 사회에서는 '죽고 죽이는' 정도가 아니고서는 아직 인권침해로 거론조차 되기 어려웠다.

조사가 본격화되자 나는 과거사 진상규명에서 개인의 진실과 역사적 진실의 차이, 즉 신청인 조사와 직권조사의 차이와 그 의미를 본격적으로 깨닫기 시작했다. 우선 조사관들이 내게 "어디까지 어떻게 조사를 해야 하느냐"고 조사의 기본 원칙과 방향을 정할 것을 요구했다. 즉 개인 신청인들의 피해의 진상을 규명하는 데 치중하는 것이 맞는가, 아니면 개개인에게는 피해 사실 정도만 확인하고 사건 전체의 규명에 치중하는 것이 맞는가 하고 물었다. 우리 집단희생국에 배당된 8000건이 넘는 그 많은 신청인과 그 몇 배가 될 수도 있는 주변 목격자 등 참고인의 구술을 모두 조사해서 사건을 재구성하는 것은 사실상 불가능에 가깝고, 4년이라는 제한된 기간 내에 사건 자체의 진상규명 임무를 완수해야 하는 위원회로서는 감당하기 어려운 일이었다. 신청 사건 하나하나가 단일 사건인 인권침해국 사건은 그렇게 할 수 있지만, 학살 사건은 기본적으로 집단 사건이기 때문에 특정 범주, 지역 내의 신청인 개개인이 입은 피해 사실은 거의 모두 동일하다. 그래서 국민의 입장에서 보면 학살 사건은 원칙적으로 직권으로 조사해서 사건의 진상을 밝히는 것이 맞지만, 민원인인 신청인의 입장에서 보면 그들 가족의 억울한 죽음을 확인해서 한을 풀어주는 일 역시 중요했다.

물론 인권침해국의 조사 대상 사건도 그렇기는 하지만, 집단희생국 조사의 모든 내용은 단순히 신청인의 피해 사실을 확인하는 개별적 진실 규명이 아니라 굴절된 역사를 바로잡는 문제에 중점을 두어야 했고, 조사도 그러한 큰 그림 아래에서 진행되어야 했다. 그런데 큰 그림은 특정 자료나 피해자 혹은 가해자의 진술 몇 개로 그려질 수는 없었다. 위원회가 설사 특정 사건에 대해 직권조사를 결정했다고 해서, 결정적 자료를 찾기는 어려웠기 때문에 당장 그림이 그려진다는 보장은 없었다. 중요한 증언이나 자료가 하늘에서 떨어질 리 없기 때문이다. 신청인이나 참고인의 수많은 진술이 하나하나의 퍼즐 조각처럼 맞추어져야 큰 그림이 완성되지만 그와 별도로 가해자 조사나 정부 자료를 통해 아예 큰 그림을 가설로 내세우고 접근하는 것도 필요하다. 그래서 이 두 과제를 결합시켜야 한다는 과제는 내 임기가 끝날 때까지 나를 괴롭혔다.

한편 위원회는 60여 년 묵은 민원을 해결해야 하지만, 역사를 바로잡는 역할은 그보다 더 중요하다. 즉 관료 조직이면서도 관료적 방식의 한계를 넘어설 수 있는 길을 일선 조사관의 조사 활동에서 어떻게 관철할 것인가? 그래서 나는 '기본법'상의 '진실'의 범위를 확대 해석해서, 조사관들에게 가능한 범위 내에서 6장에서 언급한 조사 내용, 즉 사후의 2차 피해, 미담 사례 등도 포함시키라고 했다. 특히 학살 현장의 가해 측 의인들, 즉 죽일 수도 있었으나 명령을 회피해서 살해 대상들을 살려준 '한국의 쉰들러'에 해당하는 사례, 그리고 가해자 중에서 자신의 죄과를 뉘우치는 경우를 특별히 찾아보라고 주문했다. '기본법'상으로는 이러한 내용을 조사하게 되어 있지 않았기 때문에 이러한 조사 내용을 보고서에 담을 수는 없었지만, 가능한 대로 보고서에 포함한 다음 나머지 내용은 별도로 정리해 보고할 것을 지시했다. 실제로 현장에서 사람들을 살려준 의인의 경우는 별도로 정리해 추후 조사가 종료되면 기자회견 등에 활용할 예정이었고, 사건 이후의 피해(2차 피해) 역시 언론 공개를 통해 국민적 공감대를 얻기 위한 자료로 활용하려 했다.

한편 '집단 희생' 사건의 개별 사건 보고서 작성의 원칙도 수립했다. 위원회의 민간인 학살 사건 조사와 결정은 특정 명령권자, 가해자 개인에게 책임을 돌리는 방식으로 이루어져서도 안 되고, 전쟁 등 사건 전후의 불가피한 정황을 들어서 국가의 범죄를 정당화해서도 안 된다고 보았다. 즉 집단 희생 사건 보고서는 '인권침해' 사건 조사 보고서와는 달리 사건의 정황과 배경이 풍부하게 들어가야 한다고 보았다. "왜 그런 일이 생겼는가? 막을 수는 없었나?"라는 질문에 대해 답을 내려야 하고, 그러한 사실 자체를 부인하는 정부의 기존 입장, 공식 역사 해석을 반박하는 방식으로 진행됨과 동시에 새로운 사실을 재구성하는 방식으로 서술하여야 하며, "그러한 사실이 있었다, 구체적인 사실은 어떠하다"라는 방식으로 역사를 재구성하는 서술이 되어야 한다고 보았다. 기존의 공식 해석 혹은 부인의 기제는 1) 학살은 없었다, 2) 있었다고 하더라도 불가피했고 따라서 공권력의 행사는 정당했다, 3) 전쟁이라는 불가피한 상황에서 저질러진 것이므로 법적으로 문제가 없다, 4) 안보·반공 체제 유지를 위해 국가의 잘못을 들추어내는 것은 위험하다 등의 내용이었는데 그것을 반박해야 했다. 그래서 조사관들에게 "보고서는 역사적 문건이므로 역사 재해석이라는 큰 사명감을 가지고 작성할 것, 객관적이고 공정하게 의심되는 사항에 대해서는 확인할 수 있는 데까지 확인하고 신청인의 주장을 그대로 수용하는 것을 삼갈 것"을 지시했다.

그러나 제한된 시간 안에 자신이 담당한 특정 사건의 조사와 진상규명 작업을 완료해야 하는 조사관들에게 사건의 진상도 밝히고, 또 '진실'의 개념을 넓게 해석해서 개인적 희생의 진실이 아닌 사건의 '역사적 진실'도 포함하여 조사하고, 또 보고서를 작성하라는 내 지시는 사실상 무리한 것이었다. 그러나 나는 우리의 조사가 신청인 개개인의 희생 여부 확인에 머물러서는 안 된다는 점을 계속 주지시켰다. 그리고 우리 위원회의 진상규명 활동이 단순한 행정 부서의 민원 처리와는 다르며, 이러한 국가 차원의 조사는 차후에 다시 반복되기 어려울뿐더러 노령 유족에 대한 조사는 국가기관으로는 사실상 처음이자 마지막 조사일 것이기 때문에 이 소중한 기회를 결코 놓쳐서는 안 된다고 거듭 강조했다.

## 조사관과 조사 활동

학자는 논문으로 말하고, 법조인은 판결로 말하며, 언론인은 기사로 말한다. 마찬가지로 진실화해위는 진상조사와 진실규명 결정을 통해서 자신의 존재를 드러내야 한다. 결국 조사와 보고서가 위원회 존립의 알파요 오메가다. 그 임무를 수행하는 사람들이 조사관이므로 조사관의 능력과 자질이 위원회의 성패를 좌우할 것이었다.

나는 위원회에 출근한 첫날부터 유능한 조사관을 구하는 문제를 걱정했다. 설사 의지와 열정이 있는 사람이 있어도 그 임무를 수행할 조사 능력이 따라가지 못하면 제대로 조사를 할 수 없다는 것은 명백했다. 뛰어난 시민운동가나 연구자가 유능한 조사관이 된다는 보장도 없었다. 진실화해위의 가장 핵심적인 업무인 조사 활동은 민간에서 충원된, 한시적으로 계약된 공무원이 수행하게 되어 있었다. 그런데 만약 한국 사회를 다 뒤져도 그러한 일을 수행할 사람이 없다면 어떻게 할 것인가. 유족들이나 사회에서는 이제 그렇게 원하던 법이 통과되었으니 좋은 성과가 나오기를 기대했지만, 사실 주변을 돌아보니 직장을 갖지 않은 사람 중에서 한시적인 조직에 별정직 공무원으로 들어와 주어진 조사 임무를 능숙하게 수행할 수 있는 사람이 잘 떠오르지 않았다. 더구나 40대 중반이 넘은 사람 중에서 간부 역할을 할 사람은 더욱 없었다. 나는 남몰래 이 문제로 끙끙 앓으면서 주변에 조사관으로 일할 적임자가 있는지 수소문했다.

진실화해위가 한시적인 정부 기구로 만들어졌고 밖에서 인력을 충원했다는 말은 곧 기존 정부 조직은 그러한 역할을 할 수 없고 기존 관료 중에는 그러한 역할을 수행할 사람이 없다는 말과 같다. 제대로 된 국가라면 국방부·경찰청·검찰 등에 자체 사료관이나 연구소를 운영하면서 평소에 자체적으로 역사나 사료를 정리하다가, 이런 조직이 생기면 위원회에 조사 요원을 파견하는 것이 맞다. 그런데 국방부에는 조직은 있지만 이런 민감한 부분은 다루지 않았고, 육·해·공 각 군에는 별도의 조사·사료 편찬 기관이 없으며, 경찰 역시 이런 부분에 대한 조사나 기록 정리는 하지 않았다. 한미 양국이 노근리사건을 조사할 당시 미국 측이 보고서를 자기들에게 유리하게 작성한 것도 미군 내에 공군 폭격 관련 조사를 할 수 있는 전문가들이 다수 포진되어 있었기 때문이다.

주변을 돌아보며 조사관 자격을 생각하다 보니 다음과 같은 능력을 가진 사람이 필요했다. 우선 피해자는 물론 가해자 등 참고인을 만나 원하는 진술을 이끌어내기 위해서는 수사 경력이 있어야 했다. 그런데 이것은 경찰, 검찰, 기무사 등 정부 부서에서 일한 사람들을 파견받아 어느 정도 해결할 수 있었다. 그러나 이들은 대체로 우리와는 완전히 다른 시각을 갖고 있는 사람들이었다. 즉 한국전쟁 자체 혹은 전쟁기 학살 사건의 내용에 대해 기본적인 숙지가 되어 있지 않거나, 그동안 이와는 전혀 다른 입지에서 활동해온 검경 수사관 출신들을 어떻게 재교육하여 이 사건의 조사관으로 활용할 것인가 하는 문제가 있었다.

둘째, 반세기 이전에 작성된 정부나 민간의 문서를 해독할 능력이 필요했다. 과거에는 경찰 문서, 판결문 등이 모두 난해한 한자, 심지어는 초서로 작성되었는데 이것은 한문 해독 능력뿐 아니라 현대사에 대한 사전 지식이 전제되어 있어야 읽을 수 있다. 즉 현대사 연구에 대한 기본 소양이 있으면서 문서를 해독할 능력이 있는 사람이 필요했다. 그러자면 우선 사학과 석사 이상의 학위를 가진 연구자들이 필요했다. 한편 우리는 미군 관련 사건을 조사하게 되어 있었기 때문에 영문 문서를 읽을 수 있는 능력을 가진 조사관의 충원이 필수적이었다. 그런데 미국의 작전 문서를 읽을 정도의 '고급 노동력'이 대학 등에 정규직으로 취직하지 않은 채 남아 있어서 이 한시적인 기구에 올 수 있을지는 의문이었다.

셋째, 보고서를 작성할 수 있는 능력이 필요했다. 대학을 졸업한 사람은 어느 정도의 문서 작성 능력은 갖추고 있다고 볼 수 있겠지만, 사건을 논리적으로 재구성해서 하나의 완결된 보고서로 작성하기 위해서는 상당한 논리 구성 능력이 요구된다.

넷째, 일종의 상담사의 자질도 필요했다. 그동안 유족들이 역대 정부에게 당한 억울하고 서운했던 일이 모두 '정부 아닌 정부'인 우리 진실화해위에 쏟아졌다. 나는 나 자신에게, 그리고 직원들에게 몇 번이나 이들을 "부처님 같은 마음가짐으로 대해야 한다"고 강조했다. 실제로 나는 공무원의 심득 사항에 대한 책도 찾아보았다. 물론 특별한 민원인에게도 짜증이나 성을 내서는 안 되고, 욕설을 퍼부어도 맞대응을 해서는 안 된다는 내용이 실제로 있었다. 그래서 조사관은 남의 아픔에 공감하고, 인내심을 갖고 이야기를 들어줄 수 있어야 한다.

결국 문서를 읽어내고, 가해자나 피해자들의 진술을 청취해 우리가 원하는 진상규명 작업을 수행할 수 있는 훈련된 조사관이 필요했다. 특히 인권침해국의 조사관과는 달리 집단희생국의 조사관은 수사 능력보다는 연구자의 역량을 갖출 필요가 있었다. 한국 현대사, 특히 학살 사건의 전모나 개괄적 상황에 대해 잘 알지 못하면 참고인들에게 제대로 질문조차 할 수 없기 때문이다. 그래서 가장 기초적인 현대사 소양에서부터 해당 사건의 성격, 역사적 배경 등에 대한 지식까지 필요했다.

게다가 진실화해위는 학술 연구 기관이 아니라 준수사기관의 성격을 갖는 관료 조직이었기 때문에 5급 팀장급 직원에게는 부하 직원의 조사를 지휘하고 통솔할 수 있는 지도력까지 필요했다. 조사 지휘는 기본이고 보고서 작성 지휘, 필요 시 보고서를 직접 작성할 수 있는 능력을 갖춘 사람이 필요했다. 박사급 정도 연구자거나 행정 경험이 있어야만 그 업무를 수행할 수 있을 것 같았다. 그런데 그런 사람을 찾기도 어려웠거니와, 설사 특정인을 선발해 그 직책에 임명하더라도 여느 관료 조직과 달리 사회각 영역이나 정부의 여러 부처에서 다른 일을 하다가 하나의 팀을 이룬터라, 조사관들이 그에게 전문성이나 통솔력이 부족하다고 생각하면 그의 지시를 거의 이행하지도 않고 무시할 것으로 예상되었다. 실제로 그런 우려는 현실로 나타났다.

조사관 선발과 교육은 위원회 활동 초기에 가장 큰 일거리였으며, 선발한 조사관 문제로 골치를 썩이는 일은 내가 임기를 마치는 날까지 계속되었다. 실제로 한시 기구에서 업무에 익숙하지 않은 사람을 뽑아서 훈련을 거친 다음 조사 작업을 수행하는 것이 과연 바람직한지, 아니면 아예이 조사 업무를 외부 연구기관에 위탁해 프로젝트 형태로 수행하는 것이더 효율적인지에 대해서 위원들 간에도 가끔씩 논의가 있었다. 경험이 없는 사람을 뽑아서 조직을 꾸리고 업무를 수행하는 데 너무 많은 비용이지불된다는 점이 분명했기 때문이다. 외인부대로 이루어진 조직은 통솔자체가 어려웠다.

다양한 구성원으로 이루어진 이런 한시적인 조직에서 팀장과 국장의통솔력이 먹히지 않으면 한두 조사관의 노골적 직무 태만을 바로잡기도어려웠다. 초기에 들어온 어떤 조사관은 여러 사람의 피해자 진술서를 컴퓨터 파일로 오려 붙여 한 사람을 인터뷰하고서도 여러 사람을 만난 것처럼 거짓 보고를 하기도 했는데, 평소 그의 행동을 미심쩍어했던 내가 조사관이 작성한 진술서를 모두 읽은 다음, 그것을 확인하고 징계 차원에서내보내기도 했다. 국장, 팀장 등 중간 관리자들이 그의 문제점을 알고도 그냥 넘어갔기 때문에 차관급 상임위원이 6급 조사관의 업무까지 체크하고 징계를 하는 어처구니없는 일이 발생한 것이다.

사실 한국전쟁기의 학살 사건에 대해서는 학계나 민간을 이 잡듯이 뒤져도 전문가는 손으로 꼽을 정도였고, 몇 안 되는 전문가들도 이미 직장을 잡고 있었기 때문에 위원회 활동에 합류할 수 없었다. 또 조사를 위해 참고할 기존 논문도 거의 없었기 때문에 막 들어온 조사관들이 학자들도 접근하지 못한 생생한 현장 자료를 처음 접하면서 자기 분야의 최고 전문가가 될 수밖에 없었다. 국민보도연맹사건의 경우 석사 논문 두세 편을 제외하고는 아예 학술논문이 나온 것이 없었고, 『부산일보』김기진 기자의 책을 제외하고는 단독 저술도 없는 형편이었다. 여타 사건 역시 석사 논문 몇 편 정도가 있을 뿐 수준 높은 연구는 전무한 상태였다. 이것은 다른 과거사 관련 위원회도 성격이 비슷했다. 예를 들어 반민규명위 같은 경우도 친일 문제에 대해 역사학자도 아닌 임종국 선생이 한 작업 이상으로 연구한 사람이 없었기 때문에 기존 역사학계의 도움을 거의 받을 수 없었고, 따라서 조사관이 그 분야를 처음부터 공부하면서 조사해야 한다는 이야기를 들었다. 어느 정도 알고는 있었지만 한국의 학계 수준이 이 정도밖에 안 되는가를 매일매일 뼈저리게 느꼈다.

정치도 그러하고 정부의 일도 그러하지만, 민간에서의 축적 정도와 민간의 수준만큼 그 성과가 나올 수 있는 법이다. 그중에서도 학문적 축적 수준은 정부 정책을 위한 인프라로서 매우 중요한 부분이다. 원래 학자였지만 이제 정부의 조사 업무를 하게 되면서, 학자인 내가 한국의 학계에 대해 원망과 안타까움을 갖지 않을 수 없었다.

## 조사 대상의 분류와 조사 개시

2006년 중반 이후 접수 사건의 추이를 보면서 전체 학살 사건의 윤곽을 파악하고, 개별 사건으로 다루기 어려운 전국 사건의 유형과 규모를 파악할 수 있게 되었다. 그런데 8000여 건의 신청 사건을 4년이라는 제한된 기간 내에 어떻게 조사할 것인가? 우선은 접수된 사건을 행정단위별로 묶을 것인지, 유형별로 묶을 것인지가 고민이었다.

나는 접수 사건을 유형별로 분류해보았다.

일차적으로는 가해 주체에 따라 분류한 다음, 그 하부에서는 성격별로 다시 구분했다. 그래서 집단 학살의 경우 국민보도연맹사건, 형무소사건, 부역 혐의 사건, 토벌 관련 사건 등으로 크게 구분했다. 그런데 실제로 이 모든 사건은 1950년 7월부터 이듬해 봄까지 전국의 모든 지역에서 거의 동시에, 그리고 구별할 수 없을 정도로 진행되었다. 그런데 사건의 특성을 부각시키려면, 그리고 결과 보고서 작성과 이후의 권고 내용의 차별성까지 생각하면 사건을 다소 인위적으로 묶을 수밖에 없었다. 일단 이렇게 분류해놓고 집단희생조사국 내의 조사팀도 편성했다.

원칙적으로 보면 자료 조사를 마친 다음, 현장에서 진술을 듣는 것이 순서였다. 현장 진술 조사의 경우 피해자를 먼저 조사하고 마지막으로 가해자를 조사하는 것이 순리다. 그러나 새로 충원된 조사관들 대부분은 한국전쟁이나 학살 사건 자체에 대한 지식이 없었던 사람이 대부분이었고, 이러한 사건을 조사해보거나 한국 현대사 사료를 다루어본 경험이 있는 사람도 거의 없었기 때문에 현실적으로는 자료 조사를 제대로 시작할 수가 없었다. 아니, 정확히 말하면 시작 단계에서 우리는 진상규명에 필요한 자료를 하나도 갖고 있지 않았다. 우리는 정부의 어느 기관 어디에 어

**표1 | 가해 주체와 사건의 성격에 의한 분류**

| 가해 주체 | 사건의 성격 | |
|---|---|---|
| 군·경찰·우익에 의한 희생 | 보도연맹원 처형 | 각 지역 보도연맹사건, 예비검속 사건(제주) |
| | 형무소 처형 | 각 형무소 수형자 처형 |
| | 정치적 적대자 집단 살상 | 여순사건, 수도권 인근 및 각 지역 부역 혐의 사건 |
| | 토벌 작전에 의한 희생 | 호남과 영남 각 지역의 11사단 사건, 전쟁 전 토벌 작전에 의한 희생 |
| 미군에 의한 희생 | 피난민 미군 폭격, 함포사격 희생, 기타 미군 사건 | |
| 인민군·좌익에 의한 희생 | 인민군에 의한 희생, 지방 좌익에 의한 희생 | |
| 가해자 미상 | 상호 보복, 가해자 불명, 실종 사건 | |

떤 자료가 있는지, 과연 진상규명에 결정적 기여를 할 수 있는 중요 자료가 있기는 한지 알 수조차 없었다. 그래서 자료 조사를 먼저 시작한다는 원칙이 적용될 수 없었다. 나는 결국 위원회 초창기에는 자료 조사, 신청 사건 진술 청취를 동시에 진행하기로 했다.

국내외의 모든 과거사 관련 정부 위원회가 부딪히는 가장 큰 어려움은 어떤 사건을 조사할 것인지 결정하는 일이다. 수많은 과거 사건을 모두 다룰 수는 없기 때문에 사건의 역사적 중요성과 사건의 경중, 신청인 건수 등을 종합적으로 판단해서 조사 대상을 선정할 수밖에 없다. 이 점에서 '기본법'은 신청인 중심주의에 기초하되 위원회 직권조사의 가능성을 열어놓고 있었다.[2] 소위원회에서는 신청 사건 조사와 직권조사로 나누어 조사 개시 결정을 내렸다. 신청 사건 조사는 위원회에 접수·신청된 사건을 중심으로 조사하는 방법인데, 초창기였던 2006년 상반기까지 개시한 모든 사건은 신청 사건 조사였다. 신청인인 유족들은 신청한 순서대로 조사를 개시해주기를 원했다. 논리적으로는 그러한 주장이 타당했다. 그런데 사건 규명에 결정적인 정부 자료도 아직 확보하지 못했고, 사전 조사도 하지 않은 상태에서 어려운 사건에 함부로 덤벼들었다가 진창에 빠지면 남은 사건은 또 어떻게 한단 말인가?

결국 피해자 규모가 대단히 크거나 유족들이 과거에 정부나 국회에 오랫동안 청원을 한 사례가 있으며 지자체 등에서 민원 요구가 많이 제기된 사건, 어느 정도 자료가 확보된 사건, 조사 개시 및 이후의 진실규명 결정이 상당한 정도로 국민적 공감대를 얻을 수 있는 사건 등을 우선 대상으로 삼았다. 대체로 이들 사건은 역사적 의미가 크고 진실규명 가능성이 높은 사건들이었는데, 우리는 이 사건 조사를 통해 조사의 전형을 만들고 국민들에게는 위원회의 존재감을 과시할 필요가 있었다. 그리고 성과를 바탕으로 다음 해의 예산도 더 확보하고 시민사회의 지지를 이끌어내야 했다. 문경 석달 사건이나 함평사건처럼, 이미 유족들이 오랜 세월 피해자 실태 조사를 하고 문서 자료도 확보한 사건이 대표적이었다. 한국전쟁 이전 사건으로는 국군의 좌익 토벌 과정에서 발생한 여순사건 등이 거론되었다. 한국전쟁 중 발생한 사건으로는 형무소 학살 사건(대전형무소 혹은 대구형무소 등), 부역자 학살 사건(고양 금정굴 사건 혹은 서울이나 특정 지역을 선정해서 조사), 미군 폭격 피해(단양 곡계굴 사건), 여러 지역의 인민군에 의한 피해 사건 등이 거론되었다.

집단희생소위원회는 이들 사건 조사 개시를 결정했고, 공통점이 있는 사건들을 하나로 묶어 진실을 규명하기 위해 국민보도연맹사건과 전국 형무소 재소자 희생 사건을 직권으로 조사하기로 결정했다. 국민보도 연맹사건은 신청 사건의 약 25퍼센트를 차지할뿐더러 전국에 걸쳐서 발생했기 때문에 애초부터 직권조사의 필요성이 인정되었던 사건이다. 특히 이 사건은 조직 결성에서부터 전쟁 발발 직후의 전국적인 집단 학살에 이르기까지 사실상 지역 단위, 개인 단위의 피해를 규명하기보다는 사건 전체를 조망해야 할 전국적인 사건이다. 역사적으로 보더라도 이 사건은 한국전쟁 발발 직후 이승만 정권에 의해 기획된 것으로 추정되는 최대 규모의 민간인 집단 학살 사건이기 때문에 우리 위원회에서 반드시 진실을 규명해야 할 중대 사건이다.

조사에 들어가기 전에 사건의 쟁점과 해결 과제를 파악하기 위해서는 유사한 선행 조사를 철저히 학습할 필요가 있었다. 국내 사건의 경우 1951년 거창사건에 대한 수사 기록이 있었고, 2000년 당시 미국과 한국이 합동으로 실시한 노근리사건 조사의 전례가 있었다. 이 두 사건은 자료가 가장 풍부하고 학살과 관련된 모든 쟁점이 사실상 전부 다루어지고 있었던 일종의 교과서였기 때문에 이것을 철저하게 학습하는 것이 당시 나와 조사관들의 일차적인 임무였다. 그래서 나는 거창사건의 재판 기록을 여러 번 읽고 거기서 나온 진실규명의 쟁점을 숙지한 다음 거창사건을 기초로 사건 조사의 쟁점을 정리했다.[3] 물론 수사 경력이 있는 검경 출신 파견 공무원들은 신청인들의 기록을 읽고 자기 방식대로 조사 계획을 세운 다음 동료 별정직 공무원들에게 노하우를 전수해주기도 했고, 사건의 감을 잡은 다음 자기 방식대로 조사에 들어가도 했다.

나는 신청된 8000여 건을 위원회의 법적 활동 기한인 4년 내에 '처리'하기 위해 필요한 업무의 양을 추산했다. 전체 업무의 양은 어떻게 될 것이고, 위원회 인력으로 할 수 있는 일과 외주 용역을 주어야 할 일, 그리고 지자체에 협조를 얻어야 할 일은 어느 정도인지 규모를 대략 파악했다. 제주4·3위원회의 조사 경험을 기초로 한 건을 처리하는 데 필요한 시간과 인력을 산정했다.

그런데 신청 결과 8000여 건의 신청 사건 조사를 수십 명의 조사관이 기한 내에 마치는 것은 불가능하다고 판단했다. 그래서 나는 신청인 조사의 한계를 극복하기 위해 전국 단위 피해 상황과 피해 규모 파악을 위한 별도의 전국 단위 전수조사를 기획했다. 그것을 위해서 전국 단위 조사를 실시하고 있던 '일제강점하강제동원피해진상규명위원회(이하 강제동원위)'의 사례를 참고했다.[4] 강제동원위의 전국 피해자 접수 및 조사의 경우 정부로부터 국고보조금 60억을 확보해 지방자치단체에 지방 교부금을 지급하는 형태로 실시한 것으로 알려졌다. 물론 강제동원위의 경우 예산을 신청 사건의 다소에 관계없이 지자체 단위로 일률적으로 책정하여 피해 사실 접수에 큰 도움이 되지 않았고, 지자체 관련 담당자들의 인식과 전문성 부족으로 피해 실태 확인에 큰 한계를 드러냈다는 지적도 있었다. 우리는 그 정도의 예산을 확보할 수는 없었지만 신청인 조사의 한계를 극복해야 한다는 대명제를 계속 앞세우면서 전국 단위 전수조사의 필요성을 해당 부처에 역설했고, 그 후 약간의 예산을 확보해 '기초사실조사'라는 이름으로 신청인 조사의 한계를 보완할 수 있었다.

기초사실조사는 지자체 단위별로 피해자 신고 센터를 설치해, 우리 위원회에 진실규명 신청은 하지 않았지만 지역 주민들이 현장을 목격했거나 소문을 들어서 알고 있는 학살 사건들을 조사하여 보고하도록 한 것이었다. 이 조사는 신청인들로부터 얻지 못한 구술이나 증언을 얻을 수 있다는 장점이 있었는데, 문제는 지자체 단위로 창구를 설치했기 때문에 담당 공무원의 관심과 의지만큼 성과가 나올 수 있었다는 점이다. 이 기초사실조사를 위해 과거 제주4·3위원회 활동 당시 지자체인 제주도가 어떤 역할을 했는지도 파악했다.

한편 특정 지역의 피해 상황 전모를 파악하기 위해 특정 군 단위 지역 전수조사 계획도 만들었다. 예를 들면 『월간조선』에서 공개한 한국전쟁기 피학살자 명부를 대조하면서 전남 영광 등 피해 규모가 큰 특정 군을 잡아서 조사한 것이 그 예다. 나는 지방의 여러 대학에 연구 용역을 준 다음, 조사원이 동·리 단위까지 모두 돌아다니면서 싹쓸이 조사를 하면 전국 차원의 피해 규모나 양상을 추정하는 데 도움이 되지 않을까 기대했다. 영광의 경우처럼 여전히 피해의식에 사로잡힌 주민들이 조사에 비협조적이어서 기대했던 성과를 거두지는 못한 경우도 있었다. 그러나 피학살자 명부에서 나타난 우익 피해의 오류를 바로잡았다는 점에서는 의미가 있었다.

## 자료와 가해자를 찾아서

베르톨트 브레히트Bertolt Brecht는 "범죄자들은 죄 없다는 증거를 가지고 있다. 무고한 사람은 증거를 가지고 있지 않다"고 말했다.[5] 국가 범죄의 경우 피해자는 증거를 보존하기 어렵고, 가해자인 공권력은 자기들에게 불리한 증거는 모두 폐기한다. 공식 문서에서 학살을 암시하는 문구를 찾아내는 것은 거의 불가능하다. 유대인 학살을 '최종결정'이라고 표현한 것처럼 우리나라에서는 '처형', '처분', '처리', '처단' 등으로 표현되고 있다. 학살 명령은 대체로 '소탕', '섬멸' 등 군사작전 용어로 표현되어 있으며, 학살을 의미하는 명령이라고 하더라도 해석상의 논란이 있다. 특히 학살 명령은 문서의 형태로 기록을 남기지 않고, 구두 명령·전언통신 등의 형식으로 진행된다.

자료를 통해 학살을 입증할 수 없다면, 오로지 피해자의 기억만으로 사건의 진상을 규명해야 하는가? 가해자의 증거 인멸, 체계적인 부인 뒤에 숨어 있는 그들의 가해 동기와 증거들, 그리고 가해자들이 모두 폐기하고 불태운 쓰레기 더미 안에서 그들이 실수로 남겨둔 종이쪽지 하나, 그들이 무심코 뱉은 단어나 발언 등에서 조그만 단서라도 찾아서 진상을 밝힐 수밖에 없다. 그리고 침묵하거나 완강하게 부인하는 가해자들의 표정이나 몸짓, 말 한마디에서 단서를 찾아 사실을 재구성할 수 있는 끈기와 집요함이 필요했다. 나는 이런 조사를 모래밭에서 사금을 찾는 일과 같다고 생각했다.

나는 위원회 조사 활동을 시작하면서 학살 관련 문서 증거 자료는 일단 없을 것이라고 가정했다. 그리고 설사 경찰 등에 보관되어 있다고 하더라도 국방부와 경찰의 비협조는 불을 보듯이 뻔했다. 한국전쟁기의 학살 명령 관련 자료는 5·16 이후, 그리고 1980년 무렵 폐기 처분했다는 소문을 들었다. 미군 사건 관련 자료의 경우 미 국방 당국이 노근리사건이 들추어진 이후 미군의 책임이 드러나는 민감한 자료는 일일이 검토해서 모두 회수한 것 같았다. 한편 가해 책임선에 있었던 사람들은 동행명령장을 발부해도 위원회에 나타나지 않겠지만, 설사 출두한다고 해도 진술을 거부할 것으로 예상되었다. 법적 조사 권한이나 기존의 정부 태도 등을 생각해보면 위원회가 가진 권한 혹은 능력과 실제로 요구되는 조사 과제 간의 심각한 괴리감을 느끼지 않을 수 없었다.

나는 "자료 찾기는 조사의 반이다", 지금 우리 "진실화해위가 설립되어 활동하는 가장 큰 의의와 효과는 밖에서 연구자들이 도저히 얻을 수 없는 자료를 획득하는 데 있다"고 혼자 중얼거리곤 했고, 조사관들에게도 이 점을 늘 강조했다. 사실, 학살의 단서가 되는 자료는 우리 집단 희생 사건 조사에는 생명과 같았다. 연구자인 나도 2차 자료는 많이 보았지만, 정부의 1차 자료를 본 경험은 많지 않았다. 우리 중에서 누구도, 아니 대한민국 어디에도 학살 사건 자료는 어떤 것들이 어디에 있고, 어떻게 접근해서 어떻게 진실규명 증거로 활용할 수 있는지 아는 사람은 없었다. 그래서 나를 포함한 완전 초짜들이 원점에서 시작할 수밖에 없었다.

그래서 나는 연구자로서 내가 가진 조사 지식을 총동원해서 진실규명을 위해 자료의 유형을 분류하고 2차 자료에서 시작해 점차 1차 자료로 진입해 들어가는 길을 제시했고, 진실규명에 필요한 자료의 경중과 다루는 방법을 숙지하도록 했다.

우선 2차 자료 특히 학계, 민간이 보유하고 있는 국내외 자료, 확인된 자료, 그리고 구입해야 할 자료 등 목록을 정리하는 일이 급선무였다. 국사편찬위원회, 한림대 등 국내에 들어온 미국 국립문서기록관리청의 자료 규모와 가치, 그리고 조사 시 인력 소요 규모를 파악했다. 그리고 국내외 학술 연구 성과, 각종 발표회의 논문 수집 정리 등 연구자들이 하는 통상적인 작업도 수행했다. 경찰청 과거사위의 조사 동향과 새롭게 발굴된 자료 파악도 우리 집단 희생 조사에 중요한 참고가 되었다. 국내 신문 자료를 확인하는 것은 기본이었다. 4·19 당시 가장 진보적인 도시였던 대구에서 발행된 『대구매일신문』, 『영남일보』 등 신문 자료가 가장 중요한 2차 자료였다. 당시 북한 당국이 발행한 신문도 사건 직후 취재한 것이기 때문에 중요한 근거가 되었다. 외국에는 신문기자들이 취재하고 비망록을 작성해놓거나 방송사에서 취재한 이후 녹음·녹화 테이프를 남겨 놓는 경우도 있지만 4·19 직후 사건을 취재했던 기자들은 거의 대부분 사망해서 만날 수 없었다. 또 한국에는 취재기자들의 파일이나 사진을 보관한 신문사도 없었고, 없어진 신문사의 기록을 보존하는 기록청도 없었다.

나는 경찰·국방부(기무사)·국정원에 소장되어 있을 것으로 추측되는 '처형자(피학살자)' 명단을 얻는 것이야말로 학살 사건 진상규명의 성패를 좌우하는 가장 중요한 일이라고 판단했다. 만약 경찰이나 국방부의 자료를 얻을 수 없다면 오로지 피해자의 구술 증언에만 의존해야 하는데, 그렇게 되면 그만큼 신빙성에서 논란을 빚을 수밖에 없기 때문이었다. 물론 경찰이나 군 자료도 대체로는 사후에 작성된 것일 터이기 때문에 객관성과 신빙성에 논란의 여지가 있다. 그렇지만 가해 기관 스스로 만든 자료를 기초로 진실을 규명하면 위원들의 동의를 얻어내고, 또 조사 결과를 국민들에게 납득시킬 수 있다고 보았기 때문에 반드시 구해야 할 필수 자료였다. 특히 전쟁 이전에 만든 국민보도연맹원 혹은 요시찰인要視察人 명부는 전쟁으로 거의 다 파기되고 없을 것으로 보았지만, 전쟁 이후 경찰이 지속적으로 피학살자나 부역자, 월북자 등의 가족들을 감시하고 관리했기 때문에 그 명단이 있다면 신청인 가족 구성원의 희생 여부를 판단하는 데 결정적으로 중요할 것이라고 생각했다.

2006년 초에 우리는 경찰청 과거사위의 조사보고서를 통해 일부 군단위 경찰서에 국민보도연맹사건 관련 자료가 보관되어 있다는 사실을 확인했다. 1951년부터 1953년 사이에 작성한 요시인要視人 혹은 요시찰인要視人 명부, 1971년에 작성한 대공기본대장, 대공인적위해조사표, 사실조사서 등이 그것이었다. 한국 경찰은 적어도 전쟁 직후인 1954년부터 이른바 요시찰인 명부를 작성해서 좌익 관련자들을 관리해온 것으로 보였고, 그 명부는 그 후 특무대(보안사), 검찰, 그리고 이후의 중앙정보부와 공유했다는 소문도 있었다. 이것이 우리나라 사람들 상당수를 연좌제의 질곡으로 신음하게 만든 소위 신원 기록 원자료가 되는 셈인데, 우리는 신청인의 희생 여부를 확인하기 위해 이 명단이 절실히 필요했다.

그런데 이런 정보를 기초로 전국의 각 경찰서를 탐방하던 중 반가운 소식이 들려왔다. 한국전쟁기에 인민군 치하에 들어가지 않았던 경북 남부, 경남의 일부 경찰서에 이들 자료가 소장되어 있다는 놀라운 소식이었다. 그 후 조사관을 출장 보내 확인해보니 실제로 피학살자 명부(보도연맹원 명부)가 경찰서 구석 캐비닛에 먼지를 뒤집어쓴 채 남아 있었다. 물론 상식적으로 판단해서 전쟁 중에 인민군 치하에 들어간 남한 대부분 지역의 경찰서 자료는 모두 없어졌을 것이므로 그렇지 않은 곳, 특히 옛 경찰서 건물이 그대로 남아 있는 곳에 자료가 있을 가능성이 있다고 보았다. 그런 판단 아래 조사관들로 하여금 특별히 이런 곳을 잘 살피도록 한 결과였다. 결국 우리가 발견한 자료는 상부의 명령을 제대로 이행하지 않은 지방 경찰서 말단 담당자들의 태만(?), 혹은 고의적 명령 불이행의 결과인 셈이었다. 그전까지 경찰청은 자체로도 일선 경찰서에 과거의 어떤 자료가 소장되어 있는지 파악하지 못한 상태인 것 같았다. 그래서 불행 중 다행이라고나 할까, 해당 경찰서 담당자들이 상부의 지시를 이행하지 않아 남겨지게 된 자료를 우리가 얻을 수 있었다. 이렇게 일선 경찰서에서 얻은 자료가 그 후 보도연맹사건과 부역 사건 규명에 결정적인 근거를 제공했으니 우리는 '직무유기(?)'를 한 말단 공무원 덕을 톡톡히 보았고, 한 줌의 재로 사라질 뻔한 대한민국의 귀중한 자료를 정부 기록으로 남기는 개가를 올렸다.

나는 조사관들에게 이 사실을 보고받고 거의 전율할 듯한 흥분을 느꼈다. 과연 법적 권한을 갖는 정부 기구인 위원회가 설립되지 않았다면 도저히 접근할 수도 없는 자료들이 아닌가. 개인 연구자로서는 죽었다 깨어나도 볼 수 없는 귀한 자료들이었다. 만약 한국의 기록 관리 시스템이 제대로 되어 있었다면 이것은 모두 국립문서보관소에 이관되어 분류·정리되고, 일부는 기밀 처리를 하더라도 일부는 필요한 사람들에게 공개되었어야 할 것들이었다.

사실 상부의 경찰 간부들이나 담당자들도 이러한 자료가 있는지 모르고 있었다. 그들로서는 우리 위원회에 넘겨주었다가 정권이 바뀌면 책임을 물어 개인적인 불이익을 당할 수도 있고, 자기 조직의 치부를 드러내는 것이므로 감추고 싶어 할 수도 있다. 그렇다고 하더라도 남아 있게 된 중요한 역사 기록을 파기해서는 안 될 일이었다. 사실 어떤 경찰서에서는 우리 조사관이 자료를 확인하고 다녀간 이후 해당 자료를 그냥 파기해버린 일도 있었다. 보존 연한이 지난 과거 자료를 파기하지 않은 데 대한 문책 가능성도 있었지만, 이것을 소장한 일로 괜히 시끄러워지면 담당자만 골치 아파지기 때문이었을 것이다. 다시 살릴 수 없는 희귀한 국가 자료가 한순간에 잿더미로 변하다니! 정말 어이없는 일이었다.

나는 몇몇 경찰서에 자료가 소장되어 있음을 확인한 다음 조사관들에게 전국 경찰서의 자료 보관 현황을 탐문하여 보고할 것을 지시하는 한편, 파기하지 않은 채 남아 있는 자료들을 더 이상 파기하지 말 것을 요청하는 공문서를 경찰청장 명의로 보내달라고 경찰청에 요청했다. 그런데 우리가 특정 자료를 요청하면, 서울경찰청이나 일선 경찰서에서는 우리가 원하는 자료명을 구체적으로 명시해주면 자신들이 찾아보겠다고 했다. 그런데 이 소리를 듣고서 정말 답답했던 것은, 우리가 경찰 소장 자료 목록집을 갖고 있는 것도 아니고 원하는 자료를 한번도 본 적이 없어 자료의 명칭을 알 수 없었다는 것이다. 이것은 마치 철없던 시절 헤어진 부모님을 찾아달라고 하니 부모님 주민등록번호를 대라고 하는 것과 같다.

부모님 성함과 인상착의나 고향, 연령대 정도밖에 기억에 없는데 어찌 주민등록번호를 알겠는가? 심지어 어떤 경찰서에서는 비밀기록관리대장 열람조차 거부했으며, 비밀기록 협조를 위해 경찰청 본청의 지시가 있어야 한다고 변명하기도 했다. 나중에라도 자신들이 책임을 지지 않으려는 방패막이였다. 50여 년 동안 동일한 정권이 유지되다가 처음으로 민주 정부가 들어서서 오직 자신들만이 소장하고 관리해온 자료를 달라고 하니, 이들이 우리 조직 자체에 대해 불신을 갖는 것도 이해할 수 있었다.

그래서 2006년 하반기부터는 서울 경찰청 본청 보안과와 접촉하면서 경찰청 보안자료실 자료 열람을 요청하는 한편, 산하 경찰서에 협조 공문을 보내달라고 협조 요청을 했다. 이를 위해 송 위원장과 내가 경찰청장을 두 번이나 면담하기도 했다. 협조 요청 공문에 대해 경찰청은 자체 보안 규정을 내세우면서 자료 협조를 거부했다. 보안 규정에는 개인 사생활에 관한 것과 국가 안보에 관련된 것은 공개하지 않도록 되어 있었기 때문에, 그들은 그것을 이유로 일괄 제공이 어렵다고 답변했다. 실제로 국정원·경찰청·검찰은 보안 업무 규정을 공동으로 작성해서 국정원의 관할 하에 이러한 민감한 자료에 대한 이용과 접근을 제한하고 있었다. 경찰 보안과의 경우도 예산이 국정원에서 내려오기 때문에 이들 기관의 업무 중 상당 부분은 국정원의 통제 아래 있다고 볼 수 있다. 따라서 경찰의 이 자체 규정 때문에 우리 '기본법'상의 자료 협조 관련 법안은 거의 쓰지 못하는 칼이 될 수밖에 없었다. 위원회 법의 자료 제출 명령권은 자료의 제출을 거부한 자에게 구체적으로 소명할 것을 규정하고 있지만 소명을 할 경우 별도의 처벌 조항이 없어 그것은 사실상 개인 공무원의 소명과 윤리에 호소하는 것이었다.

나는 1987년 이후 우리가 얻었다고 생각했던 정치 민주화의 한계를 새삼 뼈저리게 느꼈다. 청와대와 정부, 국회 일부에 민주화 관련 인사들이 들어갔을지 모르나, 그 아래의 모든 관료 조직에는 여전히 과거 권위주의 시절의 관행이 그대로 남아 있었다. 그러니 청와대나 장관이 지시를 해도 밑의 직원들은 그냥 듣는 시늉만 하는 꼴이었다. 기본적인 조직 운영 자세도 변하지 않은 것 같았다. 특히 경찰의 경우 과거 군사정권 시절에는 정보과·보안과 형사들이 '잘나갔고' 그렇다 보니 이 부서 사람들에게는 이리저리 '생기는 것'도 많았을 테지만, 민주화가 되면서 이들은 찬밥 신세가 되었을 것이다. 더구나 '민주 정권'이라는 것이 들어서서 '듣도보도 못한' 진실화해위라는 것이 만들어져 과거의 비밀 분류 자료들을 보여달라고 하니 이들로서는 거부감을 갖게 되는 것이 당연했을 것이다. 물론 젊은 경찰관 중에는 상당한 인권의식과 대민 봉사의식을 갖고 있는 사람도 많았고 우리 활동의 의미를 이해하는 사람도 있었지만, 상급자들은 대체로 요지부동이었다. 일선 경찰서의 젊은 경찰들의 협조가 없었다면 우리가 제대로 임무를 수행하기 어려웠을지 모른다. 나는 이명박 정부가들어선 뒤로 진실화해위에 협조했던 공무원들이 행여 불이익을 당하지않았을까 많이 걱정했다.

경찰청이나 군 단위 경찰서 보안 부서 사람들은 우리 진실화해위를 정부 기관으로 보지 않았다. 심지어 이들은 공무원 신분인 우리를 민원인으로 취급하기도 했다. 그도 그럴 것이 한시적 기구에다 어제까지만 해도경찰을 비판하던 운동권 인사들이 일하는 곳이라는 이미지를 갖고 있는 기관이 경찰에 와서 비밀 자료를 달라고 하니 "우리가 어떻게 당신들을 믿느냐"고 말하는 것도 이해하지 못할 바는 아니었다. 이 역시 법적으로는 독립된 정부 기구였지만 실제로는 정부 기구의 권위를 갖지 못하는 우리 위원회의 초라한 위상을 확인하는 순간이었다.

경찰청의 경우 가해 기관으로서 자신의 과거가 들추어질 가능성이 있고, 명예에도 문제가 생길 소지가 있기 때문에 여간해서는 협조하려 하지 않았다. 이 문제를 해결하는 방법은 청와대가 강력한 정치적 의지를 발동해 해당 기관장, 즉 경찰청장이나 국방부 장관으로 하여금 자료 제공 협조 명령을 내리도록 하는 것이었다. 우리는 경찰청 차원에서 협조만 해주면 1년 할 일을 한 달로 줄일 수 있다고 설득했다. 그러나 중간 간부들 입장에서 보면 언제 교체될지 모르는 정무직 장관의 명에 무조건 따를 수 없었을지 모른다. 괜히 우리 위원회에 자료를 주었다가 정권이 바뀐 후 문책당하면 상급자나 정치적으로 임명된 청장이 자신을 보호해줄 리 만무했기 때문이다. 그래서 법적으로는 '기본법'에 자료 제출 요구권이 포함되어 있었지만 실제로는 오직 상대 기관의 의지에 기댈 수밖에 없었다. 수사 기관이 아닌 조사 기관이 안고 있는 근본적인 한계였다.

일선 경찰서 중에서도 열람을 허용해주는 곳은 '열람은 가능하나 복사는 금지'라는 원칙을 고수했기 때문에 수백 명의 이름을 일일이 필사할 수도 없는 노릇이고 해서 그 불편함이 이루 말할 수 없었다. 즉 자신들이 소장한 자료 명단에 우리 신청자가 있는지 여부만 확인하고 가라는 것이었다. 그런데 사본이 없을 경우 조사보고서 작성과 조사 결과의 신빙성 확보에 상당한 애로가 있었다. 이들은 사본 제공을 거부하는 근거로 '보안업무규정(대통령령 제17517호, 국가정보원, 2002. 2. 9.)' 제22조의 "비밀의 복제·복사의 제한"을 주로 들었다. 그리고 자료의 복사·대출이 불가한 이유로, 대외 공개로 개인의 명예훼손 등 인권침해가 발생되지 않도록 유의해야 한다는 논리를 폈다. '인권침해' 논리가 가해 기관의 자료 제공 거부 논리로 둔갑했다.

그래서 일선 경찰서 담당자들과 밀고 당기는 일은 조사관들 개인의 협상 능력에 크게 좌우되었다. 파견 온 경찰들이 중간 역할을 할 수밖에 없었는데, 여자 조사관들은 경찰들과 아예 접촉조차 하기 어려웠다.

그런데 2007년 후반 무렵, 이제 다음 대선에서 정권이 한나라당으로 넘어갈 가능성이 컸기 때문에 그럴 경우 그나마 약간의 협조 관계라도 형성되어 있던 경찰청·국방부 등은 우리의 자료 제출 요구를 전면적으로 거부할 가능성이 커졌다. 그래서 노무현 정권의 시한인 2007년 말까지 할 수 있는 한 최대로 많은 경찰서를 돌아다니라고 직원들을 닦달했다.

사실 경찰이 소장한 각종 요시찰인 명단은 학살 사건 진상규명보다는 차후 대한민국 주민들에 대한 인권침해를 입증하는 데 훨씬 더 중요한 자료였다. 경찰은 전쟁 직후부터 일제가 독립운동가 탄압을 위해 사용하던 '요시찰인'이라는 용어를 그대로 사용하면서 주민들 중 부역자, 좌익 출소자, 보도연맹 '처형자'와 그의 가족들을 체계적으로 감시하기 시작했다. 모든 행정조직이 그렇듯이 이 모든 작업은 과거 치안본부 등 상부 기관의 명령에 의해 지속적으로 작성·보완·삭제되어왔기 때문에 대한민국 정부가 언제 어느 시점에 어떤 목적으로 이러한 일을 했는지 소상히 알 수 있었다. 그 규모도 엄청났는데, ○○경찰서의 경우 관내의 2만 명 이상을 사찰 대상자로 삼아 개인별 카드를 만들어 관리한 흔적이 있었다. 가히 경찰국가, 사찰국가의 모습을 여실히 보여주는 자료가 아닐 수 없었다. 우리는 이 명단을 통해 거꾸로 피학살자가 누구인지 확인할 수 있었고, 신청인의 민원에 답할 수 있었다.

경찰 조직에 비해 군 조직은 상대적으로 접근하기가 훨씬 쉬웠다. 주로 기무사가 보관하고 있는 학살 관련 기록이 대부분이었다. 전쟁 당시 경찰이나 군의 대민 처리 과정에서 학살 등으로 민원이 제기된 경우 특무대(현 기무사)가 개입해 조사한 일이 있었기 때문에 그 자료 일부를 볼 수 있었다. 전쟁 당시 특무대가 실질적으로 '빨갱이' 소집과 처형(학살)을 관장했기 때문에 그와 관련된 전쟁 이전 명단 등을 얻으려고 자료 공개를 요청했지만, 그것은 거의 보관되어 있지 않다는 답변을 얻었고, 주로 국민방위군 사건 기록, 부산 대한조선공사 보도연맹원 명부, 거창사건 당시의 조사 기록 등만 입수할 수 있었다.

우리는 국정원에 대해서도 '6·25 처형자 명단' 협조 요청 공문을 발송했다. 그러나 국정원 역시 경찰청과 동일한 답을 보냈다. 경찰과 국정원은 동일한 신원 정보를 DB로 만들어 입력해놓은 것으로 보였고, 그것은 경찰청 내의 전산망을 통해 검색할 수 있는 것으로 알려졌다. 1980년 당시 치안본부가 만든 자료를 보면 6·25 부역자 및 자수자 명단에 들어 있는 인원은 54만 3827명에 이르는 것으로 나와 있는데, 우리가 그 모든 자료를 다 볼 수는 없다고 하더라도 신청인의 가족 중에서 한국전쟁 당시 '처형'된 사람이 있는지 국정원에서 직접 확인해달라고 요청했지만 그마저도 거절당했다. 그래서 우리는 결국 몇 배의 시간을 들여서 개인별 피학살 사실을 확인하지 않을 수 없었다. 사실 국정원이 소장하고 있는 이른바 '신원 특이자 명단'이나 경찰청이 본청에 소장하고 있을 명단을 제공했다면, 우리 위원회의 조사 활동 기간은 훨씬 단축될 수 있었을 것이다. 그러나 국정원이나 경찰청은 명단을 줄 수 없다는 태도를 분명히 했기 때문에, 우리는 전국의 모든 경찰서를 상대로 일일이 공문 발송, 전화, 방문 조사를 할 수밖에 없었다. 그것도 한 번의 방문으로 끝나지 않고 담당자 혹은 결재자들과 친분과 신뢰를 쌓기 위해 여러 번 만나 호소하고 설득하는 작업을 반복해야 했다. 그러니 이 조사라는 것이 얼마나 비효율적이고 낭비적인 것인가. 국가가 의지만 있다면 국가 자체의 자료를 정리해서 가족의 피학살 여부를 묻는 유족들에게 답변하면 될 일이었다.

사실 기록의 수집·보존·관리 등을 보면 그 국가를 알 수 있는 법이다. 한국이라는 나라는 조선시대와 일제 강점기의 관료 체제의 전통이 있어 기록은 비교적 철저하게 하는 것 같았지만, 보관과 관리라는 관점에서 보면 아직 선진국이 되기는 멀었다는 생각이 들었다. 국가의 체계적인 기록 관리는 김대중 정부가 들어선 이후 처음으로 시작되었다고 해도 틀린 말이 아니다. 그래서 사실 민주화야말로 국가를 국가답게 만드는 가장 중요한 계기였다는 점을 새삼 확인할 수 있었다.

　　한편 문서 자료만큼이나 사건 진실규명에 결정적인 고리는 바로 가해자 증언이다. 가해자의 증언은 피해자 수십 명, 수백 명의 증언 이상의 가치가 있다. 왜냐하면 현장 가해자가 생존해 있다면 그의 한마디는 피해자 수십 수백 명의 증언을 확증하는 총괄적인 것이 되기 때문이다. 더구나 현장의 말단 군경이 아니라 지휘명령의 위치에 있던 군경 간부의 증언은 단번에 모든 퍼즐을 맞추는 효과를 지녔다. 그런데 60여 년 전 사건의 참전 군인이나 경찰, 중간 지휘관급의 사람을 무슨 수로 찾아낸단 말인가. 해당 사건이 발생한 그날 그 장소에 온 군인이나 경찰이 어떤 부대 소속인지 알아내는 것도 쉽지 않지만, 설사 피해자 증언을 듣고 알아냈다고 하더라도 그 부대 소속 군인들의 신원을 찾아내서 그들의 생존 여부와 현재의 주소를 알아내는 것도 지난한 과정이다. 대체로 우리는 보훈처의 참전 수당 지급자 명단에 의거해서 생존자를 찾아내는 방법을 사용했다. 이 작업은 당연히 국방부나 경찰의 협조가 없이는 불가능했지만, 설사 가해 부대를 중대 단위 정도까지 알아내서 수십여 명의 생존 군인들 중 10명 정도의 소재를 찾아내더라도, 그들이 60여 년 전의 사실을 제대로 기억하거나 사실을 실토하리라 기대할 수도 없었다. 조사관들이 수십 차례 전화 통화를 하고 밀고 당기기를 한 끝에 그들의 집이나 요양원 등을 직접 찾아가더라도 치매에 걸려서 기억을 상실한 사람, 중병에 걸려 요양원에서 죽음을 기다리는 사람들을 제외하면 실제로 증언할 수 있는 사람은 두세 명에 불과했다. 그 두세 명이 솔직하게 증언을 해줄 거라는 보장도 없다. 사람을 죽이는 끔찍한 일을 저지른 경우 가해자들도 그 기억을 평생 잊어버릴 수 없고 나름대로 트라우마에 시달려왔기 때문에, 그들로서도 증언을 하는 것은 큰 고통이다. 또 설사 자신이 지휘관이 아니었다고 하더라도 학살 사실을 발설할 경우 형사책임을 질 수 있다는 것을 알고 있기 때문에 순순히 실토하는 경우는 거의 없었다.

'기본법'에는 참고인들을 위원회에 출두하게 해서 조사하게 되어 있지만 70~80대 노인을, 그것도 대체로 지방에 살고 있는 노인을 서울로 오게 하는 것은 거의 불가능했고, 결국 그들의 집을 직접 방문할 수밖에 없었다. 그래도 처음에 우려했던 것보다는 많은 말단 가해 군인과 경찰이 살아 있었고, 조사관의 노력과 몇 사람의 용기 있는 증언 덕분에 우리는 나름대로 사건의 진상을 재구성할 수 있었다.

## 미국 자료와 미군 피해 사건 조사

전쟁 당시 군 작전권이 미국에 있었으므로, 미국의 비밀 자료는 단지 미군 관련 사건 진상규명에만 중요한 것이 아니라 한국군이 저지른 학살 사건 전체를 살펴보기 위해서라도 반드시 검토해야 할 것들이었다. 그러나 관련 미국 자료 중 국내에 어떤 자료가 얼마나 들어와 있는지 알기 위해서는 이런 자료를 먼저 살펴보았던 개인 전문가들의 의견을 듣는 방법밖에 없었다. 한국 내에 개인 혹은 기관을 통해 미국의 군 관계 자료가 상당히 많이 들어와 있는 것도 사실이었다. 특히 미국 국립문서기록관리청에서는 그곳 지킴이 방선주 박사를 비롯해 한국의 각 기관에서 파견된 사람들이 자료를 찾고 있는 모습을 쉽게 볼 수 있다. 한림대, 국방부 군사편찬연구소, 국사편찬위원회, 국립중앙도서관, 연세대 등 각 기관에서 자신에게 필요한 자료들을 막대한 경비를 들여 복사해서 국내에 들여왔다. 그런데 이러한 자료들은 각 기관의 필요 때문에 들여온 것이지, 국가 차원에서 체계적으로 수집된 것은 아니었다. 일본의 경우 외무성에서 일본과 관련된 모든 미국 소장 자료를 입수했기 때문에 개별 연구자가 미국에 별도로 출장을 갈 필요가 없다고 들었는데, 우리는 여러 기관이 경쟁적으로 미국에 출장 가서 이미 한국에 들어와 있는 자료까지 중복 복사를 한다. 정부 차원에서 사료수집보존협의회라는 조직을 만들어 기관별로 수집된 자료를 공유할 방안을 논의한다고는 했지만, 당시로서는 그 활동이 지지부진했을뿐더러 아직 방침도 나오지 않은 상태였고 무슨 특단의 대책도 없었기 때문에 우리는 주먹구구식으로 국내 입수 현황을 확인하지 않을 수 없었다.

실제로 국사편찬위원회는 문서 260만 장, 마이크로필름 2500롤 대부분을 미국 국립문서기록관리청에서 수집한 상태였으며, 특히 '노근리 파일' 즉 노근리사건 조사 과정에서 미군 측이 내부 소장 자료들을 빗자루로 쓸듯이 검토하면서 확보했던 자료가 전량 입수되어 있었다. 그리고 그것은 학살 관련 자료 정리를 위해 일차적으로 검토해야 할 것들이었다. 그런데 국사편찬위원회에 들어와 있는 자료를 이용하기도 쉽지 않았다. 그 이유는 국사편찬위원회에서 이 노근리 파일을 전량 복사해 들여왔으나 해제할 예산이 없어서 그냥 쌓아두고만 있는 상태였고, 그러니 자신들이 이용하기도 전에 다른 기관이 먼저 이용할 수 없다고 답했기 때문이었다.

이 얼마나 어처구니없는 일인가. 국민의 세금으로 국내에 들어온 지 5년이 넘은 자료가 제대로 해제 영인도 되지 않은 채 비공개로 방치되어 있고, 정작 다른 정부 기관에서 열람·복사해야 할 상황에서 열람도 할 수 없게 되었으니 말이다. 정말 어이없는 일이었다. 그래서 어떤 연구자는 그것을 이용하느니 차라리 미국에 가서 중복되더라도 다시 복사하는 편이 편리하다고 충고하기도 했다. 기막힌 나라의 기막힌 현실이었다.

사실 미국이 소장한 자료는 우리 조사관이 1년 이상 상주하면서 검토·입수해야 할 것들이었다. 1~2주 출장으로는 장님 코끼리 다리 만지기식을 넘어설 수 없었다. 신청인인 유족들은 미국에 출장 가면 학살 관련 자료가 잘 정리되어 선반에 쌓여 있어서 우리가 그냥 들고만 오면 되는 줄 알고 있었지만, 그것은 고도의 전문성과 인내심을 가지고 산더미 같은 파일을 뒤져 한 장 한 장 검토해야 할 일이었다. 그런데 그 일을 어떻게 몇 주 출장으로 해결할 수 있겠는가. 결국 나는 현지인을 고용하자는 생각에 현지 전문가를 임시직 공무원으로 고용할 수 있는지 중앙인사위원회에 문의했다. 그러나 결과는 실망스러웠다. 국가공무원법 26조 3항에 의하면 외국인을 임용할 수 있게는 되어 있는데, 국내에서 일하지 않는 조건 즉 우리의 감독권 밖에 있는 외국인을 임시직으로라도 공무원으로 고용해서 현지에서 일하게 하는 규정은 없다는 것이었다. 정부 인력 운영의 경직성을 새롭게 느꼈다. 포기하는 수밖에 없었다.

"가장 이상적인 것은 몇 명의 조사관이 직접 가서 책임감 있게 자료를 찾는 것이다"라는 주변의 충고도 있어서 그렇게 하기로 했다. 미국에 소장되어 있는 자료를 한국 정부나 우리 위원회가 비밀 해제 해달라고 요청할 수도 있었지만, 이 역시 어떤 자료가 있는지, 어떤 자료에 우리가 찾는 내용이 포함되어 있을지 소상히 알고 있는 전문가가 있어야 하는데 그 정도의 전문가가 우리 위원회 조사관 중에는 없었다. 어쩔 수 없이 국내의 외부 전문가들에게 연구 용역을 주어 해결할 수밖에 없었다. 결국 진실화해위의 조사 활동은 처음부터 끝까지 국내의 연구 축적, 연구 역량만큼 진행될 수밖에 없다는 매우 상식적인 결론에 또다시 도달하게 되었다. 그리고 정부 차원에서 국외 기밀 자료를 총괄적으로 수집하는 기능이 부재하다는 것을 또다시 실감하게 되었다.

한국 외교부는 이 점에서 전혀 도움이 되지 않았다. 그 후 내가 조사관들과 두어 번 미국 출장을 갔을 때 미주 여러 지역의 외교관들이 의전상 공항에 사람을 보내주고 같이 식사를 한 적도 있었지만 그들은 우리가 괜히 민감한 사안을 건드려 미국과의 관계만 불편해지지 않을까 걱정하고 있었다. 국민과 국가의 관점에서 전쟁 중에 미군에 의해 억울하게 죽은 우리 국민의 한을 푼다는 생각은 아예 하지 않았으며, 외교부가 무슨 역할을 해야 할 것인지에 대해서도 생각조차 하지 않는 것 같았다. 외교부가 미국을 대변하는 조직이 아닌가 생각될 정도였다.

사실 이 일은 국방부 등의 정부 기관에서 한국전쟁과 관련하여 미국·영국·호주 정부가 보관하고 있는 각종 자료, 그 나라의 생존 참전 군인의 증언 등을 체계적으로 수집했다면 훨씬 쉽게 해결할 수 있는 사안이었다. '6·25 남침' 사실을 그렇게 반복해 강조하면서 외국 참전자를 초청하는 등 일회성 행사에는 엄청난 돈을 쏟아붓는 정부가 정작 이런 중요한 해외 자료 정리 문제에는 관심이 없다는 사실을 새삼 확인할 수 있었다. 물론 정부가 이와 같은 외국 군인들의 한국 민간인 가해 등을 다룬 민감한 자료를 수집하기 어려운 측면도 있겠지만, 그래도 미국·영국·호주·캐나다 등지에 한국전쟁 참전 군인이 아직도 많이 살아 있고 개인적으로도 자료를 많이 소장하고 있기 때문에 기초 자료라도 모아두었다면 우리가 일하기가 훨씬 수월했을 것이다.

결국 나는 영어 해독 능력이 있고 영어로 의사소통을 할 수 있는 조사관을 미국을 비롯해 영국·호주로 단기 출장을 보낼 수밖에 없었다. 역시 장님 코끼리 다리 만지기 식이었다. 한국전쟁은 물론 자료 일반에 대한 전문성도 없는 조사관이 단기간에 출장 가서 할 수 있는 일은 극히 제한적이었다. 아니 그런 일을 할 수 있는 사람은 위원회 밖 한국 사회를 온통 뒤져도 찾을 수 없었다.

학살 사건 조사 중에서 처음부터 내가 가장 걱정한 분야는 미군 사건 조사였다. 나는 베테랑급 기자들로 구성된 미국의 AP 조사팀이 몇 년 동안 집중적으로 자료를 찾고 미 참전 군인의 증언을 구해서 노근리사건에 대한 특종 보도까지 해도, 그 후 한미 합동 조사 과정에서 증인들이 말을 바꾸고 미군 측의 책임이 없다는 쪽으로 결론이 나는 것을 보았다. 노근리사건 하나만 가지고 미군은 1년 동안 100만 건의 자료를 검토하고 275명의 미군과 한국인 목격자의 증언을 청취했다. 그런데 우리는 '수십, 수백 건의 노근리사건' 조사 신청을 받아놓은 상태였다. 도대체 어떻게 조사를 할 수 있다는 말인가? 어쩌면 미군 사건은 하나도 제대로 조사하지 못하거나 '불능' 처리한 상태로 위원회가 마무리될지도 모른다는 공포감이 엄습했다. 미군 사건에 관한 한 진실규명은 정말 의지나 노력이 아니라 실력으로 판가름해야만 할 사안인데, 대한민국 학계의 모든 학문적 역량을 동원해도 쉽지 않은 일을 이 사건에 완전 초보인 나와 조사관들이 해야 한다는 사실에 하늘이 캄캄했다.

미군 관련 사건을 제외한 다른 학살 사건에 대해서는 나 자신이 사건의 개요를 어느 정도 알고 있었고 조사관들에게도 그럭저럭 전체 그림을 잡아주었지만, 미군 사건에 대해서는 그럴 능력이 내게 없었다. 우선 국내에서 전쟁기 미 공군과 지상군에 의한 민간인 희생에 대해 논문을 쓴 사람이 예천 산성동 폭격 사건을 연구한 창원대 도진순 교수밖에 없었다. 미군 사건을 다루기 위해서는 미 공군·지상군 관련 문서를 해독할 수 있어야 했고, 당시 미군의 한국전 투입의 전체 맥락·배경·성격, 한국 정부와 미군의 관계, 국제사회에서의 전쟁범죄에 대한 일반 규정 등을 알고 있어야 했다. 결국 영어를 잘하는 조사관을 뽑는 것이 일차적인 과제였고, 그다음으로는 사건 조사를 위한 기본 훈련을 시키고 사건을 재구성할 수 있는 능력을 갖도록 해야만 했다. 그래서 나는 조사관 면접 때부터 우선 영어 문서를 독해할 수 있거나 참전 미군 인터뷰를 위해 영어로 의사소통할 수 있는 사람을 주의 깊게 보았지만 그런 후보자는 별정직 조사관에 응모한 전체 지원자 수백 명 중 5명 안쪽에 불과했다.

나는 조사관 겨우 두세 명과 함께 방대한 미군 사건 자료를 조사하고 진실을 규명하는 것은 불가능하다고 판단했다. 이미 수백 건의 피해자 신청이 들어온 상태에서 신청인 진술 청취를 뒤로 미루고 미 공군 문서 읽기 학습부터 시작할 수도 없었다. 그래서 나는 조사를 담당할 수 있는 후보자를 채용하는 데 온 신경을 곤두세우고 신규 정원이 날 때마다 이것을 최우선적으로 고려해달라고 위원장과 사무처장에게 부탁했다. 그리고 지인들에게도 이 일을 할 수 있는 사람 좀 찾아봐 달라고 부탁했다.

어쨌든 영어 해독 능력이 있는 몇 사람의 조사관을 미군 사건 팀에 배치한 다음, 베트남전쟁과 미라이사건, 노근리사건 진실규명의 문제점, 한국전쟁과 미군, 미군 관련 자료를 어떻게 읽을 것인가 등의 주제를 잡고 외부 전문가를 불러 조사관 교육을 시키기로 했다. 그중에서도 도진순 교수를 불러서 특별히 미군 자료 보는 법, 미군 비행기 기종, 미군 보고서의 성격 등에 대해 교육을 받았다. 특히 노근리사건에 대한 미군 측 보고서는 우리에게는 미군 사건 조사의 교과서였다. 노근리사건 보고서는 자신의 책임을 덮어버리기 위한 가해자 측 조사였기 때문에 기조가 마음에 들지는 않았지만, 단지 조사의 쟁점을 잡고 어떻게 조사할지 방향을 잡는 용도로 활용했다. 그리고 노근리사건 조사에 직접 참여했던 현역 군인이기도 한 육사와 공사의 교수 두 사람을 자문위원으로 모셨고, 조사 쟁점과 방향을 잡기 위해 그들의 연구실을 직접 찾아가서 거의 매달리다시피 도움을 청했다.

　미군 사건의 경우 폭격에 의한 피해가 가장 큰 부분을 차지했다. 관련 기록을 철저하게 정리하고 있는 미국 측의 비협조, 자료 비공개, 정치적 변조 때문에 우리는 미국의 도움을 받을 수 없었고 국내 기관의 도움도 거의 받을 수 없었다. 한국전쟁 당시 미 공군의 정책 일반, 피난민 정책에 대해서도 국내에 연구된 것이 거의 한 편도 없었기 때문에, 우리 위원회 조사관이 곧 연구자로서 문서들을 읽어나가는 수밖에 없었다. 국내에 들어와 있는 미군 폭격 및 피난민 정책 관련 자료가 어떤 것인지 확인하는 작업이 급선무였다. 그것이 확인되어야 그다음 작업, 즉 미국에 조사관을 파견할 수 있었기 때문이다. 이 작업을 위해 미국 문서를 읽어본 경험이 있는 학자를 책임자로 선정해 우선 자료 해제 연구 용역을 맡겼다. 나는 이 사건을 담당할 조사관을 추가로 뽑는 문제, 미국의 책임을 물을 수 있는지 등에 대해 국제법 전문가들에게 의견을 구하는 문제, 국내 소장 자료의 확인 문제, 그리고 조사관들이 기존 논문을 읽으면서 사건에 대한 감을 익히도록 하는 문제 등을 거의 동시에 진행할 수밖에 없었다.

　국내 연구가 충실하지 않는 상태에서 진행하는 우리의 조사는 조사관으로 하여금 연구자의 역할을 동시에 수행하도록 하는 길밖에 없었다. 사실 위원회의 한국전쟁 학살 사건 조사 활동은 연구라는 관점에서 보더라도 한국에서는 최첨단이었다. 그동안 알려지지 않았던 최신 자료를 찾아서 읽을 수 있었던 사람들도 바로 우리 조사관들이었다.

조사를 시작하기에 앞서 미군 사건 처리 문제에 대한 정책 토론회를 개최해 노근리사건으로 박사 논문을 쓴 미 역사학자 사르 콘웨이-란츠Sahr Conway-Lanz 박사를 초대해서 이야기를 듣기도 했다. 그리고 국내에서 이 문제에 대해 조금이라도 알고 있는 국제법 전문가들의 의견을 종합해서 미군 사건 진실규명 수위 및 미군의 법적 책임, 권고 사항에 포함될 내용들을 정리해 이후 미군 사건 처리의 기준으로 삼았다. 그리고 외국에서 미군 폭격에 대해 책임을 물었던 사례가 있는지 알아보려고 '미국 폭격에 대한 피해 사례 분석' 용역을 발주했으며, 그 결과 보고서를 검토해 이후 우리의 권고 사항에 포함될 내용을 정리했다.

나는 미군 사건 중에서 우선 가장 피해 규모가 크고 많이 알려졌으며 사건 조사가 진행된 단양 곡계굴 사건을 첫 조사 대상으로 삼았다. 조사 개시 단계의 법적 논란은 앞의 6장에서 전술했듯이, '불법적'이란 당시에 발효 중인 국제인도법 위반을 지칭하는 것으로 보아야 하며, 조사 개시 단계에서 불법성을 증명할 수는 없으나 피해자의 증언만으로도 불법성이 어느 정도 확인될 수 있으며, 그것에 기초해서 조사를 개시하는 데 무리가 없다고 주장해 위원들의 동의를 얻어냈다. 즉 그 사건은 국제인도법에서 명시한바, '피보호자에 대한 인도적 대우', '민간인과 전투원의 구별', '전투의 필요', '비례의 원칙' 등 국제인도법상의 여러 가지 원칙을 위반한 것으로 여겨지며 미군은 피난민을 안전지대가 아닌 곳으로 되돌려보냄으로써 이들 전부, 특히 여성·노약자가 포함된 민간인들을 전투 지역에 노출시켰다는 점을 강조했다. 미군은 사건 당일 그 지점이 군사적 목표물인지 비군사적 목표물인지 구별하지 않았음은 물론, 굴 인근에 있던 주민들이 인민군인지 민간인인지도 구별하지 않은 채 폭격을 했으며, 굴에서 나온 사람들에게도 기총소사를 했던 점이 확인되었기 때문에 조사 대상이 된다고 주장했다. 그리고 당일 현지에서 인민군이 떠났고 폭격 시점에 교전도 발생하지 않았으므로 미군이 곡계굴과 인근 지역에 무차별 폭격을 해야 할 전투상의 필요가 존재했다고 보기 어렵다. 특히 목격자들이 증언하는바, 미군이 사건 발생 후 일주일 정도 후에 현지에 와서 조사하고 갔다는 것은 그들이 이러한 국제인도법의 원칙을 충분히 의식하고 있었다는 것을 말해주며, 그 후 어떤 조치도 없었던 것은 미군이 이 사건을 은폐하려 했다는 것을 말해준다고 주장했다.

우선 신청인들이 주장하는 미군에 의한 피해가 통상 미국 측이 이야기하는 '부수적 피해'인지 고의 혹은 중과실에 의한 피해인지를 구분하는 것은 쉽지 않았다. 말 그대로 군사작전 수행 중에 발생한 '부수적 피해'는 민간인 희생의 진실규명 대상에서 제외할 수밖에 없었다. 그러나 가해 측의 의도성과 고의성을 밝히는 것은 노근리사건 조사 결과 보고서에서 나타났듯이 매우 어려운 문제였다. 실제로 미 공군이나 지상군이 피난민들이 민간인임을 분명히 확인하고도 집단 학살한 경우는 많지 않았다. 더구나 우리 조건으로는 생존한 참전 미군을 찾아서 진술을 청취하는 일은 거의 불가능했기 때문에 문서 자료와 피해자 진술을 교차시켜 진실규명을 할 수밖에 없었다. 학살의 범죄성을 판가름하는 데 가장 중요한 쟁점인 '고의성' 입증은 매우 어려울 수밖에 없었다. 사실 고의성의 기준을 엄격하게 적용하면 모든 미군 폭격 관련 사건은 '불능' 처리, 즉 미군에 의한 민간인 피해는 공군기의 오폭에 의한 것이 되는 셈이다. 그래서 나는 미군의 중과실, 민간인임을 식별할 수 있었지만 주의 부족으로 그것을 무시하고 폭격을 하거나 기총소사를 한 경우를 특별히 주목하고, 그것을 조사 대상 즉 '희생'의 범주에 포함시켰다. 그런데 이런 경우라 하더라도 민간인 희생이 지상에서의 교전 중에 발생했거나, 당시 인민군이 피난민 중에 섞여 있었거나, 미군 측이 민간인 피해 방지 대책을 세운 경우라면 미군에 법적 책임을 묻기가 어려웠다. 그러나 자신의 잘못을 최대한 감추려는 60여 년 전의 미군 자체 기록으로 이 점들을 명확히 구별하는 것은 매우 어려운 일이었다. 그래서 결국 작은 사건 하나에도 미군 측의 폭격 정책 일반과 연관시켜 넓은 의미에서 미군의 책임과 불법성을 강조하는 방향으로 갈 수밖에 없었다.

2011년 위원회의 미군 사건 조사에 대해 비판적 논평을 낸 김태우 박사는 우리가 도진순 교수의 예천 산성동 모델을 그냥 그대로 받아들여 미군의 공중폭격 정책 일반, 특히 1950년 11월 초 맥아더의 초토화 작전 지시를 충분히 검토하지 않은 채 폭격 책임을 주로 10군단장에게만 돌리는 실수를 범했다고 비판했다. 즉 미군 최상층의 정책에 대해 충분히 숙지하지 못한 채 조사에 들어가 최종 책임 주체 규명을 제대로 하지 못했다는 것이다.[6] 당시 나도 미군의 1951년 1월 중순 충북 단양 일대 폭격 명령과 그 과정에 관한 자료를 보면서, 그들의 표현대로 적의 은신 가능성, 적에게 이용될 가능성이 있다는 이유만으로도 민가와 가축 등이 폭격의 대상이 되었으며 이후 단양의 영춘 일대 건물이 거의 남아 있지 않았다는 기록을 확인했기 때문에 그것은 무차별적인 소각 작전이자 초토화 작전의 일환임이 분명하다고 생각했다. 그러나 미군의 정책을 전반적으로 검토할 여유가 없었고 개별 사건 위주로 접근하다 보니 그 점을 놓쳤다. 사실 큰 사건 한두 개만으로 당시 미군 폭격의 불법성과 가해 책임성을 규명하기는 어려우므로 이 문제는 차후에 같은 시기의 다른 사건을 더 조사한 뒤 종합적으로 재론해야 할 문제라고 잠정 결론을 내리고 진행했다.

어쨌든 이러한 고투 끝에 단양 곡계굴 사건, 예천 산성동 사건, 월미도 사건 등 몇 개의 중요한 미군 사건의 진실을 규명할 수 있었다. 나는 미군 사건의 결정문 일부를 영문으로 번역해 위원회 홈페이지에 게시하도록 했고, 미군 혹은 외국 전문가들의 평가를 수렴해 이후 조사와 보고서 작성에 반영하려 했다. 그리고 외교부를 통해 미 당국에 자료 협조 요청과 자료 공개 신청을 하려 했으나 성사되지 못했다. 새 직원 충원과 외부 자문 교수들의 의견 청취 등을 반복하면서 미군 사건 보고서가 곧바로 영문으로 번역되더라도 충분히 방어할 수 있을 정도의 내용을 담아야 한다고 다그쳤다. 하지만 나로서도 미군 사건에만 신경을 쓸 수는 없었다. 또 이리시(익산) 폭격 사건처럼 아무리 찾아도 관련 자료가 나오지 않는 사건들도 있고 해서, 결국 내 임기를 마칠 때까지 접수 사건의 일부만 마무리할 수 있었다.

미군 사건은 집단 희생 사건 진실규명 중 가장 어려운 문제였던 만큼 결함도 안고 있었다. 만약 진실화해위가 새롭게 구성되어 조사를 다시 한다면 미군 사건은 전문가로 팀을 꾸려서 완전히 다시 시작해야 한다. 그러나 나는 제2차 세계대전 후 미 공군이 다른 나라의 전쟁에 투입되어 무차별 폭격으로 민간인에게 피해를 준 나라 중에서 처음으로 피해 국가가 공식적으로 그것을 조사했다는 자부심을 갖고 있으며, 우리 보고서가 영문으로 번역되면 세계 학계나 국제정치에 큰 파장을 일으킬 내용을 담고 있다고 자부한다.

## 국민보도연맹사건 조사와 11사단 토벌 작전 조사

나는 조사 개시 이후 약 3년 동안 조사 지휘를 했는데 그 기간 내의 모든 조사보고서는 내 손을 거쳐 갔고, 그 기간에 위원회에서 진실규명이 결정된 모든 사건은 내 책임하에 있다. 나는 조사 개시부터 조사 진행, 피해자나 가해자 진술 청취, 보고서 작성 등을 결재했고 거물급 참고인들에 대해서는 내가 직접 조사관 역할을 하기도 했고, 사전 섭외 과정에서 전화인사를 하거나 편지를 보내거나 방문하기도 했다. 그러나 고창 11사단 사건처럼 내가 감독과 검토를 제대로 하지 못해 결함을 노출하고, 언론의비판을 받아 재조사를 한 경우도 있었다.

2007년 12월, 2년 더 일하기로 한 이후에 다시 1년이 흘러 2008년 말이 되었을 때 나는 내 임기가 1년밖에 남지 않았다는 사실을 계속 의식하면서 전략적인 선택을 하지 않을 수 없었다. 어차피 내 후임자인 상임위원으로는 이명박 대통령이 임명한 사람이 올 것이고, 그는 아마도 이 문제에 전문성이나 의무감을 갖고 일할 사람은 아닐 것이 명백했다. 결국위원회의 실질적인 활동 시한, 특히 집단 희생 사건의 활동 시간은 내가일하는 동안이라고 생각했다. 내게 2009년 12월 이후 위원회는 존재하지않았고, 이명박 대통령이 임명하는 상임위원이 담당하는 위원회의 집단학살 조사는 기대할 수 없다고 보았기 때문이다.

신청 사건 모두를 내 임기 내에 해결하는 것은 불가능했다. 그렇다고그냥 임기까지 주어진 일만 최선을 다해 마무리하는 것은 내가 위원회에서 일하게 된 이유를 망각하는 일이었다. 그래서 신청 사건 중에서 직권조사를 개시한 사건, 즉 단일 사건의 성격이 가장 강하고 또 사건의 전모와 가해의 진실, 피해의 규모를 밝힘으로써 위원회의 존재감과 성과를 좀 더 보여줄 수 있는 국민보도연맹사건과 국민들에게 비교적 많이 알려진 국군 11사단에 의한 전라도·경상도 인근의 공비 토벌 과정 학살 사건을 마무리하고 나가기로 결심했다. 결국 이 두 사건에 집중하느라 나머지 사건, 특히 미군에 의한 희생 사건, 수복 후 부역 혐의에 의한 희생 사건, 일부 여순사건, 형무소 희생 사건은 제대로 마무리하지 못한 채 임기를 마칠 수밖에 없었다. 이 점에 대해 관련 유족들에게 지금도 미안한 마음을 갖고 있다.

나는 위원회 활동 초기부터 "국민보도연맹사건 하나만 제대로 진실을 규명해도 내 나름대로 소임은 다한" 것이라고 생각했다. 실제로 동료 비상임위원이던 김영택도 내게 수시로 그렇게 언질을 주기도 했다. 신청인의 입장에서 보면 자기 가족의 일이 지구, 아니 우주에서 가장 중요하고 비극적인 일이지만 사건을 담당한 책임자인 나로서는 국민보도연맹사건이야말로 단군 이래 우리 역사에서 국가 공권력이 저지른 가장 잔혹하고 비인도적이고 반국민적인 범죄라고 보았다. 그것은 피해 규모도 가장 크고 국가의 의도성과 가해 책임도 명백했기 때문에, 그 사건을 마무리하지 않고 임기를 마치는 것은 중대한 책임 방기이자 직무 유기라고 보았다. 특히 "호적에 빨간 줄이 간다"는 이야기가 군사정권 시절 우리 국민을 옥죄었고, 1980년대까지 존재했던 연좌제도 모두 이 사건 피해 가족들과 관련되어 있었다. 그렇기 때문에 분단·군사독재 상황에서 수백만의 대한민국 국민을 움츠러들게 만든 바로 그 사건을 들추어내어 진실을 밝혀야 대한민국이 바로잡힐 수 있다고 보았다. 실제로 전쟁 직후 학살당한 30여만 명의 국민보도연맹원들이 통상은 '전향한' 좌익으로 알려졌기 때문에, 그 자녀들 스스로도 레드콤플렉스로 인해 부모의 희생 사실을 잘 드러내지 않는 경향이 있었다. 그래서 보도연맹 유족들은 아예 신청 자체를 하지 않은 경우도 많았다. 나는 바로 이런 이유 때문에 국민보도연맹사건 진상 규명이야말로 한국 사회에 드리운 레드콤플렉스의 구름을 걷어내고, 피학살자 가족을 당당한 한국의 시민권자로 만들고 장차 한국을 건강한 사회로 만들 수 있는 핵심적인 과제라고 생각했다.

그래서 위원회 초기에 조사 팀을 구성할 때부터 국민보도연맹사건 팀을 별도로 구성했다. 조사팀 내의 일부 조사관은 자료 조사를 진행하면서 몇몇 중요 지역을 군 단위로 잘라서 조사를 시작했다. 사건이 전국 단일 사건이기 때문에 사실상 중앙의 지휘명령 체계를 전체적으로 정리하고, 전국 단위의 학살 규모를 파악하는 것이 순서였지만 신청한 유족들에게 2년 넘게 기다리라고 할 수는 없었기 때문에, 군 단위별로 개인별 희생 여부를 결정하기 위한 조사를 진행하지 않을 수 없었다. 앞에서 말한 '신청인 희생 사실 규명'과 '사건 전체의 진상규명' 간의 충돌이 가장 극명하게 드러난 것이 바로 국민보도연맹사건 조사였다. 그런데 경북·경남 지역인 울산·청도·김해에서 국민보도연맹원 명단이 발견되었기 때문에 초창기에는 이 지역 조사에 총력을 기울였다. 지역 보도연맹원들의 신원을 파악하면 실제로 좌익으로 분류된 보도연맹원들이 누구였는지 알 수 있고, 그 지역의 학살 과정을 정밀하게 보면 전국 단위 학살 과정의 상을 잡을 수 있을 것이라고 판단했기 때문이었다. 그중에서도 초기에 보도연맹 팀 조사원을 전원 투입해 하나의 진실규명 전형으로 만들고자 한 곳이 바로 울산이었다.

국민보도연맹에 대해서는 이미 『부산일보』 김기진 기자가 부산·경남 지역을 조사했고 MBC 〈이제는 말할 수 있다〉 팀에서도 두 차례의 특집을 방영하기 위해 많은 증언을 채록했다. 따라서 기존 학술 연구는 거의 없었지만, 언론인들이 시작한 이러한 선행 취재나 조사가 우리에게 매우 중요한 기반이 되었다. 특히 울산과 김해의 보도연맹원 명단, 처형자 명단은 희생자 신원 확인, 가해의 주체, 그리고 희생 규모를 추정하는 데 가장 결정적인 군 단위 자료였다.

그런데 신청인 개인의 희생 사실 규명도 생각했던 것처럼 쉽지만은 않았다. 왜냐하면 보도연맹 학살은 남미 여러 나라에서 1970~1980년대에 발생한 실종 사건과 유사한 것이었기 때문이다. 언제 어디에서 끌려갔다는 가족과 주변 사람들의 증언은 있지만, 정작 어디에서 누가 몇 명이 죽었는지에 대해서는 아무런 자료가 없었기 때문이다. 사건 직후 유족들이 찾아가서 유골·유해를 발굴 수습한 경우가 대부분이었기 때문에, 당장 집단 학살을 입증할 수 있는 집단 매장지도 거의 없었다. 그래서 군 단위별 학살 사건의 재구성도 매우 어려웠고 그것이 전원위원회에서도 많은 논란이 되었다. 울산·김해처럼 보도연맹원 명단이 있는 경우 희생자 신원 확인이 가능한데, 그렇지 않은 경우는 대상자가 단순 실종되거나 월북했을 수도 있었다. 이 경우 과연 경찰에 끌려갔다는 증언만으로 사망을 확정할 수 있는가라는 어려움이 있었다. 나는 칠레 등지의 실종 사건 처리 보고서를 검토해 '정황증거circumstantial evidence'라는 개념을 적극 도입했다.[7] 즉 당시 전국에서 동시에 이런 보도연맹사건이 발생했으며 특정인이 전쟁 발발 직후 특정 일자에 경찰이나 특무대에 끌려간 것이 목격자의 증언에 의해 확인된 이후 실종되었고 그 후 다시 나타나지 않았다면, 그는 보도연맹 학살 사건의 희생자로 볼 수 있다고 판단했다. 그들이 월북을 했거나 외국으로 나갔을 가능성은 거의 없기 때문이다.

하여튼 이렇게 해서 몇 개의 군 단위 보도연맹사건 조사를 시작했다. 조사 과정에서 서울 지역 보도연맹 조직표, 타 기관의 협조를 얻는 과정에서 부산 국제상사의 기업 단위 보도연맹 명단 중 중요한 자료가 발굴되기도 했다. 생존한 최고위 증언자는 한국전쟁 발발 시점에 육군 정보국에 근무했던 김종필 전 총리인데, 조사관을 통해 연락을 취했지만 예상했던 대로 미동도 하지 않았다. 그다음으로 중요한 증인은 선우종원 변호사였다. 그는 전쟁 발발 직후 조병옥 내무부 장관 밑에서 정보수사과장을 지냈는데, 내가 시청 앞 그의 사무실을 직접 찾아가서 인사를 드리고 조사 협조를 부탁했다. 95세라고는 믿을 수 없을 정도로 정정했지만, 그 후 조사관들의 말을 들어보니 별로 시원한 증언을 하지 않았고, 모른다는 답변으로 일관했다고 한다. 그 외에 특무대 출신 중간 간부들, 충청남도 경찰국 사찰과 형사 등 가해 지휘 책임 선상에 있었을 인물들도 찾아서 진술을 청취했는데, 이들은 사건 정황은 언급했으나 자신의 개입 부분에 대해서는 입을 다물었다. 예외적으로 장경순 전 농림부 장관 등 일부 특무대 출신들은 나름대로 의미 있는 증언을 해주었다. 그러나 이 학살 사건 당시 지휘 선상에 있었던 사람 중에서 이 사건의 발생을 시인하거나 정부의 책임을 인정한 사람은 한 사람도 없었고, 이들 보도연맹원의 죽음이 억울한 것이었다고 생각하는 사람 역시 한 사람도 없었다.

나는 2008년 말부터 비상 체제를 구성해서 조사관들을 닦달했다. 신청인별, 군 단위별 조사와 전국 단위 사건 조사 즉 가해 지휘명령에 대한 조사를 병행했다. 가해자 조사를 위해서는 별도의 팀을 꾸려서 직접 보고를 받았고, 신청인 조사는 조사관들에게 각 군 단위를 할당해 조사를 마치도록 했다. 일부 조사관들은 내가 '실적을 남기기 위해 졸속으로 무리하게 조사'를 한다고 등 뒤에서 비판하기도 했고, 다른 사건 유족들은 보도연맹사건 조사 때문에 자기가 신청한 사건이 늦어진다고 강력하게 항의하기도 했다. 그러나 나는 보도연맹사건 신청인들에게 특혜를 베풀기 위해서가 아니라, 이 사건의 규명이 진실화해위원회의 존립 의미라고 확신하고 있었기 때문에 조사관들을 다그치고 유족들에게 양해를 구했다. 그래서 사건 보고서 전체의 구성·집필 과정 등을 하나하나 직접 체크했다. 학계에서도 알고 있지만 사실 가장 핵심적인 규명 과제는 이승만의 가해 명령 인지認知 여부였다. 수십 명의 증언과 자료를 동원해서 봐도 정황상 이승만의 재가 없이는 그런 전국 규모의 대량 학살이 일어날 수 없었다는 것이 너무나 명백했지만, 다른 모든 나라의 학살 사건이 그렇듯이 그런 지시나 명령은 결코 문서로 남기는 법이 없으므로 최종 명령자가 이승만이라는 것을 입증할 수 있는 자료는 찾지 못했다. 너무나 아쉬운 대목이었다. 사건이 영원한 미제로 남을 것을 생각하면 참 가슴이 답답했다.

결국 국민보도연맹 전체 사건 조사 보고서는 내 임기를 마치기 직전인 2009년 11월 말 전원위원회에 상정되었고 한나라당 상임위원인 이영조 위원을 포함한 다른 위원들의 협조로 통과될 수 있었다. 사실상 이 사건 진실규명의 가장 핵심적인 부분인 가해 책임 문제와 전국적인 피해 규모는 제대로 밝히지 못했다. 그래서 피해 규모를 추정하기 위해 나는 군 단위 보도연맹원 희생 규모를 대략 추정해서 내 방에 게시한 남한 지도에 표시했다. 내가 일하는 동안이나 위원회를 그만둔 이후에도 외국 언론은 지속적으로 보도연맹원 피학살자 수를 물어와서 참 곤혹스러웠다. 당시 30여만 명의 보도연맹원이 모두 학살당한 것은 아니었고 한강 이남 전국의 모든 시·군 단위에서 학살이 진행되었는데, 전국적으로 몇 명이 학살당했는지는 오직 신만이 알 일이었다. 인도네시아에서 1965년 수하르토의 쿠데타 직후 자행된 학살 규모가 적게는 50만, 많게는 300만이라고 하는 것처럼 우리도 규모를 특정하기가 참 어려웠다.

그래서 나는 국내외 언론 인터뷰에 응할 때 보도연맹원은 10만 명 내외로 희생되었을 것이라고 이야기한 경우가 많았다. 그 후 형무소 정치범, 부역 혐의자, 지리산 일대 토벌 과정 희생자들을 포함하면 20만에서 30만 정도의 민간인이 전쟁 초기 대한민국 군과 경찰, 우익단체에 의해 학살당했다는 것이 현재까지의 내 추정이다. '100만 피학살자'를 주장해 온 유족들의 주장과는 상당히 거리가 있다. 인민군이나 좌익에 의한 희생자 수는 전체적으로 5만에서 7만 정도 되는 것 같다. 전남 영광군처럼 한 군에서 3만여 명이 좌우 양측에 의해 학살당한 경우가 있기는 하지만, 대체로 군 단위에서 최소 500여 명, 최대 2000여 명이 양측에 의해 학살당했다고 보는 것이 합리적일 것 같다. 내가 위원회 조사를 지휘하면서 확실히 얻을 수 있었던 결론은 한국전쟁기에 국군, 경찰, 우익 세력에 의한 학살 규모가 인민군 혹은 지방 좌익에 의한 학살 규모보다 훨씬 컸다는 점이다. 지금까지 대한민국의 터부가 된 논리, 즉 전쟁기 '빨갱이의 잔혹성'은 어느 한쪽의 사실과 기억만 과장한 것이다. 대한민국 군경은 매우 잔혹했고 실제로 인민군보다 죄 없는 민간인을 더 많이 죽였다. 우리 국가가 인정하고 싶지 않은 '불편한 진실'이지만 부인할 수 없는 사실이다. 물론 누가 더 많이 죽였는지를 두고 곧바로 체제 문제까지 갈 필요는 없다. 북한은 이런 조사를 못하지만 우리는 이런 조사를 했다는 것 자체가 이미 결론이 난 것이 아닌가? 그 후 새롭게 자료가 공개된다면 더 규명되거나 논의되어야 할 문제이기도 하다.

한편 국군 11사단에 의한 학살 사건 조사도 위원회 초기부터 크게 관심을 갖고 출발한 사건이었다. 우리 국민들에게 거창사건으로 알려진 11사단 9연대에 의한 학살 사건은 사실상 비슷한 시기에 11사단이 호남이나 영남 일대의 공비 토벌 과정에서 벌인 학살 사건의 극히 일부에 불과하다는 것이 공공연한 사실이다. 내가 11사단에 의한 학살 사건을 별도로 정리하려 한 이유도 당시 수많은 거창사건이 존재했으며, 우리가 알고 있는 거창사건은 빙산의 일각에 불과하다는 것을 보여주기 위한 것이었다. 거창사건은 이미 특별법에 의해 위령 사업까지 마무리된 상태였기 때문에 별도로 조사하지는 않았다. 우리 위원회에 신청된 사건은 호남의 11사단 20연대 사건이었기 때문에 가장 풍부한 자료가 남아 있는 거창 인근 9연대에 의한 학살 사건 재판 수사 기록과 우리 위원회가 조사한 호남 지역 20연대 사건을 전체적으로 보면 11사단이 어떤 지휘명령 계통에서 이렇게 수많은 민간인을 학살하게 되었는지 밝힐 수 있을 것으로 기대했다.

즉 진상규명의 초점은 과연 11사단 사단장이나 연대장, 혹은 이승만 대통령이 토벌 과정에서 대대적인 민간인 학살을 용인하는 작전 명령을 내렸는지 여부였다. 그래서 20연대 조사 과정에서 찾은 대대장급 지휘관과 병사들의 증언을 특히 중시하면서 9연대의 거창사건 수사 자료와 대조해보았다. 이 사건 역시 연대장급 지휘관이 모두 사망하고, 극소수 살아 있는 중대장급 지휘관들도 거의 대부분 진술을 거부해 제대로 된 결과를 얻지 못했다. 단지 영호남 전체 토벌 작전 과정의 학살 전체상을 재구성하는 정도로 끝나고 말았다.

그런데 조사 과정에서 이미 1970년대에 한국전쟁 당시 11사단장이었던 최덕신 등을 인터뷰한 김교식 선생과 연락이 닿아서 조사관과 내가 직접 그를 찾아갔다. 1970~1980년대에 방송작가로 이름을 날린 사람이고, 최덕신 등 중요 가해자들을 직접 만나 거창사건을 거의 최초로 취재한 사람이라 자료를 갖고 있을 것으로 기대했다. 그런데 결과는 실망스러웠다. 그는 자신이 한국 현대사에서 중요한 인물들을 2000명 정도 만나 수많은 르포 기사를 썼는데, 녹음 테이프(옛날 녹음기의 카세트테이프)를 KBS에 기증하려 했더니 보관 상태가 좋지 않고 전부 눌어붙어서 사용할 수 없게 되었다고 했다. 한국 기자들의 취재 파일이나 작가들의 취재 노트가 없는 것을 늘 한탄해왔던 나로서는 또 한번 실망하고 말았다. 결국 그의 기억에 의거해서 거창사건 가해 군인들에 대해 몇 가지 물어보는 수밖에 없었다. 그는 자신이 최덕신을 두 번 만났으며, 오익경·한동석·이종대 등 지휘 선상에 있던 사람들의 집을 직접 찾아갔다고 이야기했다. 그리고 1970년대 말에 거창사건을 취재하다가 중앙정보부에 잡혀가 취재 기록을 모두 빼앗기고 실컷 두들겨 맞은 이야기도 빼놓지 않았다.

결국 11사단 사건 조사 역시 사건을 종합적으로 정리한 것 이상의 성과를 얻지는 못했다. 지휘 선상의 가해자들이 모두 사망했기 때문에 우리가 그 사건의 진상에 도달하는 데는 한계가 있었다. 피해 규모와 양상을 밝힌 정도로 만족할 수밖에 없었다.

위원 임기를 마치기 며칠 전인 2009년 11월 말, 나는 이 두 사건 조사 결정문을 들고 기자회견을 했다. 나는 진실화해위가 그동안 묻혀 있던 대한민국의 중요한 비밀을 파헤치는 엄청난 작업을 했다고 자부했는데, 기대했던 것만큼 관심을 받지는 못했다. 내가 지나치게 의미를 부여한 것일까? 아니면 언론사의 그 누구도 이런 사건의 의미를 알아채지 못했기 때문일까? 아니면 젊은 기자들이나 데스크의 담당자들이 이 사건의 중요성을 인정하지 않거나 이제 이 일이 그들의 관심권에서 벗어났기 때문일까? 이 두 보고서를 읽어본 소수의 사람만이 그 의미를 평가해줄 수 있을 것이다. 미국 보스턴에 가면 영국과의 독립전쟁에서 10명이 죽은 사건도 거창하게 '학살massacre'이라고 부르면서 기억하는 것을 볼 수 있는데, 수만 수십만 명의 민간인이 이렇게 억울하게 죽었고 남은 가족들도 수십 년 동안 연좌제의 질곡에서 신음해온 바로 그 사건에 대한 국가 최초의 진실규명이 언론의 한 줄 기사도 되지 못하는 참담한 현실에 나는 크게 좌절했다. 오늘의 한국 사회의 국가폭력과 인권침해의 원형이 되는 이 중요한 과거의 진상을 캐는 작업이 동시대인의 관심을 받지 못하고, 우리의 조사 작업 자체가 하나의 과거의 일이 되어버렸다는 점에 안타까움을 금할 수 없었다.

## 진상조사 결과는 어떻게 '진실'로 결정되었나

진실화해위는 여러 사람이 공공연히 알고 있는 것을 공식적으로 인정해주는 역할 외에 새로운 것을 알려주지 못할 수도 있다. 학살 사건 조사도 그런 점이 있었다. 그렇지만 우리는 유족이나 민간 연구자가 접근할 수 없는 많은 자료를 발굴해서 그것을 증거자료로 활용했다. 통상 학살 사건에 가해 측의 문서 자료가 남아 있을 리 없다는 것을 전제로 한다면, 증인들의 공통된 진술은 진실을 보증하는 증거가 될 수 있다고 보았다.

앞서 말한 것처럼 학살 사건 진실규명은 인권침해 사건과 달리 OX로 답할 수 있는 문제가 아니었다. 육하원칙에 따라 사건 전체의 상을 잡아서 그것의 역사적 실재를 확인하는 것이 기본이지만, 조건과 배경, 구체적인 가해 명령자나 가해자를 찾는 것은 이미 60여 년의 시간이 지난 시점에서 사실상 불가능한 일에 속했기 때문에 거의 모든 사건은 신청인들이 주장하는 '희생자 개인의 진실' 규명에 치중했다. 그래서 나는 이들 개인 단위 학살 사건의 진실규명 수위를 계량화했다. 당시의 정황에 견주어 우선 희생 사실을 확인하는 것이 가장 초보적인 진실규명이었고, 구체적인 가해 책임자까지 특정하는 높은 수준의 규명도 있을 수 있었다. 즉 여러 수준의 진상규명이 있을 수 있다는 전제에서 시작했다. 그런데 가장 중요한 결정의 지점은 '진실규명'과 '불능' 결정 간의 경계였다. 물론 '결정'

이라고 하더라도 높은 수준의 규명과 그렇지 않은 것이 있었다. 가해자를 찾은 경우도 있지만, 피해자의 진술만 있는 경우도 있기 때문이다.

가장 어려웠던 것은 "대상자가 한국 군경에 의해 살해된 것은 확실한데, 가해 부대, 혹은 가해자를 알 수 없을 경우 이것을 특정하지 않고 진상규명이 가능한가?"라는 질문이었다. 그리고 학살 사건은 학살 현지에서 사망 여부를 확인하거나 세월이 지난 후 유골을 확인하지 않았다면 사실상 실종 사건이라 볼 수 있는데, 이럴 때 집단 사건인 보도연맹사건의 경우 연행 일자 등을 통해 희생된 사실 자체는 확인할 수 있지만 희생된 개개인의 희생 여부를 어떻게 판단할 것이냐는 문제가 있었다. 부역 혐의자들의 연행과 실종, 형무소 연행자의 실종 등도 그러했다. 그리고 군경에 의해 학살된 정황은 있으나 가해 부대를 특정하는 것이 어려울 경우, 희생 사실을 확인해줄 수 있는 증언도 없는 사건을 모두 '불능' 처리할 것인가 하는 것도 문제였다.

그래서 체계적 조사와 진실규명 판정을 위해 나는 우선 '진실규명' 결정을 얻어낼 수 있는 조사 수위를 등급으로 구분했다. 가해자와 피해자 관련 문서 자료가 확보된 경우를 최고 수준의 진실규명으로 보았고, 피해자나 목격자들의 진술만 있는 경우를 가장 낮은 수준의 진실규명으로 보았다. 가장 기본적인 요건 충족은 피해 사실의 유무, 사건 발생 일시, 장소, 피해자의 신원이 확인되는 경우였다. 이 요건이 충족되지 않는다면 우리는 사건이 있었다고 말할 수 없었다. 유족들이 아무리 희생을 주장해도 그 사건을 목격한 사람이 없다면 그 사건의 실재를 인정하는 것은 대단히 어려운 일이었기 때문이다. 아마도 대부분의 학살 사건은 이 범주에 들어갈 개연성이 컸다. 그러나 다행히도 피학살자 명부가 발견되거나, 그들이 언제 어느 곳에서 학살당했는지에 대한 문서 자료가 확인되는 경우도 있었

**표2 | 진실규명의 수준(집단 희생 사건의 경우)**

| 진실규명 결정 | | | 불능 |
|---|---|---|---|
| **100%** | **60%** | **40%** | **20%** |
| 가해 주체, 부대 지휘 책임자, 명령계통 | 가해 주체, 부대 | (가해 주체) | 사건 발생 일시, 장소 확인 불능 |
| 사건 발생 일시, 장소 | 사건 발생 일시, 장소 | 사건 발생 일시, 장소 | 신청인 희생 여부 확인 불능 |
| 피해자 신원 | 피해자 신원 | (피해자 신원) | |
| 전체 피해자 규모 | 전체 피해자 규모 | 신청인 희생 여부 확인 | |
| 신청인의 희생 여부 확인 | 신청인의 희생 여부 확인 | | |

다. 그것은 아주 높은 수준의 진실규명이라 할 수 있었다. 조사보고서는 일종의 검사의 기소장이고 위원회의 심의 결정은 재판이라고 보고, 나는 국가의 범죄를 입증하기 위해 '기소장'을 최대한 충실하게 작성했다.

2008년 초 이명박 정부가 들어선 이후에는 정치 환경이 불리하게 변해서 진실규명의 질이 더욱 낮아지고 규명 자체가 어려워질 가능성이 높아졌다. 그래서 진실규명 기준을 좀 더 엄격하게 만들 필요가 있었다. 우선 국방부나 경찰 등 관계 기관이 자료 제공에 협조하지 않거나 중요 참고인이 진술을 거부할 것이 불을 보듯 뻔했다. 위원회의 진실규명에 대해 부정적인 환경을 조성하거나 예산과 인력을 축소할 가능성도 있었다. 그래서 진실규명을 위해서는 더 확실한 증거자료 수집, 가해자나 피해자의 증언 청취가 필요하고, 더 많은 시간이 소요될 것이 예상되었다.

그래서 나는 진실규명의 수준을 도식화해 조사관들의 조사 및 보고서 작성 업무에 사용하도록 했다. 나는 이명박 정권 이후 위원회의 외적 활동 조건 변화로 인해, 대체로 〈표2〉에 나와 있는 수준에서 모두 60퍼센트 이하의 진실규명밖에 하지 못할 것으로 보았고, '결정'과 '불능'의 경계선에 선 사건이 더욱 많아질 것으로 보았다.

한편 민원 처리 기구로서 위원회는 신청인들에게 희생 여부를 확인해서 알려줄 의무가 있었다. 비록 위원회가 보상과 배상을 위한 목적을 명시하지는 않았지만, 후일 유족들이 민사소송을 제기할 경우, 혹은 특별법이 만들어져서 보·배상 조치가 이루어질 경우 근거 자료로 활용될 필요가 있었기 때문이다. 그래서 유족들은 자신과 관련된 사건의 전체 진상보다는 이 문제에 특히 민감했다. 자신의 부친과 모친이 희생자였는가 아닌가를 확인해야 제대로 된 명예회복이 되고 차후 보상도 기대할 수 있었기 때문이다.

2008년 이후부터 피해자, 유족들의 위원회에 대한 대응 방식도 변화되었다. 우리가 진실규명 결정을 해도 정부 차원의 '보·배상 특별법 제정' 등 가시적 후속 조치가 별로 나오지 않자 유족들은 보상 소송에 점점 더 기울었다. 여기에다 과거 국가폭력의 진상규명이라는 공익 차원의 관심 축소, 즉 시민사회의 역할이 약해지면서 위원회의 조사와 진실규명 결정이 점차 신청인들에 대한 민원 처리로 인식되는 경향이 커졌다. 특히 2008년 울산 보도연맹사건 진실규명 결정 후 유족들이 보상 소송을 하게 되었고, 1심에서 승소하게 되자 다른 유족들도 사법절차를 통한 보상에 급격히 관심을 갖게 되었다. 그래서 신청인인 유족들은 우리 위원회의 '결정' 통지가 곧 법원에 사용될 근거 자료가 될 것으로 기대했다. 즉 애초에는 그렇지 않았지만 우리의 진실규명 내용 중 '희생 확인' 부분이 그들에게 점차 극히 민감한 문제가 된 것이다. 우리로서는 큰 부담이었다. 그래서 나는 희생자의 확정 기준을 더 엄격하게 만들었고, 도표(〈표3〉)를 만든 다음 소위원회에서 희생자 확정의 기준으로 삼으려 했다. 즉 학살된 사실이 확실한 경우를 '확인'으로, 약간 애매한 경우를 '추정'으로, 여기에 속하지 않은 경우는 '불능'으로 분류했다. 이것은 조사의 지침이자 진실규명에 대한 내부의 합의 기반 마련이라는 의미가 있었다.

그런데 사실 위원회의 진실규명도 검찰이나 경찰의 수사처럼 외부의 정치적 압력이나 상임위원의 성향, 조사관의 개인적 편견 혹은 이해관계까지 개입될 여지가 있었다. 물론 진상조사가 실제로는 진상을 은폐하거나 가해자에게 면죄부를 주기 위해 이루어지는 경우도 있을 수 있었다. 대표적인 것이 미군의 노근리사건 조사였다. 이 조사에서 미군은 '민간 피난민 기총소사 명령'에 관한 극히 중요한 '로저스 메모'나, 1950년 7월 25일 대구에서 열린 회의를 담은 무초 서한 등 노근리사건 진실규명 결정에 극히 중요한 자료들을 조사 과정에서 확인하고서도 슬쩍 빠트렸다.[8] 역대 정권에서 언제나 문제가 되는 것이지만, 정치 편향적인 검찰이 극히 중요한 증언이나 자료를 입수하고서도 그냥 무시하는 것과 같다.

위원회에서는 조사관들이나 위원들이 신청인인 피해자의 진술을 곧이곧대로 들을 경우 이와 반대의 위험성이 있을 수 있었다. 특히 조사관들이 피해자의 고통과 한에 너무 깊게 공감한 나머지 그들의 이야기를 백 퍼센트 받아들일 수도 있었다. 그러나 나는 수집된 모든 자료를 최대한 분석·검토했으며, 피해자 진술의 신빙성을 무너뜨리는 자료가 나오면 그것을 결코 묵살하지 않았다. 물론 조사관들이 피해자에게 불리한 자료나 증언이 나왔을 때 그것을 내게 보고하지 않았다면 나로서도 달리 어찌할

**표 3 | 집단 희생 사건의 희생자 확인 수준**

| | | | |
|---|---|---|---|
| **확인** | 1차 자료 | | • 국가기관(경찰, 검찰, 법원, 국회 등) 자료에 기재된 경우(국가기관 자료에 대한 검증 절차 필요[표본조사 등])<br>• 제적부<br>• 신청인의 진술과 일치하는 경우 |
| | 2차 자료 | | • 각종 2차 자료(지방사, 유족회 명부, 지방의회 보고서, 타 위원회 보고서)에 기재된 경우(2차 자료의 조사·기록 과정의 객관성과 공정성이 검증된 경우로 제한)<br>• 신청인 및 참고인의 진술과 일치하는 경우 |
| | 진술 | 시신 목격·수습 | • 가해자·제3자의 목격·수습<br>• 가족 목격·수습 + 정황 조건 혹은 제3자 전문 |
| | | 연행·살해 과정 | • 가해자·제3자 목격<br>• 가족 목격 + 정황 조건 + 제3자 전문<br>• 가족 전문 + 정황 조건 혹은 제3자 목격, 여러 명의 전문 |
| **추정** | 1차 자료 | | • 국가기관 자료 기재 사실만 존재할 경우<br>• 자료 간의 불일치가 발생하는 경우 |
| | 2차 자료 | | • 각종 2차 자료에 기재되어 있으나, 신청인·참고인의 진술과 불일치한 경우<br>• 자료들 간의 불일치가 발생하는 경우<br>• 자료들의 객관성과 공정성이 다소 의심되는 경우 |
| | 진술 | 시신 목격·수습 | • 제3자 전문<br>• 가족 목격·수습 + 정황 조건<br>• 가족 전문 + 정황 조건 + 제3자 전문 |
| | | 연행·살해 과정 | • 제3자 전문<br>• 가족 목격 + 정황 조건<br>• 가족 전문 + 정황 조건 + 제3자 전문<br>• 가족 전문 + 사건이 완벽하게 재구성 가능 |
| **불능** | 진술 | | • 가족(신청인)의 전문만 존재(연행 주체, 연행·살해 일시 및 장소 특정 불가) |

방법이 없었을 것이다. 예를 들어 피해자는 자신의 부친은 정말 아무것도 모르는 무지렁이 농민이었다고 주장하는데 자료를 찾다 보면 좌익 관련 사건에 재판을 받은 기록이나 수사를 받은 기록이 나오는 경우도 있다. 우리가 입수한 이러한 자료를 알려주면 자신의 부친이 정말 억울한 희생자라고 생각해온 신청인들은 크게 당황한다. 그러면 우리는 "당신의 부친이 국가보안법으로 기소되었다고 해서 좌익인 것은 아니며, 설사 좌익 활동을 했다고 해서 가해의 불법성이 없어지는 것은 아니다"라고 말했다.

신청인이 주장하는 가족 중 희생자가 실제로 사망했는지를 위원회에서 결정하는 데 제일 곤란한 경우는 오직 가족의 주장과 주변의 전문傳聞만 존재하는 경우였다. 유족들이 목격자를 설득·포섭해 거짓으로 증언해주는 방법을 동원한다면 진술의 신빙성을 입증하기가 매우 어려울 수밖에 없다. 조사관들도 이 문제에 제일 골머리를 앓았다. 만약 위원회 활동시간이 충분하다면 한 사람의 학살 여부를 확인하기 위해서라도 추가적으로 여러 명의 참고인 진술을 얻을 수 있었겠지만, 우리는 그 정도의 여유가 없었다.

# 8장

# '진실'은 인정받을 수 있는가

## 감시자가 된 옛 동료들—시민단체

나는 활동가로 시작했지만 이제 정부기구의 위원이 되어 내가 요구했던 일을 담당하게 되었다. 과거 나의 동료들은 이제 나와 위원회의 활동을 지원하면서도 다른 한편으로는 감시하는 주체가 되었다. 그래서 그들은 동지이기는 하지만 사실상 가장 신경이 쓰이는 외부자이기도 했다. 왜냐하면 범국민위는 진실화해위 탄생에 가장 큰 지분을 갖고 있었고, 밖에 남은 동료들의 요구는 내게 집중되었기 때문이다.

나는 진실화해위와 바깥 시민단체의 관계를 다음과 같이 정리했다. 우선 나 자신이 단순한 전문가로 상임위원이 된 것이 아니라 운동 경력도 고려해서 임명되었기 때문에, 밖의 요구를 안에서 실현해야 하는 책임자, 소통의 매개자로서의 역할을 해야 한다. 그리고 위원회가 시민단체와 긴밀한 협조 관계에 있어야 하는 이유는 시민단체가 갖고 있는 정보나 네트워크를 조사에 적극 활용해야 하기 때문이었다. 위원회가 조사할 때 유족 참고인 등 조사 대상자 접근에서 시민단체의 도움을 받을 수밖에 없으며, 피해자 신청 독려, 위원회 홍보 활동에서도 시민단체의 도움을 받아야 한다. 더욱이 진실화해위의 출범은 노무현 정권 후반기에 이루어졌고, 위원 중 한 사람이 진실화해위를 '종갓집 막내'라고 표현한 것처럼 과거 청산 활동의 적자이지만 모든 과거사 관련 위원회 중 가장 마지막에 설립되었기 때문에 불리한 정치 환경 속에 있었고, 그래서 외곽 시민단체의 확고한 지원과 지지 없이는 결코 성공할 수 없었다.

그러나 나와 진실화해위는 밖의 우산 조직과 일정한 거리를 두지 않을 수 없었다. 야당 후보가 대통령이 되더라도 자신을 반대했던 사람을 포함한 국민 전체를 끌어안아야 하듯이 진실화해위는 유족과 운동단체의 요구를 여과 없이 집행하는 기구는 아니었다. 진실화해위는 반대 입장에서 있는 국민들까지 설득할 수 있을 정도로 중립적이고 객관적으로 업무를 처리해야 하는 정부 기구였고, 그래서 우산 조직의 요구를 그대로 수용할 수는 없었다. 직원 선발에서도 조사 업무를 잘 수행할 수 있는 사람을 선발해야지, 운동 진영이 추천하는 사람들을 그대로 받을 수는 없었다. 조사나 운영 과정에 시민단체가 적절히 참여하도록 하는 것은 원칙적으로 타당한 것이었지만 내부의 모든 조사 과정이 공식 보고 이전에 이들에게 미리 전달되거나 논의될 수는 없었다. 그래서 나는 이들 단체와 정기적으로 회동해서 진행 과정을 알리는 방식으로 접촉 국면을 만들었다.

나는 처음부터 위원회를 관료 조직과는 다르게 운영하자고 다짐했다. 그러나 법에 의거해서 움직이는 공무원 조직을 비관료적으로 운영하는 것이 가능할까? 신청인인 유족들을 단순 민원인으로 다루는 것이 전형적인 관료적 방식이고 반대로 그들을 조사 과정에 참여시키거나 위원회 운영 구조에 개입시킴으로써 주체화할 수 있다면 관료주의를 극복할 수 있을 것이었다. 그러나 그것은 하나의 이상에 불과했다. 진실화해위의 최대 목표는 기간 내의 신청 사건 처리로 집약되었다. 그리고 모든 구성원들은 우리 조직이 법과 권한의 범위 내에서 일할 수밖에 없는 한계가 있다는 사실을 그냥 단순하게 받아들이는 태도를 갖고 있었다.

처음 한두 건의 진상조사에 대한 진실규명 결정이 나오고 나서 과거에 나와 함께했던 범국민위 동료들은 진실규명에 실패했다면서 신랄하게 비판했다.[1] 나는 점점 민원에 대해 방어로 일관하던 공무원의 처지가 되어가는 것을 느꼈다. 그리고 어느새 '공무원'처럼 되어버린 어제의 활동가와 연구자들, 즉 직원인 조사관들을 본 유족들은 "월급 받는 사람이 되어 갖고 국가의 입장에서 유가족을 대하는" 존재라고 비판했으며, "저그들

밥그릇이었어. 다 자기들 먹고살기 위해. 자기들 명예 있고 이름 있고 그래서 하는 거지"라고 한탄하기 시작했다.[2] 신청 사건 처리의 압박을 끊임없이 받을 수밖에 없었던 나도 그러한 비판의 대상이었을 것이다. 사회운동이 제도화되면 필연적으로 이런 문제가 생겨나는 것일까? 막스 베버Max Weber에게서 배웠던 관료화의 위험은 임기 4년 동안 내 머리에서 떠나지 않았던 화두였다.

진실화해위 탄생 과정에서 저 천 리 먼 길을 유족을 동원해 버스 타고 와서 여의도에서 같이 시위하고 농성하는 데 적극적으로 참여했던 여수지역사회연구소의 항의는 가장 뼈아팠다. 우리는 여수·순천·구례 일대에서 발생한 여순사건에 대해 직권조사를 결정했으나 희생자 규모가 너무 커서 동시에 진행하지 못하고 구례·순천 이런 식으로 각 군 단위의 별도 사건으로 분류해서 조사를 진행했다. 그러나 여수지역사회연구소는 진실화해위에서, 여순사건과 연관되어 전쟁 발발 후 발생한 국민보도연맹사건, 부역자 희생 사건, 형무소 사건 등을 여순사건과 별도의 사건으로 분류해서 조사한 점, 희생자 규모가 사건 직후 정부에서 발표한 피해 규모보다 훨씬 적다는 점 등을 비판했다. 급기야 여수지역사회연구소는 아예 사건 조사를 중단할 것을 요청했다. 애초에 제주4·3사건처럼 여순사건만의 별도의 특별법을 만들어 진상을 규명하려 했으나 범국민위가 결성되고 범국민위 주도의 통합특별법 운동이 추진되자 그것을 적극 지원하면서 합류했는데, 결과는 오히려 별도의 진상규명을 못하게 되었다는 것이 그들의 불만이었다.

유족의 규모나 활동력에서도 다른 유족을 압도할 정도의 힘을 갖고 있으며 별도의 조사까지 실시해온 여수 지역 활동가들의 좌절감은 충분히 이해할 수 있었다. 그러나 그들과 대화를 하면서 여순사건에 대한 개념 정의에서 그들과 우리들 간에 차이가 있음을 발견할 수 있었다. 즉 여수 지역 활동가들의 입장에서 여순사건은 1948년 10월 20일 반란 사건 이후 한국전쟁이 끝날 때까지 이어진 여수 일대의 모든 민간인 학살 사건을 의미했다. 사실 조정래의 『태백산맥』에서도 그렇게 그려지고 있지만, 지방사의 입장에서 보면 한국전쟁은 여순사건의 연장이었고 양자를 구별하는 것은 큰 의미가 없었다. 그런데 우리는 '여순사건'을 '여순 반란' 직후의 토벌에 의한 피해 사건으로 제한했고, 그 후의 국민보도연맹사건, 관련자들의 형무소 학살 사건은 별개로 분리했다. 이것이 지역 운동단체의 시각이 우리의 생각과 충돌한 이유였다. 지역사회에 애정을 갖고서 여순사건을 여수·순천 지역의 한국전쟁 전후 모든 피해 문제로 바라보면서 10년 이상 뛰어온 활동가들의 생각과 여순사건을 반란 이후 민간인 학살 문제로 보던 우리 시각 간의 차이가 드러난 셈이다.

조사를 지휘한 내 입장에서는 신청인의 빗발치는 요구에도 응답하고 직권조사의 취지도 살리기 위해서는 일차적으로는 구례·순천 등 행정단위로 조사 범위를 잘라서 희생자 중심의 조사를 할 수밖에 없었고, 각 군 단위 진상규명 과정에서 가해의 정치적·법적 책임이 드러나면 나중에 여수에서는 이를 종합해 별도의 보고서를 작성하면 되는 것이라고 생각했다. 특히 여순사건은 제주4·3사건처럼 지역사회에서 보면 하나의 거대한 역사적 사건이기 때문에 우리가 시간과 물적 자원을 갖고 있다면 처음부터 여기에 인력을 집중 투입해 최종 보고서까지 만들어낼 수 있겠지만, 실제로는 그럴 여건이 되지 못했다.

어쨌든 정부 기구가 만들어지면서 어제의 동지가 점차 불편한 관계로 변하고 심지어는 적과 같이 되어 갔다. 사회운동을 하다 정치권이나 정부로 들어간 사람들 모두 나와 유사한 경험을 했을 것이다. 밖에 남은 사람들과 안에 들어간 사람들 간에 서로의 변화된 임무와 처지를 터놓고 이야기하고 공감과 이해를 구하는 일이 쉽지 않았다. 더구나 정부의 자리가 안정적이지는 않다고 해도 일정한 직위와 급료를 주는 자리일 경우는 더욱 그렇다. 안에 들어간 사람은 점차 배신자로 찍히고, 밖에 남은 사람들은 좌절감과 원망감을 갖게 된다. 안타까운 일이지만 두 민주 정부가 남긴 유산이다.

실제로 이 일을 하자고 주창했던 시민사회의 역량이 '한 줌'밖에 안 되었기 때문에, 그 주력이 정부로 들어오자 바깥 시민단체의 견제·비판·감시 기능은 약화되었다. 시민사회의 인적 풀이 충분하다면 들어간 사람과 밖에 있는 사람이 적절한 역할 분담을 할 수 있겠지만 우리 현실은 그렇지 못했다. 실제로 제도권에 공간이 마련된 이상 안에 들어가서 일을 해야 하기 때문에 조건이 맞는 사람은 그러한 선택을 할 수밖에 없었다. 그렇다 보니 모든 일은 이제 정부 활동 중심으로 돌아가고 밖의 감시·비판 세력은 자취를 감추고 만다. 한국 NGO 운동이 두 민주 정부를 겪으면서 큰 위기에 처한 것도 바로 이런 이유 때문이었다.

## 우익 단체와 보수 언론의 공격

냉전 보수 세력의 힘이 압도하는 한국 사회에서, 지난 시절 그들이 저지른 엄청난 죄과는 감추어지거나 유야무야되지만 민주·진보 세력의 털끝 같은 실수나 과오로 전체 사회운동 진영이 치명적인 타격을 입는 경우를 나는 여러 번 보아왔다. 그래서 나와 위원회 간부들은 조그만 실수도 저지르지 않도록 살얼음 위를 걷듯이 행동해야 했다.

충분히 예상했던 일이지만 진실화해위는 2005년 12월 초 설립 이후부터 강력한 비판을 받았다. 특히 군 출신, 경찰 출신으로 이루어진 단체들이 강한 거부감을 드러냈다. 2008년 1월 30일에는 뉴라이트연합 등 90개 단체가 연대하여 국정협(대한민국정체성회복국민협의회)이라는 단체를 조직했다. 그들은 "6·25전쟁 중에 발생한 양민 희생자 사건을 왜곡하면서 특별법을 제정하고 특별위원회를 설치하는 등, 반국가 행위자를 두둔한 점을 바로잡겠다"고 선포했다. 이 단체는 창립과 동시에 위원회 해체 촉구 기자회견을 열었다. 그들은 "국군, 경찰을 학살자로 모독한 사진 전시 즉각 철거하라", "과거사위 발표 민간인 희생 사건은 왜곡·날조된 엉터리다", "좌파 정권 산물 과거사정리위 정리하라" 등의 구호를 내걸었다.

몇몇 사건의 조사 결과가 나온 이후 고창 출신 한 우익 단체 간부는 안병욱 위원장과 나를 고발하기도 했다. 사건의 발단은 법에 가해자의 신원을 밝히지 말도록 되어 있는데도 불구하고 고창 11사단 사건을 조사한 이후 결과 발표를 하면서 언론에 최덕신 11사단장의 이름을 밝힌 것이 '사자 명예훼손'에 해당한다는 것이었다. 알려진 대로 11사단장 최덕신은 거창사건 당시에도 사단장으로 수많은 학살 사건의 책임을 갖고 있는 장본인이었다. 11사단장이 최덕신이라는 것은 공식 기록에 나온 사실이지만, 우리가 언론에다 그의 이름을 밝힌 것은 법 위반이라는 것이다. 이 말도 안 되는 법으로 그가 우리를 기소했다. 박경신 교수에 따르면 '진실 유포죄'가 죄가 되는 나라는 한국과 일본뿐이라고 한다.[3] 권력자가 감추고 싶다면 그것이 진실이라도 들추어내는 것이 죄가 된다는 이야기다. 우리를 고발한 그는 이 사건의 제3자가 아니라 당시 학살 사건의 실제 가해 측이었던 인물로 나온 사람이었다.

제주 4·3특별법이 만들어졌을 때 『월간조선』에서는 4·3은 "대한민국 정통성을 부정하는 공산폭동"이라는 글을 실은 적이 있고, 그 후에도 이철승·정승화 등이 포함된 성우회 등 우익 단체에서는 제주4·3특별법에 대해 집요하게 위헌 소송을 했지만, 이들은 우리 '기본법'에 대해서 그러한 대응을 하지는 않았다. 그것은 '기본법'에 적대 세력에 의한 학살 사건 조사 내용이 포함되어 있었기 때문인지도 모른다.

미군 측은 우리 위원회의 조사에 대해 공식적으로는 어떤 반응도 보이지 않았지만, 사실상 가장 치밀하고 적극적인 모니터링은 미국인(?) 블로거에 의해 이루어졌다. GI Korea 등의 필명을 가진 블로거(아마 상당한 군사 전문가이거나 군인일 것으로 추측되었다. 개인 이름이지만 단순한 개인은 아닌 것 같았고 미군의 공식 입장을 이렇게 표현한 것 같았다.)는 우리가 진실규명을 결정한 단양 곡계굴 보고서나 예천 산성동 보고서와 그 권고 사항에 대해 대단히 거친 어투로 공격했다. 이들은 폭격에 대한 우리의 배상 권고에 대해 오히려 한국 정부가 미국이나 UN 참전 군인들에게 배상해야 한다고 주장했으며, 이는 1950년부터 지금까지 한국에 근무해온 모든 미군에 해당한다고 주장했다. 그리고 조사 내용과 관련해서는 미국 측 문서 어디에서도 민간인을 표적으로 삼았다거나 전쟁 범죄를 저질렀다는 내용을 찾을 수 없으며, 오히려 한국군 통제하의 전술항공통제반(TACP: Tactical Air Control Party)의 요청에 따라 공습이 이루어졌다고 주장했다. 그리고 위원회의 조사는 반미 감정을 고조시키려고 역사를 왜곡하는 좌파 정권의 또 다른 시도에 불과하다고 반박하기도 했으며, 한국 정부의 모든 실패를 미국의 탓으로 돌리려 한다고 공격하기도 했다.

우리 위원회의 임무에 가해자 처벌 내용이 포함되지 않았기 때문에 군경 출신들의 공격은 이 정도로 그친 것 같다. 그런데 그것은 역설적으로 위원회의 활동이 그들에게는 위협적이지 않았다는 말도 된다. 우리가

너무나 얌전하고 조용한 과거 청산 작업에 머물러서였을까? 하여튼 1988
년 광주 청문회 당시의 열기는 이미 식은 상태였기 때문에 우리 위원회의
활동은 당면의 사회적 의제에서는 주변으로 밀려나 있었다. 그나마 관심
을 가진 쪽은 일반 국민이 아니라 언론이었다. 진실화해위 출범과 더불어
몇몇 보수 언론은 위원회에 대한 부정적인 칼럼이나 보도를 계속 실었다.
특히 『동아일보』와 『중앙일보』는 사설에서 각각 위원회의 편향과 예산 낭
비 문제를 집중적으로 물고 늘어졌다.

　『동아일보』는 2006년 4월 27일자 사설에서 '과거사 조사에 연 1800
억 쓰는 정부'라는 제목으로 위원회의 활동을 공격했다. 조사 대상 가운
데 아군에 의한 것은 365건인데 인민군에 의한 것은 17건에 불과하고, 위
원 15명 가운데 노무현 대통령과 여당이 지명한 7명이 송기인 위원장과
'초록은 동색'이라 한국 현대사를 왜곡과 조작으로 보는 위원이 절반이
며, 중복 조사에 따른 인력과 예산 낭비가 심각하다고 비판했다. 『중앙일
보』는 '과거사위 중복과 예산 낭비'라는 제목의 논평을 냈다. 예산을 낭비
하고 그나마도 유사 위원회와 중복 업무가 많기 때문에 국민의 혈세를 낭
비한다는 것이 주요 내용이었다.

　그에 대해 반박하지 않으면 그것을 인정하는 것이 되어버리고, 또 반
박을 한다고 해도 지면을 할애해주지도 않겠지만 그렇다고 가만히 앉아
서 돌을 맞을 수는 없는 일이었다. 특히 언론의 보도는 비록 그것이 부정
확하고 악의적인 것이라고 하더라도, 여론이라는 이름으로 일반화되어
이후 국회에서 예산을 책정할 시점에 반대하는 보수 정치 세력의 가장 중
요한 논거로 인용되기 때문에 적극적으로 반박하지 않으면 실질적인 위
원회 활동의 위축을 가져오게 되어 있었다. 그래서 나는 행정직원들에게
다음과 같은 논리로 대응하라고 지시했다.

1. 일부 정부 부처 산하 과거사위 업무 중복 사례가 있는 것은 사실이나 예산 1800억과 600명의 인원은 지난 100년의 과거사를 바로잡는 데는 극히 적은 예산과 인원이며, 이를 통해 우리 국민이 장차 얻을 유형·무형의 이익, 부패 방지 효과, 국민 통합의 효과, 정부에 대한 신뢰 제고 등을 생각해보면 결코 과다한 예산이라고 볼 수 없음.

2. 위원회 간의 업무 중복은 각종 과거사위가 1993년 문민정부 등장 이후 장기 적인 방침과 계획하에 진행되지 못하고 당사자의 요구와 정치가들의 이해관 계와 맞물려 임기응변적으로 만들어진 결과임. 특히 민주화의 열기가 고조되 었던 1988년에서 1992년 사이 노태우 정부는 '5·18 보상법' 제정 등의 방침 으로 여러 형태의 과거사 진상규명 요구를 돈으로 입막음하려 했는데, 오히려 철저한 진상규명 작업을 포기하고 입막음하려고 한 방침이 오늘까지 과거사 진상규명과 피해자 명예회복 작업을 지연시킨 결과를 초래했음.

3. 정부 산하 과거사위원회는 현 정부의 의지가 개입되었다고 볼 수 있지만, 정 부가 새롭게 태어나고 국민으로부터 신뢰받는 조직이 되기 위한 자체의 몸부 림이라고 볼 수 있으며, 이 모든 것을 현 정부의 정치적 이해타산의 산물로 보 는 것은 일부 언론의 편향적 시각이라고 볼 수 있음.

4. 과거 청산은 민주화와 사회 통합을 위한 매우 중요한 국가적 사업이며, 이것 의 정당성과 의의를 끊임없이 부정하는 것은 사회정의 수립을 거부하고, 반인 권적이며 부패하고 타락한 세력이 계속 기득권을 누릴 수 있는 명분과 논리를 만들어주는 효과를 갖고 있음. 예를 들면 일부 신문은 "이승만의 친일파 사면 명령"이라는 매우 중대한 사료 발굴 건을 극히 작은 지면을 할애하여 취급하

고 있는데, 이러한 보도 태도가 바로 지금까지 역사를 굴절시키고 사실을 은폐·축소하며 정의로운 세력을 오히려 처벌해온 뒤틀어진 일이 어떻게 가능했는지를 보여주는 한 증거라고 할 수 있음.

5. 우리 위원회와 여타 한국전쟁 관련 위원회의 업무 중복 문제는 사실에 대한 부정확한 인식에 바탕을 두고 있음. 노근리위원회는 명예회복을 주요 임무로 하고 있으며, 거창위원회 역시 명예회복과 위령 사업을 진행하고 있으며 진상규명 작업을 하지는 않고 있음. 이러한 위원회의 업무 중복과 진상규명 없는 명예회복과 보상 사업의 문제점을 극복하기 위해 지난해에 통합특별법이 제정되었으며 진실화해위원회가 설립된 것임.

보수 언론은 아군에 의한 민간인 희생 사건은 신청건의 91.5퍼센트를 차지하고 인민군에 의한 것은 204건으로 전체의 8.5퍼센트에 불과하다고 시비를 걸기도 했다. "위원회의 설립 취지가 그러한데 그것은 당연한 것 아닌가? 기계적으로 균형을 맞추란 말인가?" 내가 위원이 아닌 개인 연구자 이름으로 반박할 수도 없어서 이런 비판에 속만 타들어갔다.

이들 언론이 비판했듯이 당시 한국에 있었던 여러 과거사 관련 위원회의 업무 중복 문제가 없었던 것은 아니었다. 예를 들면 1980년 사북사건의 경우 피해자들이 민주화운동보상심의위원회에서 조사해서 민주화유공자로 인정되었는데, 우리 위원회에서 별도로 진실규명을 했다. 즉 민주화 유공자가 되었다는 것은 이미 명예회복이 된 것이지만, 그쪽은 조사기능이 약했기 때문에 우리 위원회에서 조사를 한 것이다. 이렇게 과거청산 관련 위원회들이 난립하고 중복 업무를 하게 된 근본적인 책임은 사실 국회, 특히 이 문제를 전체적으로 해결하려는 의지 없이 운동 진영의 요구와 유족의 민원에 떠밀려 입법화를 받아들인 열린우리당(민주당)과 한나라당에 책임이 있었지만, 결과는 위원회 활동을 통해 드러났기 때문에 변명의 여지가 없는 경우도 있었다.

조사 개시 결정 현황 발표와 관련한 『조선일보』의 2007년 3월 15일자 사설 「과거사위원회의 아까운 예산 낭비」는 매우 거칠고 험악한 공격의 전형이었다. 이 사설에서는 우리의 활동을 "한마디로 농담이다", "동호인들끼리 모금해서 하라"라고 극히 천박한 용어로 공격했으며 "대한민국 좌익들이 쓰는 또 한 권의 『해방전후사의 인식』이 될 게 뻔하다", "취미 삼아 과거를 또 한 번 뒤집겠다면 국민 세금 쓰지 말고 '과거사 뒤집기' 동호회원끼리 모금을 해서 하는 것이 바른 일이다"라면서 조롱하듯이 말했다.[4] 이 사설은 앞의 『동아일보』, 『중앙일보』의 사설과 달리 여야 합의로 국회에서 제정한 법률에 의해 독립적으로 진실규명 업무를 수행하는 진실화해위원회의 존재 자체를 사실상 부정하고 있다.

우리는 "『조선일보』의 사설은 왜곡되고 은폐된 역사의 진실을 밝히려는 진실화해위의 활동을 호도하고, 법을 제정한 국회의 권위를 부정하며 1만 860건에 대해 진실규명을 기다리는 신청인, 진실규명을 통한 화해와 국민 통합 실현을 염원하는 대다수의 국민들을 모독하고 오직 이데올로기라는 낡은 잣대로 모든 과거사 정리 작업을 재단하는 언어폭력에 가까운 것이다"라고 반박 성명을 냈다. 사실 진실화해위 활동의 상당 부분은 바로 그들이 포함하자고 주장했던 '적대 세력 사건', '해외동포사' 조사가 아니었나? 학술 연구를 통해 해결할 수 있는 사건을 법적 기구에서 본격 조사하도록 한 것은 바로 한나라당이었건만 그들과 보조를 맞춘 언론이 정작 이러한 문제는 거론도 하지 않았으니, 국민들은 이 내용을 알 길이 없고, 유족들은 위원회가 "그 많은 인력으로 뭘 하는가"라고 타박했다.

결국 보수 언론은 우리의 약점이 잡히면 두들겨 패고, 의미 있는 성과는 묵살하는 태도를 견지했다. 국민의 세금으로 운영하는 조직이니 비판적 견제야 당연히 있어야 하지만, 『조선일보』처럼 존립을 부인하는 악의적인 공격은 바로 국민이 선출한 노무현 대통령을 대통령으로 인정하지 않고 틈만 나면 탄핵 운운하면서 공격했던 극우 인사들의 태도와 일맥상통하는 것이었다. 한편 이들은 의문사위 때부터 즐겨 써먹던 공격을 반복했는데 처음 내가 위원으로 임명되었을 때 이미 그들은 나와 송기인 위원장, 안병욱 위원(이후 위원장)에게 좌파 딱지를 붙인 바 있다. 그 후에도 직원들 중에 좌파·운동권이 포함되어 있다는 공격을 했고, 이 '과거사 업자'들이 우글거리면서 들어와 국민의 세금을 낭비한다는 공격, 진실규명을 제대로 하지 못하고 부실 조사를 했다는 공격 등을 퍼부었다. 특히 『동아일보』는 과거사 관련 재단 설립 필요성을 언급한 데 대해 「언제까지 과거사 퍼먹고 살 건가」라는 사설에서 과거사위원회가 "과거사 장사꾼들의 큰 밥통"이라고 공격했다.[5]

나는 2006년 위원회 활동 초기에 이런 공격적인 논설이 견제구처럼 날아오는 것을 보고, 아직 직원들도 다 채용하지 않은 위원회지만 우리 내부에 언론 TF를 구성할 필요가 있다고 제안했다. 진실화해위 활동이 성공하기 위해서는 언론의 협조가 절대적이고, 장차 인력이 모두 충원될 경우 본격적인 언론대책반이 가동되어야 하나 우선 임시로 대응할 필요가 있다고 송 위원장에게 의견을 보냈다. 그래서 이것을 막기 위해서는 우선 1) 위원장 혹은 상임위원들이 주요 언론사를 방문해 협조를 요청하고, 2) 각 언론사의 우리 위원회 담당자들에게 활동 브리핑을 정례화하고 적극적으로 협조를 요청하고, 3) 진실화해위에 우호적인 외부 학자·지식인층을 필자로 동원해서 우리 위원회의 활동을 알리는 일을 하자고 했다.

송 위원장은 상임위원 중 내게 언론대책 TF 팀장 역할을 맡겼고, 나는 상당 기간 그 역할을 했다. 그리고 언론사의 협조를 얻기 위한 『조선일보』, 『중앙일보』, 『한겨레신문』 사장 방문에도 상임위원 중 내가 배석했다. 나는 임기를 마칠 때까지 내 고유 업무인 조사 지휘 활동 외에 위원회 홍보 문제에 가장 많이 신경을 썼고 가장 많은 시간을 투여했다. 사실상 조사 지휘에 써야 할 시간과 에너지의 거의 반을 홍보와 대시민사회 작업에 진력했다고 해도 과언이 아니다.

어쨌든 이러한 방침 아래 송 위원장과 나는 언론사를 방문했다. 그것은 악의적인 사설 보도에 대한 약간의 항의성 방문이었다. 『조선일보』를 첫 대상으로 삼았다. 1990년 류근일을 인터뷰하러 간 이후 16년 만에 처음으로 『조선일보』 사옥에 간 것이었다. 방상훈 사장이 응접하면서 '직원' 들에게 '팩트'가 틀린 것을 적으면 안 된다고 강조했다는 식으로 무마성 답변을 했다. 방 사장은 송 위원장과 나중에 술 한잔 하자고 약속을 하면서 인터뷰 기사를 한 번 싣자고 제의했다. 나는 내가 좋아하지 않는 사람과 술자리를 할 정도로 정치적인 인간이 아니어서 이후의 술자리에는 참석하지 않았다. 그러나 그 후에 송 위원장의 전면 인터뷰가 기획되었기 때문에 그 일에는 개입했다. 『조선일보』에서 위원장을 인터뷰하러 오던 날 송 위원장이 내게 입회를 해달라고 부탁했다. 『조선일보』의 행태를 잘 알고 있는 나는 그들이 또 어떤 방식으로 거두절미하고 자기들 필요한 말만 띄울 것인가 걱정하면서 자리에 함께했다. 송 위원장이 그들의 의도에 말려들지 않을까 걱정되기도 했다.

예상대로 위원회의 조사와 아무 관계가 없는 북한 인권 문제에 대한 입장을 물으면서 자꾸 사상 검증 방식의 질문을 했다. 그래서 『조선일보』가 진보 인사를 공격할 때 거두절미 말꼬투리 잡아서 두들겨 패는 버릇이 또 나오는구나 생각이 들어 "그것은 우리 위원회 사안이 아니므로 질문을 하지 말아달라"고 부탁했다. 그 후 또 그런 식으로 자꾸 유도를 하기에 중간에서 문제 제기를 했다. 그랬더니 인터뷰어로 온 최보식 논설위원이 "당신은 인터뷰 당사자가 아니지 않냐"고 항의했다. 그래서 끝 무렵까지 그냥 듣고만 있었는데, 심경이 몹시 불편했다. 마지막에 나는 "송 위원장님이 1년 연봉 1억을 민족문제연구소에 쾌척했다. …… 그런데 정부위원회에서 일한 고위직 중에서 1년 연봉을 이렇게 사회단체에 기부한 사람이 있었나? 이게 『조선일보』에서 한 줄도 보도하지 않을 정도로 무시할 만한 사안인가? 그리고 당신들이 송 위원장님 개인 인터뷰하러 왔으면 이 일에 대해 칭찬은 하지 않더라도, 이런 내용에 대해서도 한마디 질문 정도는 해야 하는 것 아닌가?"라고 격하게 비판하고 나왔다.

보수와 진보를 떠나 소위 한국의 1등 신문의 품이 그 정도 밖에 안 되나, 실망스러웠다. 익히 알고 있던 바이지만 한국의 주류들은 돈과 권력을 다 갖고 있으면서도 이렇듯 품이 좁고 여유가 없다. 그것이 해방 이후 한국의 지배층이고, 『조선일보』의 논조가 그것을 잘 보여준다. 그 후 『조선일보』는 우리 위원회의 활동이나 진실규명 결정에 대해 대체로 묵살·무시 전략으로 나왔으니 나는 그들과 더 만날 일도 없었다.


## 긴급조치 판결문 정리 공개 건

이렇게 진실화해위 활동을 사시로만 보거나 묵살하던 보수 언론이 위원회 활동을 전면에 크게 다룬 적이 한 번 있었다. 바로 '긴급조치 판결문 공개' 건이었다. 도둑이 제 발 저려 날뛴 모습이라고나 할까. 하여튼 참으로 희극적이고 비극적인 장면이었다.

유신 시절 긴급조치 재판의 판결문 정리 사업은 내가 관장하던 집단 희생국 소관 업무는 아니었지만 워낙 세간에 논란이 많이 되었고, 이것 때문에 전원위원회를 긴급하게 소집하기도 했기 때문에 나로서도 결코 그냥 무심코 넘어갈 사안이 아니었다. 더구나 이 사건은 단지 위원회와 언론 간의 문제가 아니라, 한국에서 과거 청산이 어떤 의미를 갖고 있는지, 특히 과거의 가해자 혹은 공권력 집행자들의 아픈 데를 건드리면 어떤 일이 발생하는지를 보여주는 대표적인 사건이었다. 이렇게 사건을 크게 만든 당사자는 위원회가 아니라 언론, 특히 보수 언론 조·중·동이었다. 조·중·동이 이렇게 위원회 활동을 주목한 것은, 긴급조치 판사 이름이 들어간 판결문 요약 정리 작업이 연 2회 제출되는 정례보고서에 들어가게 됨으로써 그들의 역린, 정확히 말하면 그들이 대변하고 있는 한국 지배층의 어두운 과거가 폭로되었기 때문이다.

사실 과거 한국전쟁기에 군과 경찰에 의해 민간인이 몇 백 명, 몇 천 명이 죽었다는 이야기는 너무 오래된 일이라 이들 언론도 그냥 묵살할 수 있고, 보통의 국민들도 그때 그런 일이 있었겠지 하고 무덤덤하게 넘어갈 수 있다. 또 군사정권기에 간첩 조작에 의해 억울하게 옥살이를 했다는 식의 이야기도 대중들에게 별로 심각하게 다가가지 않을 수도 있고, 지나간 역사로 간주하면서 그냥 모른 체할 수 있었다. 그런데 긴급조치 사건 재판은 그렇지 않았다. 1970년대 말 긴급조치 재판에서 주심이나 배석판사로 일했던 사람이 현재의 법조계에서 자리를 잡고 있고, 그중 일부는 법원의 수장이 되어 있기도 했고 정부나 국회의 요직에 있기도 했기 때문이다. 즉 긴급조치 판결이 사법부가 정치권력에 굴종했던 가장 부끄러운 역사임은 누구도 부인할 수 없는 사실이지만, 문제는 외압에 굴복하거나 출세 의욕 때문에 엄한 판결을 내린 판사들이 민주화된 이후에도 우리 사회의 법조계나 정계에서 중책을 맡고 있다는 점이었다.

이 작업을 담당한 동료 김갑배 상임위원은 이 사안이 이렇게 커질 것이라고 전혀 예상하지 못했다. 즉 위원회에서는, 모든 판결문에는 당연히 판사 이름과 서명이 들어가기 때문에 판결문 요약 정리 작업을 하면서 담당 판사 이름을 적시한 것이었다. 작업 당사자의 입장에서는 구태여 담당 판사 이름을 뺄 이유가 없어서 판결문 정리 작업을 했지만, 『한겨레신문』은 현 고위직 인사 중에 과거 긴급조치 판사들이 있으니 관심을 갖고 보도했고, 보수 언론은 우리가 정치적 의도를 가지고 그들을 공격하려 했다고 판단한 나머지 화들짝 놀라 위원회를 공격한 것이다. 그렇지 않아도 우리 위원회가 노무현 대통령 혹은 좌파의 정치적 의도가 반영된 것이며, 이 활동을 통해 보수 세력의 도덕성에 흠집을 내려 한다고 평소부터 생각하고 있던 그들로서는 올 것이 왔다고 생각한 것이 당연했다. 작업을 한 조사관, 그리고 판결문 정리 보고서를 위원회에서 통과시킨 위원 중 누구도 이것이 그렇게 큰 사안이 되리라고 예상하지 못했다. 즉 단순한 '판결문 정리 요약' 사업이 그들에게는 '명단 공개'로 받아들여진 것이다. 무심코 한 일이 매우 적극적인 '행위' 혹은 '위협'으로 둔갑한 것은 학살이나 폭력 현장에서 흔히 나타나는 것인데, 약자의 조그만 저항도 흠결이 많은 강자에게는 자신을 공격하는 적대 행동으로 여겨지는 것이다.

이 사안은 위원회 내부로 보면 공개 시점의 문제이지 공개·비공개 사안이 아니었다. 위원회 법에 따라 진실규명이 이루어지고 분기별 보고서가 제출될 때 내용이 공개될 것이었지만, 누군가에 의해서 위원회 결정 후 바로 그 내용이 언론으로 흘러간 것이다. 결국 누가 이 사안을 먼저 언론에 흘렸는가를 규명해서 책임이 있는 내부 성원을 징계하면 될 사안이었지만 실제로는 판결문 공개·비공개 건으로 구도가 바뀐 것이었다.

『조선일보』는 이것을 '마녀사냥'이라고 이름 지었고 소위 '17개 자유 진영 애국 단체'는 '인민재판을 무색케 할 야만적 역사 보복'이라고 규정했다. 우리 '기본법'상으로도 한나라당의 강력한 반대 때문에 가해자들의 이름을 제대로 적시하지 못하게 되었고, 그들에 대한 보호 조항도 과도하다는 점은 앞에서도 언급했다. 즉 진실화해위는 사실상 과거의 학살이나 인권침해 가해자들에게 어떤 처벌도 하지 않는다는 조건 위에서 탄생할 수 있었다. 그러니 기본법상 가해자 처벌은커녕 명단 제기도 못할 정도로 손발을 완전히 묶어놓았는데, 국가폭력의 하수인 역할을 한 사법부의 '과거'가 드러난 것도 그들에게는 몹시 불편한 일이었다. 아마 위원회가 이 가해자들에게 처벌이나 불이익이라도 주는 권고를 했다면 아마 더 험한 언사를 사용하면서 공격했을 것이다. 1949년 반민특위의 좌절 이후 과거 반민족·반민주·반인권 전력자들을 한 번도 제대로 공개적으로 단죄하지 못한 우리 사회의 현주소였다.

물론 유신 시절 그 직위에 있었던 판사들의 입장에서 보자면 중앙정보부의 서슬에 저항하는 것이 쉽지 않았고, 그냥 정권이 시키는 대로 긴급조치 위반자를 처벌하는 시늉만 했다고 변명할 수 있을 것이다. 그러나 소수지만 소신 있는 판사들은 무죄를 선고해 옷을 벗거나 좌천된 경우도 있었고, 무죄를 선고한다고 해도 당장 처벌을 받는 것은 아니었다. 출세 가도를 달리고 싶어 하는 일부 판사들은 검찰이 써준 공소장을 토씨 하나 바꾸지 않고 그대로 판결문으로 만들고, 술김에 대통령을 욕한 노동자나 택시 운전기사 등 극히 평범한 시민들에게 징역 1, 2년의 형을 때려 그들의 밥줄을 끊기도 했다. 그러니 당시 판사들을 군사정권의 피해자라고만 볼 수는 없다. 이들은 사법부의 권위와 명예를 실추시킨 사람들이라 해도 과언이 아니었다. 보수 언론의 입장에서는 긴급조치 시절 엉터리 판결로 1, 2년의 수형 생활을 하고 인생이 완전히 구겨진 보통 사람들의 한과 고통은 안중에도 없었고, 오직 권력의 눈치를 보면서 죄가 없는 이 무지렁이 백성들에게 형을 때린 심약한 판사들의 명예만이 소중했다.

사실 제대로 된 진실화해위였다면 유신 시절 긴급조치 판결이 어떻게 중앙정보부나 검찰의 압박에 의해 이루어졌는지, 그러한 잘못된 판결에 앞장선 판사들은 누구였는지 적극적으로 조사했어야 했다. 오늘날의 사법부에 대한 국민적 불신이라는 것도 따지고 보면 긴급조치 시절의 굴종의 역사를 제대로 청산하지 않은 데서 기인하기 때문이다. 이 긴급조치 판결문 공개 건은 작은 사건이었지만 민주화된 이후에도 박정희나 전두환 독재에 부역한 자들이 여전히 권력을 틀어쥐고 있는 현실을 경험한 씁쓸한 사건이었다.


## 민원인인 유족의 반응

위원회의 조사 활동, 특히 조사관이 피해자와 만나서 그들의 구술을 청취하는 일은 피해자의 고통에 동참하는 과정이었고, 중요한 치유의 과정이기도 했다. 시골의 70~80대 노인인 대다수의 희생자 유족들은 젊은 조사관들이 찾아와 그들의 이야기를 들어주는 것만으로도 큰 즐거움이었다. 피해자들은 피해 사실만 이야기하는 것이 아니라 그들의 한 많은 인생에 대해 하소연하기도 하고 또 개인사, 가정사, 자식 자랑을 쏟아내기도 한다. 그래서 우리 조사관들은 일종의 복지사, 상담사 역할도 했다.

물론 매일 학살 이야기, 피해자의 고통스러운 생애사를 듣는 과정에서 조사관들이 정신적 고통을 겪은 경우도 있었다. 트라우마도 전염된다고 하지 않는가. 실제로 한 조사관은 하루 종일 힘든 이야기만 듣다가 우울증을 경험하기도 했다. 그는 조사 과정의 어려움과 본인이 느꼈던 고통을 다음과 같이 토로하기도 했다. "조사관은 냉정을 유지할 필요가 있다. 그런데 그러지 못했다. …… 보고서에 실을 수없이 많은 사람들을 만나 그들의 전쟁 이야기를 들었다. 그러다 보니 가랑비에 옷 젖듯이 그들의 아픔과 갈등이 내게 전달된 것 같다."[6]

위원장과 내가 전국 시·도 방문을 할 때는 언제나 현지 유족들과 간담회를 개최했다. 유족들은 주로 자기 사건 조사가 어떻게 진행되고 있는지, 왜 조사가 늦어지는지, 조사관의 자질에 문제점은 없는지, 자료 조사 계획은 어떠한지 등에 대해 물었다. 조사가 개시되지 않은 사건 관련 유족들의 경우 조사 개시 일정에 대한 구체적 청사진을 제시해달라고 했다. 특히 2005년 12월 위원회가 문을 열자마자 곧바로 신청서를 접수한 유족들의 경우 자기 사건의 조사가 늦어지는 데 대해 강력한 항의성 질문을 했다. 나는 시간이 지날수록 유족들의 요구가 거세어지고, 위원회의 한계와 기대 수준 간의 격차는 점점 커질 것으로 예상했다. 유족들과 위원회 사이에서 조정해줄 수 있는 시민사회의 역할이 축소된 것도 한 원인이었다.

그래서 위원회 차원에서는 다음과 같은 '민원인' 대책을 마련했다. 우선 위원회의 대외 협력 차원에서 단체, 유족들에게 업무 브리핑을 실시하기로 했다. 법에 저촉되지 않는 범위에서 조사 진행 상황과 조사의 난점들, 그리고 위원회 차원의 전반적 계획을 알리는 창구 역할을 하되 소식지를 통해 위원회 일반의 현황과 계획에 대해 수시로 알리고 의사소통을 하기로 했다. 나는 집단희생국 차원에서는 범국민위 및 유족협의회(유족회)와 최소 월 1회 정도 간담회를 실시해 조사 진행 상황과 조사의 난점들,

유족들에게 바라는 협조 사항을 알리는 창구로 활용하고 조사 개시 사건 중 지연된 사건에 대해서는 편지를 발송하자고 제의했다. 그리고 조사관들에게는 조사 활동이 곧 유족 및 관계자들에 대한 위원회 활동 홍보의 장이라고 생각하고 집단희생조사국 혹은 위원회 차원의 계획을 숙지하고 출장 및 사무실 면담 조사 시 관계자들에게 그 내용을 언제나 설명할 수 있도록 준비해야 한다고 말했다. 그리고 진상규명 결정(불능) 이후 관련 유족들에게 설명회를 개최하기로 했다.

사실 진실화해위가 출범한 이후에 조사가 늦어지면서 결과를 보지 못하고 돌아가신 신청인들도 많았다. 그중에서도 가장 기억나는 사람은 청주의 김진선이었다. 그는 일제 말에 사회주의 학생운동을 한 경력이 있고, 해방 후에 고려대를 다니다가 좌익 학생운동에 관련되어 5개월간 수형 생활을 하기도 했다. 그리고 1950년 3월 전향을 했는데, 전쟁 발발 직후 아들의 일로 그의 부친이 끌려가서 아들 대신 학살되었다. 그것이 평생 한이 되어 내 사무실을 직접 찾아와 자신의 이야기를 피 토하듯이 말하기도 했다. "내가 몸이 안 좋으니 사건을 좀 빨리 해결해줄 수 없소?" 그는 아버지가 대신 살해된 뒤로 가족들에게 완전히 따돌림을 당하고 그 후에도 어렵게 살았으며 당시에도 단칸방에 혼자 산다고 했다. 그런데 2006년 겨울 그가 사망했다는 이야기를 담당 조사관을 통해 듣게 되었다. 그에게 진실규명 결정문을 안겨주지 못한 것이 참으로 안타까웠지만, 그런 사례는 아주 많았다.

경산 코발트 광산 유족의 경우 조사 지연에 대한 비판의 강도가 거셌다. 지금은 돌아가신 이태준 경산 유족회장과는 2001년부터 유족회 일로 알고 지내던 사이라 사건 처리가 늦어져서 더욱 미안했다. 그는 80대 중반 이상의 미망인들에게 위원회의 사정을 전달해도 "오늘내일 하는데 나

죽고 난 뒤에 정승 벼슬 시켜준들 무슨 소용이 있느냐. 하루가 여삼추다"
라고 유족회장 좀 똑바로 하라는 거센 항의를 받았다고 한다. 그래서 제
발 자기 사건 좀 빨리 해결해달라고 부탁을 했다. 그런 그도 위원회 활동
이 종료될 무렵 갑자기 사망했다.

한편 위원회에 신청하지 않은 유족들에게서도 편지나 전화가 계속
왔다. 특히 사건 진실규명 사실이 언론을 통해 보도되기 시작하면서 계속
문의가 들어왔다. 어떤 민원은 "하해와 같은 은혜로 조사를 해달라"고, 내
가 상임위원 임기를 마치고 학교로 복귀한 2009년 11월 30일에 오기도
했다.[7] 안타깝지만 내가 할 수 있는 일이 없었다.

2007년 중순부터 본격적인 진실규명 결정이 이루어졌다. 상당수의
유족들은 위원회의 활동, 특히 진실규명 결정에 크게 기뻐하고 60여 년의
한을 풀었다고 감사해하기도 했다. 그동안 국가를 불신했는데 이제 약간
이나마 국가를 믿게 되었다고 말하기도 했다. 우리 위원회의 진실규명 결
정문은 그들에게는 60여 년 만에 접하는 정말 기쁜 소식이었을 것이다.
남편을 잃고 50여 년을 힘겹게 살아온 아흔다섯 살의 어떤 할머니는 "내
가 오늘 이런 이야기를 하려고 이렇게 오래 살았나보다"라고 조사관을 만
나서 반가워하기도 했고, 4·19 당시 유족회 활동을 했던 어떤 유족은 조
사관이 전화를 하니 "40년 만에(1960년 국회의 양민 학살 조사를 뜻함) 전화를
하셨네요"라고 문학적으로 위트 있게 말하기도 했다고 한다. 그랬다. 어
떤 유족에게 우리 조사관은 '40년 만에 찾아간 정부'였고, 또 다른 대부분
의 유족에게 우리 조사관은 '사건 60년 후 처음으로 찾아간 정부'였다. 우
리 위원회의 진실규명 결정서를 받은 뒤 일가친척과 자손들을 불러놓고
명절 제사상 위에 그것을 올려놓고 돌아가신 분에 대해 이야기하기도 했
다고 한다. 제삿날을 알고 제사를 지내게 되었다는 것은 이제 구천을 떠

돌던 영혼이 쉴 곳을 찾게 되었다는 말도 된다. 그것은 바로 살아남은 가족들의 한과 고통이 조금이나마 위로를 받는 과정이기도 했다.

실제로는 다른 정부 부서에게는 같은 정부라고 인정도 못 받는 우리 진실화해위가 어떤 한 맺힌 이들에게는 평생 처음으로 응답response을 준 정부, 책임지는responsible 정부 기관이었다. 더구나 그 후 민사 소송에서 승소한 유족들은 최근 수천에서 수억 원까지 보상받게 되었지만, 위원회가 한 일은 신청인 유족 당사자들에게는 너무나 큰 것이었다. 자화자찬일 수 있겠지만 지금까지 대한민국 정부 기관 중에서 1년에 200억 내외의 예산으로 수만 명의 민원인들과 그의 가족들에게 이렇게 돈으로 셀 수 없는 기쁨과 신뢰를 준 사례가 있었나 묻고 싶다.

그러나 유족들은 결정서를 받아들고 큰 기쁨을 느끼기가 무섭게, 몇 페이지의 종이 결정문이 자신에게 무엇인지, 도대체 무엇을 바꿀 수 있는지 생각하게 되었다. 즉 진실규명이 그동안 그들이 원해온 것이었지만, 정부의 사과도 없고 별도의 보상 조치도 없다면 그 결정문은 어디다 쓸 것인가 질문을 하기 시작했다.

그전까지 각 지역의 유족들은 그동안 범국민위와 함께 활동을 해왔지만, 진실화해위가 생기고부터 유족들 별도의 조직을 만들었다. 범국민위 내에서 유족들의 참여나 동력이 급격히 저하되었다는 소문이 들렸다. 광주 5·18 유족, 제주 4·3 유족, 의문사 유족의 경우가 거의 그러했지만, 관련 정부위원회가 만들어지면 유족회는 점차 이익단체로 변해가기 쉽다. 그래서 지금까지 자신을 조직하고 시민적 호소력을 이끌어내는 동력이 되었던 시민단체와 거리를 두게 된다. 좀 심하게 말하면 "이제 우리가 주인이야"라는 태도를 갖게 되고 위원회나 직원들에 대해서도 "우리가 너희들 먹여 살린 거야"라는 생각을 거침없이 표현하는 사람도 생겼다.

이것은 모든 과거사 운동에 예외 없이 나타났던 현상이다. 나는 유족들의 이러한 소소한 행동의 변화를 바라보면서 "올 것이 왔다"는 생각을 했다. 민원인이자 가장 중요한 이익단체인 그들과의 관계를 어떻게 풀어갈 것인가, 그것이 큰 걱정거리가 되었다.

제도가 생기면 사람들의 행동방식도 바뀌는 법이다. 모든 인간이 그렇듯이 상황의 변화는 개인의 태도와 대응 방식도 변화시킨다. 즉 정치적으로 유리한 상황이 되면 그들의 목소리도 커진다. 위원회가 만들어지기 전에는 자기 억울한 사연을 언론에서 한번 다루어주는 것, 학자들이 관심을 가져주는 것만으로도 매우 감격하고 고맙게 생각했지만, 이제 그런 요구가 어느 정도 충족되자 국가의 확실한 인정을 요구하기 시작했는데, 사실상 가장 가시적인 국가의 인정은 바로 보·배상이었다. 유족들은 우리의 진실규명 결정문을 장차 법원에서 판결할 때 사용할 자료로 평가하고 내용을 비판하기 시작했다. 이 점에서 5·18 피해자 보상은 한국의 모든 국가폭력 피해자의 최고의 전례였다. 마침 위원회 활동 중에 인혁당재건위 사건 재심 결정으로 피해자에 대한 보상 조치가 이루어졌다. 이런 재심·보상 판결이 유족들에게 큰 자극을 주고 기대감을 갖게 만들었을 것이다. 우리는 뜨거운 감자를 피하려 했으나, 감자는 이미 우리 손에 들어와서 놓아버릴 수 없었다.

처음에는 긴가민가했던 유족들도 이제는 '당당한' 민원인이 되었다. 그런데 과거에 그렇게 위축되어 있던 유족들이 이렇게 우리 '공무원'들 앞에서 강하게 목소리를 높이는 사실이 반가운 일이기는 했지만 그 당당함에는 함정도 있었다. 특히 위원회가 설립된 이후 민원인으로서 나타난 유족은 범국민위 활동가 시절에 내가 본, 여의도에서 찬바람 맞으며 농성하던 유족들과는 대체로 면면도 다른 사람이었지만 일부 동일 인물도 나를 대하는 태도가 달라져 있었다. 그전부터 나와 같이 활동을 해온 대다수의 유족들은 이 법이 어떤 투쟁을 통해 통과되었는지, 나와 동료들 그리고 시민사회가 어떤 역할을 했는지 이해하고 있었지만, 대다수 새롭게 나타난 유족들에게 나는 그들의 민원을 받아주어야 할 통상적인 정부 관리일 따름이었다. 실제로 압도적 다수의 신청인들은 내가 활동가였던 시절에 유족회 활동을 하지 않았던 사람들이었고 나를 정부에서 한자리 차지한 사람 정도로 생각하기도 했다.

유족 개인이 민원인으로 행동하는 순간 조사관이나 직원들의 태도도 더 관료화될 위험이 있었다. 이상적으로는 조사나 위원회 결정의 모든 과정에서 유족회가 위원회 활동의 파트너 역할을 해야 했지만 현실은 그렇지 않았다. 한미 양국의 노근리사건 조사 당시, 노근리 유족들은 조사 당국이 자신들을 오직 피면접 대상자로 상대했다는 비판을 한 바 있는데, 사실 우리 위원회의 경우도 별반 다르지 않았다. 여기에서는 나도 책임을 피할 수 없다. 이들을 어떻게 위원회 운영의 감시자이자 참여의 주체로 만들 것이냐는 문제는 거의 부차화되고 이들의 개인적 민원을 어떻게 처리할 것인가만 주요 관심사가 되었다. 유족회 역시 오직 자기 사건을 언제 조사해서 어떻게 결정을 내리는지에만 관심을 가진 개별 유족으로 쪼개져버렸다. 유족회 대표 역할을 5년 이상 해도, 그리고 전국 대표의 직위를 갖게 되어도 공공적인 성격을 갖는 회의나 집회 석상에서 학살 문제 전체를 어떻게 처리할 것인지 이야기하기보다는 자기 사건만 이야기하는 모습을 많이 보아왔지만, 진실화해위가 만들어진 이후에도 그러한 사정은 변하지 않았다. 개인 민원인인 유족이 사회적 주체가 되기는 힘들었다.

특히 유족들의 성난 항의나 요구에 대해 "그것은 우리 '기본법' 밖의 문제이니 우리로서는 해결할 수 없습니다"라고 답할 때마다 내가 관료의 일원이 되어 있다는 느낌을 갖게 되었다. 즉 과거에 내 주변의 운동하던 사람들은 김대중·노무현 정부가 들어서도 산적한 문제를 해결하기는커녕 제대로 손도 대지 못한다고 비판했는데, 막상 내가 정부에 들어와서 보니 실제로 정부 조직이 할 수 있는 일이 극히 제한적이었다는 것을 발견할 수밖에 없었다. 결국 법의 테두리 내에서만 일을 하게 되는 관료의 딜레마를 느끼게 되었다.

## 유족들의 기대와 현실의 괴리

유족 대표들은 조사 결과 보고서가 나오면, 자신들의 진술이나 주장이 보고서에 제대로 반영되지 않았고 가해자 측의 시각이 너무 강조되었다고 불만을 표시하거나 이의 신청을 하기도 했다. 자신들이 겪은 일이나 보고 들은 것이 절대적으로 옳다고 생각하는 피해자들에게, 나름대로 중립성과 객관성을 유지해야 하는 우리 진실규명 보고서가 성에 차지 않는 것은 당연한 일이었는지도 모른다.

　　최초의 진실규명 사건인 나주 동박굴재 사건은 차후 보고서의 전형이 될 것으로 보였기 때문에 나로서도 정말 심혈을 기울여 작성한 보고서였다. 조사관이 일차로 작성한 것을 수십 번 수정·가필했고, 미진한 부분은 추가 조사를 지시해서 보완했다. 그런데도 유족들은 가해 명령 사실을 제대로 규명하지 못한 점을 비판하면서 이의를 제기했다. 최선을 다한 나로서는 그런 비판이 야속했지만, 국민의 세금으로 먹고사는 정부 관리가 된 죄라고 생각했다. 유족들은 우리가 의지만 있으면 모든 가해자들을 만나서 진술을 듣고 자료를 구해서 진실을 규명할 수 있을 것으로 생각하는 경향이 있었다. 그들은 위원회가 모든 자료를 입수할 수 있으며, 입수했을 것이라는 전제 위에서 위원회의 조사 부실을 질타하기도 했다. 특히 가해의 지휘명령 계통을 밝히는 문제에서 이러한 지적이 많았다.

우리는 진실규명 결정 후 제기된 유족들의 이의 신청 요구를 모두 받아줄 수 없었다. 대다수의 경우가 그러했지만, 한○○ 씨의 경우는 나로서도 참으로 힘든 상대였다. 물론 그의 사연은 정말 기가 막힌 것이었다. 사건 이후 자살한 형님 건이 조사 대상이 아니라고 각하한 것에 불복하면서 그가 제출한 재심청구서의 내용은 다음과 같다.

> 형님은 아버지가 이적 행위자로 몰려 수복 후 고향 마을에 선발 입성한 경찰대에게 무단히 학살당하기 전인 1950년 9월 20일 부역자 가족이라는 이유로 경찰대에게 끌려가 모진 고문을 당하셨습니다. …… 같은 시설에서 경찰대에게 물불을 가리지 않는 모진 고문(몽둥이로 난타를 당했다고 함)을 당한 상황에서 빈사 상태로 비명을 내지르는 아버지를 보며 자신이 당한 아픔에도 아랑곳없이 형님은 지극정성으로 아버지를 위해 눈물겨운 병간호를 하다 …… 방면이 되었으니 이튿날 아버지가 마을 공동묘지 학살 현장에서 일단의 경찰대에게 시해를 당하는 모습을 먼발치에서 속수무책으로 지켜보며 말로 다할 수 없는 당혹과 낭패감, 정신적 공황에 시달렸으리라 함은 쉽게 상상할 수 있는 일입니다.
> 마른 하늘에 날벼락을 맞은 후 수 개월 동안 우리 삼남매는 두려움에 떨며 장래 문제에 대해 숙고를 거듭하였습니다. 당시 형제자매 가운데 가장 비통해하던 형님이 정신적 공황에서 헤어나지 못하신 듯 식음을 전폐하시다시피 하고 헛소리를 하는가 하면 으악 하는 단말마의 비명을 울리며 불면증으로 엎치락뒤치락하던 모습이 반세기가 흐른 이 시점까지도 눈에 선합니다. …… 병고로 신음하며 우울증으로 시달리다 아버지가 시해당한 지 8년 만에 서른 살을 일기로 자살로

한 많은 세상과의 아듀를 고하고 말았습니다. 유족의 사무치는 한을 헤아린다면 그리 쉽게 간단히 각하 결정을 할 수 있다는 말입니까?

그런데 우리 '기본법'이나 내규에는 사건 후 8년이 지난 후 자살한 형을 부친과 같은 학살 피해로 간주할 아무런 근거가 없었다. 정황상 그의 형의 자살은 바로 부친의 학살을 목격한 이후 생긴 트라우마에 기인한 것이 틀림없어 보였지만, 8년 후의 자살 사건이 학살 사건에 기인한 것이라는 것을 입증할 수 있는 자료는 없었다. 그는 부친의 억울한 죽음을 신원하기 위해 김대중 정부 때부터 청와대에 계속 탄원서를 제출해왔다. 그리고 위원회 설립 이후 부친의 억울한 죽음에 대해서는 진실이 규명되었으나 형님의 죽음에 대해서는 각하 처리되었기 때문에 이 점을 받아들일 수 없다고 말했다.

여러 통을 보낸 그의 편지 중에는 다음과 같은 내용도 있다.

이는 삼척동자가 보더라도 국가 공권력의 개입이 없었다면 발생하지 않을 사건입니다. 이를 자살이라는 단위 행동만 끊어서 보고 각하 결정을 쉽게 간단히 내리고 말았습니다. …… 국가는 무슨 억하심정에서 한갓 소시민인 저의 가정에 궤멸적 타격을 가하고 멸문지화를 입혔습니까? 형의 자살은 국가에 의한 간접 살인입니다.

분명히 국가가 의도적으로 그의 집안을 망하게 하려 하지는 않았지만, 그것 외의 그의 주장은 사실일지도 모른다. 그런데 이와 같은 사례는 사실상 부지기수였다. 한 가족 9명, 10명이 몰살한 사례도 여럿 있고, 부친과 모친의 사망 후 정신적 충격으로 사망한 사례도 많다. 위원회가 수립되기 전까지는 국가가 이들의 억울한 사연에 대해 한 번도 시선이나 관심을 준 적이 없고, 오히려 이들의 이야기를 차단해왔다. 그들에게 우리 위원회는 처음으로 자신들의 이야기를 들어주고 응답해준 국가기관이었다. 그런데 우리가 수행한 조사와 위원회의 결정은 그들의 기대를 충족시켜주지 못했다. 법과 규정을 들먹거리는 우리 위원회의 각하 사유는 사실 과거의 정부 기구와 별로 다르지 않았던 셈이다. 한동안 그는 내게 하루에도 몇 번씩 애걸복걸 항의성 전화를 해서 업무를 보지 못할 지경이었다.

한편 우리의 조사 내용, 결정문의 내용과 표현 등을 전면 부정하면서 직접 내게 전화를 걸거나 사무실로 찾아와서 강력하게 항의하는 유족들도 있었다. 앞에서 언급한 한○○ 씨의 경우와 제주 예비검속 유족들이 대표적이었다.

위의 한○○ 씨의 경우 자기 아버지가 보고서에 부역 혐의자로 적혀 있다고 이의 신청을 했고 급기야 내게 보고서 수정을 요구했다. 우리는 보고서에 이들이 '부역 혐의'로 학살당했다고 적었다. 즉 부역 혐의 자체에 대한 가치판단과 무관하게 '부역 혐의로 학살당한 사실'은 인정한 셈이다. 그런데 그는 "이 표현 자체를 못 받아들이겠습니다"라고 항의했다. "우리 아버지는 전혀 부역을 하지 않았으며, 좌익과 무관한 민족주의자였으며 순수한 양민"이라는 것이다. 우리는 비록 강압적인 상황에서의 행동이라는 점을 감안하더라도, 분명히 부역 행위로 살해되었다고 판단했다. 나는 "우리는 어쩔 수 없는 상황에서 인민군에 부역한 행위를 좌익 활동이라고 보지 않으며, 그리고 그러한 행위를 한 사람들을 불법으로 살해한 것이 부당하다는 점을 지적한 것이다"라고 말했다. 그러나 그는 "우리 아버지는 아예 부역 행위를 한 사실이 없었는데, 부역이라는 말을 사용해서 죄를 덧씌웠다"고 항의하고는, "그러니 무고하게 죽었다는 것을 보고서에 적시해주세요"라고 요구했다. 그런데 우리가 타임머신을 타고 60여 년 전으로 가서 사태를 파악하거나 사람들의 증언을 들을 수 있는 처지에 있지 않은 상태에서 문서와 증언을 통해 부역 행위에 가담한 사실을 확인한 이상, 완전히 무고하다고 말할 수는 없었다. "부역 행위라는 것이 죽을죄는 아닙니다"라고 내가 아무리 강조해도 그는 "'부역 행위'는 나쁜 것, 즉 좌익 활동에 가까운 것이고 우리 아버지는 결코 부역을 하지 않았다"고 반복했다. "부역 행위는 좌익"이라는 한국 정부의 공식 입장을 받아들인 상태에서 '순수함'을 주장하는 것이었다.

자신의 부친은 민족주의 계열이었으므로 나머지 좌익들과는 달리 별도의 조사를 해야 한다고 주장하기도 했다. 그는 자신의 부친을 부역 행위자로 기정사실화한 조사관을 교체할 것을 요청했으며, 자신이 중풍과 고혈압에 걸려 있는데 환자에게 이런 식으로 대하는 조사관은 살인미수 범죄자라고 하는 극한적 주장까지 했다.

억울하게 국가폭력의 피해자가 된 사람들은 그 억울함에서 벗어나는 일에 병적으로 집착한다. 즉 폭력의 트라우마는 해결되지 않는 원통함, 분노를 풀기 위한 집착을 가져오게 된다. 자신이나 가족이 간첩이나 빨갱이로 몰려 학살을 당하거나 고문을 당한 사람들은 "나는 간첩이 아니다", "나는 빨갱이가 아니다"라고 계속 외치면서, 그 멍에에서 벗어나는 일에 사력을 다한다. 나는 유족들의 이러한 태도를 너무나 잘 알고 있었고, 실제로 여러 번 접해보기도 했기 때문에 대체로 그러려니 하고 이해하는 편이었다. 하지만 막상 이런 유족들의 태도를 직접 대면해야 하는 상황에서는 매우 곤혹스러웠던 것도 사실이다.

한편 진실규명 결정문에 가장 강력한 반발을 제기한 것은 제주 예비 검속 사건 유족들이었다. 이 사건은 제주도의 박서동이 소장했던 예비검속 문서 자료도 있고 해서 우리가 다른 어떤 사건보다 완벽하게 조사했다고 자랑할 수 있는 사건이었다. 그러나 이 사건 유족들은 우리의 조사보고서 내용을 정면으로 비판했다. 내 사무실에 직접 항의하러 찾아온 제주예비검속 유족 중에는 유명한 서양철학 전공 교수도 있었다. 그는 자신이 가진 모든 지식과 논리를 동원해서 위원회 결정문의 부당성을 지적했다. 그가 들고 온 우리 결정문은 아마도 수십 번을 읽었는지 완전히 닳아 있었고, 각 면의 행간에는 반박하는 메모로 빽빽이 채워져 있었다. 우리가 작성한 보고서가, 이해 당사자인 유족들에게는 수없이 읽고 또 읽어 표현이나 용어 하나까지도 수십 수백 번 검토될 대상이 되는구나 하는 생각이 들어서 두렵기도 했고, "사실은 물론 문장 하나 잘못 적어도 큰일 나겠구나" 하는 경각심을 가지기도 했다.

그는 우리가 그의 아버지를 '4·3 관련자'라고 규정함으로써, 자기 부친의 억울한 죽음의 진실을 밝히기는커녕 오히려 두 번 죽였다고 강력하게 항의했다. 학살 가해 사실을 입증하는 매우 중요한 문서인 제주 서귀포 해병특무대 문서에는 예비검속으로 '처형'당한 사람 중에 '4·3 관련자'가 있다고 적혀 있다. 그런데 희생당한 사람들이 '4·3 관련자'라는 표현을 우리가 그대로 인용한 것에 대해, 우리 위원회도 실제로 그렇게 보는 것이 아닌가라고 항의한 것이다. 조사관이 초를 잡고 내가 최종 검토하여 위원회에서 통과된 결정문에는 제주 예비검속 사건 희생자들의 사망 원인을 다음과 같이 정리했다.

예비검속된 사람들은 A, B, C, D로 분류되어 A, B등급을 받은 사람은 석방되고 C, D등급을 받은 사람은 처형되었는데, '총살과 석방을 결정하는 등급 사정이 경찰의 자의적인 판단 기준에 따라 설정되었음을 뜻한다.' C, D등급을 받은 사람들은 소위 '4·3사건과 관련된' 43명의 소수 희생자들과 '4·3사건과 직접 관련이 없는' 대부분의 희생자들로 나뉘어진다.

즉 우리가 말하고자 한 것은 총살된 사람의 일부는 4·3사건과 관련되어 총살 대상이 되었으나, 다수는 오히려 4·3사건과 관련이 없는데도 자의적인 기준에 의해 살해되었다는 사실이다. 그런데 유족들은 당시 군의 자료에 '4·3 관련자'라고 적혀 있는 것 자체가 군의 자의적인 평가에 기초한 것인데, 우리가 그 용어를 그대로 사용함으로써 학살된 사람들이 사실상 '합당하고 객관적 기준'에 의해 분류되어 그렇게 된 것으로 결론을 내리고 있다는 것이었다. 즉 그는 4·3사건과 관련이 없는 사람들의 경우 무고, 모략, 경찰의 미움 등의 이유로 살해 대상이 된 것이고, 4·3과 관련이 있었던 사람은 "경찰 조사를 받은 적이 있거나 수형자인 경우, 입산 또는 도피 경력자 등"이었다고 지적하며, 우리가 '4·3 관련자'들을 모략 등에 의해서가 아니라 경찰이 말하듯이 그들 나름대로의 객관적 기준에 의해 분류된 사람이라고 보고 있는데 그게 과연 맞느냐는 것이었다.

그가 집중적으로 문제 삼은 내용은 우리가 "경찰의 분류 기준이 자의적"이라고 말하면서도 '4·3사건 관련자'의 경우 자의성이 개입된 것이 아니라 4·3사건과 관련되었다는 객관적 사실이 있기 때문이었다는 의미로 서술했다는 것이다. 요컨대 그가 말하고자 하는 것은 경찰의 자의성은 '4·3 관련자'로 분류된 사람들에게까지 적용되어야 하는데, 실제로는 예비검속자 중 A, B 등급과 C, D 등급을 구분하는 데만 적용되었다는 극히 엄밀한 문헌 해석이었다. 즉 결과적으로 우리 위원회가 4·3 관련자의 희생을 당시 특무대의 자의적 기준에 의한 것으로 보지 않고 객관적 기준에 의한 것으로 간주하여, 희생자들이 실제로 4·3사건에 관련되었으며 죽을 만한 이유가 있었다는 식으로 결론을 내렸다는 것이다.

우리는 '4·3 관련'이라고 하는 혐의는 당시 특무대가 부여한 것이며, 우리가 실제로 그들이 4·3에 관련되었다고 판단한 것은 아니라는 점을 수차 반복해서 이야기했다. 즉 군이 말한 분류 기준(결국은 학살 원인)을 우리가 인용했음에도, 그는 문장에서는 우리 위원회가 '주어'가 되어 4·3 관련 사실이 객관적이라고 결론 내린 것으로 보인다고 반박했다. 아무리 설득을 하고 변명을 해도 내 이야기는 그들에게 전혀 납득되지 못했고, 거의 2시간 동안 그들은 자신의 입장만 독백하듯이 계속 반복했다.

사실 다른 유족들도 동일한 생각을 갖고 있었다. 수십 쪽에 달하는 제주 유족들의 이의신청서는 문장 하나, 단어 하나, 제목 수정, 권고 사항 포함 등 조사관이나 위원회가 생각할 수 있는 거의 모든 쟁점을 다루고 있는데, "반드시 '4·3사건 관련자'라는 단어는 삭제해주십시오. …… 예비검속 대상자는 이승만의 정적 제거를 위한 …… 순수한 민간인이었을 뿐입니다"라는 내용도 있었다. 여기서 순수한 민간인이라는 표현이 또다시 나타난다. 즉 4·3사건 관련이라는 것은 군 당국의 자의적인 규정일 따름이고 자신의 부친은 순수한 민간인이었는데 어찌 4·3사건과 연관시키냐는 것이다. 말하자면 '4·3은 빨갱이 짓'이었고 자신들은 무관하다는 이야기였다.

유족들은 "당신들은 '억울한' 이라는 형용사를 오직 4·3사건과 관련이 없는 사람들에게만 사용했고, 4·3사건 관련자는 죽을 이유가 있었다고 판단하고 있는 게 아니냐"는 논조로 공격을 했다. 즉 우리가 '희생 이유' 등의 제목을 단 것에도 그러한 혐의가 있다는 것이다. 결국 그의 공격에 따르면 우리는 군이 작성한 분류 기준이나 희생 이유를 그대로 받아들인 또 다른 가해자, 즉 피해자를 두 번 죽인 사람들이 되는 셈이었다. 이렇게 문장의 주어까지 따지면서 정밀하고 집요하게 보고서의 문제점을 지적한 그들의 논리와 주장은 전율할 정도였다. 우리가 학살의 부당성을 지적하기 위해 보고서를 쓴 것은 매우 명백한 사실이었지만, 평생을 4·3사건과 관련되었다는 이유로 온갖 불이익을 당하면서 살아온 피해자의 눈으로 보면 보고서의 문구에서 당시 학살당한 이들 모두가 아무런 죄가 없는 무고한 희생자라는 점을 분명히 못박지 않았고, 당시의 군이 '4·3사건 관련자'라고 규정한 내용을 반박하지 않았기 때문에 결국 당시 가해자인 군과 같은 편에 서 있다는 판단이 나온 것이다.

결국 제주 예비검속 유족의 항변은 앞의 부역 사건 유족과 동일한 논리 위에 서 있었다. 우리는 4·3사건과 관련된 사실이 있다고 하더라도 그것이 법적 절차를 거치지 않고서는 죽임을 당할 이유가 없다고 생각하고 있었다. 그러나 그들은 4·3사건에 관련되었다는 것은 좌익·반체제 활동을 했다는 것이며 심지어는 처형을 당할 수도 있는 죄라는 한국 정부의 공식 입장을 액면 그대로 받아들인 상태에서, 자신의 부친들은 결코 4·3과 관련되지 않은 '순수한 양민'이었는데도 불구하고 무고로 인해 4·3 관련자로 지목되었기 때문에 경찰의 부당한 공권력 행사의 희생양이 되었다고 주장한다. 이러한 사고는 초기 유족 조직화 당시에 내가 부딪혔던 장벽, 즉 "좌익은 탄압을 받거나 학살당할 수도 있지만 우리 아버지는 절대 좌익이 아니다"라는 주장과 동일하다.

빨갱이 가족으로 평생 멍에를 지고 살았으므로, 그 멍에를 벗어버리지 않고서는 절대로 진정한 명예회복이 될 수 없다는 그들의 절박한 호소를 들어보면 우리 사회에서 '빨갱이'를 비인간화하는 반공 이데올로기가 얼마나 가공할 만한 폭력이 되어 지난 수십 년 동안 유족들의 평생을 옥죄었는지 실감하지 않을 수 없다. 우리가 만든 보고서를 그렇게 수십 수백 번 읽고 또 읽으면서 그 의미를 곱씹었을 행동에는 그들의 깊은 한이 서려 있었고, 대화로는 풀 수 없는 깊은 장벽이 가로놓여 있었다. 지금이라도 군 당국이 나서서 이들에게 백배사죄하며 당신의 부친들은 결코 4·3사건 관련자가 아니었다는 것을 수차 인정하고 사죄하지 않고서야 이들의 한을 풀 길은 없어 보였다. 이들에게 국가는 괴물과 같은 실체로 엄존하고 있으며, 국가는 실수할 존재이지 죄를 저지를 조직이 아니었다. 검은 피부에서 벗어나기 위해 얼굴에 세제를 칠한 파농처럼 이들에게 4·3사건, 부역자의 멍에는 완전히 벗어던지고 싶은 굴레였다.

그러나 앞서 언급한 것처럼 우리의 결정문이 이제 다음 단계의 작업, 즉 법원의 소송을 위한 자료 정도로 취급되는 것은 나를 더 힘들게 했다. 앞에서도 말한 것처럼 험한 세상을 살아온 유족들은 진실화해위가 임시적인 정부 조직이며, 별로 힘이 없는 조직이라는 것을 잘 알고 있다. 그들은 국가의 최종 결정은 법원이 내리게 되며, 각종 예산은 행정안전부나 지방자치단체가 지출한다는 사실을 이미 잘 알고 있었다. 그래서 일단 진실규명이 이루어지면 위원회는 속된 말로 '영양가 없는' 조직으로 간주되어버린다. 2008년 제주 섯알오름 추모비 제막식 및 58주기 합동위령제 석상에서도 이런 느낌을 받은 적이 있었다. 우리가 진실규명 결정을 한 후에 처음으로 열리는 위령제였으나 안병욱 위원장이 직접 참석했는지 여부에 대해서도 관심이 없었고, 행사의 좌석도 저 구석자리 하나를 내주었을뿐더러 내빈 소개에서도 나를 제주도 도의원보다 뒤로 배치했다. 헌화분향에서는 도지사·도의회 의장 다음으로 배치했으며, 추도사에서도 순서를 뒤로 배치했다. 내가 너무 민감하게 느꼈을지 모르겠지만 예산 지출권한을 가진 도의원이나 도지사는 매우 중요한 참석자로 취급되고, 힘든 조사와 진실규명 결정을 이끌어낸 진실화해위는 존재조차 희미했다.

이것은 유족들이 그 후 보상 소송을 진행하면서 보인, 자기 사건을 담당하게 된 변호사나 법원에 대한 태도와 위원회 직원들에 대한 태도 간의 차이에서 또 한 번 드러난다. 실제로 보상 결정을 만들어내는 법원이나 그 결정을 이끌어내도록 도와주는 변호사는 가시적 결과 즉 보상을 가져다주기 때문에 매우 중요한 사람이지만, 위원회를 만드는 과정에서 시간과 정열을 바쳤던 범국민위 활동가들이나 시민단체 사람들은 오직 그러한 결정을 이끈 매개체 정도로 취급되는 인상을 받은 적도 있다. 민간 차원의 사회운동이나 위원회의 진실규명이 아무리 중요하더라도 칼자루는 정부와 법원이 쥐고 있으니 유족들 입장에서는 상설 조직인 정부나 법원에 기대게 되는 것도 이해할 만하다. 유족들의 변화된 태도를 통해서 일개 시민사회단체처럼 비치는 한시적인 위원회의 초라한 위상에 자괴감을 느끼지 않을 수 없었다. 국가로부터 피해를 입은 그들이 여전히 힘을 가진 국가에 기대는 모습, 우리 사회 민초들의 한 모습이었다.

## 노무현 대통령의 인정과 이명박 정부 및 국방부와 경찰청의 부인

2008년 1월 24일 노무현 대통령은 울산 보도연맹사건을 비롯한 과거 국가권력의 불법행위에 대해 역대 대통령 중 처음으로 포괄적으로 사과하고 유가족들에게 위로를 표시했다. 그는 공식 사과와 함께 다시는 이러한 일이 되풀이되지 않도록 우리 모두가 경계로 삼아야 하며 과거사 정리는 우리의 미래를 위해 꼭 필요한 일이라고 밝혔다. 즉 보도연맹에 대한 국가의 불법 학살을 인정했고, 사망자들이 억울한 희생자라는 점을 인정한 것이었다. 그런데 정부의 연속성을 담보한 당사자로서, 그리고 국가의 수

반으로서 대통령이 사과를 한 사실이 모든 정부 부처, 언론, 그리고 다음 정부까지 포함된 국가의 인정을 의미하는가? 그렇지 않다는 것이 그 후에 판명되었다. 이명박 정부, 그리고 노무현 정부 당시의 국방부, 경찰 등은 대통령의 사과를 이 문제에 의지를 가졌던 노무현 개인의 사과로 왜소화해버렸다. 노무현 정부에서 진행되었던 모든 것을 부인했던 셈이다.

2008년 이명박 정부가 출범하면서 진실화해위원회는 존폐 자체가 위협을 받게 되었다. 대통령직 인수위원회는 각종 과거사위원회 정비 방침을 밝혔다. 그리고 2008년 1월 21일 안상수 의원 대표 발의로 정부조직법안 발의 시 9개 과거사위원회 관련 개정 법률안이 제출되었다. 개정 법률안 제안 이유는 "정부 내 설치 중인 각종 과거사 관련 위원회 간의 유사 중복을 없애고, 정부위원회의 효율성을 높이는 차원에서 진실화해위원회로 하여금 그 기능을 통합해서 수행하도록 하려는 것"이라고 밝혔다. 즉 '5·18민주화운동등에관한특별법', '제주4·3사건진상규명및희생자명예회복에관한특별법' 등 9개 법률안을 개정하여 진실화해위원회로 기능을 통합한다는 내용이다. 이 법률안이 발의된 이후 제주4·3사건 관련 사회단체를 비롯한 유족회 등에서는 이 개정안에 대해 강력한 반대 의사를 표명했으며 관련 사회단체에서도 과거사 관련 위원회 통폐합 법안이 사실상 과거사 진상규명 활동을 중지시키려는 의도가 아닌가 비판한 바 있다. 감사원은 감사에 착수했다. 일단 2월 국회에서 이 법안이 처리되지는 않았지만, 4월 총선 이후 재논의하는 쪽으로 정리되었다.

결국 이명박 정부가 추진한 과거사위원회 통폐합 시도는 좌절되었지만, 실제 정책에서는 더욱 노골적인 방식으로 나타났다. '좌편향'의 낙인을 찍은 역사교과서 개정 시도, 진실화해위의 각종 권고 처리 거부와 지연, 제주4·3위원회의 사실상의 활동 정지 등이 그것이다. 그런데 이러한 태도는 이명박 대통령의 집권에 기인한 것만은 아니었다. 노무현 정부 시절부터 진실화해위 활동을 인정하지 않았던 정부 기관이나 언론, 단체에서 줄곧 주장해왔던 것이 힘을 얻은 것에 불과했다.

특히 민간인 학살 사건에 대한 진실화해위의 진실규명 결정 직후에도 당시 사건을 일으킨 가해 정부 기관이나 책임 있는 정부 기관의 공식 입장은 사건이 발생한 지 50년이 훨씬 지나도 전과 크게 달라지지 않았다. 그들은 침묵하거나 방관하거나, 심지어 적극적으로 위원회의 권고를 거부했다. 국방부와 경찰의 태도는 가장 실망스러웠다. 그나마 2007년 이전까지인 노무현 정부 시절에는 장관과 청장의 명에 따라 약간 협조하는 시늉이라도 했지만, 본격적인 조사 결과가 나온 이명박 정권 이후에는 아예 위원회 결정 자체를 인정하지 않는 태도를 보였다.

앞에서 나는 대한민국이 유족들을 세 번 죽였다고 말했다. 직접 학살이 첫 번째이고, 유족회 활동과 진상규명을 탄압한 것이 두 번째이고, 유가족을 연좌제로 묶어 탄압한 것이 세 번째였다. 그런데 내가 보는 네 번째 죽임은 언론, 학교, 지역사회에서 이 모든 활동을 부인하거나 가르치지 않고 유족들을 따돌린 것이다. 그러니 정확히 말하면 이 정부는 유족을 네 번 죽였다. 네 번째는 바로 민주화된 이후에도 과거의 억울한 일에 대한 진상규명 탄원이나 요구를 계속 묵살하고 각종 행사, 교과서나 언론에서 이 내용을 충분히 적시하거나 알리지 않은 일이다.

예를 들어 노근리사건 유족들이 1990년대 초부터 수없이 진정서를 제출했으나 정부는 이 내용을 주한미군 사령부로 넘겼을 뿐 아무것도 한 일이 없었다. 그런데 정부의 이러한 태도는 우리가 진실규명 결정을 내린 이후에도 별로 달라지지 않았다. 위원회가 설립된 이후에도 국방부의 입장은 2000년 7월 조성태 장관의 해원 사업 축소 지시 건과 별로 달라지지 않았다. 즉 절대로 이러한 민원에 대해 먼저 나서지 않으며, 다른 기관에서 군의 책임을 물으면 그것에 대해 방어를 하자는 입장이었다. 위원회의 진실규명 내용에 대해 최대한 반박하거나 부인하는 것이 군의 사기와 명예를 지키는 길이라고 생각했다.

결국 노무현 대통령이 퇴임 직전 국가의 수반으로서 유족들에게 상징적인 사과를 하기는 했지만, 그것을 모든 국가기관의 진정성 담긴 사과라고 받아들이는 유족들은 거의 없었다. 사과는 반드시 사실에 대한 인정과 참회가 전제되어야 하는데, 정부 수사기관, 국방부, 경찰 등 어느 가해기관도 그러한 모습을 보인 적이 없었기 때문이다.

국방부는 자체 조사를 통해 진실화해위의 진실규명 사건에 대해 방어했다. 그들은 국군의 책임을 밝힌 조사 보고서가 나오자 이에 대해 조직적으로 이의를 제기했다. 국민보도연맹 학살 사건에 대해서는, 희생자들이 대부분 좌익 활동가들인데 진실화해위는 피해자들의 증언을 우선 인정하는 반면 군경의 토벌 작전을 왜곡하고 좌익 활동에 대한 객관적 평가, 예비검속 및 조치 배경과 국가의 위기 상황에 대한 이해 없이 희생자 측의 억울함만 부각시키고 있다고 비판했다. 산청 시천·삼장 사건 등 토벌 과정에서 발생한 각종 민간인 학살 사건은 자신들이 만든 공간사公刊史, official history에 나와 있지 않다고 주장했다. 그리고 여러 사건에서 확인된 희생자가 무고한 양민인지 여부는 확인할 수 없다고 우리 위원회에 이의를 제기했다. 국방부는 또 피해자나 참전자들의 증언에서 "희생자들이 빨치산 및 좌익 활동에 적극 가담한 사람들인데 이들을 법의 보호를 받아야 할 국민으로 단정함으로써 '순수한 양민'과 소탕 대상인 적대 세력 빨치산을 혼동했다"고 이의를 제기했다. 즉 죽여도 좋은 좌익들을 억울한 희생자로 만들었다는 것이다. 한국전쟁 당시의 토벌군의 입장에서 한 걸음도 나아가지 않았다.

국방부가 자신이 만든 공간사에 나와 있지 않기 때문에 위원회의 조사 내용을 받아들일 수 없다는 것은 가장 어이없는 이의 제기였다. 그것을 반박하려면 국군의 공간사가 어느 정도로 완벽하고 정확하게 기술되어 있는지를 먼저 입증해야 한다. 1951년 당시 거창사건 조사에서 밝혀졌듯이 국군은 자신들에게 불리한 기록을 삭제하고 변조한 혐의가 있다. 실제로 공간사의 어느 한 페이지, 한 구절에도 군이 민간인에게 피해를 주었거나 학살을 했다는 기록은 없다. 따라서 충분히 신뢰를 받을 수도 없는 자신의 기록을 근거로 우리가 말하는 학살 사건의 실재 여부를 확인할 수 없다고 말하는 꼴이다. 노근리사건의 경우도 미 당국은 8기병연대의 통신 기록과 같은 것이 1기병사단의 다른 연대에서는 발견되지 않았다는 이유로 피난민들에 대한 사격은 명령이 아니었다고 주장한 적이 있다. 그러나 군이 자신에게 불리한 기록까지 충실하게 남겨둔 전례가 있다면 그 주장이 설득력을 얻을 수 있을 것이다.

국방부나 군의 반박이 더 설득력이 없는 이유는, 군이 자체적으로 각 부대의 역사를 제대로 기록해놓고 있지 않았기 때문이다. 우리는 문제가 된 11사단(현 11기계화사단)이 자체 기록을 갖고 있는지 확인하기 위해 직접 11기계화사단을 방문하기까지 했다. 그런데 여단이 보관하고 있는 자기 역사는 정말 말하기 창피할 정도로 소략한 것이었다. 아마 우리 위원회가 수집한 자료를 토대로 작성해도 그보다 더 풍부한 부대 역사를 기록할 수 있겠다는 생각이 들 정도였다. 사실 과거나 현재나 한국의 직업군인들이 자신의 역사에 대해 얼마나 알고 있는지 참으로 의심스러웠다. 11사단 9연대 통역장교로 일했던 리영희 선생의 회고록에도 나오는 것처럼, 미군들은 틈나는 대로 전쟁사를 공부하고 자기들의 전사에 대해서도 해박한 편이지만, 한국군은 전쟁사에 대해 제대로 정리하고 교육하는 것 같지 않다. 현대전에서는 지나간 과거를 제대로 교육받지 못해 깊게 생각하고 냉정하게 분석할 줄 모르는 지휘관은 제아무리 첨단 무기와 정예 병력을 손에 쥐어준들 절대로 맡은 바 임무를 해내지도 못하고 전쟁에서 승리하지도 못한다. 이렇게 전투를 위해서도 전쟁사를 잘 알아야 하지만, 군의 존립 근거 즉 국민을 보호하는 본연의 사명을 다하기 위해서는 자랑스러운 역사는 물론 부끄러운 역사도 조사하고 가르쳐야 하지 않는가. 이명박 정부 들어서, 군 내부의 금서 목록을 지정하고 '나꼼수'를 듣지 못하게 단속한 것은 정말 한심한 노릇이다. 군이 우리 위원회의 '토벌 작전 시 민간인 학살 사건 보고서'를 장교들의 교육과정에 넣을 날은 과연 언제일까? 그런 날이 과연 오기나 할까? 그러니 지금 당장 전쟁이 나면 한국전쟁 때와 유사한 민간인 인권침해 사건이 재연되지 않을 수 있을까?

우리는 무장한 빨치산이 억울한 '민간인 희생자'로 기록되지 않을까 걱정하여 매우 세심하게 참고인들의 증언을 검토했다. 전쟁 상황에서 민간인이라고 하더라도 인민군과 내통하거나 적극적인 좌익 활동을 한 사람을 억울한 '민간인 희생자'로 볼 수 없다는 것은 희생자 확정을 위한 나의 입장이기도 했다. 그런데 군은 여전히 '순수 양민'의 논리를 들이대면서 군의 빨치산 토벌과 민간인 학살이 불가피했다고 주장하고 있다.

경찰의 태도도 마찬가지였다. 노무현 정부 시절에는 경찰청 자체에 과거사위를 설치해 과거 경찰에 의한 인권유린 사건을 조사하기도 했다. 나도 참여정부 시절에 경찰청 인권 교육에 여러 번 강사로 간 적이 있다. 그러나 정권이 바뀌면서 경찰청의 공식 태도는 옛날로 되돌아갔다. 사실 2009년 1월 20일 발생한 용산 참사의 경우는 과거의 토벌 작전을 연상케 하는 것이었다. 위원회 사무실에 앉아서 용산참사 영상물을 보는 내 심정은 착잡했다. 경찰이 전쟁 기간 저지른 학살 사건을 조사해서 발표하는 것이 무슨 의미가 있을까? 지금 경찰의 조직 문화가 거의 바뀌지 않고 있는데…… 하는 자괴감이 들었다.

경찰은 우리가 진실규명 결정을 내린 몇몇 경찰 관련 학살 사건 위령제에 참석하기도 했다. 2008년 10월 고양 금정굴 사건 위령제에는 경찰청장 명의의 추도문을 보내오기도 했다. 경찰은 유감과 애도의 뜻을 표하기는 했지만 사과라는 표현은 사용하지 않았다.

군, 경찰, 검찰, 극우 단체나 주류 매체는 위원회의 진실규명 결정에 대해 흔쾌히 인정하는 태도를 보인 적이 한 번도 없다. 여전히 이들은 빨갱이, 공비, 간첩들을 아무 죄 없는 민간인으로 돌변시켰다고 공격하거나 이견을 제기하거나, 재심 법정에서 법원이 무죄판결을 내려도 계속 항소와 상고를 했다. 물론 위원회가 진실규명을 한 이후에 현지 경찰이나 군 책임자들은 권고 사항에 근거해서 위령제에 참석했다. 그리고 일부는 추도사나 화환을 보내기도 했다. 그러나 위령제에 참석해서도 이들은 말을 아꼈다. 공식적으로 사과하는 일은 없었고, 원인에 대해서 인정하지도 않았다. 단지 사망한 사람을 애도한다는 표현 정도에 그쳤다. 군과 경찰이 여전히 자신이 저지른 학살 사실을 인정하지 않는다는 이야기였다.

미군 관련 사건에서도 정부의 태도는 동일했다. 이미 노근리사건 처리 당시 미국의 눈치를 보면서 소극적인 태도로 일관하던 한국의 국방부나 외교부는 우리가 미군 관련 사건 조사를 진행하는 중에도 그러한 태도를 노골적으로 드러냈다. 2009년 10월 20일 주한 미국 대사관이 작성한 문건의 제목은 "또 다른 '노근리 논쟁'이 일어난다?"였다. 전문에 따르면 당시 외교부 한미안보협력과 서기관은 그해 10월 14일 주한 미 대사관 측에 "진실화해위가 조사한 내용 중 한국전쟁 때 미군 공습기에 의해 민간인이 희생된 사건이 8건 확인되어 국방부 측에 전달했다"고 전했다. 서기관은 "이 내용이 진실화해위의 최종 보고서에 담길 수 있다"며 "한국은 진실화해위 최종 보고서에 담길 미군 관련 부분에 대해 필요하면 미국과의 논의를 요청하거나 태스크포스를 꾸리는 등 노근리 논쟁과 같은 접근 방식을 취할 것"이라고 말했다. 캐슬린 스티븐스 주한 미 대사는 "진실화해위의 보고서 내용이 노근리처럼 문제가 될 것으로 보이지 않고, 이명박 정부도 크게 문제 삼지 않을 것"이라고 분석해 본국에 보고했다.[8] 한국 정부가 이에 대해 소극적인데 미국이 우리 위원회의 조사에 대해 걱정할 일이 무엇이 있겠는가?

사실 전쟁 초기인 1950년 7월 14일의 '대전협정大田協定'에서 이승만 정부는 전시에 미군이 저지른 범죄에 대한 재판권을 미군에게 넘겼다. 그렇기 때문에 진실화해위가 미군의 범죄 사실을 입증한다고 하더라도 유족이 미국을 상대로 한 소송에서 이길 가능성은 거의 없다. 그리고 미군 자신이 한국전쟁은 물론 그 이후 베트남전쟁이나 최근의 이라크전쟁·아프가니스탄 전쟁에서도 자국 군인의 범죄를 제대로 처벌한 예가 별로 없기 때문에 미 정부의 응답을 요구하기는 매우 어렵다. 그렇다고 하더라도 주권국가로서 한국 정부는, 미국이 아무리 전쟁을 도와준 국가라고 해도 자국민이 미군의 잘못으로 억울하게 죽은 문제를 제기하고 미 당국으로부터 보·배상을 받을 수 있는 길을 주선해야 하는 것 아닌가? 그런데 국방부나 외교부는 이에 대해 일절 언급조차 하지 않았으며 오히려 한국 정부가 미국에 대해 이것을 거론하는 것 자체를 불편하게 생각하고 있다.

국방부나 외교부의 태도는 전쟁 당시 우리 피난민들이 미군의 잘못된 폭격을 당해 수없이 많이 희생되었어도 그에 대해 입도 뻥끗 못했던 전쟁 당시 이승만 정부의 태도와 별로 달라진 점이 없었다. 한국과 유사한 조건에서 미군을 불러들인 과거의 남베트남은 자신의 작전권을 완전히 미군에게 이양하지 않았다. 그러나 한국은 전쟁 발발 이후 미군에게 작전권을 넘겼고, 남한을 거의 치외법권 지대로 만들었다. 그래서 국민의 생명권 박탈과 피해를 가져올 수 있는 위험에 아무런 대책도 마련하지 못했다. 조시현 교수는 한국전쟁 중 미군을 비롯한 국제연합군의 불법행위에 대한 책임 문제를 다루는, 한국과 미국 그리고 기타 관련국의 국제 협정 체결 문제를 고려할 수 있다고 말했지만, 그것은 한국 정부의 의지가 없이는 불가능할 것이다.[9] 동학군 진압 당시와 구한말 의병 전쟁 때부터 우리 국가는 외세에 의해 국민의 생명권이 침해당하는 데 대해 거의 방관자로 일관했다. 베트남전 참전 고엽제 피해자들에 대해서도 한국 정부는 미국에 적극적인 목소리를 낸 적이 없다. 우리 국가는 보통의 국민들에게 보호자의 역할을 하기는커녕 가해만 하지 않으면 다행인 존재였다. 그런데 이제 세월이 많이 지나 국가가 잘못된 과거를 인정하고 피해자들에게 사과를 할 때도 되었건만, 아직 그런 일은 일어나지 않고 있다.

# 9장

# '진실'과 '기억'으로 충분한가

## 내가 마무리하지 못한 것들

## 미완된 진실규명

나는 2009년 11월 30일 진실화해위 4년 임기를 마치고 곧 대학으로 복귀했다. 그리고 내 후임 상임위원이 남은 업무를 마무리했다. 진실화해위는 1년 후인 2010년 말 문을 닫았다. 이제 수많은 '과거사위원회'들의 활동도 거의 종료되어 사람들은 이 문제에 관한 한 정부 차원에서 더 이상 남은 일이 없다고 생각하는 것 같다. "언제까지 과거만 파먹고 살 것인가" 하는 보수 언론의 비아냥이 먹고살기도 바빠 죽을 지경인 사람들에게 잘 먹혀들어 갔다. 사실 그 말도 맞다. 학살이나 인권침해는 지난 시절의 일이고 재발할 가능성은 거의 없다. 피해자들에게는 아무리 심각했던 과거사過去事도 시간의 마모를 견딜 수는 없다. 그러나 그 말은 틀렸다. 학살이나 인권침해를 일으킨 국정원과 기무사가 건재하고, 이 조직은 여전히 안보라는 이름으로 새로운 인권침해와 불법을 저지르면서 국가 기강을 흔들고 많은 국민을 고통스럽게 한다. 이명박 정부하에서 민간인 불법 사찰, 국정원 선거 개입 등 나중에 또 '과거사'가 될지도 모르는 국가폭력은 계속 발생했으며, 먹고살기에 바빠 죽겠다는 사람은 이제 먹고살지도 못하고 있다. 과거는 사라져간 것이 아니라 계속 생환하고 있으며, 현재 속에 녹아들어와 펄떡이고 있다.

2012년, 1975년 의문의 죽음을 당한 장준하 선생 유골에서 두개골 함몰 자국이 발견되면서 크게 이슈가 되었지만 아직도 그의 사인은 제대로 밝혀지지 않았다. 만일 2000년 초 의문사위에서 장준하 사망에 기무사·국정원 등이 개입한 사실이 확인되었다면, 국정원과 기무사가 여전히 불법 정치 활동이나 민간인 사찰을 할 수 있었을까? 그리고 1970년대의 조작 간첩 사건 등 인권침해 사건과 장준하 사망에 대통령 박정희의 책임 여부가 논란이 되었다면 과연 그의 딸 박근혜가 대통령이 될 수 있었을까? 권력은 확실히 조작과 망각과 은폐를 먹고산다. 과거 국가폭력의 은폐는 오늘과 미래의 부정의와 권력 남용, 결국 대중들의 비인간화와 비참함의 씨앗이 된다.

한국전쟁기 학살 사건의 진상규명 작업도 결국 도중하차하고 말았다. 유족들은 정권이 바뀌면 다시 시작할 수 있을 것으로 기대했지만, 진실화해위에 신청하지 않았던 대다수 유족들은 아마도 살아생전 국가에 의한 진상조사가 다시 시작되는 것을 보지 못하고 사망할 것이다. 훗날 새로운 진실화해위가 만들어져서 추가 조사를 할지도 모른다. 그때는 지금도 거의 인생의 최말년에 있는 일부 군경 출신자들마저 모두 사망한 뒤일 것이다. 아마 그때 지금 찾지 못한 자료가 발굴될지는 모르겠다. 그러나 그때가 되면 이제 진상규명은 역사 연구가 될 것이다.

내가 담당했던 조사 중 가장 미미한 것은 미군 관련 사건이었다. 거의 반 이상의 미군 사건을 해결하지 못하고 나왔으니, 이 점에 대해서는 정말 할 말이 없다. 사실 미군 관련 사건 조사는 전문성을 겸비한 조사관들이 수년 동안 집중적으로 조사해야 할 사안이었다. 그런데 참전 미군들의 증언을 체계적으로 수집할 수 없고, 미국이 소장하고 있는 상당수의 자료에 접근할 수 없었던 위원회로서는 너무 큰 한계를 안고 있었다. 더구나 미국이 자신들의 가해 책임을 인정하지 않기 때문에 법적인 책임을 묻는 것도 어려웠다. 당시 미군이 한국전쟁 수행 과정에서 피난민이나 민간인들에 대해 어떤 정책을 세우고 있었는지에 대한 체계적인 연구가 선행되었어야 했다. 미국 자료 조사, 참전 미군의 증언 청취, 법적 책임 규명 문제까지 걸려 있는 이 사건은 사실 우리의 역량을 벗어난 것이었다.

나도 이 사건을 어떻게든 해보려고 나름대로 몸부림을 쳤다. 자료를 읽고 조사를 할 수 있는 조사관 채용에서부터 사건 조사의 방향과 매뉴얼 마련, 그리고 진실규명의 수위 결정, 자문위원 선정, 심포지엄, 외부 연구 용역 발주, 미국 자료 조사에 이르기까지 내가 할 수 있는 모든 방법을 동원했다. 그러나 성과는 만족스럽지 않았다. 그래서 나는 한국전쟁기 미군 관련 민간인 피해 사건 조사는 원점에서 새롭게 이루어져야 한다고 생각한다. 만약 한국의 국방부나 군대가 바로 서면 국방부나 군 연구소에서 이 일을 담당해야 할 것이다. 과연 그런 날이 올까?

나는 위원회에서 일하는 동안 학살 사건 이후 유족이 겪은 2차 피해 실태에 대한 별도의 조사를 시도했다. 신청 사건 마무리도 못한 마당에 유족의 이후 삶에 대한 조사는 사실상 부가적인 일이었지만, 지금 하지 않으면 영원히 불가능하리라는 다급함이 있었다. 그래서 정신적 피해, 물질적 피해 등의 항목을 넣은 별도의 조사표를 만들어서 배포·수거하기도 했다. 특히 연좌제 피해에 대해서는 관심을 가지고 별도의 설문지를 돌리기도 했고 외부 용역을 주며 유족 피해 실태 조사도 병행할 것을 주문했다. 주변의 정신과 의사들을 모아서 유족 트라우마 조사를 하기 위한 준비도 했지만 거의 모두 불발로 그치고 말았다. 우리는 한국전쟁기에 제2전선인 후방에서 어떤 피해가 발생했는지, 사망자와 부상자 수는 물론이고 정신적으로 고통받게 된 사람이 몇 명이고 그 고통의 정도는 어떠한지, 학살이나 폭격, 그리고 다른 이유로 가족을 잃은 사람들에게 트라우마는 어떻게 이어지고 있는지, 전쟁 전후의 이산가족 수나 입양된 고아의 수는 얼마나 되는지 등에 대한 아무런 기초적인 통계도 없다. 인구의 10퍼센트를 잃은 큰 전쟁을 겪은 나라치고는 참으로 이해할 수 없는 실정이다. 군사·안보 외에는 관심이 없다는 이야기다.

2009년 11월 말 임기 마지막 시점에 나는 우리가 수행한 전체 조사 과정에 대한 기초 통계 작업을 시도했다. 이 역시 위원회 활동 초기부터 체계적으로 했어야 할 작업이었다. 사건 유형별 신청 건수에 대한 조사는 행정 지원 부서에서 했지만, 우리가 만난 피조사자의 수, 참고인 수, 증언을 청취한 가해자 수 등 진실이 규명된 사건 관련 각종 통계는 집단희생 조사국에서 직접 작성할 수밖에 없었다. 그런데 우리 집단희생조사국은 그런 통계 작업을 할 여유가 없었다. 종합보고서에는 당연히 이러한 내용이 들어가야 한다고 생각해서 조사관들을 닦달하여 기초 통계 작업을 하자고 제안했지만 구상에 그치고 말았다.

이 모든 조사는 결국 어떤 정부 기관이 하든 다시 시작해야 할 일이다. 이런 조사가 없는 한 우리는 아직 한국전쟁에 대해 아는 것이 아무것도 없는 셈이다. 전쟁의 참상에 대한 무지는 미래의 평화를 위협할 것이다.

## 유해 발굴과 보존, 위령 사업

유골과 유해는 부인할 수 없는 학살의 물증이다. DNA 조사를 하지 않더라도 유골 감식과 유류품 등을 살펴보면 집단 학살자들이 민간인임을 알 수 있고, 현장에서 발견되는 탄피를 보면 가해자가 누구인지 알 수 있다. 우리는 수많은 유해 매장 추정지가 있다는 사실을 확인하고도 예산 부족, 시간 부족, 전문가 부족으로 그것을 발굴할 수 없었다.

원래 법 통과 이후 위원회 설립을 준비하던 나를 비롯한 민간 측에서는 유해 발굴에 대한 아이디어가 거의 없었는데, 행자부 공무원으로 구성된 추진단이 유해 발굴 예산을 책정해두었다. 이것이 단서가 되어 2007년부터 3년 동안 유해 발굴을 할 수 있었다. 그런데 막상 유해 발굴을 하려 하니 아무런 법적 근거가 없었다. 우선 사유지는 건드릴 수 없었고, 공유지도 함부로 발굴할 수 없었다. 그러던 중 누가 아이디어를 냈다. 문화재청이 근대 문화유산, 현대 문화유산 지정을 하는데, 그렇게 하면 직권으로 발굴할 수 있을 것이라는 힌트를 준 것이다. 반신반의한 상태에서 민간인 학살지를 현대 문화유산으로 지정할 수 있을지 문화재청에 문의해 보았다. 일부 문화재 위원들이 찬성하면 행정명령 등을 통해서라도 각종 공사 등을 중지시킬 수 있는 조치가 가능하다는 이야기도 있었지만, 피학살지를 문화유산으로 보는 것 자체가 아직 받아들여지기 어려운 점이 있어서 결국 불발로 그치고 말았다. 이리저리 온갖 머리를 짜낸 다음 우리는 보건복지부에서 관할하는 무연고 묘지를 발굴할 수 있는 '장사등에관한법률'이 있다는 사실을 알아냈다. 그래서 결국 '장사등에관한법률'을 근거로 해서 목격자들의 증언이 일치하는 대규모 학살지를 찾아서 유해 발굴을 할 수 있었다.

그런데 가장 대표적인 학살지이기 때문에 많은 유해가 매장되어 있을 것으로 추정되었던 대전 산내면 낭월동은 땅 소유주가 고액의 보상금을 요구해 발굴할 수 없었다. 그 대신 경산 코발트 광산, 청원 분터골, 공주 왕촌 등 예전부터 대표적인 학살지로 알려진 곳을 발굴했다. 경산 코발트 광산의 경우 수직·수평 갱도가 십자로 얽혀 있었는데, 수직 갱도에서 흘러내린 바위와 흙을 제거하지 않고서는 수평 갱도를 발굴할 수 없었기 때문에 측량과 돌 제거 등 작업에만 거의 2년을 보냈고, 마지막 해에 본격적으로 발굴했지만 곧바로 위원회 활동이 종료되어 중도에 그쳤다. 공주 왕촌의 경우 추정 매장지 네 곳 중 세 곳을 발굴했지만 남은 한 곳은 단장인 박선주 교수의 제안으로 그냥 묻어두었다. 접근성이 좋은 이곳을 후일 제대로 발굴해 현장을 보존하고 산 교육장으로 만들자는 제안이었다. 나도 적극 찬성했다. 한 곳이라도 현장을 살려서 후일 평화교육장으로 만드는 것이 당장 발굴하는 것보다 더 중요한 일인 것 같았다.

그런데 막상 유골과 유해를 발굴해도 그것을 보관할 곳이 없었다. 1995년에 발굴한 고양 금정굴 유골은 서울대 법의학자 이윤성 교수가 관리하고 있었는데, 위원회가 발굴한 유골도 그 꼴이 날 지경이었다. 우리는 할 수 없이 박선주 교수가 재직하는 충북대 박물관에 임시 안치하는 방안을 생각해냈다. 임시 안치 비용은 마련하되, 후속 조치를 통해 영구 안치한다는 약속 아닌 약속을 하고 그렇게 할 수밖에 없었다. 경산 코발트 광산이나 진주에서 발굴된 유골은 이곳 발굴 책임자였던 고 이상길 교수가 재직한 경남대 박물관에 보관하기로 했다. 경산 코발트 광산에서 발굴한 남은 일부 유골은 여전히 현장의 컨테이너에 어지럽게 쌓여 있는 상태다. 적절한 온도가 유지되지 않을 경우 이후 DNA 테스트가 불가능하다는 이야기가 있었지만 우리로서는 달리 방법이 없었다. 아무런 과학적 보관 조치 없이 컨테이너에 그냥 널려진 전쟁기의 유골과 유해는 바로 전쟁기에 억울하게 죽은 우리 민간인들의 비참한 처지를 말해주는 듯했다.

고양 금정굴에서 1995년 발굴된 유골은 서울대 의대에 계속 보관되다가 최근 고양시로 이전되었다, 그러나 유골·유해의 영구 안치 문제를 둘러싼 갈등이 수년째 계속되고 있다. 유골 영구 안치, 그리고 학살 현장 부근을 평화공원으로 조성하는 문제를 둘러싸고 고양시 시의원들이 여전히 관련 조례 통과를 미루고 있으며, 지역 우익 단체들이 "빨갱이들을 위한 위령 사업을 할 수 없다"고 반대하고 있어서 발굴된 유골은 거의 20년째 제대로 안장되지 못하고 있다. 한국전쟁이 아직 끝나지 않았으며, 학살된 사람의 유골을 정중히 수습할 수도, 그들에게 애도를 표하거나 제사를 지낼 수도 없다는 사실을 이보다 더 잘 드러내는 사례는 없을 것이다.

나와 안병욱 위원장 임기 종료 직전인 2009년 10월 7일 진실화해위는 한국전쟁 전후 민간인 희생 사건 유해 발굴과 안장을 위한 건의서를 대통령과 국회에 제출했다. 피학살자 유해 발굴은 장기적인 정부 정책으로 실시되어야 하며, 이를 위한 특별법을 제정해야 한다고 강조했다.[1] 국군 유해 발굴에 그렇게 심혈을 기울이는 이 정부가 언제가 되어야 민간인들의 집단 학살 유골과 유해 발굴에 나설까? 가해자들이 모두 죽은 다음일까? 내가 상임위원으로서 직접 방문했던 발굴지 13곳의 유골들이 꿈에 나와 뭐라고 소리를 지르는 것 같다.

한편 위령 사업은 가해자와 피해자 간의 화해와 피해자 명예회복, 그리고 기억을 위해 매우 중요한 일이다. 위원회는 진실규명이 이루어지면 유족회 중심으로 위령제·고유제를 지내도록 권고하고 있고, 지방자치단체나 중앙정부에서 일정액을 보조하도록 했다. 기존의 정부·민간 차원의 위령 사업은 거의가 군경 희생자, 그리고 북한군에 의해 희생된 민간인 대상의 위령 사업이었다. 과거의 반공 희생자 합동위령제는 '자유수호 희생자 합동위령제'로 명칭을 바꾸어 2008년 한 해 동안에도 전국 100여 곳에서 개최되었다. 진실화해위의 진실규명 결정은 억울한 희생자들을 위한 위령제에 정부의 지원이 이루어질 수 있도록 한 근거가 되었다. 정부도 죽은 사람에 대한 애도 자체를 거부할 명분은 없었기 때문에 위령제 개최에 대해서는 큰 거부감이 없었고 지자체의 예산으로 약간의 지원을 했다. 국방부나 경찰은 지역의 위령제에 화환을 보내기도 하고 인근 부대 지휘관이나 경찰서장이 참석하기도 했다.

그러나 위령비는 다른 문제다. 그것은 항구적으로 존재하기 때문에 민간인 희생자 위령비 건립에 대해서는 군경 등 우익 측의 거부감이 심하다. 2009년 현재 군경 대상의 위령비는 전국적으로 894개가 있으나 민간인 희생자 대상의 위령비는 50개에 불과했고 군경에 의해 희생된 민간인 대상 위령비는 22개에 불과하다.[2] 즉 군인과 경찰의 희생에 대해서는 아주 많이 기억하고 있으며 그 죽음을 위로하고 있지만, 억울하게 죽은 민간인을 기억할 수 있는 표지판은 거의 없다. 한국자유총연맹이 건립한 반공 희생자 위령비는 거의 모두가 공원 등 일반인들이 접근하기 쉬운 곳에 크게 위치해 있지만 극소수의 민간인 희생자 위령비는 사건 현장 등 일반인들이 접근하기도 어려운 곳에 그것도 조그마하게 서 있는 정도다. 군경에 희생된 민간인은 죽어서도 이 땅에서 제대로 자리 하나 차지하지 못하고 있는 셈이다.

민간인 희생자 위령비 건립 자체도 쉬운 일은 아니다. 좌우 양측에 의한 학살이 많았던 고창의 경우가 대표적이었다. 우익 단체가 이미 설치된 민간인 희생자 위령비의 철거를 계속 요구했다. 강화의 경우에는 위원회가 설치한 학살지 표지판이 누군가에 의해 훼손되었다. 5·16 직후 군부에 의해 비석이 파괴된 것과 유사한 양상이 이명박 정부 이후에도 나타나고 있다.

아직 발굴되지 않은 유골, 발굴되었어도 제대로 안치되지 못하고 있는 유골, 죽은 사람에 대해 제대로 위령 사업을 실시하거나 위령비를 세울 수 없는 현실, 이 모든 일이 한국전쟁이 아직 휴전 상태임을 말해주고 있으며 아직 완전히 저 세상으로 보내지 못한 사람의 영혼이 한반도 주변을 떠돌고 있음을 말해주고 있다.

## 기록 보존, 자료의 공개와 기억의 문제

나는 연구자이기 때문에 기록과 자료에 대해 특히 관심이 많다. 위원으로 활동하면서도 한 번도 접해보지 못했던 과거의 군경 자료를 보는 기쁨이 그중 으뜸이었다. 그런데 그 자료를 장차 어떻게 관리·보관하여 국민들에게 공개할 것인지가 숙제였다.

기록과 정보를 가진 자가 세상을 지배한다는 말이 있다. 그래서 제국은 언제나 전 세계 모든 국가의 자료와 정보를 장악했으며, 권력은 대항 세력을 제거하기 위해 은밀히 그들의 정보를 수집해 필요할 때 써먹었다. 기록이 없거나 기록을 관리하지 않는 국가, 정보가 사인私人들에게만 소유되어 있는 국가는 아직 국가라고 부를 수 없다. 나는 미국이라는 제국의 실제 모습을 워싱턴의 국립문서기록관리청에 가서 보았고, 한국이라는 국가의 실체를 진실화해위 상임위원으로서 각 기관에 자료 요청을 하면서 알게 되었다. 나는 군과 경찰의 기록 관리 상황을 보면서 국가기관의 수준과 성격을 보았다. 즉 김대중 정부 들어서 통과된 '공공기관의기록물관리에관한법률'이 있기 전에 한국은 국가 '기록'을 개인이 마구 없애거나 집으로 가져갈 수 있는 국가였다. 그래서 중요한 국가 기록이 제대로 보존·관리되지 않았다.

1945년 이후 미국의 영향권 아래 놓인 세계 모든 국가의 가장 중요한 정치·행정 자료는 바로 미국이 갖고 있었다. 우리가 갖고 있지 않은 한국전쟁기 문서, 특히 한국인들의 운명에 결정적인 영향을 미친 결정들과 관련된 자료가 바로 미국의 국립문서기록관리청에 있었다. 그 전쟁의 와중에도 그들은 북한이 버리고 간 자료, 한국 정부가 챙기지 않은 자료를 마구 쓸어 담아 배로 싣고 갔으며, 그중 상당수는 아직 공개도 되지 않고 있다. 우리 연구자들은 비싼 항공료에 체재비를 들여 미국 워싱턴에 가서 '우리'의 과거를 연구한다.

한국의 국가 자료는 어떠한가? 조선조 500년의 왕조 기록을 남긴 국가답게 역사 기록에서는 세계 어느 나라에도 뒤지지 않는다. 오랜 관료주의 전통과 일제 식민지 관료의 엄밀한 보고 체계 '덕분에' 우리 공무원들의 기록 관행은 놀라울 정도다. 나는 진실화해위에서 입수했던 해방 직후 경찰의 사찰 기록들을 보면서 정말이지 기록 그 자체만 본다면 우리는 틀림없이 문명국가의 반열에 있었다는 생각을 하게 되었다. 한국전쟁의 와중에 과수원의 주인 잃은 사과 처리 문제까지 보고한 당시 공무원의 엄밀한 기록과 보고 체계를 보고는 정말 찬탄을 금할 수 없었다. 그러나 불행히도 중요한 국가 자료들은 거의가 제대로 보존·보관되어 있지 않았고, 군경 당국도 자신들이 무슨 자료를 갖고 있는지조차 몰랐다. 전쟁과 독재라는 불가항력적 이유 때문에, 혹은 공무원 자신들의 과오를 은폐하기 위해 모두 파기하거나 자신의 신상 보존을 위해 개인적으로 가져갔기 때문일 것이다. 이런 관행이 김영삼 정부 때까지 지속되었다는 이야기다.

위원회의 조사 과정에서 수많은 새로운 자료가 발굴되었고, 수천 명의 피해자 및 군경 출신들의 진술이 확보되기도 했다. 나는 조사관들에게 학살 생존자들의 몸에 상처가 남아 있는 경우 양해를 구해서 사진을 찍도록 했고, 중요 증인은 동영상 촬영을 하도록 했다. 진실화해위가 수집한 한국 현대사 자료는 다른 어떤 기관이 수집한 것보다도 방대하고 풍부하다. 이것을 기초로 해서 한국의 국군·경찰·사법부의 역사를 다시 써야 함은 물론이고 한국전쟁의 역사, 군사정권기의 현대사도 다시 기술되어야 할 정도다. 나는 재임 기간 중에도 동료 역사 연구자들을 만날 때마다 이 사실을 강조했다.

그러나 진실화해위는 조사 활동에 급급한 나머지 자료집 발간 등 수집된 자료의 체계적인 분류나 정리 작업을 제대로 수행하지 못했으며, 수집된 자료도 달리 보관·전시할 별다른 법적 근거가 없었기 때문에 그냥 국가기록원으로 이관되었다고 한다. 그러나 의문사위 시절부터 과거사위원회 관련 자료는 별도로 보관해 국민들에게 공개할 필요가 있다는 주장이 제기되었는데, 아직도 실천되지 못하고 있다.

결국 국민의 알 권리 충족을 위해서라도 과거의 국가폭력 사실을 국민들에게 생생하게 보여주는 각종 문서·사진·동영상은 별도로 관리되어야 하고, 국민들이 이를 열람할 수 있도록 해야 한다. 이를 위해서는 과거 국가권력에 의한 인권침해 자료를 보관·전시하는 별도의 사료관이 설치되어야 하고, 그것을 위한 법이 마련되어야 한다. 정부 각 부처의 기록물 보존 실태, 폐기 규정 등에 대한 공개가 우선되어야 한다. 각 경찰·군부대의 자료 보존 상황을 파악해야 하고, 국가기록원의 현장 조사에 협조할 수 있도록 입법하거나 부처 협조 체계가 수립되어야 한다는 점도 느꼈지만 그런 것들을 제대로 제안하지 못하고 나는 임기를 마쳤다.

## 앞으로 계속해야 할 일들

### 가해자 책임 묻기

강화 지역 학살 사건 조사가 마무리될 무렵인 2008년 3월경 유족 서영선이 사건 당시 강화향토방위특공대장이었던 최중석이 사망했다는 소식을 알려주었다. 아, 바로 그 최중석! 서영선에게서 수없이 많이 들었던 이름이고, 조사보고서 검토 과정에서도 자주 등장한 인물이었기 때문에 나는 그 이름을 아주 잘 기억하고 있었다.

강화의 최중석은 한국전쟁 당시 강화향토방위특공대장으로 한 우익 단체의 리더 역할을 했던 사람이다. 그는 민간인이었지만 그 후 국가로부터 참전 유공자로 인정받았다. 그의 전공사상戰功死傷 확인서에 따르면, 전쟁 당시 안면부·흉부·대퇴부 파편상을 입은 것으로 나와 있다. 그런데 그가 우리 위원회 활동 중 사망한 것이다. 서영선은 그가 국립묘지에 묻혀 있다고 분통을 터트렸다. 김대중 정부에서 '참전유공자예우에관한법률'이 제정되어 전쟁기 우익 단체 관련자들도 국립묘지에 안장될 수 있게 되었다는 것이다. 조사관을 통해 사실 확인을 해보니 국립현충원에서는 그가 충혼당 101실 103호에 위치해 있다고 알려주었다. 거의 모든 피해자나 제3자 증인들이 그가 학살을 지휘했다는 것을 증언했다. 그렇다면 위원회가 그를 가해자로 지목하는 결정을 내렸는데도 불구하고 그는 참전유공자가 되어 국립묘지에 묻혀 있다는 이야기다. 학살 가해 책임자가 국가유공자라는 것이 새삼스럽지는 않지만, 우리가 조사를 진행하는 중에 이런 일이 일어나서 마음이 착잡했다. 우리 위원회는 그를 국립묘지에서 끌어내라는 권고를 내릴 권한이 없었다. 그래서 강화 유족들은, 피해자들에게는 진실규명에도 불구하고 가시적으로 주어지는 것이 아무것도 없고 가해자들은 국립묘지에 편안하게 안장되는 현실에 낙담하고 분노했다. 위원회는 유족들의 허탈감을 달래줄 수 있는 힘이 없었다.

물론 죽은 사람에게 책임을 물을 수는 없다. 그리고 그의 자식들이나 남은 가족에게는 더더욱 책임을 물을 수 없다. 그런데 국가 차원에서 책임을 져야 할 일이 있다. 그것은 5·18 신군부에게 그랬던 것처럼 민간인 학살을 지휘·명령했거나 가담한 사람에 대해 예우나 지위를 박탈하는 것이다. 그런데 이러한 조치는 위원회의 권고 사항 항목에 없다. 군인이나 참전유공자는 그에 따라 예우가 이루어지는데, 만약 그들이 전쟁기 학살 범죄자라면 어떻게 할 것인가? 이것은 국가의 정체성 혹은 공식 기념과 기억이 충돌하는 문제다. 이승만 정권기 2인자였던 김창룡 등 일제 헌병 경력자들도 사실 한국전쟁기 학살 사건에서 더 중요한 가해자의 역할을 한 정황이 확인되었지만 오직 친일 경력의 이유로만 국립묘지에서 끌어내려야 한다는 주장이 제기되고 있는 실정이다. 우리 사회에서 한국전쟁기 민간인 학살은 아직 범죄가 아니다.

독일에는 형법상 선동죄 처벌법이 있다. 이 법에 의해 나치 치하의 학살을 부인하는 행위도 처벌 대상이며, 유대인에 대한 차별 발언 자체도 처벌 대상이 된다. 이 처벌법에는 "주민 일부에 대해 증오심을 조장하거나 그들을 해치는 폭력 및 자의적 조치를 요구하는 행위는 3개월 이하의 징역에 처한다"고 되어 있다. 즉 인종적 증오감을 조장하는 사람을 처벌하는 조항이다. 한국에서라면 정치적 반대 세력까지 모두 빨갱이라고 공격하는 행위가 이에 해당할 것이다. 우리는 1980년대까지 그와는 완전히 반대되는 상황이었다. 전쟁기 학살 사실을 발설하는 것 자체가 국가보안법 저촉 사유가 될 수 있었다. 그리고 지금까지 폭력과 배제를 조장하고 정당화하는 '빨갱이 담론', '종북' 논란은 거의 매일 정치가들의 입과 보수 언론 지면에 나타난다. 『조선일보』는 최근 제주도 강정마을 해군기지 반대 운동도 모두 종북 좌파들의 행동이라고 공격했다.[3] 보수 언론은 좌익에 대한 증오심만 조장한 것이 아니라 생업을 위해 저항하는 세력에 대해서도 공권력 투입을 주문한다. 한국에서 좌파로 지목되는 것은 정치사회적 생명을 박탈당하는 것임을 알고 있는 그들이 이렇게 '종북' 발언을 하는 것은 말의 폭력, 즉 언어를 통한 학살이 아닐까?

애초에 나는 진실이 처벌보다 우선되어야 한다는 생각을 했지만 위원회 활동을 하면서 그 점에 심각한 의문을 던졌다. 즉 '처벌'이라는 무기를 포기하고서 개인과 조직의 잘못된 과거를 절대로 인정하지 않는 과거 군대·경찰·국정원 출신자들의 입을 열게 할 수 있을까? 처벌은 정의의 수립을 위해 필요하지만, 진실규명을 위해서도 반드시 필요한 조항이 아닌가? 위원회 활동을 하면 할수록 이런 생각을 갖게 되었다. '가해 국가기관이나 가해 당사자가 진정성 있는 사과를 하지 않는데 피해자들이 해원을 했다는 느낌을 가질 수 있겠으며, 상호 화해를 달성할 수 있겠는가'라는 매우 상식적인 질문을 나 자신에게 계속 던졌다. 위원회의 진실규명 결정문상의 권고 사항에서는 언제나 정부의 사과와 당사자 간의 화해를 명시했지만, 노무현 대통령이 국가의 수반으로서 제주 4·3사건, 울산 보도연맹사건에 대해 사과한 것을 제외하고는 군 수뇌부, 경찰 수뇌부는 한 번도 조직의 대표로서 사과한 적이 없었기 때문이다.

나를 포함해 이 일에 종사했던 사람들이 광주 5·18 처리 과정에서 처벌과 보상이 허구화되거나 뒤엉키는 것을 주목한 나머지 '진실'에 너무 큰 기대를 했고, 진실이 성취되면 다음 단계의 과정은 다소 무리 없이 쉽게 진행될 수 있을 것이라고 낙관한 것이 아닌가 하는 반성을 하게 되었다. 가해자의 책임을 묻는 일, 그것은 우리의 과거 청산 운동이나 위원회가 제대로 하지 못한 최대의 약점이었다. 정의 수립의 전망이 없는 진실은 너무나 허약하다. 진실은 반드시 정의로 나아가야 한다. 우리는 과거사라는 말 대신에 정의라는 표현을 썼어야 했다. 남북이 이렇게 적대 관계에 놓여 있고 전쟁 위기가 계속되는 상황에서, 안보라는 이름으로 저질러진 모든 국가 범죄는 아직 성역에 놓여 있고 군의 잘못은 거론조차 할 수 없다.

그러나 가해 책임 문제에서 가장 심각한 것은 역시 미군의 책임을 묻는 일이었다. 우리가 수행한 미군 관련 사건의 진실규명 수위로는 법적인 책임은 물론 정치적 책임도 묻기가 쉽지 않았다. 이 경우는 그러한 피해 사실의 확인, 즉 그것이 정당한 작전 수행 중에 발생한 '부수적 피해'가 아니라 비전투원을 적으로 오인하거나 고의적으로 살상한 범죄임을 인정받는 일도 매우 힘든 과제였다. 그렇지만 설사 그것이 인정된다고 하더라도 그 해석의 문제, 즉 미군이 우방으로서 참전하여 나라를 구해주었다는 지배 담론이 남아 있는 한 한 걸음도 나아갈 수 없다. 결국 한국전쟁기 미군의 폭격 정책, 피난민 소개 정책, 지상군 작전에 의해 발생한 민간인의 피해 문제는 제대로 된 책임 추궁도, 유족들이 소송을 통해 미국의 보상이나 배상을 받아낼 방법도, 그리고 국가 간의 외교적 타결 방법도, 어느 것도 성사되지 못한 채 남아 있다. 결국 한국전쟁 중 미군 폭격이나 기총소사로 죽은 사람만 개죽음을 당했다는 이야기다. 나는 임기 중 수차례 미국을 방문해 학회와 여러 대학에서 한국전쟁기 미군에 의한 피해 사실을 이야기하면서 한국의 사례는 제2차 세계대전 후 미군의 제3세계 개입 역사를 이해할 수 있는 산 교과서라는 점을 강조했다. 그러나 진실화해위 보고서가 영문으로 번역되어야 나름대로 국제적인 논란을 일으킬 수 있기 때문에, 내 이야기는 그냥 독백에 그치고 말았다. 한국전쟁기 미군 개입 건은 인종, 반공주의, 제국주의, 한미 관계 등 수많은 쟁점이 얽혀 있는 극히 중요한 사안이다.

## 피해자 명예회복과 화해

나는 임기를 마치고 나온 후 과연 나와 위원회가 우리 사회와 역사에 기여한 일이 무엇일까 생각해보았다. 위원회 자체에 대한 역사적 평가는 나중으로 미루고 또 행정적으로 이루어진 것도 별도로 논의하기로 하고 나서 생각해보니, 코언이 말한 것처럼 이제 한국 정부가 군경에 의한 민간인 학살에 대해 엄연히 존재하는 사실을 일어나지 않았다거나 진실이 아니라고 주장하는 '문자적 부인'을 할 수는 없겠구나 하는 생각이 들었다.[4] 발생한 사실을 없다고 말할 수는 없다는 이야기다.

　우리의 진실규명 자체는 피학살자 유족에게 한국인으로서의 시민권을 부여해 그들의 명예를 회복시켰다고 생각된다. 한국의 맥락에서 피학살자 유족들의 명예를 회복시킨다는 것은 이들에게 부여된 좌익 딱지를 완전히 떼고 그들을 완전한 대한민국 국민으로 인정한다는 것을 의미한다. 호적(가족관계등록부) 정정 작업이 그 상징적 조치였다. 지금은 호적이 없어졌지만, 군사독재 시절 "호적에 빨간 줄이 간다"는 것은 한국인들에게는 가장 두려운 일이고 치욕스러운 일이었다. 월북자나 좌익 가족들, 피학살자 유족들, 노동운동 하다 블랙리스트에 오른 사람들은 모두 그런 고통을 겪으면서 대한민국에서 비시민으로 살아왔다. 호적에 적혀 있는 사망 원인을 고치는 것, 문경 석달 사건의 경우처럼 "빨치산에게 죽임을 당했다"고 사실과 반대로 적혀 있는 것을 정정하는 경우도 있었고 함평사건 유족인 정근욱의 경우처럼 원래의 가족관계등록부에는 형 정동기가 "1950년 11월 8일 4시에 본적지에서 사망"으로 되어 있으나 진실화해위의 결정 이후 "1950년 12월 7일 함평군 월야면 남산뫼에서 육군 11사단 20연대 2대대 5중대의 집단 학살로 사망"으로 정정되기도 했다. 형의 사망 이유와 장소가 새롭게 명시됨으로써 이들은 행정적으로는 국군의 학살 피해자임이 공인되었다.

결국 피학살자 유족들은 사찰 경찰의 수시 방문과 감시, 평생을 짓눌러온 연좌제의 고통, 이웃의 손가락질과 따돌림으로부터 자유로워졌다. 그런데 2세 유족은 이미 노인이 되었거나 상당수가 사망했다. 3세는 사실 그런 차별을 별로 받아보지 못했기 때문에 사안의 중요성에 대해 별로 실감하지 못한다. 그런데 아흔다섯 살의 미망인 할머니가 진실규명 결정서를 받은 다음 무슨 생각을 했을지 궁금하다. 이제 국민의 자격을 얻었으니 과연 행복하다고 생각했을까? 아니면 억울하게 죽은 남편을 볼 낯이 생겼다고 말할까? 권력에 대한 그들의 공포감은 과연 사라졌을까? 이들에게 진정한 명예회복이란 무엇인가? 폭도, 빨갱이의 낙인을 벗었다고 명예가 회복되는 것일까? 대만의 2·28사건 피해자인 군경·민간인들처럼 모두가 '애국자'였다고 칭해주면 명예가 회복되는 것일까? 국가를 위해 희생된 군경과 그들에 의해 희생된 민간인, 그리고 인민군이나 좌익에 의해 희생된 민간인 모두의 죽음이 높낮이가 없는 비운의 전쟁 희생자였다고 공식적으로 선포되고, 수백 개의 위령비까지는 아니더라도 좌우 가리지 않고 전쟁 중에 억울하게 죽은 민간인의 영혼을 위령하는 조그만 비석이 학살 현장에 세워져서 자라나는 학생들과 시민들이 보고 다시는 전쟁이 없어야겠다고 생각할 수 있도록 해야 하는 것이 아닐까?

진실화해위가 명색이 '진실'과 '화해'를 추구한다고 했는데, 실제로 이루어낸 것은 무엇일까? 아르헨티나의 인권연구소 소장을 역임한 후안 멘데스는 화해란 "아무것도 하기를 원치 않는 사람들이 습관적으로 사용하는 암호"라고 말했다고 하는데,[5] 과연 가해자들이 진실규명 결과를 인정하지 않는 마당에 우리가 화해를 말한다는 것이 맞는 이야기일까? 북한이 한국전쟁 최대의 가해 주체로 공식화되어 있는 마당에 남한 군경 출신자를 학살 가해자로 말하면 북한에 동조하는 일이 되어버린다. 유대인 학살을 부인하는 개인·집단에 대한 처벌 조항이나 인종차별주의 발언에 대한 제재 조항이 있듯이 상대방의 존재를 부인하는 이러한 빨갱이 담론, 정치적 반대파에 대한 '종북' 공격이 사라져야 정치적 화해가 가능할 것이라는 생각이 들었다. 그리고 보상 조치, 위령 사업 등의 상징적 화해 조치, 정치적·제도적 화해 조치 등이 결합될 때 진정한 화해가 가능할 것이다.

그래서 위원회 내부에 화해위원회를 두기도 했지만, 나를 포함해 위원 중 어느 누구도 화해가 가능하다고 생각하지 않았고, 또 실행 가능한 대안을 제출하지도 않았다. 냉전 반공주의 정치 현실을 알고 있었기 때문이기도 했고, 진실에 대한 군경의 인정을 전제로 하지 않고 진솔한 사과

없이 '화해'를 말하는 것은 시기상조라는 생각을 하고 있었기 때문이다. 가해자가 가해를 부인하고 있는데 화해를 시작할 수는 없었다. 피해자가 먼저 손을 내밀 수도 없잖은가. 화해는 반드시 가해자가 인정하고 사과하는 것이 전제되어야 한다.

그러나 나는 조사 중에도 사과할 의사가 있는 가해 군경이 있다면 피해자들과 화해를 시도해볼 생각은 언제나 갖고 있었다. 2007년 말 노무현 대통령이 임기 마지막 시점에 울산 보도연맹사건과 관련해 사과를 계획하고 있을 무렵 그런 계기가 있었다. 조사 중에 1949년 산청 지역 민간인 학살 관련 3연대 출신 군인 몇 사람이 현장 가해 사실을 인정한 예가 있었기 때문에 그들이 현장에 올 수만 있다면 좋은 화해 모델이 될 것 같다는 생각을 했다. 해당 사건 조사관의 보고에 따르면 가해 혐의자인 국군 3연대 사병 출신 몇 사람이 당시 현장 가해 사실과 그것을 명령한 지휘관에 대해 구체적으로 진술하고 있으며, 조사관과 전화로 통화하거나 면담했던 다른 3연대 출신들도 "나는 학살 사건에 가담하지 않았으나 3연대가 민간인을 학살했다는 것을 알고 있다"고 언급한 사람들이 상당수 있었다는 것이다.

나는 이들이 당시의 일을 끔찍하게 기억하면서 잘못된 것이라고 인정하고 있었기 때문에 이들을 유족들과 만나게 하는 것이 어떨까 생각했다. 2001년 산청군의회에서 본 사건을 조사할 때 주요 가해자 조재미(당시 3연대 2대대장)의 집에 유족회장이 직접 찾아간 적도 있었다고 한다. 그런데 이 국군 3연대 창군 기념비가 전주 덕진공원에 세워져 있으며, 국군 3연대 창군회원 230여 명의 명단·주소·전화번호가 수록된 책자가 전라북도 재향군인회 명의로 제작되어 공개적으로 배포된 상태라고 보았을 때 이들 간에 서로 연락이 되고 있고, 따라서 독자적으로 행동하는 것이 쉽지 않을 것으로 예상했다.

나는 조사관을 불러 이들에게 연락해서 위령제에 참석할 수 있는지 알아보라고 했다. 처음 2, 3명의 현장 군인 출신들에게 제의했을 때 이들은 위령제에 참석해서 유족과 만나겠다는 의사를 표시했다. 그러나 결국 3연대 창군회장이나 동료들의 강한 반대로 애초에 의사를 보였던 몇 사람이 위령제에 참석해 유족과 손을 잡는 행사는 성사되지 못했다. 안타까운 일이었다. 일본의 경우도, 1945년 이후 중국에서 귀환한 병사들이 자신들이 저지른 잔혹 행위를 고백하려 했다가 동료들의 압박 때문에 성사되지 못했는데 우리도 거의 비슷한 일이 발생한 셈이었다.

그런데 화해라고 하면 가해자와 피해자의 화해가 있지만, 또 지역사회, 마을 단위에서 피해자 간의 화해도 있을 수 있다. 위원회는 납북 어부 조작 간첩 사건이 발생했던 서해의 위도에서 화해 작업을 시도한 바 있다. 조작 간첩 사건으로 찢어진 주민들 간의 만남의 장이 이루어졌다. 주민들은 눈물바다가 되었지만 정작 당시 이들을 간첩으로 만들었던 당사자들, 과거의 중정 요원들, 그들에게 명령을 내린 박정희 정권의 요원들은 한 사람도 나타나지 않았다. 반쪽의 화해였다.

사실 위원회를 방문한 외국인들이나 기자들이 나에게 당신들은 어떤 화해 정책을 추진하고 있냐고 물을 때가 가장 곤혹스러웠다. 일단 "우리는 아직 화해를 거론할 때가 아니다"라고 답변했다. 그러나 정말 화해는 먼 미래의 과제일까? 외국 위원회의 화해 조치 사례를 보면, 피해자들에 대한 각종 보상 조치, 사건 장소의 추모공원화, 건강 회복 프로그램 마련, 사체의 수색이나 매장에 대한 원조 등의 조치가 있고, 국가 차원에서 국제인권규약에 위반되는 국내법 폐지, 사법권 독립, 법조인 대상의 국제인권법 교육, 지역 중심지마다 피해자에 대한 추모물 건립, 추모 기금 마련을 위한 기념 우표·주화 발행, 헌법에 인간의 존엄성 규정 삽입 등 수많은 조치들이 있다. 그러나 우리는 피해자 보상을 제외하면 이 중 어느 하나 제대로 거론조차 된 것이 없다. 남아공에서는 가톨릭의 화해의 전통이 있다고 하지만 사실 우리 불교·유교·기독교 문화의 어떤 점에 화해의 사상적 기반이 있는지 생각이 잘 떠오르지 않았다. 전쟁 당시 학살의 지휘명령 계통에 있었던 군 지휘관 중 상당수가 기독교인들이지만, 나는 그들이 자신의 행동에 대해 회개했다는 말을 들은 적이 없다. 이러한 사건이 계속 발생하는 동안 종교단체는 피해자를 위로해주기는커녕 오히려 가해자 편에 섰다고 보는 것이 정확하다.

물론 전남 영암의 구림마을에서는 위원회의 진실규명에 앞서서 이미 주민들 간에 화해 작업이 시도되고 있었다. 전통적인 마을인 구림에서는 한국전쟁 전후 좌우 양측에 의해 당시 주민의 6퍼센트에 이르는 250명이 사망한 것으로 집계되었다. 이들은 적극적으로 좌익(유격대) 혹은 우익(군경, 대한청년단) 활동을 하다가 죽은 사람들의 영령까지 위로해야 진정한 화해가 된다고 생각한 끝에 마을 역사를 기록한 『호남명촌 구림』에 모든 희생자의 명단을 포함시켰다.[6] 물론 '양민을 학살한 사람'까지 위로의 대상으로 삼을 수 없다는 주장이나 '그런 사람과 함께라면 우리 가족의 이름을 올리고 싶지 않다'는 반응도 있었다고 한다. 이들을 설득해 구림지 편찬위원회는 '사랑과 화해의 위령탑' 건립을 추진했고, 우리 위원회가 구림의 '첫 포위 사건' 진실규명을 한 후 희생당한 모든 이에 대한 합동위령제를 개최하기도 했다.

구림마을의 경우는 사실상 주민 혹은 시민사회 차원의 화해라 할 수 있다. 이런 일은 더욱더 장려되어야 한다. 가해자의 사과와는 별도로 사회적으로 화해 분위기가 조성되려면 피해자의 이야기를 들어줄 수 있는 기회와 그것을 사회적으로 공유할 수 있는 제도가 있어야 한다. 이들은 자신의 억울한 사연을 수십 년 동안 말하지 못하고 눌러왔기 때문에 공개 석상에서 마음껏 이야기할 수 있도록 해야 한다. 진실화해위의 조사나 결정도 가장 초보적인 화해 조치라 할 수 있다. 그러나 그것은 조사관과 피해자의 일대일 면담이다. 피해자들은 아직도 도처에 자신을 적대적으로 대하는 개인이나 조직, 언론이 있다는 것을 의식하고 있었다. 청문회 조항이 없는 위원회가 피해자의 목소리를 공개적으로 드러낼 수 있는 길은 제한되어 있었다.

그래서 2009년 임기 말기에 나는 유족들의 구술 증언 책자를 만드는 작업도 고려했다. 강제동원위·군의문사진상규명위원회도 피해자 수기를 발간했고, 대국민 공감대를 높이는 데는 이보다 더 좋은 일은 없다고 보았기 때문이다. 이것은 용역을 발주해서 외부 사람들이 집필을 하도록 해야 하는 문제였다. 그런데 당시 별도의 예산이 책정되지 않았고, 직원들도 이 문제에 대해 의지를 보이지 않았다. 갈 길이 급박한 상황에서 내 이야기는 한가로운 제안이 될 수밖에 없었고, 나도 그러한 계획을 밀고 나갈 수 없었다. 그래서 위원회는 건조한 보고서 외에 일반 국민과 소통할 수 있는 간행물 하나 만들어내지 못하고 마무리되었다.

오랜 세월 이들을 차별하고 외면했던 우리 사회가 진정으로 이들에게 사과하고 위로해야 이들의 굳은 마음이 풀릴 것이고, 그것은 우리 사회의 적대적 갈등을 대화와 타협의 방법으로 푸는 출발점이 될 것이다. 민족사회 대통합을 위한 큰 굿판이 열려야 할 것이다.

## 피해자 보·배상 문제

국가가 민간인을 살상하는 등 심각한 범죄를 저지를 경우, 피해자들에 대해 합당한 배상을 해야 한다. 그러나 법적으로 국가의 범죄성이 입증되지 않으면 배상·보상은 어렵다. 학살, 고문, 강제 동원 등에 대한 독일 정부의 조치와 일본의 조치는 너무나 대조적이다. 독일 상원은 2000년 7월 14일 나치에 강제 동원된 약 120만 명의 피해자에 대한 배상 법안을 만장일치로 통과시켰는데, 이에 따라 '회고·책임·미래'로 명명된 100억 마르크 (약 5조 5000억 원)의 배상금 가운데 독일 정부가 절반을, 나머지 절반을 독일 기업이 출연하여 지급했다.[7] 독일과 일본의 차이는 뉘른베르크 재판과 도쿄 재판의 현격한 차이에서 기인한다. 옛 일본의 식민지 침략 범죄는 법정에서 인정되지 않았기 때문이다.

일본과 마찬가지로 한국 정부도 학살, 고문 등 과거의 국가 범죄를 인정하는 데 극히 소극적이다. '5·18민주화운동관련자보상등에관한법률', '삼청교육피해자의명예회복및보상에관한법률'처럼 가해자인 국가는 자신의 범죄를 인정하는 '배상'이라는 용어 대신에 보상이라는 용어를 사용한다.[8] 수많은 비인도적 범죄가 저질러졌으나 드러난 것은 거의 없었고, 피해자나 시민사회의 힘으로 사건이 드러난 이후에도 입법 절차를 통해 '배상' 조치를 좀처럼 시행하려 하지 않았다. 그러다 보니 보·배상 관련 특별법 제정을 기다리다 지친 유족들은 개별적인 민사소송에 몰두하게 되었다. 형사적 책임을 물을 수 없으니 민사적 보상에 매달릴 수밖에 없게 된 셈이다.

진실화해위는 인권침해국이 진실규명을 결정한 여러 사건과 정치적 의혹 사건의 진실을 규명하여 법원의 재심을 이끌어냈고, 일부 유족들은 법원으로부터 명예회복과 보상까지 얻어냈다. 『민족일보』 조용수 사건, 조봉암 사건, 이수근 간첩 사건, 오송회 사건, 여러 납북 어부 사건, 여러 건의 재일동포 간첩 사건 등의 새로운 진실이 규명되었고, 그중 10여 건 이상이 최종 무죄판결을 받았으며 법원에서 재심이 진행 중인 사건도 20여건에 이른다.

진실규명 결정을 받은 피학살자 유족들도 이러한 움직임에 자극을 받아 보·배상 소송에 관심을 갖고 변호사들을 찾기 시작했다. 특히 인혁당 재심 사건, 최종길 교수 사망 사건처럼 법원이 소멸시효를 적용하지 않고 검찰이 상고를 포기하여 보상 결정이 이루어진 전례가 있었기 때문이다. 그래서 유족들은 전쟁기 학살 사건에 대해서도 이러한 조치가 이루어지리라 기대를 하고 있다. 문경 석달 사건, 울산 보도연맹사건, 고양 금정굴 사건 등 실제로 여러 보상 판결이 이루어졌다.

사실 정부 입장에서는 이 많은 희생자들이 모두 보·배상 소송을 해서 국가가 패소하면 큰 재정 부담을 져야 하는 문제가 있다고 보았다. 그리고 인민군 좌익에 의한 피해자들과의 형평성 문제도 쉽게 넘어갈 수 없는 사안이다. 국민적 합의가 필요한 사안임이 분명하다. 그러나 원칙적으로 보면 국가에 의한 피해를 유족 개개인이 소송으로 해결하는 것은 사리에 맞지 않는다. 국가가 가해 책임자임이 판명된 이상 국가가 나서서 피해자를 찾아 확인한 다음 배상을 실시하는 것이 맞는데 유족 개개인이 변호사를 찾아 돈을 들여 소송으로 이를 해결하도록 해서는 안 되기 때문이다. 그래서 나를 비롯한 다른 상임위원과 두 위원장들도 국가가 특별법을 만들어 일괄적인 보상 조치를 실시하는 것이 타당하다고 생각했다. 물론 보·배상 특별법을 만들 경우 우리 위원회가 결정한 희생자를 법원이 그대로 인정해줄 것인지 문제, 그리고 위원회에 신청하지 않는 유족들의 희생자 인정 문제 등이 있었다. 특히 우리가 진실을 규명한 사건과 개인만 대상으로 할 경우 신청하지 않은 사람들과의 형평성 문제가 있었고, 그 경우 추가 신청과 조사를 해야 하는 어려움이 있었다.

한편 나는 애초부터 국가 범죄 피해자들에게 개인 차원의 금전적

보·배상만을 실시하는 것이 최선의 방법인가라는 회의를 갖고 있었다. 불과 30년 전에 발생한 광주 5·18 피해 보상의 경우에도 피해 확정이 어려워 다섯 차례나 법이 개정되었고, 피해자 보증 과정에서 브로커들이 개입하는 등 심각한 비리가 있었고, 보상받은 사람도 여전히 경제적으로 어려울뿐더러 보상 과정에서 피해자들 간의 심각한 내부 갈등도 발생했기 때문이다. 집단 학살의 경우 개별 배상과 더불어 공동체 배상의 방식이 적절하다고 생각했다. 나는 외국의 진실화해위에서 권고한 집단 배상, 공동체 배상, 상징적 배상 방안도 적극 고민할 필요가 있다고 생각했지만, 위원으로 일할 당시에는 그냥 문제 제기 정도로 그치고 말았다.[9]

유족들이 지금까지 겪고 있는 육체적·정신적 상처에 대해 국가는 별도의 치료 센터를 만들어 우선 치료를 해주어야 할 의무가 있고, 생계가 곤란한 사람들에게는 최저 생활을 유지할 수 있도록 해주어야 하고, 고령자들에게는 추가적인 생계비를 주어야 하며, 돈이 없어 자녀를 교육시키지 못하는 사람들에게는 자녀 학비 지원 등도 해주어야 한다. 제주 4·3사건의 경우 2004년 신고한 184명 가운데 4·3위원회가 후유장애자로 인정한 사람은 155명에 그쳤다. 구타와 고문 피해처럼 외상이 남아 있지 않은 경우 60년이 지난 지금 시점에서 육안 검사나 엑스레이로 판별하기가 쉽지 않다. 정밀 검사가 필요한데, 당사자는 MRI, CT 등을 촬영할 비용이 없기 때문에 정밀 진단을 포기하는 경우가 많았다. 4·3 유족인 고순호(81, 여)는 무장대의 습격으로 척추와 귀, 옆구리 등을 죽창에 찔리고 전신을 구타당했으며 죽창에 찔린 복부 상처 때문에 평생을 제대로 눕지도 못했으나 진단된 질병이 자연 발생적인 질환으로 판단되어 사건 관련성을 인정할 수 없다는 결정이 내려지기도 했다.[10] 우리 신청인들 중에도 이러한 육체적·정신적 고통을 겪고 있는 사람들이 많았다. 그러나 이런 문제는 권고 사항에 포함하지 못했다.

유족이 제기한 민사소송 사건 중 우리를 가장 크게 고무시킨 것은 울산 보도연맹사건 1심 재판의 결정이었다. 우리가 내린 울산 지역 보도연맹사건 진실규명 결정에 근거하여 희생자 187명의 유족 508명이 2008년 6월 국가를 상대로 손해배상 소송을 제기했다. 그 후 서울중앙지법 민사합의 19부(재판장 지영철)는 2009년 2월 10일 국가가 유족에게 51억 4600여만 원을 지급하라고 판결했다. 주심 판사는 정부가 소멸시효를 주장할 수 없다고 판시하고 이들에 대한 보상이 이루어져야 한다고 결정을 내렸다. 울산 보도연맹사건에 대해 1심에서 판사가 보상 결정을 내린 것을 우리는 크게 환영했다. 이 판결이 의미 있는 것은 소멸시효 적용을 사건 발생 후 3년으로 하지 않고 위원회의 결정이 내려진 후 3년으로 함으로써 소멸시효 문제에 대해 새로운 입장을 보여주었다는 점이다. 그러나 거의 같은 시기에 판결이 내려진 문경 석달 사건에 대해서는, 1심 법원이 피해자들의 위자료 청구를 기각하면서 2000년 헌법 소원까지 제출한 것으로 보아 피해자들이 이미 충분히 피해 사실을 알고 있었으며 달리 손해배상 청구에 장애가 있었다고 볼 수 없기 때문에 청구를 기각한다고 결정을 내렸다. 국가가 민사상의 소멸시효를 주장한 것이었다. 그러나 1심에서 원고 패소를 판결한 법원 역시 "피고(국가)는 국가배상법상 의무 이행과는 별도의 차원에서 위원회의 '기본법' 취지에 따라 여러 사정을 종합적으로 참작하여 관련 법령 마련 등으로 원고의 피해 회복을 위한 조치를 취해야 한다"고 판시하기도 했다. 개개의 사건을 재판을 통해 해결하기보다는 특별법으로 해결하자는 이야기였다.

나는 지금까지, 유족들을 입도 뻥끗 못하게 한 지난 반세기의 역사를 무시한 채 법원이 소멸시효를 주장하면서 보상을 거부한다는 것은 참 얼토당토않은 일이라 생각했다. 유족 중에서 억울하다고 소리 지르는 사람들을 잡아다가 감옥에 집어넣고 그들의 가족까지 모두 죄인으로 몰아서 숨도 못 쉬도록 해오다가, 이제 세상이 바뀌어 피해자들이 억울한 것 풀어달라고 하니 어디 억울하게 죽었다는 증거 가져와 보라고 말하며, 왜 사건 발생 직후에 희생 사실을 알았으면서도 권리를 주장하지 않았느냐고 청구를 기각하거나 피해 증거가 있으면 봐주겠다고 하는 것은 차마 국가가 해서는 안 되는 일이고 피해자를 두 번 모욕하는 일이다.

결국 소멸시효 문제가 배상 판결에 가장 큰 걸림돌이 된다는 점이 확인되었다. 그래서 우리는 보·배상 액수의 문제는 중요하지 않고 시효 문제를 공개적으로 거론할 필요가 있다고 생각했다. 2009년 한나라당이 다수당이던 국회에서 '반인권적국가범죄의공소시효등에관한특례법안'이 발의되었지만 국회에서 잠자다가 폐기되고 말았다. 법원의 들쭉날쭉한 판결을 보니, 이 문제가 개별 유족들의 소송이 아니라 특별법으로 해결해야 될 문제라는 점이 새삼 분명해졌다. 보·배상 문제와 화해·위령 사업에 대한 원칙 수립이 필요했다. 그래서 2009년 말 위원회는 특별한 권고안을 채택하기로 했다. 원칙적으로는 위원회 종료 시에 하는 것이 맞는 일이었지만, 2009년 12월 이후 한나라당 위원장과 상임위원이 운영하는 위원회는 더 이상 우리가 의도했던 진실화해위원회가 아닐 것이라는 판단 때문이었다. 그래서 나와 안병욱 위원장은 2009년 10월 보·배상 특별법 제정을 권고하고 곧 임기를 마쳤다.

그 후 우리 결정을 토대로 재판이 계속되었는데, 위원회의 조사보고서를 법원이 증거자료로 인정하여 국가의 불법행위와 이에 따른 국가의 책임을 인정한 것은[11] 고무적인 일이었다. 진실화해위의 결정이 희생자로 인정할 근거로 약하다는 반론도 있었지만 어쨌든 위원회 조사를 인정한 것이다. 내가 위원회를 그만둔 이후 2012년에 들어서 좋은 소식을 들을 수 있었다. 우리가 심혈을 기울여 조사한 문경 석달 사건의 청구 기각에 대해 대법원이 유족의 상고를 받아들여 국가가 소멸시효의 완성을 주장하는 것이 '신의성실의 원칙'에 반한다는 결정을 내렸고, 결국 문경 석달 사건 소송 유족들은 국가로부터 보상금을 받아내게 되었다. 범국민위 초기부터 나와 같이 활동해온 채의진 유족이 평생을 진상규명과 명예회복 투쟁을 해서 이런 결정을 얻게 되었다는 것은 정말 감개무량한 일이었다.

그러나 보상을 받지 못한 다른 유족들의 심기는 매우 불편했다. 거창 사건의 경우 이미 2008년 6월 5일에 유족의 보·배상 소송에 대해 대법원은 "국가의 소멸시효 항변을 받아들인 원심 판결은 정당하다"고 결정했다. 그리고 다른 사건들도 있기 때문에 거창사건만의 특별법을 제정해야 하는 국가의 입법 의무가 있다고 보기 어렵다고 결정한 바 있는데,[12] 그렇다면 미리 진상이 규명되고 명예회복된 사건 유족들은 바로 그 이유 때문에 보상을 못 받는 셈이 된다. 이것은 제주4·3사건 유족의 경우에도 마찬가지다. 인민군에 의한 피해자들도 그렇게 생각하겠지만, 국민 입장에서 보면 이것은 사실상 국가가 심각하게 형평성을 상실한 처사라 하지 않을 수 없다. 더구나 재판의 결과나 보상 액수도 판사의 성향에 따라 천차만별이어서 재판이 진행될수록, 모든 사건에 적용되는 특별법을 제정해서 일괄적으로 보상하는 것만이 대안이라는 점이 더욱 분명해졌다.

사실 유족에 대한 보상 조치가 이렇게 일관성 없이 진행된 것은 정부나 국회가 정책이나 청사진 없이 피해자의 요구에 떠밀려서 사건별 처리를 하고, 우리가 권고한 보·배상 특별법 제정에 대해 한 번도 심각하게 생각하지 않은 데서 기인한 것이다. 그런데 국가권력 행사의 기본 원칙이 형평성이고 정의이기 때문에 지금이라도 국가는 이 문제에 대한 체계적인 답안을 만들어낼 의무가 있다. 그렇지 않다면 공권력에 대한 신뢰는 갈수록 실추될 것이다.

## 위원회를 나온 후 1― 진실은 세상을 변화시키는가

과거 청산에 가장 모범을 보인 나라로 거론되는 독일조차 유대인 학살이 그렇게 명명백백하게 밝혀져도 자신의 추악한 모습을 직시하지 못했다는 비판이 있다. 허버트 허시는 "대부분의 국가는 특히 자국의 과거 행동이 도덕적으로 정당화될 수 없는 것으로 비칠 때 솔직한 자기 인식을 피하려고 한다"[13]고 지적한다. 독일, 소련, 오스트리아가 그러했고 레지스탕스의 이미지를 창조해서 나치 협력을 모호하게 만든 프랑스 역시 예외가 아니다. 사실 일본이나 중국, 미국도 마찬가지다. 모든 인간들은 자신에게 유쾌하지 않은 기억을 은폐하려 하고 책임을 전가하려 하는데, 인간들이 만들어낸 국가도 예외가 아닐 것이다. 그렇게 본다면 진실이 규명되어도 국가가 자신의 태도를 근본적으로 바꾸지 않을지 모른다.

제주4·3위원회가 진실규명을 결정한 이후에도 『월간조선』은 2001년 10월호에서 전통적 주장, 즉 "북의 지령을 받는 공산주의자들이 일으킨 무장폭동"이라고 서술했다. 제주4·3사건에는 무장봉기의 측면과 민간인 학살의 측면이 모두 포함되어 있는 것이 사실이다. 그래서 4·3위원회의 조사는 무장봉기 자체를 부인하는 것이 아니라 그 과정에서 많은 민간인이 학살당했다는 사실을 조사한 것이다. 박근혜 정부에서 국정원장으로 임명된 남재준은 제주4·3사건을 "북의 지령으로 일으킨 무장폭동 내지 반란"이라고 말하기도 했다. 강남 서울교회 담임목사 이종윤, 그리고 지만원 등 일부는 광주 5·18이 탈북자 혹은 북에서 남파된 간첩이 저지른 행동이라고 주장하고 일부 젊은이들도 그에 동조한다. 정부 차원의 공식적 조사가 진행되고 모든 사실이 검증된 이후에도 사실을 부인하면서 이런 주장을 하는 사람이 존재한다. 최근 조선·동아 두 종편 TV는 광주 5·18이 '폭동'이며 북한 게릴라에 의해 조종되었다는 탈북자의 증언을 보도하기도 했다. 물론 외국에도 나치 학살을 부인하는 사람이 있다. 이란의 대통령은 이스라엘의 행동이 미워서 유대인 학살은 존재하지 않았다고 부인하기도 했다. 독일은 나치 학살 자체를 부인하는 사람을 처벌 대상으로 삼고 있으나 한국은 여전히 처벌은커녕 가해자나 극우 세력이 명백한 사실을 공공연하게 부인하면서 헌법 파괴적인 발언을 계속해도 그것을 제재하지 않는다.

진실화해위의 설립과 활동을 노무현 정권과 좌파의 음모라고 보는 사람들에게 위원회가 결정한 진실을 납득시키는 것은 애초부터 불가능할지 모른다. 위원의 구성이 나름대로 국민 중 대표성을 가진 사람들로 이루어졌고 조사관들이 객관적 증거에 기초해서 조사하여 보고서를 작성했다고 아무리 설명해도, 이들에게 위원회의 결정 사항을 진실이라고 믿게 만들 방법은 없다. 위원회의 조사 활동도 사람이 하는 일이고, 수사권이 없는 상태에서 오래전의 은폐된 사실을 불충분한 증언과 자료로 재구성한 것이므로 사실의 근거가 취약할 수 있고 반박의 여지도 있을 수 있다. 그렇다고 해도 그 결과를 전면 부인한다면 세상은 오직 힘의 논리로만 움직인다는 명제를 재차 확인하는 셈이 된다.

결국 이미 널리 퍼진 지식knowledge이 있다고 하더라도, 그리고 진실화해위가 그것을 새롭게 확인했다고 하더라도, 그것을 정부 각 기관, 특히 군경 등 가해 기관이 공식적으로 '인정acknowledgement'하지 않는다면 효과가 없고, 설사 이들 기관이 그 결과를 인정했다고 치더라도 형식적 인정에 그치고 재발 방지를 위한 내부 조직 문화나 관행의 개혁 등 조치를 취하지 않는다면 무의미하다.[14] 그래서 '인정'은 모든 행정력을 동원하여 위원회의 권고를 이행한다는 것을 의미한다. 비교적 성공적인 청산을 했다는 남아공이나 아르헨티나의 사례를 봐도 가해자들은 충분히 승복하지 않았고, 또 제대로 처벌되지도 않았다. 군경 등 가해 기관의 제도 개혁이 충분히 이루어지지 않았기 때문에 그들은 기회만 오면 이 모든 결과를 무시하려는 경향이 있다. 최근 남아공에서는 파업 중인 노동자 40여 명이 진압 경찰의 총에 맞아 숨지는 일이 발생했다. 남아공 진실화해위원회의 성과를 비웃는 현실이다.

한편 정부 기관이 그 진실을 '인정'한다고 하더라도, 시민사회 즉 언론이나 교육기관, 각 사회단체, 학술 연구자들이 이 일에 무관심해 사실을 공개적으로 알리기를 주저하거나 교과서 서술에 포함하지 않고 시민사회가 그것을 그냥 지난 일로 치부하면서 넘어간다면, 진실은 그냥 박제화된 채로 남아서 사회를 변화시키는 동력으로 작용하지 못할 것이다.

과거 청산이 사회적 파장을 일으키려면 가해자들의 죄상을 만천하에 공개하고 진실규명 사실을 대중화해야 한다. 긴급조치 판결문 공개가 큰 파란을 일으킨 것은 군사독재 협력자들의 명단이 '감추어질 수 없는 무서운 진실'이며 그 진실이 현재 권력권에 있는 주요 인사들에게 위협이 되었기 때문일 것이다. 진실화해위가 '기본법'의 범위를 넘지 않는 선에서 직권조사 중심으로 조사를 진행하고, 가해 혐의자인 참고인들에게 동행명령장을 계속 발부하거나 기관에 계속 자료 제출을 요구하고, 가해 사실 관련 책자를 별도로 발간하거나 기자회견을 계속했더라면 사회적 파란은 계속 일으켰을지도 모른다. 그러나 내부의 갈등이나 기관 비협조로 정상적인 조사 활동이나 진실규명은 어려워졌을 것이다.

'기본법'의 제약 속에서 내가 할 수 있었던 일은 권고의 수위를 최대한 높이고, 정부 기관이 우리가 밝혀낸 진실을 인정하도록 만드는 것이었다. 위원회의 모든 진실과 그 실행은 조사 결정과 권고 내용에 집약된다. 내가 담당한 집단 희생 사건에 대해 위원회는 조사 결과를 공개했고, 조사 결정 후 관련 정부 기관에 계속 권고 사항을 보냈다. 주로 가해 기관인 경찰과 국방부를 향한 것이었다. 법적으로 가해자가 규명되어도 검찰에 고발하거나 처벌을 권고할 수 있는 조항이 없었기 때문에 위원회가 할 수 있는 것은 주로 피해자에 대해 국가의 사과를 권고하는 것, 가족관계등록부 정정 등 희생자 명예회복을 위한 여러 가지 조치를 촉구하는 것이 전부였고 불처벌impunity 방지 등 가해자 처벌을 위한 권고는 거론하지도 못했다. 그런데 이러한 권고 자체도 강제력이 없었다. 즉 해당 정부 부서가 이것을 무시해도 제재를 가할 수 없었다.

통상적으로 권고는 위원회의 조사나 진실규명이 완료된 후 종합보고서 작성과 결정 단계에서 정리할 필요가 있다. 그런데 송기인, 안병욱 두 위원장과 나, 다른 대부분의 위원들은 위원회의 종료를 보지 못하고 임기를 마치게 되어 있었다. 그렇다면 우리는 조사만 하고 권고는 결국 새로운 대통령이 임명한 위원장과 위원들이 내리게 되는 셈이다. 사실 노무현 정권기인 2006년 위원회 활동 초기부터 다음 대통령은 한나라당 후보가 될 것이라는 예측이 파다했다. 그렇다면 위원회는 시작하다가 마는 조직이 되는 셈이었다. 즉 시작은 하되 마무리를 하지 못한다면, 그리고 그 마무리가 조사한 내용과는 전혀 다른 방향으로 나올 것이라면, 결국 두 위원장이나 내가 활동하는 기간 중에 어떤 형태로든 정부에 권고를 해야만 했다. '기본법'에는 6개월에 한 번씩 정부와 국회에 조사 결과를 보고하도록 되어 있었기 때문에 그때마다 권고를 내릴 수 있었다.

　그래서 나는 위원회 초기부터 개별 사건 조사가 완료되면 종합보고서가 없더라도 건별로 권고를 계속 내려야 한다고 주장했다. 위원회 활동 종료까지 권고를 미룰 수 없다는 주장에는 상당수의 고령 희생자 유족들이 권고가 이행되는 것을 보지 못하고 사망할 것이라는 강한 명분이 있었다. 그리고 개별 사건에 대해서도 권고를 계속 내려야 그것이 여론화되어 해당 부서가 압박을 받게 될 것이라는 점도 중요한 명분이었다. 결국 개별 사건에도 말미에 권고 내용을 포함하는 쪽으로 전원위원회에서 결정을 했다. 사건의 유형이 거의 동일하기 때문에 권고 내용이 중복된다는 반론이 없었던 것은 아니지만, 권고 없는 조사보고서는 앙꼬 없는 찐빵이었다. 그래서 우리는 매 보고서마다 권고 사항을 실었고, 행안부에서도 그것을 처리하기 위해 움직였다.

　그런데 권고가 강제력이 없다면 진실규명의 내용이 널리 퍼져 사회적 압력의 역할이라도 해야 하는데, 그러기 위해서는 교과서에 실리거나 언론 보도를 통해 새로운 진실이 대중화되거나 우리의 보고서나 결정 사실이 소설·영화·예술 작품을 통해 대중화되는 길밖에 없다는 것이 내 판단이었다. 그래서 나는 우리 진실규명 결정문을 아르헨티나의 진실화해위원회 보고서 『눈카마스』처럼 쉽게 써서 일반인들에게 알릴 필요가 있다고 생각했지만 실천하지는 못했다. 어쨌든 진실규명 보고서는 정부의 공식 문서이므로 곧바로 중·고등학교 교과서에 반영되어 자라나는 학생들에게 교육되어야 하고, 각종 정부의 공식 기록에 언급되어야 한다. 현재 중·고등학교 교과서에는 '금성'교과서를 제외하고는 학살의 원인과 실태를 언급조차 하지 않고 있으며,[15] 진실화해위 결정 결과를 반영하는 교과서는 없다. 이명박 정부 들어서는 더 뒷걸음질쳤다. 나는 소설가들과 영화 제작자들이 우리가 조사 과정에서 수집한 현대사의 풍부한 이야깃거리를 작품으로 만들면 영향력이 있을 것이라 생각했다. 그래서 친구인 문학평론가 김명인에게 젊은 소설가들을 몇 사람 만나게 해달라고 부탁했다. 그리고 그들에게 진실화해위 보고서를 나누어주고, 수많은 이야깃거리가 있으니 이를 소설로 좀 써달라고 부탁하기도 했다.

진상규명 혹은 진실이 세상을 변화시킬 수 있는가에 대한 판단은 정부, 특히 군경 등 가해 기관이 그 조사 결과를 인정하고 권고 내용을 이행할 때, 그리고 일반인들이 그 사실을 알고 처벌·보상·화해 등의 후속 사업을 진행하라는 압력을 형성할 때 가능할 것이다. 진실화해위가 수행한 진상조사와 진실규명 결정은 그 자체로는 아무것도 바꿀 수 없다. 국가기관을 변화시키도록 압박하는 강력한 정치적 힘과 시민사회의 압력이 그 성공을 보장할 수 있음은 물론이거니와 이 권고의 실행이 결코 일회적으로 마무리될 수도 없다.


## 위원회를 나온 후 2— 당사자주의를 넘어서

유족은 사건의 최대 이해 당사자다. 그래서 위원회 운영이나 조사 과정에 중요한 자문·건의·압력 행사의 주체가 되어야 하고, 이후 위령 사업이나 기념사업에도 개입해야 한다. 그러나 사건의 피해자가 경찰이나 검찰, 판사가 될 수 없듯이 그들이 공기관의 진상규명 작업의 직접 당사자가 되어서는 곤란하다. 재판에서도 제척사유, 기피신청이라는 것이 있다. 복지 수급자 심사에 복지 대상자가 심사위원으로 들어갈 수 없고, 독립유공자 심사에 독립운동가가 들어갈 수 없는 것과 마찬가지다. 그리고 유족이 스스로 위령 사업을 시행할 수 있고, 재단이나 기념관을 만들 수 있으며, 정부의 위령 사업이나 명예회복 사업의 방향을 제시하는 주체가 되어야 하지만, 정부의 재단 등 기관을 직접 운영하는 주체가 되어서도 곤란하다. 왜냐하면 이 모든 사건의 역사적 의미는 피해자의 것만이 아니라 공공적인 것이기 때문이다. 그래서 나는 위원회 초기부터 유족을 대표하는 어떤 사람이 진실화해위의 조사관이나 위원으로 들어오는 문제는 좀 곤란하다고 보았다. 위원회 직원 선발 과정에서 이런 문제에 부딪힌 적이 있었다. 유족 중에 조사관이나 위원 이상의 전문가가 있을 수 있고, 직원 이상으로 행정에 정통한 사람도 있다. 그렇다고 해서 그들이 조사와 행정을 직접 담당할 수는 없는 일이다.

이것은 피해자에게만 해당되는 것이 아니라 가해자 쪽도 마찬가지다. 위원 선정에서도 이런 문제가 제기된 적이 있었다. 제주4·3위원회 초창기에 가해자인 군대 쪽에서 위원으로 들어와 사사건건 조사와 희생자 판정을 거부한 사례가 있었다. 그런데 일부 과거사 관련 위원회에는 피해자인 유족들이 위원으로 들어가 피해자 판정에 개입하는 경우가 있었다. 그러나 그것을 알고 있는 공무원들도 이 점을 지적하기를 껄끄러워하는 것 같았다. 가해자나 피해 당사자가 희생자 판정이나 진실규명에 개입한다면 그 결정의 공신력은 크게 실추될 것이다. 국가폭력의 가해와 피해는 가해자와 피해자 일대일의 문제가 아니라 국민적·사회적 문제다. 간접 피해자인 국민들도 그 문제 해결의 주체이며 그 결정에 대해 알 권리를 갖고 있다. 그래서 나는 당사자주의는 조사 등 과거 청산 사업이 피해야 할 첫 번째 원칙이라고 보았다.

내가 일하는 동안 진실화해위에서는 그런 일이 별로 없었지만 유사한 경우가 있었다. 유족회 측에서 유족회 활동에 위원회 예산을 지원해줄 수 있는지, 전국 위령제 예산을 지원받을 수 있는지 물어오기도 했고, 위원회 공간을 유족회 모임 장소로 쓸 수 있는지 직원들을 통해 타진해 오기도 했다. 실제로 재정적 여건이 어려운 유족회 입장에서 그 정도는 할 수 있지 않나 생각했을 수도 있다. 그러나 나는 유족회에 예산을 지원하는 문제는 있을 수 없다고 생각했다. 그래서 "그렇게 되면 유족회가 정부와 야합하는 것이 됩니다", "(예산 지원을 받으면) 유족회가 우리 위원회 활동에 불만이 있어도 항의할 수 없습니다", "민원인이 정부의 편의를 이용해서는 안 됩니다. 어용이 되는 것입니다"라고 직접 설득하거나 직원들을 통해 전달했다.

예전에도 그런 일이 많았지만 행정 집행이나 과거 청산 작업이 '당사자주의'로 흐르게 되면 국민을 배제하고 피해자와 국가가 부당하게 결탁하는 일이 발생한다. 그런데 사실 정치권력이나 관료들은 인권침해 문제를 피해 당사자의 문제로 제한하려는 경향이 있다. 피해 당사자가 생존해 있다는 것은 과거 청산의 설득력을 높여준다. 그러나 당사자주의는 당사자가 아닌 일반 국민에 대한 피해는 은폐해버린다. 기성 권력은 당사자의 요구만 들어주면 문제가 해결된다고 생각한다. 그래서 개인 차원의 보상 조치를 통해 사건을 마무리하려 한다. 정치적 의도와 피해 당사자의 절박함이 만나서 미봉의 조치가 이루어진다. 그러나 이처럼 정치적 이해에 의해 추구된 덮어버리기 과거 청산은 반드시 역풍을 맞게 되고, 또 다른 갈등을 예비하게 된다. 당사자주의는 피해를 개인화하고, 다차원적인 피해를 주로 돈과 바꾸는 일이다. 결국 보상 문제가 손쉬운 해법인데, 바로 그것이 유족에게는 덫이 될 수 있다. 보상은 국가 책임을 희석시키고 피해를 개인화한다.

나는 전원위원회에서 이런 점을 몇 번 지적한 적이 있다. 기억나는 것은 '이수근 간첩 사건' 진상규명이었는데, 위원회 석상에서 나는 진실규명 보고서에 포함될 내용이 단순히 그의 간첩 조작 사실에 그쳐서는 안 되며, 그 피해는 그와 그의 가족에만 미친 것이 아니었다고 주장했다. 즉 이수근 간첩 조작 등 여타 간첩 조작 사건이 없었다면 박정희가 반공주의를 밑천으로 유신 체제를 수립할 수 있었을지, 그리고 유신 체제가 7년이나 유지될 수 있었을지 의문을 표했다. 다시 말해, 이수근 사건 등 조작 간첩 사건은 명백히 수혜 집단이 있으며 피해 집단은 이수근 가족에 국한되지 않고 독재정권 아래 신음한 대다수 국민이라고 주장했다. 그런데 개인적 가해·피해 문제에 익숙한 법률가들은 진실화해위의 진상규명과 결정도 '개인' 피해 중심으로 접근하려는 경향이 있었기 때문에 그 부분을 문제 제기한 것이었다. 법원의 판결문은 피해를 개인화했다. 진실화해위의 보고서는 그렇게 해서는 안 된다고 주장한 셈이었다.

개인·가족 차원 보상 조치가 당사자주의의 가장 전형적인 형태다. 이 경우 진실규명 없이 보상이 먼저 이루어지는 경우가 많다. 피해자 보상 조치는 5·18 사건 관련자에 대해 처음 시작되었는데, 노태우 정권하에서 '화합'이라는 명분으로 진행된 그 보상은 5·18 정신 자체를 희석시켜버렸고 수많은 사회적 피해 복원이라는 과제를 배제하고 유족과 국가 간의 일대일 문제로 만들어버렸다. 이렇게 이루어진 보상액으로는 유족의 상처를 제대로 치유하지도 못하고 망가진 관계를 회복시키지도 못한다. 마이클 샌델이 『돈으로 살 수 없는 것들』에서 강조했듯이 보상은 다른 가치를 밀어낸다.[16] 개별 보상이 진행되면 운동의 정당성과 역사 바로잡기의 대의가 실종될 수 있다. 피해자들이 보상을 받으면 그들의 망가진 인간 존엄성 문제, 가해자의 사회 파괴 행위나 도덕적 타락 문제는 더 이상 거론되지 않는다. 그래서 진실규명과 사과 없는 보상은 사실 살아남은 가족과 사회에 대한 모욕이 될 수 있다.

책임지지 않는 국가, 사과하지 않는 국가는 언제나 이러한 개인 보상이라는 행정 편의와 사탕발림으로 피해자들의 모든 요구를 잠재우려 한다. 정부로부터 진정한 사과, 가해자 처벌, 다른 위로나 기념 조치를 기대할 수 없다는 것이 명백해 보일 때, 당장의 경제적 형편이 어려운 국가폭력의 피해자들은 사실상 강자인 국가의 보상 제안을 받아들일 수밖에 없다. 결과적으로는 그들이 입었던 모든 피해와 고통을 돈 몇 푼과 맞바꿔버리는 셈이다. 이렇게 주어진 돈은 그 후 추가 진상규명 운동의 걸림돌이 된다. 가난한 유족들은 그것을 거부하기 어렵다. 사실 국가가 잘못을 인정하면 보상이 아니라 배상이 되어야 한다. 설사 보상이 되더라도, 그에 합당한 국가의 사죄가 선행되어야 한다. 그리고 보상은 개인 차원이 아니라 토론과 합의를 통해 사회적으로 진행되어야 한다. 유족이 아닌 제3자가 입은 피해에 대해서도 국가는 조치를 취해야 한다. 모든 돈에는 꼬리표가 달린다. 참으로 어려운 일이지만, 그것을 직시할 필요가 있다.

나는 과거 청산이 당사자주의로 흐르는 이 과정을 보면서 한국의 피억압 세력 일반, 아니 더 나아가 한국 사회의 작동 과정 그 자체를 보았다. 한국의 국가폭력 희생자, 즉 수많은 억울한 사람들이 당장의 보상에 매달리게 되고 최소한의 요구가 충족되면 곧바로 흩어지는 현실은 바로 한국 사회의 모습, 즉 냉전과 분단 체제에서 힘겹게 생을 도모해온 보통 한국인의 모습이고 곧 한국 시민사회의 맨얼굴이었다. 그런데 그들을 그렇게 만든 사람들이 우리 사회의 권력 엘리트들, 나를 포함한 우리 사회의 지식인들이었다. 특히 힘 있는 정치가, 판검사, 관료, 언론인들이 그들을 그렇게 만들었다. 오직 사적 이익만 추구해온 우리 사회의 엘리트들의 모습이 부정적으로 유족들에게 투영되어 있었다. 돈 있고 힘 있는 자들이 공공심을 가져야 하며 약자에 대한 배려와 아량이 있어야 하는데 그러지 못하니, 힘없는 사람들은 극한 투쟁을 하거나 자신의 협소한 이익을 인간으로서의 존엄성 상실과 교환해버린다.

정부 관료들은 정부 조직 외에 여러 위원회가 생겨서 보직을 제대로 받지 못한 사람들의 승진 대기실로 활용되면 좋아하고, 언론은 과도하게 정치화되어 진실화해위 활동에 약점이 있으면 때리고 특종 거리가 있는지만 관심을 가지고, 정치가들은 이 사안이 국회 내 자신의 입지 강화 특히 지역구에서의 재선에 도움을 주면 움직이지만 그렇지 않으면 거의 무관심하다. 학자들은 이것을 통해 연구 용역 거리가 생기거나 새 자료가 나오면 관심을 보이지만 평소에 이런 문제의 제기나 해결에 개입하지 않으려 하고, 변호사들은 이 사건의 진실규명 결정 이후 '큰 시장'이 열리면 일거리 차원에서 사건을 보게 된다. 사회의 모든 집단이 자신의 이해를 중심으로 움직이는데 유족들 보고 너무 이기적인 태도를 보이지 말고 공공적 태도를 취하라 말할 수 있겠는가? 과연 누가 이들을 비판할 자격이 있다는 말인가?

자, 그러면 이제 누가 나서서 공적 사안으로 이 문제를 제기해 그동안의 잘못을 바로잡고 좋은 방향으로 유도하는 주체가 될 수 있겠는가? 누가 이 문제를 끌어안아 국가와 사회의 미래를 위한 사안으로 취급하면서 그 성과를 사회의 것으로 만들 것인가?

진실화해위의 활동은 최종적인 것이 아니라 하나의 정거장에 불과하다. 그러면 법과 행정이 최종 종착지인가? 현재의 실정법상으로는 그렇다. 국민 중 가장 약한 사람들의 인권을 보호할 수 있도록 법과 제도가 만들어지고, 또 행정이 집행되도록 하는 데 진실화해위 존립의 궁극적인 목적이 있었다. 법이 정의에 부합하면 가장 이상적이다. 그렇듯 실제로 법과 행정은 독립변수가 아니라 정치와 사회의 종속변수에 불과하다. 그런데 유족들이 민사소송을 제기하는 것을 보면 법원의 결정은 최종적인 공식 결정이고, 진실화해위는 그저 법원에 "잘 판단해주십사" 권고하는 무슨 민간 조직인 것처럼 보이기도 한다. 법원이 주체이고 진실화해위는 그냥 법원의 판결을 위한 자료 제공 조직처럼 되어 있다. 그러나 진실화해위의 보고서에는 법원의 판결 이상의 엄청난 역사적 진실이 담겨 있다. 이 진실이 사회적으로 공유되어 지배적 가치와 원칙이 된다면 법이 정의의 기준에 따라 만들어지고 집행될 수 있다. 진실화해위의 보고서는 국가의 범죄나 사실의 조작, 은폐, 그것에 가담한 사람들이 누구인가가 언젠가 밝혀질 것임을 보여주는 경고장이다. 유족들의 상처와 고통은 그들이 사망함으로써 없어지지만, 기록은 영원히 남는다.

즉 진실화해위의 더 큰 활동 목표는 폭력에 짓눌린 유족과 우리 시민사회를 깨어나게 하고 국가를 새롭게 개조하는 것에 있다. 나는 위원회 설립 초기부터 시민사회의 활성화라는 화두를 계속 잡고 있었다. 과거 청산의 모든 성과는 결국 사회정의 수립, 책임지는 정치와 행정, 약자의 인권 보호, 내부 고발자 보호 등의 용어로 재정의되어 시민사회의 강화, 결국 국가의 성격 변화와 연결되어야 한다는 것이 내 생각이었다. 아르헨티나 '5월광장의 어머니회'처럼 이소선 여사, 이한열 어머니, 박종철 아버지 등 한국의 민가협 활동가들이 희생당한 모든 청년들을 자기 자식처럼 여기면서 그렇게 줄기차게 투쟁했듯이, 유족이 단순한 민원인·피해자의 위치에서 벗어나 사회적 주체가 되고, 보상금을 모아 자체의 사업 단위나 재단을 만들어서 후속 사업을 하고, 진실규명 결과가 대중화되어 시민들이 읽어서 집단적 기억으로 자리 잡고, 유사 사건의 재발 방지를 위한 시민사회의 역량 강화에 기여해야 한다는 것이 내 생각이었다. 그래서 국가에 의한 모든 피해는 사회화되어야 한다.

과거 청산 작업이 당사자주의로 흘러 그들에게 몇 푼의 보상금만 주고 마무리된 채로 유사한 국가 범죄가 계속 발생하는 것을 막기 위해서는 공익 관점에서, 상식 수준의 정의의 수립이라는 관점에서 이 문제를 바라보는 강력한 시민사회가 있어야 한다. 정부는 새로운 거버넌스governance 체제를 구축해서 이러한 시민사회와 파트너십을 형성해야 한다.

나는 모든 일은 피해자인 당사자의 요구와 운동에서 시작되지만 궁극적으로는 시민사회의 힘만큼 진전되고 해결된다고 믿고 있다. 내가 관찰한 것은 관료, 사법부, 그리고 대다수 재야 법조인들도 절대로 스스로 움직이는 법이 없다는 점이다. 대체로 그들은 대세를 추종하고 변화의 꽁무니만 좇아갈 따름이다. 결국 이 모든 노력은 사회운동이나 정치로 집약되어야 하고 정당이 후속 조치를 위해 필요한 법을 만들어야 한다. 기존의 법에 '반인도적 범죄'라는 개념이 없어서 그런 죄를 처벌할 수 없다면 그런 법을 만들어야 하고, 민형사상의 소멸시효가 문제 해결의 걸림돌이라면, 소멸시효를 50년으로 정하든지 아니면 소멸시효를 없애야 한다. 정치가들 역시 표로 먹고사는 사람들이기 때문에 역사의식을 갖는 시민의 행동만이 정치가들을 추동할 수 있을 것이다.

# 맺음말

"이것은 기억과의 전쟁이다"

스탈린 시절의 테러 통치와 인권침해를 생생하게 고발하는 온갖 증언과 영상물이 컴퓨터 하드디스크 형태로 상트페테르부르크 인권단체인 메모리얼Memorial에 보관되어 있었는데, 2008년 12월 4일 러시아 경찰 9명이 이곳을 침입해 컴퓨터 기록을 없애려 한 일이 있었다. 바로 이 기관의 소장 이리나 플리지Irina Fliege가 경찰의 이러한 시도를 겪고 한 말이다. 이 사건 이전에 이미 러시아의 관변 정치학자나 역사학자들은 이 기관이 러시아 역사를 왜곡하고 애국심을 훼손시킨다고 공격한 적이 있었고, 당시 대통령인 푸틴도 역사의 긍정적인 측면을 부각시켜야 한다고 말한 적이 있었다. 이 침탈은 그 일환이었다.

경찰이 몰래 인권단체에 들어와서 기억을 삭제하는 식의 폭력적 기억 삭제는 아니지만, 정부 기관이 자신의 민간인 불법 사찰 기록 관련 컴퓨터 파일을 파괴하는 일이 이명박 정부에서 발생했다. 그리고 정부 기관의 힘을 빌려 교과서의 내용을 편법으로 수정하는 일도 발생했다. 이 정부는 이런 일을 마치 전쟁을 치르듯이 수행했다. 정부가 설정한 교육과정도 무시하고, 검정교과서 필자들에게 수정을 강요하고, 심의기관이 편법으로 변경 내용을 고시하고, 새 교과서를 사용하기 4개월 전에 수정을 요구하는 일들이 바로 그것이다.

자국민이나 타국민에 대해 범죄를 저지른 국가는 언제나 국가의 명예니 위신이니 하는 그럴듯한 이름으로 자신의 어두운 과거를 지우려 한다. 가해자들은 부인하고, 피해자들의 입을 막거나 돈으로 회유하고, 기록을 조직적으로 파괴하고, 교과서를 왜곡하고, 언론 보도를 통제하고, 학술 연구를 방해한다. 그래서 거짓이 진실이 되고, 진실은 영원히 은폐된다. 도저히 부인할 수 없는 증거가 나와 피해자들이 거세게 항의할 경우, 국가는 마지못해 사실은 인정하지만 그것은 국가의 질서와 안보를 위해 불가피했다고 합리화한다. "권력은 자신의 범죄를, 질서라는 이름으로 위장"한다.[1] 언론은 이 내용에 대한 보도를 최소화하거나 아예 묵살하고, 정치가들은 이제 과거를 들추어내지 말고 미래로 나아가자고 말한다. 이 조직적 부인, 거짓의 쓰레기 더미, 그리고 질서의 논리 위에서 유사한 형태의 국가 범죄나 인권유린이 계속 반복된다. 전쟁의 비극과 비참함이 제대로 알려지지 않은 상태에서 국가는 전쟁을 계속 벌이고, 죄 없는 병사들과 민간인들은 왜 죽어야 하는지 모르는 채 계속 죽어간다. 과거의 범죄가 은폐되거나 기억이 조작되었기 때문에 죽고 다친 병사들과 민간인들은 자신이 그런 일을 처음으로 겪은 줄 알고 울며 부르짖는다. 그런데 그런 일은 이미 반세기 아니 한 세기 이전부터 수없이 반복되었고, 수많은 피해자들은 사회에 알려지지 않은 채 잊혀졌다.

우리는 이웃 일본이 수백만의 목격자나 체험자가 있는 중국과 조선

침략 사실, 남경대학살, 적어도 수만 명의 관련자나 증인이 있는 강제 동원, 성노예 동원 사실을 부인하거나 왜곡하는 사실에 경악해왔다. 그런데 국가의 잘못을 의도적으로 지우려 한다는 점에서 한국도 일본 못지않다. 한국전쟁 전후 후방에서 군경에 의해 비극적인 죽음을 당한 민간인이 수십만이 되고, 남은 사람도 죽은 목숨 취급당하고, 사랑하는 사람의 비명횡사를 목격한 다음 낙담하여 거의 폐인이 되거나 정신병으로 고통받았을 사람이 그 이상이 되었다면 믿을 수 있겠는가? 1950년 6월에서 1951년 2월 사이, 넓게는 1948년 4월에서 1953년 7월 사이에 이 한반도에서는 좌우익 간에, 그리고 남북한 간에 피비린내 나는 전쟁이 벌어진 것으로 알려져 있다. 그러나 정작 그 시대를 온몸으로 겪었던 민초들은 북한의 공산당과 미군과 한국군이 전쟁을 한 것이 아니라, 가공할 미군 폭격과 부패한 이승만 정부의 폭력에 국민의 생명이 파리 목숨처럼 취급당하고 전쟁 이전까지만 하더라도 친하게 지내던 이웃이 서로 원수가 되어 죽고 죽이는 지긋지긋한 일들이 벌어졌던 시기로 기억하고 있다. 민초들이 겪은 한국전쟁의 기억은 오직 북한의 침략과 공산주의의 비인도성, 한미 혈맹론, 맥아더와 참전 군인의 영웅담에 완전히 가려져 왔다.

한국에서 '6·25'의 기억은 건드릴 수 없는 성역이다. 일본은 침략의 역사를 조작하고 있으며, 국민들에게 히로시마와 나가사키의 비극만 주입해왔다. 일본 우익의 60년 장기 집권의 배경은 기억의 통제에 있다. 미국은 인디언 학살, 베트남전쟁에서의 학살, 인도네시아·남미 등 군사독재 정권 지원과 학살 지원 사실을 국민들에게 가르치지 않는다. 그래서 미국인들은 자기 군인이 언제나 선한 세력인 것으로 알고 있다. 한국은 한국전쟁기 군경에 의한 학살 사건을 국민들에게 가르치지 않고, 베트남전쟁에서 한국인들이 어떤 일을 했는지 가르치지 않는다. 국가만 그러한 것이 아니다. 한국의 언론이나 지식인들도 이 문제는 피해 간다. "과거의 일이므로 들추어내는 것이 누구에게도 도움이 되지 않는다", "전쟁 상황이니까 어쩔 수 없었다", "사실 확인을 제대로 할 수 없고, 자료도 없다" 등등의 변명이 언제나 제기된다. 놀라운 것은 600만 명의 유대인 학살 등 20세기의 전쟁 중에 발생한 모든 학살 사건들에서 거의 대부분 동일한 논리가 등장한다는 점이다. 학살 사건처럼 국제적으로 완전히 동일한 배경, 동일한 유형의 가해자, 동일한 피해자의 반응이 나타나는 경우를 찾아보기도 어렵다.

한국전쟁 당시 그 잔혹한 학살이 전국 각지에서 벌어졌어도 거창사건을 제외하고는 국민들에게 알려지지도 않았다. 베트남전쟁 당시 일부 국군이 베트남 민간인들에게 잔혹 행위를 했어도 국내에서는 그에 대한 비판이 거의 없었고, 리영희 등 소수를 제외하고는 베트남전쟁 참전의 도덕적 정당성을 묻는 학자·지식인·종교인도 드물었다. 2003년 이후 이라크전쟁에서 미군의 팔루자·하티타학살이 국제사회에 그렇게 큰 충격을 주고 논란거리가 되어도, 50년 전 한반도에서 그와 똑같은 일이 발생했다는 것을 환기하면서 연관시키는 언론인이나 지식인은 거의 없었다. 아프가니스탄에서 무고한 민간인 수십 명이 미군과 나토의 전폭기 폭격에 희생되어 불귀의 객이 되어도, 우리의 한국전쟁기 미군 폭격의 경험에 비추어 지금의 지구촌 전쟁 피해를 함께 생각하는 평화운동가도 찾아보기 어렵다. 정작 가해 국가인 미국에서는 평화재향군인회가 조직되어 반전운동을 펼치고 있고 한국전이나 이라크전에서 잘못된 일을 했다고 양심 선언한 군인들도 많지만, 그들보다 훨씬 심각한 피해를 입고 이유도 모르는 채 죽어간 한국의 고엽제 피해자 단체는 평화운동에 나서기는커녕 지금도 자신을 그렇게 만든 세력의 편에 서 있다.

무엇이 한국을 이렇게 반전평화, 생명 존중 운동의 무풍지대로 만들었는가? 국가에게만 책임을 물을 수 없다. 우리 모두는 약간의 방관자이고 동조자들이다. 아니 우리 모두, 특히 우리 사회를 이끄는 정치가들은 이 문제에 관한 한 아주 문외한이다. 독립운동에 참여했다는 과거 야당 지도자 박순천은 베트남 파병 당시 현장에 가서 "우리 민족이 처음으로 남의 나라에 군대를 보내고 민족의 위력을 발휘한 이 감격, 이 비옥하고 광활한 땅이 우리의 것이라면 얼마나 좋겠는가"라고 『동아일보』에 기고한 적이 있다.[2] 한 나라의 야당 지도자까지 되는 사람이 정당화될 수 없는 전쟁에 참전하게 된 우리 군의 처지나 베트남의 내전 상황에 대해 이 정도의 인식을 갖고 있었다. 그것이 당시나 지금이나 우리 국민의 수준이다. 『레미제라블』의 장발장은 계속 "나는 누구인가?Who Am I"라고 외치고, 그런 다음 스스로를 다잡는다. 우리는 내가 누구인지 모르니, 남이 어떤 존재인지도 모른다. 식민주의와 반공주의가 우리 국민들을 얼마나 지적으로 불구 상태로 만들었는지 모르기 때문에 우리가 무슨 일을 했는지 모른다.

나의 민간인 학살 진상규명 운동과 진실화해위 상임위원으로서의 활동은 일종의 '기억 투쟁'이었다. 우선 좌우 이데올로기와 관계없이 내전이라는 상황 자체에 의해, 이른바 '톱질학살', '맷돌질'에 의해 서로가 원수가 된 일도 기억하자는 것이었다.[3] 그러나 주로는 폭격과 총격의 상처로 온몸이 피투성이가 된 한국인들의 전쟁 기억, 그중에서도 공권력에 의해 억울하게 죽임을 당하고 그 지긋지긋한 기억을 평생토록 혼자만 간직한 채 살아왔던 사람들이 자신의 한과 울음을 공개적으로 토로할 수 있는 공간을 만들어주자는 것이었다. 쿤데라Milan Kundera는 "권력에 대한 인간의 투쟁이란 바로 망각에 대한 기억의 투쟁"[4]이라고 말했다. 공식 기억은 승리자, 지배자의 역사 해석으로 채색되어 있으며 민중의 삶의 경험과는 배치되는 해석들인 경우가 많다. 과거 청산의 이상과 목적은 권력에 의해 삭제되고 억압된 기억을 부활시킴으로써 정의와 공감의 공동체를 만드는 것이다. 권력은 과거를 잊어버리라고 강요하고 있으며 때로는 피해자 자신들도 과거를 잊어버리기 위해 몸부림친다. 물론 피해자의 입장에서 아픈 과거를 기억하는 것은 큰 고통이다. 그러나 그것은 권력의 입장에서는 기득권의 영속이며, 피해자의 입장에서 보면 투쟁의 포기와 정신적 노예화다. 제3자인 우리가 희생자들에게 기억을 끄집어내라고 강요할 권리는 없을지도 모른다. 그러나 잘못된 공권력 행사가 당사자에게만 피해를 남긴 것이 아니라 사회 전체에 피해를 남겼고, 그것으로 말미암아 오늘과 미래 사회까지 정상적 가동이 어렵게 되었다면, 모든 구성원은 그 사건을 기억해야 할 의무를 갖고 있다. 그것은 바로 현재와 미래의 사회를 어떻게 만들어갈 것인가의 문제이기 때문이다.

그런데 '한국전쟁 피해자'들의 상당수는 군사정권 이후의 고문 등 인권침해 피해자들에 대해 알지 못하고, 우리가 겪었던 피해가 지금 팔레스타인, 이라크와 아프가니스탄, 최근의 네팔과 스리랑카에서 발생했다는 것을 모른다. 우리 진실화해위의 활동으로 평생의 억울함을 풀었고 법원에서 재심 판결까지 받은 유족들은 자기 생전에 이런 조직이 만들어져 자신과 가족의 명예가 회복될 줄 꿈에도 몰랐다고 감격하는 반면, 당사자가 아닌 대다수의 국민들은 위원회의 의미는 물론 존재 자체도 모르고 있다. 더욱 심각한 것은 진실화해위가 다루는 정도의 사건은 아니지만, 공권력의 불법에 의해 민간인이 심각한 상처를 입는 일이 이명박 정부 이후 계속 일어나고 있고, 검찰과 사법부의 정치 편향성, 국정원의 범법과 경찰의 무리한 공권력 집행이 국민들의 분노를 일으키고 있으며 인권이 후퇴

했다는 지적이 비등하는 데도 불구하고, 이러한 일을 바로잡자는 것이 여러 과거사위원회 특히 진실화해위의 존재 이유였다는 것을 거의 알지 못하고 있다는 것이다. 청산되지 않는 과거는 반드시 반복된다는 것을 이명박 정부가 들어선 이후처럼 뼈저리게 실감한 적도 없는 것 같다. 과거와 현재는 완전히 단절되어 있고, 역사의식은 정치의식과 무관한 것이 되어 있다. 모든 공권력 피해자들이 언제나 새로운 피해자로 나타난다.

과거를 기억하는 것은 현재 비극을 겪은 사람들과 함께 슬퍼하는 것이고 그들의 아픔에 공감하는 것이다. 사람들의 도덕 감정과 건강한 의식이 타락하면서 학살이 일어났고, 학살 사건은 도덕 감정과 의식을 더 심하게 타락시켰다. 애도 작업은 우리가 무엇을 버려야 하는지 알 때 비로소 시작될 수 있다. 고통스러운 기억 작업 없이는 이것이 이루어질 수 없다. 의식의 교정은 곧 공동체의 복원이다. "나는 서로 미워하기 위해서가 아니라 서로 사랑하려고 태어났어요." 안티고네는 오빠의 시신을 수습하고 그를 애도하려다가 왕인 크레온에게 잡혀 처형당하기 직전에 이렇게 말한다.[5] 우리 민족, 가족 구성원도 서로 사랑해야 할 존재인데, 한국전쟁기에도 그리고 지금까지도 증오와 적대 상태에서 아직 벗어나지 못하고 있다. 국군에 의한 피학살자나 인민군에 의한 납북자나 모두가 전쟁의 피해자들이지만 서로 간에 적대하고 있다.

결국 우리의 공감의 범위는 국가를 넘어서야 한다. 수년 전 발생한 이라크의 하티타학살과 베트남의 미라이학살, 한국의 노근리 등지에서의 학살은 사실상 거의 동일한 사건이다. 그래서 한 나라 내의 과거와 현재가, 그리고 지구라는 공간에서의 과거와 현재가 만나야 한다.

물론 김대중, 노무현 정부 시기 통과된 각종 과거사법들도 큰 한계를 갖고 있었다. 정권뿐 아니라 국회에서도 자유권적인 기본권 확립에는 뚜

렷한 문제의식이 있었지만, 사회·경제적 권리에 대해서는 문제의식이 약했기 때문이다. 김헌동 경실련 아파트값거품빼기운동본부 본부장은 노무현 정권이 등장했을 때 재벌 기업의 특혜를 파헤치는 경제 과거사 진상규명을 통해 경제 민주화를 이룰 줄 알았는데 오히려 그 반대였다고 노무현 정부에 대해 실망을 표시한 적이 있다.[6] 그는 자유권적 기본권, 즉 국가폭력에 의한 인권침해 진상규명보다 오히려 국가와 재벌의 유착, 재벌의 부당한 특혜 사실에 대한 진상규명이 더 중요하다고 지적했다. 공권력의 힘으로 남의 재산을 강제로 뺏거나 탈세한 일을 봐주거나 파업 진압을 위해 여러 정부 기구가 법적 근거도 없이 불법적인 회합을 하거나 사건을 조작하는 일은 국민의 목숨을 뺏은 일만큼이나, 혹은 그 이상으로 우리나라 국가 경제와 사회에 심대한 피해를 주었다. 남아공 진실화해위 위원이던 파즐 란데라 역시 남아공 진실화해위가 인종 간의 화해만 강조한 나머지 사회·경제적 화해는 진척되지 못했다고 비판했다.[7] 진실화해위가 사람들의 관심을 끌지 못한 것도 외환위기 이후 경제적 양극화가 심각해지는 데 반해 과거의 생명권과 자유권 침해에만 초점을 맞춘 위원회 활동이 현실과 거리가 멀어졌기 때문이기도 하다.

진실화해위가 전쟁기 학살 사건에 대해 규명하고 권고한 내용의 대다수는 우리가 전쟁 위기, 혹은 국가의 대내외적 위기 상황에서 어떻게 인간으로서 존엄성을 유지할 수 있으며, 외세의 개입에 의해 피해를 보고서 항변하지 못하는 상태에서 어떻게 벗어날 수 있는지, 향후 남북 평화 통일의 과정에서 해결해야 할 묵은 숙제를 우리 사회 내부에서 먼저 해결하자는 것이었다. 그것은 법이 정의의 기준에 더욱 부합되게 집행되어 공권력에 의해 부당한 피해를 당하는 억울한 국민이 나오지 않도록 하자는 경고였고, 남북 화해 이전에 우선 남남 화해를 이루어 장차 남북 화해의 밑거름으로 삼자는 것이었다.

　아쉬움도 많지만 돌아보면 동아시아권에서는 물론 세계적으로도 이 정도로 과거 공권력에 의해 저질러진 잘못을 체계적으로 진실규명을 하고 나름대로 노력을 한 예는 찾기 어려울 것이다. 내가 출석했던 국정감사 현장에서 일부 한나라당 국회의원들은 과거 청산 활동은 후진국에서나 있는 일이라고 냉소적으로 비판했는데, 나는 그런 발언을 한 의원이 후진국의 국회의원임을 자임한 것이라 생각한다. 우리의 작업은 아시아, 그리고 세계적 차원에서 한국이라는 국가의 품격과 위상을 평가받을 수 있는 매우 중요한 업적에 속한다. 전쟁과 학살, 인권침해, 고문, 종족 갈등을 겪은 세계의 많은 국가들이 장차 한국의 사례에서 얻을 것이 있을 것이다. 또 일각에서는 이러한 활동이 국가의 정체성을 부정한다고 하지만, 사실상 과거 청산은 오히려 국가의 도덕성과 정당성을 강화해주는 역할을 한다. 단 자신의 과거가 떳떳하지 않은 세력, 정당, 개인들만이 이 활동을 폄하하려 하고 그 성과를 부정하려 하는 경향이 있다.

　야스퍼스는 나치 시기의 범죄에 대해 네 가지 죄를 구분했다. 객관적으로 입증되는 범법 행위인 형사상의 죄, 국가의 구성원으로서 함께 참여한 정치에 공동으로 책임을 져야 하는 정치적인 죄, 명령을 받아서 범죄를 저지른 도덕적인 죄, 이 세상의 모든 불의와 불법에 대해 책임을 가진다는 형이상학적인 죄가 그것이다.[8] 한국전쟁기 학살 사건, 그리고 이후의 국가 범죄에 대해서는 이 중 어느 것도 아직 죄로 인정되지 않고 있으며 따라서 학살, 고문, 인권침해는 정당하고 불가피했다는 생각이 유지되고 있다. 즉 전쟁기 학살자들이 단죄를 받은 것은 거창사건, 그리고 고창 월림 사건 등 사건 직후 피해자들이 투서를 해서 가해자가 학살죄가 아닌 살인죄로 처벌받은 극소수의 경우뿐이다. 그것을 제외하면 국가는 한 번도 집단 살해에 대해 책임을 지도록 한 적이 없다. 둘째는 정치적인 판정인데, 학살 사건 이후 정치적 책임을 지고 물러난 신성모 장관 같은 경우가 있지만, 이것 역시 한국전쟁이 휴전으로 종식되고 남북한 모두 그 이전 정권과 체제가 그대로 유지되었으므로 죄가 아닌 것이 되었다. 사회적 책임을 인정한 사람도 찾아보기 어렵다. 아돌프 아른트Adolf Arndt 사민당 의원은 "나는 나에게도 죄가 있음을 알고 있습니다. 나는 유대인들이 우리 주위에서 트럭에 끌려가는 것을 보고도 거리로 나가지도 않았고 소리를 지르지도 않았기 때문입니다"라고 말했다.[9] 그런데 우리나라에서는 군사정권 시절에 학살과 고문을 알고 있으면서도 모른 체한 고위 정치인이나 관리들 중 부끄러워하는 사람을 찾아보기 어렵다. 그리고 기무사, 중정 요원에게 고문당하고 살려달라고 하소연하는 조작 간첩 피의자들의 뺨을 때리며 이러면 다시 보낸다고 저승사자처럼 협박했던 검사들은 변호사로 개업해서 아무 일 없었다는 듯이 잘살아가고 있다.

반대로 학살당한 사람, 고문당한 사람은 지금까지 여전히 죄인이다. 그들이 겪었던 육체적·정신적 상처, 지독한 가난과 사회적 차별이 바로 그들이 죄인이라는 증거다. 국가는 한 번도 그들에게 당신이 죄인이 아니라 실은 내가 죄인이었다고 말하지 않았다. 그래서 지금까지 한국에서는 죄의 개념이 완전히 뒤집어져 있다. 전쟁의 영웅들은 그 시절에 충성과 의무였던 것이 지금은 죄가 될 수 있다는 사실을 도저히 받아들이지 못한다. 피해자의 입장에서 볼 때 내가 죄인이 아니라, 나를 이렇게 만든 저 사람들이 진정한 죄인이라면 그것을 공인받을 수 있는 방법은 어디에 있는가? 법정에서의 승리, 전쟁에서의 승리, 혹은 양심의 법원, 혹은 신의 세계인가? 루카치는 "그 시대를 지배했고 그 움직임과 방향, 그 형태를 결정했던 지성과 도덕의 관점이 근본적으로 극복되어야만 스스로의 기억 속에서 처리되고 해결된 것으로 간주할 수 있다"[10]고 말했는데, 남북 군사 대결 상태인 우리는 아직 그 단계까지 가지 못했다.

피학살자 유족들은 가족과 국가, 사회, 그리고 세계와 연결되는 고리를 잃었다. 그들은 자신의 인격을 깡그리 부정당했고, 존재 자체가 완전히 박살 났다. 미래를 위해 함께 행동할 수 없는 폭력의 피해자들에게는 동물적 생존만이 선택 가능하다. 그래서 이들의 자녀들, 아니 폭력의 간접 피해자인 우리 모두가 존재를 인정받고 세상과의 연결고리를 다시 갖는 것, 그것이야말로 상처를 치유하는 길이고 전쟁을 평화의 질서로 되돌려놓을 수 있는 길이다.

내가 이러한 전쟁과 학살의 '과거'에 집착했던 이유는 전쟁과 학살이 우리 사회에서 '죄와 책임'의 문제, 사법 정의와 도덕 질서를 완전히 뒤헝클어놓았고, 전쟁의 논리가 일상의 사회적 유대를 완전히 파괴하였으며, 그것이 지금까지 진행되고 있다는 생각 때문이었다. 한국 사회는 여전히 "단 한 명의 빨갱이가 없어도 빨갱이를 창조해낼 사회"다.[11] 한국전쟁은 확실히 60년도 더 지난 옛일이 되었으나 여전히 휴전 상태에 있고, 우리는 지금 다른 전쟁을 치르는 중이다. 자영업자와 비정규직은 생존의 전쟁을, 화이트칼라나 기업의 임원은 조직에서 살아남기의 전쟁을, 그리고 학생들은 좋은 대학에 들어가기 위한 전쟁을 매일매일 치르고 있다. 노동자에게 삶은 전쟁이 아닌 적이 없었고, 일터는 '계엄 상황'이 아닌 적이 없었다. 기업의 사용자나 임원은 군대의 상관보다 더 엄한 명령자이고 그곳에 표현과 사상의 자유는 존재하지 않는다. 전쟁에 승리하기 위해서 민간인의 생명을 파리 목숨처럼 여기던 60년 전이나 지금이나 죽음의 행렬은 계속되는데 단지 그 방식과 강도만 달라졌을 따름이다.

군의문사위원회 조사 결과에 따르면 1953년 이후 2005년까지 전쟁이 없는 평시에 군대에 가서 6만 명의 젊은이들이 목숨을 잃었다고 한다. 오늘도 막사에서는 구타와 인격 모독의 군대 문화에 신음하는 젊은이들이 있다. 학력의 서열에 편승하기 위해 전사를 양성하듯 학생들을 대하는 학교에서는 집단 따돌림을 견디지 못한 학생들이 죽음을 택하고 있다. 과거의 전쟁 피해자들이 인간 이하의 대접을 받거나 완전히 잊혀지거나 주변 사람들에게 따돌림을 당했듯이 지금의 이 경제 전쟁, 학벌 전쟁의 피해자들도 그렇게 되고 있다. 그러나 파괴된 것은 개인만이 아니다. 문화적 자존심, 마을 공동체가 파괴되었고 지역사회가 파괴되었다. 오로지 "목적이 야만적 수단을 정당화시키는 문제Ends always justify such barbaric means"[12]는 과거나 현재나 우리 사회의 큰 질병이다.

한국에서 학살과 '인권침해'에 대한 시각은 "우리 안의 오리엔탈리즘"이 여지없이 관철되는 영역이다. 우리나라 사람들은 홀로코스트는 잘 알고 영화 〈쉰들러 리스트〉를 보고 감동하면서도, 우리가 즐겨 찾는 제주도의 아름다운 산과 바다가 바로 비극적인 학살 현장이라는 사실은 잘 모른다. 이산하 시인은 「한라산 서시」에서 피를 토하듯이 읊었다.

제주도의 아름다운 관광지와 신혼여행지들은
모두 우리가 묵념해야 할 학살의 장소이다.
그곳에 핀 노란 유채꽃들은 여전히 아름답다.
그러나 그 꽃들은 모두 칼날을 물고 잠들어 있다.

최근 개봉된 영화 〈지슬〉 덕분에 제주 4·3사건이 일반인들에게 좀 더 가까이 다가왔지만, 여전히 소수만의 관심거리로 남아 있다.

한국에서 발생했던 고문 학살 등 반인도적 범죄에 대해 한번 배워본

적도, 알려고 노력한 적도 없는 한국 최고의 국제법 전문가들이 국제형사재판소ICC나 유엔의 각 기구에서 외국 전쟁범죄를 다루는 일을 맡기도 한다. 한국에서 이러한 일이 발생했다는 사실이 아직 제대로 알려지지 않았기에 다행이지, 만약 한국의 국가폭력 사례를 알고 있는 외국인이라면 이러한 한국 전문가들의 행동을 어떻게 생각할까? 한국전쟁은 세계 전쟁이며, 한국전쟁을 모르면 미국의 1950년대와 메카시즘하의 미국, 그리고 오늘의 미국과 세계를 모른다. 남한 내의 적대와 갈등 치유를 위해 우리는 엄청난 국민의 세금과 사회적 비용을 지불하고 있으며, 남북한의 적대와 분단 유지 비용은 남북한 각각의 국가 경제를 발전시키는 데 큰 걸림돌이다. 이 모든 사회적 사안은 서양인의 교과서에는 한 줄도 안 나오는 내용이다. 한국전쟁의 학살 과정과 이후 처리 과정을 보면 전쟁을 다룬 국제법과 국내법, 폭력과 인권침해, 의회정치와 지역 시민사회, 기념과 기억의 문제, 기독교 근본주의 등 사실상 우리가 생각할 수 있는 수많은 쟁점이 풍부하게 뒤엉켜 있다. 이것을 버려두고 한국의 사회과학자들은 여전히 외국의 이론을 기웃거린다.

"지연된 정의는 정의가 아니다"라는 말이 있다. 즉 사건이 발생했을 그 시점에 진상을 규명하고 죄를 저지른 사람이나 집단을 단죄하는 것이 최선이다. 그러나 역사는 현실 정치권력을 넘어서는 정의가 실현되기 어렵다는 것을 보여주었다. 그렇다면 지연된 정의도 부정의보다는 낫다는 차선책을 택하지 않을 수 없다. 피해자와 민중들 그리고 정직한 눈으로 세상을 바라보려는 사람들에게 과거는 현재와 맞닿아 있고, 현실의 문제를 극복하려는 과정에서 과거는 계속 되살아난다. 역사의식과 정치의식은 언제나 함께 존재하는 것이므로, 역사의식 없는 정치의식은 현실적 근거가 약하다. 물론 역사의식에는 투쟁과 승리의 기억만 있는 것이 아니라 패배의 기억도 있다. 그것은 벤야민이 말한 것처럼 "'원래 어떠했는가'를 인식하는 일을 뜻하는 것이 아니다. 그것은 위험의 순간에 섬광처럼 스치는 어떤 기억을 붙잡는 것"[13]이다. 그래서 밝혀야 할 과거의 진실은 기성 도그마, 허위와의 투쟁이며 현실정치적 힘을 갖고 있다. 새롭게 발굴되고 해석된 역사는 죽어 있는 사실들이 아니라 현재의 지배 구조의 기원을 고발해주는 문서다. 이 성과가 단순히 피해 당사자의 것이 아니라 온 국민의 것, 시민의 것이 되고 또 인류의 것이 될 때, 우리는 인권과 정의가 넘치는 세상을 누릴 수 있을 것이다.

## 서문

**1**__ Marie Trigona, "Wal-Mart Faces Accusations of Anti-Union Practices in Argentina," *Americas Program, Center for International Policy*, CIP, Nov. 19, 2007(http://www.cipamericas.org/archives/888).

**2**__ 정부에서 인터넷 사이트는 그대로 열어두고 있기 때문에 일반 국민이나 연구자들도 이 사이트에 접속하면 진실화해위 보고서를 읽을 수 있다. www.jinsil.go.kr

## 1장 | 학살의 기억

**1**__ 선우기성에 의하면 서북청년회 활동을 하다가 "빨치산의 급습을 받아 일가족 몰살을 당한 동지들, 결사대를 조직하여 6·25 때 남침한 인민청들과 싸우다가 순국한 동지들, …… 인민재판을 당한 동지들, 청년운동을 하다 희생된 동지들" 중 인정된 것만 하더라도 1만 7274명에 달한다고 한다. 선우기성·김판석, 『청년운동의 어제와 내일』, 횃불사, 1969, 27쪽.

**2**__ 제주 4·3사건의 경우 희생자가 3만여 명으로 추산되나 제주 4·3위원회(제주 4·3사건진

상규명및희생자명예회복위원회)에 신청해서 진실을 규명한 사람은 1만 4000여 명 정도이고 그중 78퍼센트 정도가 군경·우익 단체에 의한 피학살자들이다(제주4·3특별위원회, 『제주4·3 진상조사보고서』, 2003, 369쪽). 여순사건의 경우 1949년 1월 10일까지 총 사망자는 3392명인데 반란군에 의한 피해는 90~150명에 불과했다(『동아일보』, 1949.1.22. 김득중, 『빨갱이의 탄생』, 도서출판 선인, 2009, 78쪽에서 재인용).

**3**_ 앤터니 비버, 김원중 옮김, 『스페인 내전』, 교양인, 2009, 7쪽.

**4**_ 김현아, 『전쟁의 기억 기억의 전쟁』, 책갈피, 2002, 82쪽.

**5**_ George Orwell, "I write it because there is some lie that I want to expose, some fact to which I want draw attention," *A Collection of Essays*, San Diego(A Harvest Book.Harcourt Inc, 1981), p. 315.

**6**_ 김동춘, 「민주화운동 기념관, 왜 건립해야 하나」, 한겨레신문사·민주화운동자료관 건립 준비 모임 주최 심포지엄 〈민주주의 역사의 현재화와 민주화운동 자료관 건립 운동〉, 1999.10.1.

**7**_ 김동춘, 『전쟁과 사회』, 돌베개, 2000, 19~60쪽.

**8**_ 볼프강 조프스키, 이한우 옮김, 『폭력사회: 폭력은 인간과 사회를 어떻게 움직이는가?』, 푸른숲, 2010, 100쪽.

**9**_ 발터 벤야민, 최성만 옮김, 『역사의 개념에 대하여/폭력비판을 위하여/초현실주의 외』, 길, 2008, 349쪽.


## 2장 | "천년을 두고 울어주리라"— 한국전쟁기 학살 사건과 유족의 고통

**1**_ 사만다 파워, 김보영 옮김, 『미국과 대량 학살의 시대』, 에코리브르, 2004, 66쪽.

**2**_ 서경식, 박광현 옮김, 『시대의 증언자 쁘리모 레비를 찾아서』, 창비, 2006 참조. 그가 자살하지 않았다는 주장은 Diego Gambetta, "Primo Levi's Last Moment," http://bostonreview.net/BR24.3/gambetta.html#Anchor-23240 참조.

**3**_ 진실·화해를위한과거사정리위원회, 「영천 민간인 희생 사건」, 『2009년 하반기 조사보고서』 7권, 2009, 802쪽.

**4**_ "양기순 할머니의 증언", 2001.11.8(한국전쟁전후 민간인학살 진상규명과 명예회복을 위한 범국민위원회, 『증언으로 듣는 민간인학살─끝나지 않는 전쟁』, 2001).

**5**_ 소포클레스의 비극 『안티고네』에 나온 이야기. 오이디푸스의 두 아들 에테오클레스와

폴뤼네이케스는 골육상잔 끝에 일대일 결투에서 서로 죽이고 죽었으나 군주인 크레온
은 다른 나라의 군대를 이끌고 조국을 공격한 폴뤼네이케스의 시신을 매장하지 못하게
하고 새 떼의 먹이가 되게 하되, 그의 시신을 감추거나 애도하는 사람도 돌로 쳐 죽이게
했다. 소포클레스, 천병희 옮김, 『소포클레스 비극 전집』, 숲, 2008 참조.

**6**__ "양기순 할머니의 증언", 2001.11.8(한국전쟁전후 민간인학살 진상규명과 명예회복을 위한
범국민위원회, 『증언으로 듣는 민간인학살―끝나지 않는 전쟁』, 2001, 52쪽).

**7**__ "그 당시 우리 마을 사람들은 티끌만 한 잘못도 없었다. 우리 마을 사람들 중에는 단 한
사람의 빨갱이도 없었다. 가까운 이웃 동네에는 한두 사람 있었다고 전해졌지만, 우리
마을은 아주 깨끗했었다." 채의진, 『아 통한의 46년―문경양민학살 백서』, 문경양민학
살피학살자유족회, 1995.12.20, 6쪽.

**8**__ 이재곤·정구도, 「노근리사건의 역사적 및 국제법적 성격과 향후 과제」, 『법학연구』 Vol.
No2, 충남대학교법학연구소, 2008.

**9**__ Zygmunt Bauman, "Towards a Sociological Theory of Morality," *Modernity and
the Holocaust*(Cambridge: Polity Press), 1989.

**10**__ "국가는 인명과 재산을 빼앗긴 유가족에게 생활 안전책을 강구하라. 죄 없는 양민의 생
명과 재산을 빼앗아 보금자리인 가택마저 불살라 부모 잃은 유아며 자녀 잃은 노동노파
며 의지할 곳 없어 문전걸식하며 기한에 못 이겨 기사(饑死)한 자 그 수를 헤아리지 못하
였고, 기천 명 유가족은 집도 없이 방황하며 근 보명(保命)하였으나 국가에서는 지금까
지 하등의 선후책도 없었으니 위자료 일백만 원씩을 지급할 것을 호소한다." 「호소문」,
1960.5.25, 거창군 신원면 유가족 일동.

**11**__ 『부산일보』, 1960.6.7.

**12**__ 1960년 5월 17일 "제56회 국무회의록 중 제2항의 지시사항"(진실·화해를위한과거사정리
위원회, 『5·16 쿠데타 직후의 인권침해 사건 진실규명 결정서』, 2009.10.13, 73쪽에서 재인용).

**13**__ 위의 글, 82쪽.

**14**__ 2008~2009년 진실화해위원회 조사 과정에서 당시 검사였던 이재운이 진술한 내용. 위
의 글, 82쪽.

**15**__ 이택돈의 진술, 위의 글 82~83쪽.

**16**__ 이 비석에는 다음과 같이 적혀 있다. "모슬포 소속 육군 제1훈련소의 확장공사로서 합
장된 굴이 붕괴되어 유골이 토출하게 되자 당시 제1훈련소장 백인엽 준장이 유골 처리
문제를 당시 남제주군 강필생(전직 경위)과 협의한 후 동 형살자 가족에게 통지, 일정한
장소에 매장토록 지시하였음." 1956.4.8. 동 형살자 가족 128명(133명 중 5명 가족 불상).

**17__** 진실·화해를위한과거사정리위원회, 위의 글, 116쪽.

**18__** 함평사건 희생자 유족회, 『함평집단학살 희생자 명예회복 사료집』 3, 2012, 97쪽.

**19__** 허버트 허시, 강선현 옮김, 『제노사이드와 기억의 정치』, 책세상, 2010, 108쪽.

**20__** 김현아, 『전쟁의 기억 기억의 전쟁』, 책갈피, 2002, 149쪽.

**21__** 프리드리히 니체, 이진우 옮김, 『비극의 탄생/반시대적 고찰』(니체 전집 2), 책세상, 2005, 290쪽.

**22__** 볼프강 조프스키, 이한우 옮김, 『폭력사회: 폭력은 인간과 사회를 어떻게 움직이는가?』, 푸른숲, 2010, 109쪽.

**23__** Donld E. Miller, "Hope might have been the final victim of the genocide," *Survivors : An Oral history of the Armenian Genocide*(Berkeley: University of California Press, 1999), p 174.

**24__** 발터 벤야민, 최성만 옮김, 『역사의 개념에 대하여/폭력비판을 위하여/초현실주의 외』, 길, 2008, 343쪽.

**25__** 민주화운동기념사업회, 「민주화운동 관련 인사 구술 사료 수집을 위한 구술면담—소혜련 편」, 2006(김설이·이경은 지음, 『잿빛 시대 보랏빛 고운 꿈』, 민주화운동기념사업회, 2007, 161쪽에서 재인용).

## 3장 | 부인, 망각, 무지와의 싸움

**1__** 「'6·25 군 양민 학살 사건 손대지 마라', 조 국방 축소 조사 지시」, 『문화일보』, 2000.7. 24.

**2__** 동아일보사 엮음, 『비화 제1공화국』 제2부, 홍우출판사, 1975, 337쪽.

**3__** 「진실만 캐라, 진실만」, 『한겨레 21』, 2000.8.10.

**4__** 조시현, 「노근리 등 미군에 의한 민간인 학살 사건에 대한 올바른 대응을 위한 의견서」, 2000.4.24.

**5__** 박선원, 「미국의 노근리사건 최종보고서 비판: 한미동맹관계의 재조정의 관점」, 2001.2. 24(한국현대사연구회 주최 한미 양국의 노근리사건 보고서 검토 심포지엄).

**6__** 「〈특별기고〉 '노근리' 저변에 깔린 인종 편견」, 『문화일보』, 1999.10.9.

**7__** 스탠리 코언, 조효제 옮김, 『잔인한 국가 외면하는 대중』, 창비, 2009, 358쪽.

**8__** 김기진, 『끝나지 않은 전쟁, 국민보도연맹: 부산·경남 지역』, 역사비평사, 2002; 김기진,

『한국전쟁과 집단학살』, 푸른역사, 2006.

**9**\_ 경북 칠곡군 지천면 신동고개에서 한국군에 의해 자행된 학살로 추정되는 사건에 대한 미8군의 정보보고서와 미8군 사령관 워커Walton Walker 중장이 이 사건을 검토할 것을 요청하며 무초 대사에게 보낸 공문이다. "Shooting of Prisoners of War by South Korean Military Police," 18 August 1950.

**10**\_ 「신동고개에서도 약 500명」, 『대구매일신문』, 1960.5.23.

**11**\_ 류춘도, 「추모시비 건립자의 변」, 채의진 편저, 『석달동 양민학살 그리고 그 후』, 2006.

## 4장 | 범국민위 운영과 운동 노선

**1**\_ 다케우치 요시미, 윤여일 옮김, 「근대주의와 민족의 문제」, 『다케우치 요시미 선집: 고뇌하는 일본』, 휴머니스트, 2011, 234쪽.

**2**\_ 오재식, 「기독교 반공주의의 망령」, 『기독교사상』, 대한기독교서회, 1970년 11월호, 82쪽.

**3**\_ 데즈먼드 투투, 홍종락 옮김, 『용서 없이 미래 없다』, 홍성사, 2009, 113쪽.

**4**\_ 1993년 당시 특별법 제정을 요구하는 호소문에서 그들은 "거창사건 국회 조사차 현지에 올 때 위장한 군인들의 조사 방해 시 산청 출신 국회의원 이병홍 의원이 있었어도 산청·함양에도 양민 학살이 있었다는 말 한마디 없었고, 그 후 산청 출신 민정당 대표 권익현, 최병렬 장관 시절, 민정당 국회의원 노인환 때에도 말 한마디 없던 산청·함양 유족들은 지금에 와서 거창사건과 같이 처리해달라는 말을 듣고 사건 당년에 가해자를 조사하여 형을 판결한 사건과 같다고 보십니까? 예를 들어 말씀드리면 전국에 강력범죄자가 우후죽순처럼 발생하는데 먼저 잡은 범죄자를 유보해 둘 수가 있습니까?"라고 주장했다. "거창 양민 학살 희생자 유족들의 호소", 1993.

**5**\_ 프리드리히 니체, 이진우 옮김, 『비극의 탄생/반시대적 고찰』(니체 전집 2), 책세상, 2005, 287쪽.

## 5장 | 입법 활동과 특별법 통과

**1**\_ 당시의 4대 개혁 입법이란 국가보안법, 사립학교법, 언론법, 과거사법을 지칭한다.

**2**\_ 유엔인권소위의 특별보고관, 테오 반 보벤이 기초한 '대규모 인권침해의 피해자에 대

한 보상에 관한 권리의 기본 원칙과 지침'에서는, "사실의 규명과 진실의 완전하고도 공적인 공개"와 "범해진 범죄에 대한 책임의 공개적인 인정"이 인권침해 피해자들에 대한 비금전적 배상 형태보다 우선한다고 지적했다. 그리고 세 종류의 행위가 보상에 포함된다. (a) 회복(피해자의 이전 상태로의 회복 추구), (b) 보상(신체적·정신적 상해에 대한 보상, 상실한 기회·물리적 손상·명예훼손에 대한 보상, 법적 비용 등을 포함), (c) 사회 복귀(의료적 치료, 심리적·정신적 치료를 포함).

**3__** 한국전쟁전후 민간인학살 진상규명과 명예회복을 위한 범국민위원회, 『6·25전쟁 전후 민간인학살 진상규명법, 언제 어떻게 만들어야 하나』, 2004.6.1.

**4__** 박근혜는 "전쟁 때 해방 후에 자유민주주의와 공산주의가 대립할 때 우리의 선택이 옳았던 것인지, 6·25 침략에서 나라를 지켜내고 만행으로 인해 피해를 입었던 사람이 누구인지 등을 공정하게 규정해보자"라고 주장했다. 『프레시안』, 2004.8.19.

**5__** 이에 대한 평가로는 최재천의 글을 참조하라. 「광주특별법의 의의와 한계─광주특별법의 보편성과 특수성」, 동아시아평화인권한국위원회, 『동아시아와 근대의 폭력 2: 국가 폭력과 트라우마』, 삼인, 2001.

**6__** ANC Policy Document, Lawyers' Committee for Civil Rights under Law, Southern Africa Project, Amnesty for the South African Government, p. 7(http://www.anc.org.za/govedocs, 검색일: 2001.3.20). 김영수, 「남아공 민주주의의 이행 및 공고화 과정으로서의 진실과화해위원회(TRC)」, 참된평화를만드는사람들 엮음, 『다름의 평화 차이의 공존』, 도서출판 동연, 2009, 160쪽에서 재인용.

**7__** 이안 부루마, 정용환 옮김, 『아우슈비츠와 히로시마』, 한겨레신문사, 1994, 81쪽.

**8__** "어떤 것이 기억되어야 하는지, 그리고 사건들이 어떻게 환기되어야 하는지는 사회 조건에 달려 있다." 그래서 기억은 대단히 정치적인 행동이다. Heribert Adam, "Divided Memories: Confronting the Crimes of Previous Regimes," *Telos*, Winter 2000, pp. 87-89.

**9__** Beth S. Lyons. "Between Nuremberg and Amnesia: The Truth and Reconciliation Commission in South Africa," *Monthly Review*, September 1997, p. 19.

**10__** 알 권리 확보는 '알리지 않을 특권'을 없애는 것이다. Beth S. Lyons. ibid. p. 15.

**11__** Michael Lapsley, "Confronting the Past and the Creating the Future: The Redemptive Value of Truth Telling", *Social Research*, Vol. 65, No. 4, Winter 1998. p. 747.

**12__** 동아일보사 엮음, 『비화 제1공화국』 제2부, 홍우출판사, 333쪽.

**13**__ 『경향신문』, 1961.1.25.

**14**__ 정태엽 외 엮음, 『죽산 조봉암 전집 1: 죽산 조봉암 선생 개인문집』, 세명서관, 1999, 205쪽.

**15**__ 국회 행정자치위원회, 『'진실규명과화해를위한기본법 제정에 관한 공청회' 자료집』, 2004.12.

**16**__ 대만 2·28 사건 해결이 대표적이다. 총통이 직접 나서서 사과하고 각종 보상과 기념사업을 마무리했다. 결국 피해자인 현지 주민을 통합해내려는 대만 정권의 정치적 동기가 작용했기 때문에 가능했다.


## 6장 | 위원회라는 조직

**1**__ 결국 위원장을 포함한 상임위원 4명이 정무직이다. 위원장은 장관급, 상임위원은 차관급 대우였다.

**2**__ 이를 두고 한나라당 추천 이영조 상임위원은 위원회의 진실규명이 '투표에 의한 진실'이라고 폄하하기도 했다. 그렇게 보면 사실 대법원의 결정도 표결에 의한 진실인 셈이다.

**3**__ 실제 명칭은 '6·25전쟁납북피해진상규명및납북피해자명예회복위원회'이고 국무총리실 소속이다. 2010년 3월 26일 관련 법령이 공포되어, 이후 활동을 전개했다.

**4**__ 제노사이드협약(The Convention on the Prevention and Punishment of the Crime of Genocide)은 1948년 12월 9일 유엔에서 채택된 협약을 말한다.

**5**__ 미 공군은 적 목표물에 대한 공격 중에 장비, 시설, 개인에 대해 의도하지 않았거나 사고로 피해를 입히는 것을 부수적 피해라고 정의한다. http://en.wikipedia.org/wiki/Collateral_damage.

**6**__ 미국은 1950년 한국전쟁 발발 당시 제네바협약을 비준하지 않았으나, 전쟁 개시 직후 제네바협약을 준수할 것을 천명했다. 그 후 전쟁 수행 과정에서 스스로는 물론 상대방에게도 이 법의 위반을 '전쟁범죄'로 간주하면서 비판했다. 당시 남쪽의 이승만 정부나 북쪽의 김일성 정부 모두 제네바협약을 비준하지 않았으나 전쟁 발발 직후 양 정부는 공식적으로 제네바협약에 따를 것을 선언했다. 특히 남한 정부는 제노사이드협약에도 가입했다. 따라서 한국전쟁 기간 중에 미국, 남한, 북한 당사자는 국제인도법의 원칙을 이 전쟁에 적용하는 데 원칙적으로 동의했고, 특히 국제인도법의 일부 조항은 관습법을 성문화한 것이므로 적어도 국가권력의 대리자로서의 자격을 갖고 있었던 교전 주체는 모두 국제인도법의 적용을 받는다고 보아야 한다.

## 7장 | 조사와 진실규명 결정

**1**__ http://www.codesria.org/ 참조.

**2**__ '기본법' 제2조(진실규명의 범위) 제1항 6호에서 "역사적으로 중요한 사건으로서 제3조 규정에 의한 진실·화해를위한과거사정리위원회가 이 법의 목적 달성을 위하여 진실규명이 필요하다고 인정한 사건"에 대하여 조사할 수 있으며 동법 제22조(진실규명 조사 개시) 제3항에서 "역사적으로 중요한 사건으로서 진실규명 사건에 해당한다고 인정할 만한 상당한 근거가 있고 진실규명이 중대하다고 판단되는 때에는 이를 직권으로 조사할 수 있다"고 명시하고 있다.

**3**__ 내가 정리한 조사의 쟁점은 다음과 같았다. 1) 피학살 일시, 총 피학살자 수, 피학살 지역, 피학살자의 신원(노인, 여성, 아동)의 분포는 어떠한가? 2) 피학살 현장에서 부역자와 민간인의 선별 절차가 있었는가? 무차별적이었는가? 3) 사건 이전에 거창 신원면 지역에서 공비 활동이 실재했는가, 경찰과 우익인 청년방위대가 실제로 피해를 입었는가? 그들에 의한 피해, 혹은 그들의 주민 협력 요구는 강제적이었나? 4) 주민 중에 적극적으로 공비에 협력한 사람이 있었는가?(부락이 공비들의 아지트였다는 것이 사실인가?) 5) 사건 이전에 공비와 경찰의 전투가 있었는가? 그 규모와 피해는 어떠한가? 6) 학살 현장의 피학살자 분리 선별 등의 과정에서 경찰의 역할은 어떠했나? 7) 사건 이전에 주민들에 대한 소개 명령이 있었는가? 즉 주민들이 '청야(清野)' 작전에 의해 주민들을 소개하고 남은 주민을 적으로 취급한다는 방침을 접한 적이 있었는가? 그 방침이 주민들에게 알기 쉽게 전달되었는가? 주민들이 그 명령을 받고 이동할 수 있는 시간과 조건이 허용되었는가? 8) 사건 현장에서 대대장의 구체적인 명령 내용은? 소대장·하사관들은 그 명령에 이의를 달지 않았는가? 9) 연대 작전명령을 이행하지 않을 경우 대대장은 어떤 처벌을 당할 상황이었나?(즉 불법 명령을 거부할 수 있었는가?) 10) 소대장과 대대장은 연대장의 작전명령을 어떻게 이해하고 있었는가? 어떻게 전달받았는가? 11) 9연대 내에서 동일한 작명에 대해 달리 해석한 대대장이 있었는가? 다른 대대의 활동은 어떠했는가? 12) 연대장은 자신의 작명이 법에 어긋난다는 것, 어떤 결과를 가져온다는 것을 알고 있었는가? 그리고 학살이 진행되기 이전에 사전 보고를 받았는가, 아니면 사후 보고를 받았는가? 13) 사단 작전 회의에 참석한 연대장은 누구인가? 그곳에서 견벽청야(堅壁淸野)* 작전이 어떤 방식으로 하달되었는가? 이것에 대해 해석을 요구하거나 이의를 제기한 연대장이 있었는가? 14) 연대 작명을 사단장이 승인한 절차·결재가 있었는가? 회의 중 사단 작전방침에 어긋난다는 지적이 있었는가? 15) 사단 내 다른 연대(예를 들면

호남의 20연대)에서 견벽청야 작전을 어떻게 이해했고, 각각 어떤 작명을 내렸는가? 16) 일반 병사들은 공비 토벌 과정에서 무고한 민간인 피해 가능성에 대해 교육을 받거나 주의를 들은 적이 있었나? 17) 사단장이나 연대장은 이 학살 내용을 언제, 어떤 방식으로 전달받았으며, 그것에 대해 어떤 조치를 취했는가? 18) 지역의 경찰은 이 내용을 누구에게 어떻게 보고했는가?

    ＊ 11사단의 사단장 최덕신이 예하 부대장들에게 내린 작전 명령은 '견벽청야'였는데, 즉 우군이 지키는 성은 튼튼히 쌓고 배후지는 적이 이용하지 못하도록 깨끗하게 정리한다는 의미다.

**4**__ http://www.jiwon.go.kr/index.asp.

**5**__ 유종호, 『나의 해방 전후: 1940~1949』, 민음사, 2004, 27쪽.

**6**__ 김태우, 「진실화해위원회의 미군 사건 조사보고서에 대한 비판적 검토」, 『역사연구』 21호, 역사학연구소, 2011.12 참조.

**7**__ 배심원이나 판사의 판결에서 직접 획득된 증거가 아니라 다른 사실에서 유추한 간접 증거를 지칭할 때 사용한다. 직접 증거를 얻기 어려운 국가의 인권침해 사건에서 이러한 '정황증거'로 사실 입증을 시도할 수 있다. 칠레의 진실위원회에서는 "몇 사건들에서는 직접증거가 없지만 신빙성 있는 정황증거에 의해 피해자가 강제 실종되었다"고 결론을 내리기도 했다.

**8**__ 노근리사건 당시 미 공군 대령 로저스Turner Rogers가 사건 하루 전에 작성한 메모에는 "The Army has requested we strafe all civilian refugees parties that are noted approaching our positions(우리 진지로 접근하는 모든 민간인 피난민들에게는 사격하라는 지시를 군이 내렸다)." 미국 조사팀이 로저스 메모와 무초 서한을 누락한 것에 대한 비판은 당시 AP의 취재팀장이었던 찰스 핸리Charles. J. Hanley의 논문 'No Gun Ri'(Critical Asian Studies, 42: 4, 2011, pp. 589-622 참조).


## 8장 | '진실'은 인정받을 수 있는가

**1**__ 범국민위는 "사건 전모의 파악이라는 관점에서 접근하면, 명백히 목표 달성에 실패하고 있다. 5개 사건 중 문경 석달 사건의 경우는 그래도 좀 나은 편이지만, 거의 모두가 피해자의 일부 또는 전부 확인, 직접 가해 책임자 확인과 논리에 입각한 국가 책임 규명에 그치고 있고, 나머지 부분들은 제각기 확인한 수준에서 사건을 얼기설기 엮어놓고 있을

뿐이다. '어떤 역사적·사회적·시대적 배경하에서 그때 그곳에서 그런 일이 왜, 어떻게 벌어졌고, 누구의 명령에 의해서 누가 어떤 사람들을 얼마나 죽였는가'에 대한 종합적 진실규명에 실패하고 있다는 것이다. 물론 그 정도로도 신청인 중심의 '민원 처리' 요구는 어느 정도 충족할 수 있다. 그러나 전쟁기 민간인 학살 조사의 목적이 '민원 처리'인지, 사건 전모 파악을 통한 역사적 진실규명과 그 의미의 성찰인지부터 분명히 할 필요가 있다. 민간인 집단 학살 조사 결과가 일개 살인 사건 조사의 판결문 같은 모습으로 구현될 수는 없다는 것이다"라고 비판했다.

**2**__ 이내창 기념사업회, 「의문사 유족 문승필 어머니 오순례의 이야기」, 『끈덕지게 어깨동무』, 2012년 여름, 47쪽.

**3**__ 박경신, 『진실유포죄』, 다산초당, 2012, 108쪽.

**4**__ 「과거사위원회의 아까운 예산 낭비」, 『조선일보』, 2007.3.15. "'진실·화해를위한과거사정리위원회(위원장 송기인)'가 14일 올해 조사 대상 사건 9154건을 발표했다. …… 한마디로 '농담'이다. 과거사위가 조사하겠다고 나선 사건들은 대부분 50~60년 전 벌어진 일들이다. 위원장 스스로 '대부분 사건이 오래전에 발생해 진실규명을 위한 증인과 자료가 없는 경우가 많아 제대로 조사를 마치지 못할 우려도 있다'고 인정했다. 과거사위가 캐려는 사건들 중 상당수는 역사학자, 정치학자, 사회학자들에 의해 학문적 검증이 끝난 것들이다. 국회도서관 한 곳에만 석·박사들이 쓴 여순사건에 관한 책·논문이 30여 건, …… 무슨 조사를 또 어떻게 해서 뭘 하자는 것인가. 6·25 전후 사건들은 대부분 좌우 투쟁의 결과물이다. 조사하는 사람의 성향에 따라 정반대의 '진상'이 나오게 돼 있다. 대통령의 스승이라는 과거사위 위원장은 2003년 방송에 나와 '38선은 미국이 가른 것이고 (미국이 38선의) 원인 제공자들'이라던 사람이다. 과거사위원 중에는 2005년 '1945~1953년 사이엔 한국군과 미군에 의해 학살이 이뤄졌다'고 주장한 사람, '대미 종속에서 벗어나 자주성을 확보하자'는 내용의 선언문에 서명한 사람, '한국전쟁 후 국군과 미군에 의한 민간인학살 진상규명 운동'에 매달렸던 사람도 있다. 결국 이들이 쓰겠다는 '진실 보고서'는 대한민국 내 좌익들이 쓰는 또 한 권의 '해방전후사의 인식'이 될 게 뻔하다. 과거사위가 올해 쓸 예산만 119억 3000여만 원이고 직원 수도 190여 명이다. 과거사위는 이것도 모자라 '예산도 더 받고 인력도 130여 명 더 늘려야겠다'고 한다. 취미 삼아 과거를 또 한 번 뒤집겠다면 국민 세금 쓰지 말고 '과거사 뒤집기' 동호회 원들끼리 모금을 해서 하는 것이 바른 일이다."

**5**__ 『동아일보』, 2009.9.8.

**6**__ 「학생들이 몽둥이로 주민들 직접 처형했다」, 『오마이뉴스』, 2011.9.16.

**7**_ 편지 내용은 다음과 같았다. "11월 12일 뉴스에서 보도연맹 뉴스가 나오길래 확인해보 았더니 저와 같은 사람이 대상이었으나 이미 접수 기간이 마감되었다고 하더군요. 민원 실을 찾아가서 구제 방법이 없느냐고 했더니 귀 위원회가 한시적으로 하는 업무여서 방 법이 없다는 대답을 듣고 무거운 발걸음을 돌렸습니다. …… 간절하게 부탁드립니다. 분노와 억울함 속에 살아온 60년도 한이 되는데 또다시 몰라서 접수하지 못한 저 같은 사람에게도 기회를 주실 것을 간곡하게 부탁드립니다. 저는 어머님이 살아계시기 때문 에 직접 증언도 가능합니다. 지난 60년의 한을 털끝만큼이라도 달랠 수 있는 기회를 소 원하여 부탁드립니다. 위원님과 귀 위원회의 발전을 소원하며 위원님의 하해와 같은 은 혜를 기다리겠습니다."

**8**_ 『경향신문』, 2011.9.8.

**9**_ 조시현, 「노근리 등 미군에 의한 민간인 학살 사건에 대한 올바른 대응을 위한 의견서」,* 2000.4.24.

   *이 글은 '노근리미군양민학살사건대책위원회'의 부탁으로 노근리사건의 진상규명과 해결 방향에 대한 의견을 제시하기 위해 쓰여졌다. 이 사건에서 제기되는 여러 쟁점 에 대한 검토와 연구는 아직 충분하지 않아 아래의 의견은 잠정적인 것임을 밝혀둔 다. 의견서 작성에 참고한 문서와 문헌을 일일이 밝히지 못한 점에 대해서도 양해가 있기 바란다.


## 9장 | '진실'과 '기억'으로 충분한가

**1**_ 진실·화해를위한과거사정리위원회, 『2009년 하반기 조사보고서』 1권, 2009, 213쪽.

**2**_ 진실·화해를위한과거사정리위원회, 『화해·위령 및 과거사연구재단 설립 방안, 연구용 역 결과보고서』, 2009, 66쪽.

**3**_ 2012년 7월 20일자 『조선일보』는 "해군기지 부지가 좌파 단체 해방구로… 30명 때문에 공사 중단"이라는 헤드라인을 단 기사를 게재했다. 강정마을 해군기지 반대 운동을 종 북 좌파 단체가 주도하고 있고 이 때문에 공사가 중단되고 있다는 것이다. 또 다른 기사 (7월 5일자 「또 하나의 최전방 제주도」)에서는 강정마을로 주소를 옮겨 주민들과 함께하고 있는 문정현 신부를 "종북 활동으로 유명한 한 천주교 신부"라고 매도하길 서슴지 않았 으며, "제주가 좌파 종북 세력의 투쟁 최일선이 돼가고 있다"고 주장했다. 이에 화답이 라도 하듯 지난달 27일 한나라당 김무성 의원은 강정마을 해군기지 건설이 "종북주의

자 30여 명 때문에 중단되고 있다. 평화를 외치지만 사실상 북한 김정일의 꼭두각시 종북 세력이 대부분"(『한겨레』, 2012.7.28)이라며 강력한 공권력 투입을 정부에 주문했다.

**4**__ 스탠리 코언, 조효제 옮김, 『잔인한 국가 외면하는 대중』, 창비, 2009, 61~62쪽.

**5**__ 프리실라 B. 헤이너, 주혜경 옮김, 『국가폭력과 세계의 진실위원회』, 역사비평사, 2008, 282쪽.

**6**__ 「우리는 용서와 화해로 간다」, 『프레시안』, 2006.4.5; 구림지편찬위원회, 『호남명촌 구림—구림사람들이 손수 쓴 마을 공동체 이야기』, 2006, 382~283쪽.

**7**__ 다카하시 데츠야, 이규수 옮김, 『일본의 전후 책임을 묻는다: 기억의 정치, 망각의 윤리』, 역사비평사, 2000, 23쪽.

**8**__ 공권력의 위법한 행위에 의해 국민에게 손해를 끼쳤을 때 이를 회복시키는 조치가 '배상'이라면, 공권력이 적법하게 행사되었으나 그로 인해 희생이 발생했을 때 금전이나 재화로 조정하는 것을 '보상'이라 할 수 있다.

**9**__ 남아공의 진실화해위 보고서에서도 공동체 차원의 화해, 공동체 차원의 배상과 기념물 건립 등을 통한 상징적 배상을 여러 번 강조하고 있다. 공동체 배상이란 공동체에게 공공서비스를 실시하거나 자활 지원 등의 방법으로 진행되는 것을 말한다.

**10**__ 「제주 4·3사건 60년, 피해 인정 못 받고 죽어야 하나」, 『한겨레 21』, 2008.4.7.

**11**__ 서울고법 2008.11.27 선고2008재노28 판결.

**12**__ 대법원 2008.5.29 선고2004다33469 판결[손해배상(기)]. "손해와 가해자, 가해 행위가 불법행위였는지에 대해 알았다고 봄이 상당하고 그로부터 3년이 경과하여 손해배상청구권에 관한 단기 소멸시효가 완성될 때까지 피고 국가가 원고들의 권리 행사나 시효의 중단을 불가능 또는 현저히 곤란게 하거나 그런 조치가 불필요하다거나 믿게 할 언동을 했다고 보기 어렵고, 객관적으로 원고들이 권리 행사를 할 수 없는 장애 사유가 있었다거나 권리 행사를 기대할 수 없는 상당한 사정이 있었다고 단정하기 어렵기 때문에 ……."

**13**__ 허버트 허시, 강선현 옮김, 『제노사이드와 기억의 정치』, 책세상, 2010, 59쪽.

**14**__ 이행기 정의를 추구하는 국제사회에서 가해 기관의 진실의 '인정'은 단순한 지식과 달리 사용된다. 과거의 잘못에 대한 공개적이고 공식적인 인정은 피해 사실에 대한 인정임과 동시에 가해 기관의 자기반성이기도 하다.

**15**__ 안현주, 「역사학습을 통한 한국전쟁전후 민간인학살 사건의 재개념화」, 한국교원대 석사학위 논문, 2006 참조.

**16**__ 마이클 샌델, 안기순 옮김, 『돈으로 살 수 없는 것들: 무엇이 가치를 결정하는가』, 와이

즈베리, 2012, 133~180쪽.

## 맺음말

**1**＿ 밀란 쿤데라, 신한철 옮김, 『지혜』, 하문사, 1997, 65쪽.

**2**＿ 김현아 지음, 『전쟁의 기억 기억의 전쟁』, 책갈피, 2002, 106쪽.

**3**＿ '톱질학살'이라는 말은 한국전쟁기에 전선이 남북으로 계속 오르내리면서 상호 보복 학살이 계속되었다는 의미이며, '맷돌질' 역시 서로 죽고 죽이는 것을 반복했다는 의미다.

**4**＿ 밀란 쿤데라, 앞의 책, 72쪽.

**5**＿ 소포클레스, 천병희 옮김, 『소포클레스 비극 전집』, 숲, 2008 참조.

**6**＿ 경향신문 특별취재팀, 『민주화 20년의 열망과 절망』, 후마니타스, 2007, 44쪽.

**7**＿ 란데라와 김영수의 인터뷰 내용 중에서. 김영수, 「남아공 민주주의의 이행 및 공고화 과정으로서의 진실과화해위원회(TRC)」, 참된평화를만드는사람들 엮음, 『다름의 평화 차이의 공존』, 도서출판 동연, 2009.

**8**＿ 1946년에 발간된 『죄책론 *Die Schuldfrage*』(The Question of German Guilt, 1946)에서 이렇게 밝혔다.

**9**＿ 성공회대학교 인권평화센터, 『용역보고 자료집』, 34쪽.

**10**＿미첼리히 부부(Alexander und Margarate Mitschelich), 「애도하지 않은 독일인」(1967)에서 재인용[성공회대학교 인권평화센터, 『과거청산 프로젝트 관련 자료 모음집(해외)』 1(2005)에서 재인용].

**11**＿이것은 사르트르가 "만일 단 한 사람의 유대인도 존재하지 않는다 해도 반유대주의는 유대인을 창조해 내거나 만들어 낼 것이다"라고 한 말을 한국 맥락에서 바꾼 것이다. 사르트르의 말은 한나 아렌트, 김선욱 옮김, 『예루살렘의 아이히만』, 한길사, 2006, 33쪽, 정화열의 글에서 재인용.

**12**＿원래 마키아벨리의 『군주론』에 나온 경구로, 여기서는 저자가 '야만적'이라는 표현을 넣어서 사용했다.

**13**＿발터 벤야민, 최성만 옮김, 『역사의 개념에 대하여/폭력비판을 위하여/초현실주의 외』, 도서출판 길, 2008, 334쪽.

참고문헌

## 논문

김영수, 「남아공 민주주의의 이행 및 공고화 과정으로서의 진실과화해위원회(TRC)」, 참된평
　　화를만드는사람들 엮음, 『다름의 평화 차이의 공존』, 도서출판 동연, 2009.

김태우, 「진실화해위원회의 미군 사건 조사보고서에 대한 비판적 검토」, 『역사연구』 21호, 역
사학연구소, 2011.12.

안현주, 「역사학습을 통한 한국전쟁전후 민간인학살 사건의 재개념화」, 한국교원대 석사학
　　위 논문, 2006.

오재식, 「기독교 반공주의의 망령」, 『기독교사상』, 대한기독교서회, 1970년 11월호.

이재곤·정구도, 「노근리사건의 역사적 및 국제법적 성격과 향후 과제」, 『법학연구』, Vol. No. 2,
　　충남대학교법학연구소, 2008.

Beth S. Lyons. "Between Nuremberg and Amnesia: The Truth and Reconciliation
　　Commission in South Africa," *Monthly Review*, September 1997, p. 19.

Heribert Adam, "Divided Memories: Confronting the Crimes of Previous Regimes,"
　　*Telos*, Winter 2000.

Marie Trigona, "Wal-Mart Faces Accusations of Anti-Union Practices in Argentina,"
　　Americas Program, *Center for International Policy*, CIP, Nov. 19, 2007(http://www.

cipamericas.org/archives/888).

Michael Lapsley, "Confronting the Past and the Creating the Future: The Redemptive Value of Truth Telling," *Social Research*, Vol. 65, No.4, Winter 1998.

## 저서

경향신문 특별취재팀, 『민주화 20년의 열망과 절망』, 후마니타스, 2007.

구림지편찬위원회, 『호남명촌 구림 — 구림사람들이 손수 쓴 마을 공동체 이야기』, 2006.

김기진, 『한국전쟁과 집단학살』, 푸른역사, 2006.

김기진, 『끝나지 않은 전쟁, 국민보도연맹: 부산·경남 지역』, 역사비평사, 2002.

김득중, 『빨갱이의 탄생』, 도서출판 선인, 2009.

김동춘, 『전쟁과 사회』, 돌베개, 2000.

김현아, 『전쟁의 기억 기억의 전쟁』, 책갈피, 2002.

다카하시 데츠야, 이규수 옮김, 『일본의 전후 책임을 묻는다: 기억의 정치, 망각의 윤리』, 역사비평사, 2000.

다케우치 요시미, 윤여일 옮김, 『다케우치 요시미 선집: 고뇌하는 일본』, 휴머니스트, 2011.

데즈먼드 투투, 홍종락 옮김, 『용서 없이 미래 없다』, 홍성사, 2009.

동아시아평화인권한국위원회, 『동아시아와 근대의 폭력 2 : 국가 폭력과 트라우마』, 삼인, 2001.

동아일보사 엮음, 『비화 제1공화국』, 홍우출판사, 1975.

동아일보사 엮음, 『비화 제1공화국』 제2부, 홍우출판사, 1975.

마이클 샌델, 안기순 옮김, 『돈으로 살 수 없는 것들 : 무엇이 가치를 결정하는가』, 와이즈베리, 2012.

밀란 쿤데라, 신한철 옮김, 『지혜』, 하문사, 1997.

박경신, 『진실유포죄』, 다산초당, 2012.

발터 벤야민, 최성만 옮김, 『역사의 개념에 대하여/폭력비판을 위하여/초현실주의 외』, 길, 2008.

볼프강 조프스키, 이한우 옮김, 『폭력사회 : 폭력은 인간과 사회를 어떻게 움직이는가?』, 푸른숲, 2010.

사만다 파워, 김보영 옮김, 『미국과 대량 학살의 시대』, 에코리브르, 2004.

서경식, 박광현 옮김, 『시대의 증언자 쁘리모 레비를 찾아서』, 창비, 2006.

선우기성·김판석, 『청년운동의 어제와 내일』, 횃불사, 1969.

소포클레스, 천병희 옮김, 『소포클레스 비극 전집』, 숲, 2008.

스탠리 코언, 조효제 옮김, 『잔인한 국가 외면하는 대중』, 창비, 2009.

앤터니 비버, 김원중 옮김, 『스페인 내전』, 교양인, 2009.

유종호, 『나의 해방 전후: 1940-1949』, 민음사, 2004.

윤건차, 박진우 외 옮김 , 『교착된 사상의 현대사』, 창비, 2009.

이안 부루마, 정용환 옮김, 『아우슈비츠와 히로시마』, 한겨레신문사, 1994.

정태엽 외 엮음, 『죽산 조봉암 전집 1: 죽산 조봉암 선생 개인문집』, 세명서관, 1999.

프리드리히 니체, 이진우 옮김, 『비극의 탄생/반시대적 고찰』(니체 전집 2), 책세상, 2005.

프리실라 B. 헤이너, 주혜경 옮김, 『국가폭력과 세계의 진실위원회』, 역사비평사, 2008.

한나 아렌트, 김선욱 옮김, 『예루살렘의 아이히만』, 한길사, 2006.

허버트 허시, 강선현 옮김, 『제노사이드와 기억의 정치』, 책세상, 2010.

Donld E. Miller, *Survivors : An Oral history of the Armenian Genocide*, Berkeley: University of California Press, 1999.

George Orwell, *A Collection of Essays*, San Diego: A Harvest Book.Harcourt Inc, 1981.

Zygmunt Bauman, *Modernity and the Holocaust*, Cambridge: Polity Press, 1989.

## 자료집

국회 행정자치위원회, 「'진실규명과화해를위한기본법 제정에 관한 공청회' 자료집」, 2004. 12.

김동춘, 「민주화운동 기념관, 왜 건립해야 하나」, 한겨레신문사·민주화운동자료관 건립 준비 모임 주최 심포지엄 〈민주주의 역사의 현재와 민주화운동 자료관 건립 운동〉, 1999.10.1.

김설이·이경은, 『잿빛 시대 보랏빛 고운 꿈』, 민주화운동기념사업회, 2007.

류춘도, 「추모시비 건립자의 변」, 채의진 편저, 『석달동 양민학살 그리고 그 후』, 2006.

민주화운동기념사업회, 『민주화운동 관련 인사 구술 사료 수집을 위한 구술면담』, 2006.

박원순, 「미국의 노근리사건 최종보고서 비판: 한미동맹관계의 재조정의 관점」, 2001.2.24 (한국현대사연구회 주최 한미 양국의 노근리 사건 보고서 검토 심포지엄).

성공회대학교 인권평화센터, 『과거청산 프로젝트 관련 자료 모음집(해외)』 1, 2005.

이내창 기념사업회, 「의문사 유족 문승필 어머니 오순례의 이야기」, 『끈덕지게 어깨동무』, 2012년 여름.

제주4·3특별위원회, 『제주4·3 진상조사보고서』, 2003.

조시현, 「노근리 등 미군에 의한 민간인 학살 사건에 대한 올바른 대응을 위한 의견서」, 2000. 4.24.

진실·화해를위한과거사정리위원회, 『5·16 쿠데타 직후의 인권침해 사건 진실규명 결정서』, 2009.10.13.

진실·화해를위한과거사정리위원회, 『2009년 하반기 조사보고서』 1권, 2009.

진실·화해를위한과거사정리위원회, 「영천 민간인 희생 사건」, 『2009년 하반기 조사보고서』 7권, 2009.

진실·화해를위한과거사정리위원회, 『화해·위령 및 과거사연구재단 설립 방안, 연구용역 결과보고서』, 2009.

채의진, 『아 통한의 45년』, 문경양민학살피학살자유족회, 1994.

채의진, 『아 통한의 46년―문경양민학살 백서』, 문경양민학살피학살자유족회, 1995.

한국전쟁전후 민간인학살 진상규명과 명예회복을 위한 범국민위원회, 『6·25전쟁 전후 민간인학살 진상규명법, 언제 어떻게 만들어야 하나』, 2004.6.1.

한국전쟁전후 민간인학살 진상규명과 명예회복을 위한 범국민위원회, 『증언으로 듣는 민간인학살―끝나지 않는 전쟁』, 2001.

함평사건 희생자 유족회, 『함평집단학살 희생자 명예회복 사료집』 3, 2012.


## 참고기사

「'6·25 군 양민 학살 사건 손대지 마라', 조 국방 축소 조사 지시」, 『문화일보』, 2000.7.24.

「과거사위원회의 아까운 예산 낭비」, 『조선일보』, 2007.3.15.

「〈특별기고〉 '노근리' 저변에 깔린 인종 편견」, 『문화일보』, 1999.10.9.

「신동고개에서도 약 500명」, 『대구매일신문』, 1960.5.23.

「우리는 용서와 화해로 간다」, 『프레시안』, 2006.4.5.

「제주4·3사건 60년, 피해 인정 못 받고 죽어야 하나」, 『한겨레21』, 2008.4.7.

「진실만 캐라, 진실만」, 『한겨레21』, 2000.8.10.

「학생들이 몽둥이로 주민들 직접 처형했다」, 『오마이뉴스』, 2011.9.16.

## 정부문서

대법원 2008.5.29 선고2004다33469 판결.

서울고법 2008.11.27 선고2008재노28 판결.

Shooting of Prisoners of War by South Korean Military Police, 18 August 1950.

ANC Policy Document, Lawyers' Committee for Civil Rights under Law, Southern Africa Project, Amnesty for the South African Government.

# 사진 출처

p.209__ 경북 경산 코발트 광산 유해 수습 현장 — 저자 제공

p.210__ 2007년 충북 청원 분터골에서 발견된 유해 — 저자 제공

p.211__ 1. 대전 산내 골령골에서 발굴된 유해 — 저자 제공

2. 경남 산청 외공리 유해 발굴 현장 — 저자 제공

p.212__ 대전형무소 정치범 처형 비밀문건 보고서 ⓒNARA. 눈빛출판사 제공

p.213__ 대전 산내 골령골 학살 현장 ⓒNARA. 눈빛출판사 제공

p.214__ 1. 여순사건 당시 광양에서 학살된 좌익 사상범 용의자들 ⓒ이승준. 눈빛출판사 제공

2. 함흥에서 인민군에 의해 학살된 정치범들 ⓒNARA. 눈빛출판사 제공

p.215__ 1. 서울 서대문구 국민보도연맹 조직도 — 저자 제공

2. 국민보도연맹원증 — 저자 제공

3. 국민보도연맹 울산군연맹 온양면 맹원 명부 — 저자 제공

p.216__ 단양 곡계굴 폭격 현장 관련 미군 문서 — 저자 제공

p.217__ 미군의 네이팜탄 공격에 부상당한 여인들 ⓒNARA. 눈빛출판사 제공

p.218__ 요시찰인 명부 — 저자 제공

p.219__ 1. 미8군 사령관 워커 중장이 신동고개 학살 사건에 대해 무초 대사에게 보낸 보고서
— 저자 제공

2. 신동고개 학살을 보도한 1960년 5월 23일자 『대구매일신문』 — 이광달 제공

# 찾아보기

**기타**

# 이것은 기억과의 전쟁이다
한국전쟁과 학살, 그 진실을 찾아서

2013년 7월 26일  1판 1쇄
2024년 4월 15일  1판 4쇄

**지은이**  | 김동춘

**편집**  | 조건형·진승우
**디자인**  | 백창훈
**제작**  | 박흥기
**마케팅**  | 이병규·이민정 ·김수진·강효원

**출력**  | 블루엔
**인쇄**  | 천일문화사
**제책**  | 책다움

**펴낸이**  | 강맑실
**펴낸곳**  | (주)사계절출판사
**등록**  | 제406-2003-034호
**주소**  | (우)10881 경기도 파주시 회동길 252
**전화**  | 031) 955-8588, 8558
**전송**  | 마케팅부 031) 955-8595  편집부 031) 955-8596
**홈페이지**  | www.sakyejul.net  **전자우편** | skj@sakyejul.com
**블로그**  | blog.naver.com/skjmail
**페이스북**  | facebook.com/sakyejul
**트위터**  | twitter.com/sakyejul

ⓒ 김동춘, 2013

ISBN 978-89-5828-680-6 03330